教育部人文社会科学重点研究基地
西南大学西南民族教育与心理研究中心

教育学一流学科建设学术文库

铸牢中华民族共同体意识的
理论与实践研究

陈立鹏 等 著

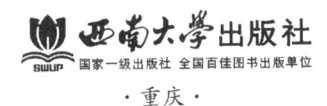

西南大学出版社
国家一级出版社 全国百佳图书出版单位

·重庆·

图书在版编目(CIP)数据

铸牢中华民族共同体意识的理论与实践研究/陈立鹏等著.--重庆：西南大学出版社,2024.10.
ISBN 978-7-5697-2440-0
Ⅰ.C955.2
中国国家版本馆CIP数据核字第2025X4Q592号

铸牢中华民族共同体意识的理论与实践研究
ZHULAO ZHONGHUA MINZU GONGTONGTI YISHI DE LILUN YU SHIJIAN YANJIU

陈立鹏　等　著

责任编辑	秦　俭
责任校对	杜珍辉
装帧设计	殳十堂_未泯
排　　版	杜霖森
出版发行	西南大学出版社（原西南师范大学出版社）
地　　址	重庆市北碚区天生路2号
邮　　编	400715
印　　刷	重庆新生代彩印技术有限公司
成品尺寸	170 mm × 240 mm
印　　张	21.75
字　　数	376千字
版　　次	2024年10月第1版
印　　次	2024年10月第1次印刷
书　　号	ISBN 978-7-5697-2440-0
定　　价	118.00元

目录

第一章　绪论 …………………………………………………… 001
　一、选题目的与意义 ………………………………………… 001
　二、铸牢中华民族共同体意识研究的文献分析 …………… 004
　三、研究的基本思路与方法 ………………………………… 010
　四、基本观点与创新突破 …………………………………… 011

第二章　铸牢中华民族共同体意识理论的提出 ……………… 017
　一、铸牢中华民族共同体意识理论的提出背景 …………… 017
　二、铸牢中华民族共同体意识理论对中国民族理论的发展与创新：从中华民族多元一体到铸牢中华民族共同体意识 …… 018
　三、铸牢中华民族共同体意识理论的重大贡献 …………… 025

第三章　铸牢中华民族共同体意识理论的主要内容和基本观点 …… 027
　一、铸牢中华民族共同体意识的战略地位 ………………… 027
　二、铸牢中华民族共同体意识的重大意义 ………………… 028
　三、铸牢中华民族共同体意识的根本目的 ………………… 030
　四、铸牢中华民族共同体意识的理论内涵 ………………… 031
　五、铸牢中华民族共同体意识的实践要求 ………………… 034

第四章　心理学视域下铸牢中华民族共同体意识的理论研究 ………… 043
　　一、心理学视域下增强中华民族认同研究 …………………… 043
　　二、民族心理学视域下铸牢中华民族共同体意识研究 ………… 049
　　三、民族心理距离视域下铸牢中华民族共同体意识的路径 …… 057
　　四、心理学视域下中华民族共同体身份的建构 ………………… 064
　　五、促进各民族的心理嵌入铸牢中华民族共同体意识 ………… 072
　　六、民族交融态度与中华民族共同体意识的关系：中华民族认同和心理
　　　　距离的链式中介作用 …………………………………………… 076
　　七、民族地区的中学生的民族认同对国家认同的影响：心理资本和民族
　　　　交往态度的链式中介效应分析 ………………………………… 085

第五章　心理学视域下铸牢中华民族共同体意识研究工具的开发与应用 …… 099
　　一、基于心理测量学的中华民族共同体意识量表的编制 ……… 099
　　二、基于心理测量学的民族团结意识量表的编制 ……………… 111
　　三、基于心理测量学的民族交融态度量表的编制 ……………… 124
　　四、心理学视域下中华民族认同现状调查和分析 ……………… 136

第六章　教育学视域下铸牢中华民族共同体意识研究 ………………… 147
　　一、中华民族共同体教育的几个基本理论问题探讨 …………… 147
　　二、深入推进中华民族共同体教育的思考 ……………………… 161
　　三、中华民族共同体教育的西藏实践 …………………………… 173
　　四、铸牢中华民族共同体意识教育的新疆实践 ………………… 186
　　五、构建铸牢中华民族共同体意识教育体系的思考 …………… 199
　　六、加强国家通用语言文字教育，铸牢中华民族共同体意识 …… 214

第七章　铸牢中华民族共同体意识的实践探索 ………………………… 221
　　一、铸牢中华民族共同体意识的西藏实践 ……………………… 221
　　二、铸牢中华民族共同体意识的新疆实践：心理学视角 ……… 237

三、铸牢中华民族共同体意识的广西实践 ……………………………… 251
四、讲好民族团结故事,铸牢中华民族共同体意识——以广西为例 … 266
五、通过少数民族传统节庆活动铸牢中华民族共同体意识——以广西
"三月三"为例 ……………………………………………………… 276

第八章　铸牢中华民族共同体意识研究展望 ……………………………… 287
一、新时代深入铸牢中华民族共同体意识对研究工作提出的新要求… 287
二、加强体制机制创新推进铸牢中华民族共同体意识研究 ………… 291
三、发挥多学科优势,推进铸牢中华民族共同体意识研究 ………… 294
四、需进一步研究的几个问题 ……………………………………… 302

参考文献 ……………………………………………………………… 307
后记 …………………………………………………………………… 337

第一章

绪论

一、选题目的与意义

(一)选题目的

铸牢中华民族共同体意识是习近平总书记提出的重大原创性论断,是习近平总书记关于加强和改进民族工作的重要思想的精髓和核心内容,是习近平新时代中国特色社会主义思想的重要组成部分。2014年,在第二次中央新疆工作座谈会上,"中华民族共同体意识"被正式提出。随着时间的推移,习近平总书记关于铸牢中华民族共同体意识重要论述的内容不断丰富、发展和完善。特别是在2021年中央民族工作会议上,习近平总书记对铸牢中华民族共同体意识问题进行了全面深入的阐述,涉及铸牢中华民族共同体意识的战略地位、重大意义、根本目的、理论内涵、实践要求等方面,系统回答了铸牢中华民族共同体意识是什么、为什么要铸牢中华民族共同体意识、如何铸牢中华民族共同体意识这三个核心问题,标志着习近平总书记关于铸牢中华民族共同体意识的重要论述已经形成一个科学完整的理论体系,为推动新时代民族工作高质量发展,实现中华民族伟大复兴的中国梦提供了根本遵循和行动指南。当前,深入学习贯彻习近平总书记关于铸牢中华民族共同体意识的重要论述,具有重大的现实意义和深远的战略意义。

为推动全社会学习贯彻习近平总书记关于铸牢中华民族共同体意识的重要

论述,不断丰富和发展对习近平总书记铸牢中华民族共同体意识重要论述的理论研究,深入推进铸牢中华民族共同体意识工作的实践进程,我们利用自身的专业和学科优势,尽自己绵薄之力,积极开展了本研究。具体来讲,本研究力求达成以下目的:

第一,全面梳理和探讨习近平总书记关于铸牢中华民族共同体意识重要论述的深刻内涵和理论要点,深入解读其重大意义、核心要义、精神实质和实践要求,在推动相关理论研究的同时,为全社会贯彻落实习近平总书记关于铸牢中华民族共同体意识的重要论述提供参考和借鉴。

第二,从心理学科视角探寻铸牢中华民族共同体意识的实践路径,研究分析中华民族共同体意识形成的心理因素,并构建理论模型揭示中华民族共同体意识形成的心理机制,具体探究推动机制和阻碍机制,为深入铸牢中华民族共同体意识提供心理学智慧与方案。

第三,从教育学科视角探究铸牢中华民族共同体意识的实践路径,包括从理论和实践两个层面探讨铸牢中华民族共同体意识教育问题,特别是对中华民族共同体教育[①]的基本理论问题进行研究与分析,力求为深入铸牢中华民族共同体意识提供教育学方案与智慧。

第四,从地方鲜活层面探讨铸牢中华民族共同体意识的实践路径,主要是对新疆、西藏、广西等边疆地区铸牢中华民族共同体意识情况进行调查分析,总结经验成效,剖析问题不足,提出对策思路,以为其他地区提供参考与借鉴,深入推进铸牢中华民族共同体意识工作落实落细。

(二)选题意义

1.理论意义

第一,习近平总书记关于铸牢中华民族共同体意识的重要论述博大精深,内容丰富,包含了战略地位、重大意义、根本目的、理论内涵和实践要求等方面,科

---

① "中华民族共同体教育"与"中华民族共同体意识教育"为同一概念的不同表述,为了与党和国家相关文献表述一致,本书中对两种表述均有使用。

学完整地回答了铸牢中华民族共同体意识是什么,为什么要铸牢中华民族共同体意识,以及如何铸牢中华民族共同体意识这三个核心问题。以往研究少有全面系统地对习近平总书记关于铸牢中华民族共同体意识重要论述进行分析,且理论与实践相对分离。本研究在深入研究探讨习近平总书记关于铸牢中华民族共同体意识重要论述的基础上,进一步研究贯彻落实的实践路径,理论结合实践,深入推进铸牢中华民族共同体意识的进程。

第二,以往的研究涉及学科较为单一,以民族学居多,而铸牢中华民族共同体意识需要多学科、跨领域的共同努力。本课题的深入研究旨在为铸牢中华民族共同体意识提供心理学方案、教育学方案及具体的实施路径,丰富中华民族共同体意识的研究视角和研究范畴,并切实推进铸牢中华民族共同体意识的进程。

第三,以往的研究多为质性研究,缺少量化和实验研究,特别是缺少中华民族共同体意识、民族团结意识等方面的测量工具,本研究根据理论研究和实践工作的需要,采用心理测量学的方法开发编制相关测量工具,并据此来评估各民族的中华民族共同体意识水平,通过质性研究和量化研究相结合的方式,深入推进铸牢中华民族共同体意识的理论研究与实践进程。

2.实践意义

第一,本研究通过全面探讨习近平总书记关于铸牢中华民族共同体意识的重要论述,力求深入解读其精神实质和核心内涵,这对于推动全社会贯彻落实习近平总书记关于铸牢中华民族共同体意识的重要论述,推动新时代民族工作高质量发展,全面推进民族团结进步事业,具有重要意义。

第二,本研究使用"中华民族共同体意识量表",通过线上线下的方式进行大规模施测,形成中华民族共同体意识现状地图,通过科学、可视化的数据为国家政策制定提供有效的、有针对性的数据依据和实践支撑。并且采用基础性实验范式探究变量间的因果关系,为铸牢中华民族共同体意识的心理研究提供研究支撑。

第三,本研究通过开展中华民族共同体教育的实践研究,使理论研究迈向实践,从群体及个体微观角度为铸牢中华民族共同体意识提供实践路径。

总之,本研究将深入梳理和研究习近平总书记关于铸牢中华民族共同体意识的重要论述,全面准确把握铸牢中华民族共同体意识重要论述的精神实质、深刻内涵、理论要点和实践要求,积极探寻铸牢中华民族共同体意识的实践路径,这对于做好新时代我国民族工作,促进民族团结和谐和国家长治久安,加快推进中华民族伟大复兴的历史进程,具有积极重要的意义。

二、铸牢中华民族共同体意识研究的文献分析

"中华民族共同体意识"是当前理论界研究的热点和重点问题,在中国期刊网上以"中华民族共同体意识"为关键词,截至2023年12月,共搜索到理论文章6279篇,且大量文章集中在2016年之后。对于现有研究的梳理,主要集中在以下几个方面。

(一)关于铸牢中华民族共同体意识的提出背景

"中华民族共同体意识"思想的创立有着一定的时代背景。中国自古以来便是一个统一的多民族国家,其民族的多样性和国家的统一性已经成为并将长期成为我国的基本国情。维护国家的长治久安和边疆的稳定和谐,需要永远抓住各民族大团结这一关系民族命运和国家前途的生命线,需要树立起一种强烈的中华民族共同体意识。[①]与此同时,冷战结束后,资本主义用"全球化"影响世界经济,从而激起世界民族主义浪潮的高涨,各民族自我认同意识崛起。[②]在我国必须尤为警惕并坚决反对两种民族主义倾向,即大汉族主义和地方民族主义。在这种背景下,不断夯实各族群众中华民族共同体思想基础对增进民族团结、反对极端民族主义思想至关重要。而目前我国正处于实现中华民族伟大复兴的关键时期,需要不断应对国内外的种种挑战。所以,铸牢中华民族共同体意识的提出是加强和改进新时代民族工作的开创之举,也是题中之义。

---

① 陈茂荣."中华民族共同体"思想的初创及新近发展:学术研究之现状评估与前景描绘[J].西华师范大学学报(哲学社会科学版),2022(4):31.
② 陈延斌.全球化背景下铸牢中华民族共同体意识的路径[N].中国民族报,2018-08-03(5).

(二)关于铸牢中华民族共同体意识的重大意义

当前,学者们主要从政治价值、理论价值、实践价值等多方面对铸牢中华民族共同体意识的意义进行了阐述。卢成观等认为,中华民族共同体意识作为维护国家统一与促进民族团结的重要基础,同时也是实现各族人民有效交往交流交融的思想保障,为实现中华民族伟大复兴的中国梦提供源源不断的动力支撑。[1] 李赟等人认为,中华民族共同体意识作为中国五千多年文明史发展的必然产物,是维系中华民族团结统一的强大精神纽带,是推动中华民族发展进步的强大精神动力。[2] 乌小花指出,铸牢中华民族共同体意识是关系到国家富强、民族振兴和社会稳定的重要问题。[3] 王延中认为,铸牢中华民族共同体意识为推进新时代中华民族建设提供了政治方向和理论指导。[4] 中华民族伟大复兴进程还面临众多的风险与挑战,需要从理论上进行正本清源,大力提倡和弘扬每个公民的中华民族成员意识。

(三)关于铸牢中华民族共同体意识的理论内涵

当前学者们主要从中华民族共同体的性质、中华民族共同体意识的内涵、结构等方面进行阐述。

关于中华民族共同体的性质,金炳镐等人认为,中华民族作为中国各个民族的总称,作为一个民族复合体,反映各民族的共同意愿,体现各民族的根本利益,涵盖各民族整体的特点。[5] 沈桂萍指出,中华民族共同体既是公民共同体也是文化共同体。[6] 徐黎丽等人认为,中华民族共同体就是中国各个民族在长期交往交流交融过程中形成的具有共同的国家疆域、互补的生计方式、互鉴的生活经验、

---

[1] 卢成观,李文勇.中华民族共同体意识的理论根基、现实价值及路径选择[J].理论导刊,2020(3):51-58.
[2] 李赟,王冬丽.从中华民族共同体到中华民族实体建设:兼习近平中华民族共同体观的理论创新与实践要求[J].广西民族研究,2019(2):5.
[3] 乌小花.中华民族共同体意识的演进与深化[J].贵州省党校学报,2018(6):45.
[4] 王延中.铸牢中华民族共同体意识 建设中华民族共同体[J].民族研究,2018(1):5.
[5] 金炳镐,裴圣愚,肖锐.中华民族:"民族复合体"还是"民族实体"?:中国民族理论前沿研究系列论文之一[J].黑龙江民族丛刊,2012(1):2.
[6] 沈桂萍.铸牢中华民族共同体意识是民族工作的核心理念[J].中央社会主义学院学报,2017(6):103.

共有的历史记忆、共认的价值体系、共育的国民意识、共享的精神家园的实体与精神共同体。①

关于中华民族共同体意识的内涵,徐杰舜认为,"中华民族共同体意识"就是"中华民族共同体"这一客观事实在人们头脑中的主观认知,是人们在社会实践中对中华民族和中华民族共同体的态度、评价和认同结果。②严庆从本体与意识的视角出发,认为意识视角的中华民族共同体是人们对中华民族共同体本体的认知和反映,既包括概念认知,也包括认同归属、理论解读与阐发。③赵野春等人认为,各民族长期交往交流交融是中华民族共同体形成的历史基础,"你中有我、我中有你"是中华民族共同体建设的社会结构现实,各民族利益攸关、相互需要是中华民族共同体发展的内生动力。④

关于中华民族共同体意识的结构,祖力亚提·司马义等人认为,中华民族共同体意识作为一种集体认同意识可以划分为三个层次:基于自识性的族群意识、基于社会比较的他族意识和基于共同性的中华民族意识。⑤

(四)关于铸牢中华民族共同体意识的实践途径

梳理当前研究,学者们从政治、经济、文化、法治、教育、心理等方面提出了铸牢中华民族共同体意识的途径。

在政治方面,刘永刚等人认为,政治仪式作为国家政治社会化途径之一,是以国家为单元的共同体凝聚机制。⑥李资源等人认为,中国共产党对铸牢中华民

---

① 徐黎丽,韩静茹.论中华民族共同体的现代含义[J].思想战线,2021,47(1):52.
② 徐杰舜."铸牢中华民族共同体意识"理论的内涵与学术支撑[J].湖北民族大学学报(哲学社会科学版),2020,38(4):83.
③ 严庆.本体与意识视角的中华民族共同体建设[J].西南民族大学学报(人文社会科学版),2017,38(3):47.
④ 赵野春,张立辉,滕承秀,等.渐进交融:中华民族共同体建设的必然进程[J].西南民族大学学报(人文社会科学版),2022,43(1):9-10.
⑤ 祖力亚提·司马义,蒋文静.中华民族共同体意识的结构层级及其关系[J].中南民族大学学报(人文社会科学版),2021,41(1):21-23.
⑥ 刘永刚,徐飞.政治仪式铸牢中华民族共同体意识的四个维度[J].西南民族大学学报(人文社会科学版),2022,43(1):1.

族共同体意识发挥着核心作用,引领着我国国民整体性塑造。①纳日碧力戈提出,铸牢中华民族共同体意识,必须高度重视民族团结和凝聚力建设。②北京市习近平新时代中国特色社会主义思想研究中心指出,我国在世界上高举马克思主义民族平等、民族团结、民族区域自治和各民族共同繁荣的伟大旗帜,建立并不断巩固和发展了平等团结互助和谐的社会主义民族关系,不断铸牢中华民族共同体意识。③崔晓琰在研究西藏铸牢中华民族共同体意识问题时指出,坚实有力的政治基础为西藏培育和铸牢中华民族共同体意识工作的顺利开展明确了领导核心、划定了科学道路、明晰了关键环节。④

在经济方面,罗东认为,中国民族地区的农村集体产权制度及其变革历程,对于铸牢中华民族共同体意识有着重要意义。集体产权制度的建立,废除了旧有土地制度对少数民族群众的禁锢,让他们翻身成为土地的主人,唤醒了他们对国家、中华民族的认同意识。⑤张建婷等人认为,"实现全面小康社会和社会主义现代化的建设为铸牢中华民族共同体意识提供了基础,如果没有这两方面的建设作支撑,铸牢中华民族共同体意识也就是空想"⑥。

在文化方面,郝时远认为,增强文化自信和文化认同,弘扬爱国主义精神是铸牢中华民族共同体意识的根本要求。⑦王希恩提出,铸牢中华民族共同体意识,要讲文化认同、政治认同,而在文化认同中,语言认同是族群认同的重要属性。⑧高永久等人提出,促进各民族交往交流交融是铸牢中华民族共同体意识的

---

① 李资源,向驰.中国共产党对铸牢中华民族共同体意识的核心作用[J].中南民族大学学报(人文社会科学版),2021,41(1):1.
② 纳日碧力戈.双向铸牢中华民族共同体意识[J].中南民族大学学报(人文社会科学版),2019,39(4):1.
③ 北京市习近平新时代中国特色社会主义思想研究中心.新时代铸牢中华民族共同体意识的行动指南[J].中国民族,2019(11):18.
④ 崔晓琰.西藏铸牢中华民族共同体意识的文化基底、历史基源与政治基础[J].西藏大学学报(社会科学版),2022,37(4):164.
⑤ 罗东.农村集体产权改革与铸牢中华民族共同体意识[J].湖北民族大学学报(哲学社会科学版),2021,39(5):83.
⑥ 张建婷,张燕.铸牢中华民族共同体意识的经济与政治基础[J].现代商贸工业,2022,43(6):106.
⑦ 郝时远.文化自信、文化认同与铸牢中华民族共同体意识[J].中南民族大学学报(人文社会科学版),2020,40(6):1-10.
⑧ 王希恩.中华民族建设中的认同问题[J].西南民族大学学报(人文社会科学版),2019,40(5):1-9.

有效途径。^①麻国庆认为，公共记忆是探讨中华民族共同体认同形成机制的一个新的切入口，"中华民族通过公共记忆来建构命运共同体，这些记忆存在于各民族的历史记忆、传说故事、节日仪式、文化展演等之中，促使中华民族共同体的成员因分享共同的记忆而增强对中华民族共同体和国家的认同"[②]。袁同凯和赵经纬认为，需要高度重视以中华优秀传统文化培育中华民族共同体意识这一文化路径，例如大力发展传统民间舞蹈。[③]

在法治方面，虎有泽等人提出，要以依法治理民族事务为核心推进铸牢中华民族共同体意识的法治化，需要以法治认同创新法治思维，以依法治理民族事务确保法治方式，以法治教育提升法治保障。[④]熊文钊等人认为，在根本上要奠定宪法基石，推动构建以"中华民族"概念为核心的宪法民族规范体系，推进重点领域立法，完善以民族区域自治法为核心的民族法律法规体系，"把我国民族法治优势更好地转化为民族事务治理效能"。[⑤]宋才发认为，需要在实现共同富裕的发展进程中奠立共同体法治根基，在加强对青少年思想文化教育中夯实共同体法治根基，在构建中华民族稳固话语体系中筑牢共同体法治根基。[⑥]常安提出了铸牢中华民族共同体意识的文化法治路径，他认为，应通过夯实基本公共文化服务法治促进各民族交往交流交融，加强中华文化符号和中华民族形象方面的立法保障，完善文化安全法治，为铸牢中华民族共同体意识奠定坚实的安全基础。[⑦]

在教育方面，杨胜才认为，推进中华民族共同体意识教育，必须坚持以"五大课堂"为主要平台，以"五个认同"为核心内容，以"创建工作"为关键抓手，以"伟

---

① 高永久,赵志远.论民族交往交流交融与铸牢中华民族共同体意识的思想基础[J].思想战线,2021,47(1):61-70.
② 麻国庆.公共记忆与中华民族共同体认同[J].西北民族研究,2022(1):5-14.
③ 袁同凯,赵经纬.文化选择:中华民族共同体意识视域下传统民间舞蹈发展的动力探析[J].民族学刊,2022,13(12):107-117.
④ 虎有泽,程荣.新时代铸牢中华民族共同体意识的法治建构[J].西南民族大学学报(人文社会科学版),2022,43(11):1-7.
⑤ 熊文钊,王楚克.论铸牢中华民族共同体意识的法治基础[J].北京行政学院学报,2022(3):10.
⑥ 宋才发.铸牢新时代中华民族共同体的法治基础[J].贵州民族大学学报(哲学社会版),2022(1):20.
⑦ 常安.铸牢中华民族共同体意识的文化法治路径[J].西南民族大学学报(人文社会科学版),2023,44(1):81.

大梦想"为重要载体,以促进"三交"为根本途径。[1]张京泽认为,全面把握"四个服务"科学内涵,深化民族团结教育,服务国家民族团结进步事业,全面铸牢中华民族共同体意识,这不仅是中央民族大学建设一流大学进程中义不容辞的政治责任,也是民族高校办学实践不可或缺的核心主题。[2]王鉴认为,新时代铸牢中华民族共同体意识要加强民族团结共同体教育、国家统一共同体教育与中华文化繁荣共同体教育。[3]严秀英等人认为,建构共同的精神家园是培育中华民族共同体意识的核心,心育机制是建构共同精神家园的纽带。[4]普丽春等人认为,民族地区在开展铸牢中华民族共同体意识教育过程中,需要在教育目标上切实推进民族团结进步教育,在教育内容上激发民族文化传承特殊功能,在教育方法上建立爱国主义教育联动体系。[5]

在心理方面,张积家等人认为,铸牢中华民族共同体意识的核心在于建构中华民族共同体认同。个体通过与社会互动产生个体认同,再经过个体与社会互相渗透,与所属群体产生合一感,进而产生民族认同,最后通过重新范畴化转变对族群间边界的感知,将内群体和外群体转变为一个共同的、包含水平更广的上位群体概念——中华民族共同体。[6]李静认为,中华民族共同体意识结构可以解析为基于历史记忆的集体潜意识、基于共同体认同的归属性意识以及基于核心价值观的聚合性意识,三者建立起的层级关系,凝聚、贯通于中华民族共同体发展的历史过程之中。[7]胡平等人认为,培育中华民族共同体意识,需要对心理空间进行再生产和重塑,通过心理空间的再生产、延伸、让渡以及规训等生产方式,

---

[1] 杨胜才.民族院校铸牢中华民族共同体意识的价值意蕴、方法路径与保障体系[J].中南民族大学学报(人文社会科学版),2020,40(5):9.
[2] 张京泽.民族高校铸牢中华民族共同体意识的使命担当:兼论中央民族大学的理论创新与实践探索[J].中央民族大学学报(哲学社会科学版),2020,47(5):8.
[3] 王鉴.国家治理视角下的中华民族共同体意识教育[J].中国教育科学(中英文),2020,3(1):18.
[4] 严秀英,蔡银珠.培育中华民族共同体意识的心育机制探索[J].贵州民族研究,2021,42(5):48-53.
[5] 普丽春,肖李,赵伦娜.民族地区义务教育铸牢中华民族共同体意识的实践与反思[J].贵州民族研究,2022,43(4):197-202.
[6] 张积家,冯晓慧.中华民族共同体认同的心理建构与影响因素[J].民族教育研究,2021,32(2):5.
[7] 李静.中华民族共同体意识结构的心理学分析[J].民族研究,2021(5):1.

将中华民族共同体意识从抽象转化为具体可见的表征语义符号。[1]郝亚明认为,从心理学的视角引入内外群体、自我归类、认同威胁等概念和模型不仅可以为传统意义上的认同冲突论、认同共生论提供理论支撑,还可以将国家认同与族群认同关系探讨扩展至复杂机制的层面。[2]

三、研究的基本思路与方法

(一)本研究的基本思路

首先,系统梳理习近平总书记关于铸牢中华民族共同体意识的一系列重要论述,主要从战略地位、重大意义、根本目的、理论内涵和实践要求等方面对重要论述的内容和要点进行总结、归纳和分析,为全社会贯彻落实习近平总书记关于铸牢中华民族共同体意识的重要论述提供理论参考和借鉴。其次,采用量化研究法,使用心理学测量工具进行线上、线下施测,通过数据分析结果了解各民族中华民族共同体意识的总体水平,分析影响中华民族共同体意识形成的心理因素,揭示中华民族共同体意识形成的心理机制。再次,通过对民族工作重点地区如新疆、西藏等地的实地调研,了解这些地区铸牢中华民族共同体意识工作的总体情况,包括取得的经验成效、面临的问题挑战,在此基础上提出解决问题的思路、对策等。最后,通过中华民族共同体教育实践措施,提高各民族中华民族共同体意识的水平,最终为铸牢中华民族共同体意识提供科学可行的解决方案及实践路径。

(二)本研究采用的主要研究方法

1.文献研究法

通过文献查阅、整理、计量可视化分析等方式,对已有研究进行梳理和归纳,为本研究提供可借鉴的理论基础。

---

[1] 胡平,徐莹,徐迩嘉.从心理空间生产看学校教育中中华民族共同体意识的培育[J].民族教育研究,2020,31(4):19-24.
[2] 郝亚明.心理学视角下的国家认同与族群认同关系探究[J].南开学报(哲学社会科学版),2019(6):71.

2.田野调查法

通过对新疆、西藏、广西等地的实地走访和调查,深入了解当地情况,为本研究提供强有力的实证支持。

3.问卷测量法

通过使用相关心理学测量工具进行施测,并使用SPSS、AMOS等数据统计软件进行数据分析,掌握各民族中华民族共同体意识的整体水平,以及找出影响中华民族共同体意识形成的相关因素及心理机制。

4.实验法

通过控制无关变量,在实验室环境中探讨变量之间的因果关系,从而揭示影响中华民族共同体意识形成的内在心理机制。

四、基本观点与创新突破

(一)本研究的基本观点

1.关于铸牢中华民族共同体意识理论的提出背景

新时代我国民族工作面临着新形势、新任务,具有"五个并存"的阶段性特征;一段时期内,民族工作存在过分强调民族间"差异性"的倾向;"三股势力"和西方反华势力相互勾结,特别是近些年来"港独"和"台独"势力日益猖獗,企图煽动蛊惑群众进行渗透、分裂活动,对民族团结、国家统一和社会安定造成了严重的威胁。正是在这样的时代背景下,习近平总书记适时提出"铸牢中华民族共同体意识"这一重大原创性论断并进行了一系列深刻阐述,形成了关于铸牢中华民族共同体意识的重要理念。

2.关于铸牢中华民族共同体意识理论的重大意义

(1)理论意义:铸牢中华民族共同体意识理论是习近平总书记关于加强和改进民族工作的重要思想的精髓和核心内容,是习近平新时代中国特色社会主义思想的重要组成部分,是对马克思主义民族理论的继承、发展和创新,是新时代对中华民族多元一体格局理论的发展与升华。

(2)实践意义:铸牢中华民族共同体意识理论为推动新时代民族工作高质量发展,实现中华民族伟大复兴的中国梦提供了根本遵循和行动指南,是维护中华民族整体利益和各民族根本利益,巩固和发展平等团结互助和谐社会主义民族关系,促进民族团结、实现国家兴旺发达和长治久安的强大思想武器。

3.关于铸牢中华民族共同体意识理论的主要内容和基本观点

铸牢中华民族共同体意识理论博大精深,内容丰富,是一个科学完整的理论体系,其内容主要包括铸牢中华民族共同体意识的战略地位、重大意义、根本目的、理论内涵、实践要求等方面,系统回答了铸牢中华民族共同体意识是什么,为什么要铸牢中华民族共同体意识,以及如何铸牢中华民族共同体意识这三个核心问题。明确提出铸牢中华民族共同体意识是党的民族工作的主线和"纲",所有工作要向此聚焦,铸牢中华民族共同体意识,就是要引导各族人民牢固树立休戚与共、荣辱与共、生死与共、命运与共的共同体理念,要构建铸牢中华民族共同体意识宣传教育常态化机制等核心观点。

4.关于铸牢中华民族共同体意识理论的实践要求

如何铸牢中华民族共同体意识,如何将铸牢中华民族共同体意识工作切实落到实处,是习近平总书记最关心的。在习近平总书记铸牢中华民族共同体意识系列论述中,这一部分的内容占了较大的篇幅,围绕促进新时代民族工作高质量发展,全方位、多视角进行了论述。如:2021年,习近平总书记在中央民族工作会议上强调,"以铸牢中华民族共同体意识为主线,推动新时代党的民族工作高质量发展","构筑中华民族共有精神家园,促进各民族交往交流交融";2023年,习近平总书记在中共中央政治局第九次集体学习时强调,"不断增强各族群众的中华文化认同。全面推广普及国家通用语言文字,全面推行使用国家统编教材,以语言相通促进心灵相通、命运相通","要面向各族群众加强党的理论和路线方针政策教育,加强党史、新中国史、改革开放史、社会主义发展史、中华民族发展

史宣传教育,用共同理想信念凝心铸魂,深入培育和践行社会主义核心价值观",
"持续深化民族团结进步创建工作","坚持和完善民族区域自治制度,健全民族
政策和法律法规体系,推动民族事务治理体系和治理能力现代化";等等。

5.关于铸牢中华民族共同体意识理论的实践路径

(1)心理学路径。

意识问题是心理学研究的重要内容。从心理学路径对铸牢中华民族共同体
意识进行研究,需要尊重不同年龄阶段群体的心理发展特点,了解共同体意识形
成的心理过程;消除民族偏见,建立积极的群际关系,提高民族认同感;增强文化适
应能力,提升中华文化认同感;缩短民族心理距离,促进各民族交往交流交融;培育
中华民族意志,树立民族自信;促进各民族心理嵌入,构建中华民族共同体身份。

(2)教育学路径。

中华民族共同体教育是构筑中华民族共有精神家园、铸牢中华民族共同体
意识、推进中华民族共同体建设的重要途径;深入推进中华民族共同体教育,需
要建立大中小幼一体化发展,学校教育、家庭教育、社会教育统筹发展的中华民
族共同体教育体系;青少年时期是"三观"形成的敏感期和关键期,要充分发挥学
校教育的基础性、关键性作用,循序渐进,"精准滴灌",深入铸牢各族学生的中华
民族共同体意识。

6.关于铸牢中华民族共同体意识理论研究的方法论

(1)坚持历史的研究视野。

要研究好、研究透习近平总书记关于铸牢中华民族共同体意识的重要论述,
需要在马克思主义民族理论指导下深入研究各个历史时期的民族理论特别是中
华民族多元一体格局理论,从中探寻铸牢中华民族共同体意识理论的历史逻辑。

(2)坚持立足新时代民族工作实践。

铸牢中华民族共同体意识理论来源于实践,又指导实践,并在实践中不断丰
富、发展和完善。必须深刻把握我国多民族的基本国情,深入研究新时代民族工
作的特点和规律。

(3)坚持世界眼光。

应在世界百年未有之大变局中、在人类命运共同体构建过程中,把握铸牢中华民族共同体意识的深刻内涵和重大意义。

(4)坚持多学科研究视角。

铸牢中华民族共同体意识除应充分发挥民族学、政治学等学科的优势外,还应积极吸纳心理学和教育学的理论方法,形成跨学科的研究视角。通过探究影响中华民族共同体意识形成的心理因素和心理机制,建立完善中华民族共同体教育体系,深入铸牢中华民族共同体意识。

(二)本研究的主要创新突破

(1)比较全面系统地对习近平总书记关于铸牢中华民族共同体意识的重要论述进行研究,明确提出习近平总书记关于铸牢中华民族共同体意识的重要论述已成为一个科学完整的理论体系,其内容主要包括铸牢中华民族共同体意识的战略地位、重大意义、根本目的、理论内涵、实践要求等方面。并从心理学、教育学等学科视角研究如何贯彻落实习近平总书记关于铸牢中华民族共同体意识的重要论述,力求形成指导性、咨询性意见和建议。因此,本研究从总体上看具有较强的创新性和实践意义。

(2)在全国首次比较全面系统地研究中华民族共同体教育问题,对中华民族共同体教育的基本理论问题及实践中深入推进的思路与策略问题进行了明确阐述,提出了要从国家意识形态、教育体系整体的角度推进中华民族共同体教育,应建立大中小幼一体化发展,学校教育、家庭教育、社会教育统筹发展的中华民族共同体教育体系等创新性观点。

(3)基于心理测量学的理论与方法研发了中华民族共同体意识量表、民族团结意识量表、民族交融态度量表等测量工具,填补了铸牢中华民族共同体意识研究与实际工作中测量评估工具的空白。

(4)涉及的学科和研究方法众多。理论方面涉及民族学、心理学和教育学等学科,方法层面有重视理论挖掘的文献研究法、有偏向数据分析的心理测量法、有以事实为依据的田野调查法等,既克服了研究方法的局限,也保障了研究结果的科学性,从而推动中华民族共同体意识的研究走向质化与量化相结合的研究阶段。

(5)在积极加强理论研究创新的同时,深入实践开展行动研究,在调研过程中,通过与当地有关部门和人员的深入研讨交流,实实在在指导和推动了当地铸牢中华民族共同体意识工作的开展。理论研究与行动研究两者相得益彰,互为促进。这是课题研究方法的创新,也是课题研究成果实践与转化形式的创新。

第二章

铸牢中华民族共同体意识理论的提出

一、铸牢中华民族共同体意识理论的提出背景

2014年，习近平在第二次中央新疆工作座谈会上提出，"在各民族中牢固树立国家意识、公民意识、中华民族共同体意识"[1]。同年9月，习近平总书记深刻指出："加强中华民族大团结，长远和根本的是增强文化认同，建设各民族共有精神家园，积极培养中华民族共同体意识。"[2]中华民族共同体意识的提出，为民族团结进步事业打开了新思路、开启了新征程。而这一战略性思想的产生，与新时代民族工作面临的新形势密不可分。

《关于加强和改进新形势下民族工作的意见》指出，"准确把握当前我国民族工作阶段性特征"，包括"改革开放和社会主义市场经济带来的机遇和挑战并存，少数民族和民族地区市场经济起步晚、竞争能力比较弱；民族地区经济加快发展势头和发展低水平并存，总体上与东部地区发展绝对差距拉大、民族地区之间发展差距拉大问题突出；国家对民族地区支持力度持续加大和民族地区基本公共服务能力建设仍然薄弱并存，历史欠账较多，一些群众生产生活条件比较落后；各民族交往交流交融趋势增强和涉及民族因素的矛盾纠纷上升并存，影响民族关系的因素更加复杂；反对民族分裂、宗教极端、暴力恐怖斗争成效显著和局部

---

[1] 中共中央文献研究室.习近平关于社会主义政治建设论述摘编[M].北京：中央文献出版社，2017：148.
[2] 习近平.坚定不移走中国特色解决民族问题的正确道路[M]//习近平.论坚持人民当家作主.北京：中央文献出版社，2021：107.

地区暴力恐怖活动活跃多发并存"[①]。这"五个并存"充分说明了我国民族工作面临的新形势和新挑战。民族地区在经济发展上相对落后,是加快推进社会主义现代化建设、实现各族人民共同富裕的重点和难点。这些问题的存在不仅对少数民族和民族地区的生产生活改善造成阻碍,也阻碍了其在教育文化、政治、科技等多个领域的发展。与此同时,民族地区的矛盾纠纷在一定程度上依然存在,"疆独""藏独""港独""台独"等分裂势力和西方反华势力相互勾结,对民族地区和整个国家的稳定和安全造成了严重危害,他们歪曲事实,企图煽动蛊惑群众进行渗透、分裂活动,严重损害了中华民族和中国人民的整体利益,是危害国家繁荣稳定的毒瘤。此外,一段时期民族工作过分强调民族间的"差异性"的倾向,同样也不利于民族团结和社会稳定。

无论是少数民族和民族地区经济发展水平上的滞后,还是"三股势力"一定程度上的存在,以及民族工作一定程度上出现的偏差,都不利于国家统一和民族团结,是亟待解决的民族问题和现实问题。也正是在我国民族关系出现新情况、国家改革发展稳定面临新问题的时代背景下,习近平总书记适时提出"铸牢中华民族共同体意识"这一重大原创性论断,并进行了一系列深刻阐述,形成了博大精深、内容丰富的铸牢中华民族共同体意识理论。铸牢中华民族共同体意识理论不仅是解决民族工作所面临的最关键、最前沿问题的重要法宝,也是指导我国民族工作高质量发展、保持民族工作先进性的根本途径,为民族工作打开了新思路,开启了新征程。

二、铸牢中华民族共同体意识理论对中国民族理论的发展与创新:从中华民族多元一体到铸牢中华民族共同体意识

(一)中华民族多元一体理论的核心观点及重要贡献

1.中华民族多元一体理论的核心观点

1988年,费孝通首次提出中华民族多元一体理论,该理论凝练总结了中华民

[①] 中共中央、国务院关于加强和改进新形势下民族工作的意见[M]//中共中央文献研究室.十八大以来重要文献选编(中).北京:中央文献出版社,2016:105.

族的历史发展,系统回答了中华民族的形成过程、形成机制,各民族与中华民族的关系等问题,加深了各族人民对中华民族和各民族之间关系的整体性认识。中华民族多元一体理论内涵丰富深刻,观点鲜明独到,自提出后逐渐成为指导我国民族工作的重要民族理论。

(1)中华民族的结构特点。

费孝通认为,中华民族这个词是指"现在中国疆域里具有民族认同的十亿人民。它所包括的五十多个民族单位是多元,中华民族是一体。它们虽则都称'民族',但层次不同"[①]。这阐明了中华民族由多元民族组成的结构特点,指明56个民族与中华民族的逻辑层次,进一步厘清了中华民族与各民族之间的关系,明确了中华民族不是56个民族简单相加的量变结果,而是56个民族相互融合产生的质变结果。

(2)中华民族的动态发展过程。

中华民族是在几千年的历史过程中形成的,其中汉族发挥了极其重要的凝聚作用。汉族不断融入其他民族的聚居区,与其他民族共同构筑起维护民族团结的关系网,这为多民族联合的形成奠定了牢固的基础。此外,汉族作为多元民族中的一元,在与各民族交流融合的过程中发挥了核心作用,把多元民族凝聚成一体,形成了中华民族。同样,少数民族也在民族融合,促进中华民族形成的过程中发挥了积极作用。因此,中华民族成为一体是一个动态发展过程,主要是汉族发挥凝聚作用形成自在的民族实体,再经过民族自觉发展成为中华民族的过程。

(3)中华民族认同与民族认同的关系。

在民族认同意识的多层次论中,费孝通认为,在各个民族组成的相互依存、统一而不可分割的整体里,所有民族都具有共休戚、共存亡、共荣辱、共命运的感情和道义。同时指出,不同层次的认同可以同时存在,高层次的认同不会排斥或代替低层次的认同。[②]这说明各民族成员对本民族的认同和对中华民族的认同

[①] 费孝通.中华民族的多元一体格局[J].北京大学学报(哲学社会科学版),1989(4):1.
[②] 费孝通.简述我的民族研究经历和思考[J].北京大学学报(哲学社会科学版),1997(2):10.

并不是互相矛盾的,而是可以同时形成,且各自遵循其发展规律的。中华民族认同是更高层次的民族认同,是形成中华民族共同体意识和国家意识的基础。

2.中华民族多元一体理论的贡献

中华民族多元一体理论自提出后,已发展成为阐述民族历史、民族格局、民族关系等领域的科学概念,该理论不仅引发了社会和学术界的广泛讨论,也成为党和国家阐述我国民族理论与民族问题的正式用语,为科学认识中华民族提供了新视角。

首先,该理论为整体深刻理解中华民族的基本特征提供了正确的认知工具,开启了中华民族研究的新阶段。该理论将中华民族看成有机的整体,把中华民族视为一个民族,从整体出发探索它的过去与未来,这是费孝通坚信的中国民族学研究的正确方向。该理论具有巨大的解释力和概括性,使其逐渐成为人们研究中国历史文化的一种认识工具,被广泛运用到中国历史、社会、文化诸领域研究中,使其具有了方法论的意义。[1]另外,"该理论不仅对中国的历史与现实具有很强的解释力和政策意蕴,而且可以较好地解释世界上大多数多民族国家民族问题的症结与根源"[2],为世界解决民族问题提供了中国经验与智慧。

其次,该理论为马克思主义民族概念理论中国化提供了重要条件。该理论从"多元"与"一体"的角度出发,明确了56个民族与中华民族的关系对应于多元与一体的关系,是辩证统一、不可分割的,与马克思主义的辩证统一观的观点相吻合。另外,该理论注重提倡不同民族群体之间文化的相互交流与学习,通过这一互动不断促进各民族文化的创造性转化与创新性发展,这与马克思主义的文化发展观相一致。因此,中华民族多元一体理论反映了马克思主义指导下的中国民族理论话语体系的深化发展[3]。

再次,该理论为我国民族研究与民族工作的科学发展提供了理论指导与行

---

[1] 陈连开.认识中华民族构成奥秘的钥匙[J].中国社会科学,1993(1):107.
[2] 王延中.费孝通多元一体格局理论与铸牢中华民族共同体意识:纪念费孝通先生诞辰110周年[J].社会发展研究,2020,7(4):47.
[3] 王淑兰.作为民族理论"中国话语"的多元一体主义:兼谈马克思主义民族理论发展的范式创新[J].中南民族大学学报(人文社会科学版),2020,40(6):17.

动指南。该理论自提出后,不管是中央民族工作会议、全国民族团结进步表彰大会,还是民族学、社会学、历史学、政治学研究,都普遍使用"多元一体"的话语表达。目前,该理论不仅成为我国民族问题研究的理论指导与主流范式,也发展成为新时代党和国家的民族理论与政策话语体系的重要组成部分。

(二)新时代对中华民族多元一体理论的再认识

1.学界关于"多元一体"与"一体多元"的讨论

随着时代的发展,中华民族多元一体理论中"多元"与"一体"的辩证关系引起了学界的广泛讨论,研究者从不同视角出发,进一步对中华民族的"多元一体"与"一体多元"的关系进行了探究。金炳镐从中华民族的历史形成过程与现实存在状态角度进行了阐述,他认为,中华民族从历史形成过程来讲是"多元一体"的,从现实存在状态来说是"一体多元"的,并提出当前要特别注重中华民族共同体意识的培养。[1] 熊坤新等从中国的族体和国体视角出发,提出"多元一体"和"一体多元"作为审视我国族体与国体结构的辩证统一视角,应当予以同等的重视,在强调"中华民族多元一体格局"的理论价值时,也要重视"中华民族共同体"作为本体的"一体多元格局"的现实意义。[2] 成杰则从民族理论政策的角度出发,提出新中国成立七十多年来,我国民族理论政策稳中有变,大致呈现新中国成立初"多元一体"、改革开放后"多元"挑战"一体"以及新时代"一体多元"三个历史阶段。[3]

基于先前学者对"多元一体"和"一体多元"辩证关系的讨论,我们认为,"多元一体"是中华民族在动态形成与发展过程中所体现的民族特点,是56个民族在相互交往交流交融的过程中逐渐演变为中华民族一体的过程。在这个过程中,各民族并非彼此独立,而是由空间嵌入发展到心理嵌入,最终形成你中有我、我中有你的命运共同体。而"一体多元",更多体现出中华民族这一实体存在的现

---

[1] 金炳镐.当前民族理论研究应关注的问题[J].黑龙江民族丛刊,2017(1):16.
[2] 熊坤新,平维彬.中国的族体和国体:"多元一体"与"一体多元"[J].江苏大学学报(社会科学版),2017,19(6):22.
[3] 成杰.价值取向视阈下我国民族理论政策的历史嬗变[J].广西民族研究,2020(6):38.

实状态,是对中华民族共同体属性的基本表达,在一体性与共同性的前提下,多元民族是中华民族生生不息、繁荣发展的不可替代的重要优势。在民族工作的推进中,既要深刻认识和把握"多元一体"理论的丰富内涵,也要深刻认识和把握当前"一体多元"的时代背景,坚持辩证统一的原则,处理好各民族之间及各民族与中华民族的关系。

2. 习近平总书记对"中华民族多元一体"的深刻阐述

党的十八大以来,习近平总书记科学分析中国历史和现实,深刻阐明了中华民族多元一体格局的基本国情和重要优势,明确要正确认识民族问题、做好民族工作,就必须立足"统一的多民族国家"这一基本国情。具体来说,习近平总书记主要从"多元"、"一体"、"多元"和"一体"的辩证关系三个方面进行了深刻阐述。

第一,中华民族具有多元属性,"多元"是"一体"的前提。自2014年以来,习近平总书记反复强调"我国五十六个民族是历史形成的客观存在","多民族是我国的一大特色,也是我国发展的一大有利因素","多民族的大一统,各民族多元一体,是老祖宗留给我们的一笔重要财富,也是我们国家的一个重要优势"。开辟了从积极视角看待多民族国情与民族现状的新思路,实现了一次历史性的认识新飞跃,为科学制定民族工作的方针政策,挖掘多民族国家的发展潜力与优势提供了理论支撑。

第二,中华民族具有一体性,是一个命运共同体。"一体性"是中华民族的根本属性,"各民族只有把自己的命运同中华民族的命运紧紧连接在一起,才有前途,才有希望"[①]。需要注意的是,习近平总书记所强调的"一",不是同质和单一的"一"取代多元的"一",而是尊重差异、包容多样、求同存异的"一",是各民族组成的患难与共、唇齿相依的"一体"。习近平总书记关于中华民族一体性的重要观点,是对"多元一体理论"的更高层次的表达,特别强调了中华民族作为56个民族的大家庭的深刻内涵。

第三,中华民族是"一体性"与"多元性"的辩证统一。"我们讲中华民族多元一体格局,一体包含多元,多元组成一体,一体离不开多元,多元也离不开一体,

---

① 本书编写组.习近平讲故事(第二辑)[M].北京:人民出版社,2022:198.

一体是主线和方向,多元是要素和动力,两者辩证统一。"①在这里,"多元"是指中华民族内部56个民族的多元,"一体"是指各民族共同组成的中华民族,由此决定中国是统一的多民族国家。多元与一体是不可分割的,多元是枝,一体是根,多元为一体提供动力与营养,一体为多元提供支撑与保障,两者是互为条件、相互依存、相互促进的辩证统一关系。

总之,习近平总书记关于"中华民族多元一体"的深刻阐述,为新时代民族工作处理民族关系与民族问题提供了系统回答与科学阐释,具有重大的理论意义与深刻的现实价值。

(三)铸牢中华民族共同体意识理论对新时代中华民族多元一体理论的发展与升华

费孝通的中华民族多元一体理论主要强调了中华民族的形成本质上是各民族从"多元"走向"一体"的过程,是各民族长期接触与交融的产物,56个民族是"多元"、是基层,"中华民族"是"一体"、是高层等重要观点。对于"多元"与"一体"这两个关键要素,费孝通更倾向于先强调56个民族这一"多元"的存在,再强调各民族在相互交融中构建出的中华民族"一体"这一上位层次。随着我国对民族工作重视的不断提升、认识的不断深入,如何在新时代背景下正确认识中华民族多元一体格局,是做好民族工作首先要厘清的问题。

习近平总书记提出"一体包含多元,多元组成一体",既强调中华民族"一体"格局下的"多元",又注重中华民族"多元"基础上的"一体"。我们对"多元"的认识要置于"一体"的格局中,不能只片面地看到56个民族的"多元"属性。"一体离不开多元,多元也离不开一体"明确了中华民族与各民族是"一体"与"多元"、整体与部分、家庭和成员的关系,两者是互相依存、不可分割的关系,中华民族伟大复兴离不开56个民族的共同努力。"一体是主线和方向,多元是要素和动力,两者辩证统一"指明了"一体"与"多元"的主次关系:"一体"为主,"多元"为辅,多元是构成一体的要素,不能脱离一体而单独存在,只有服从一体、融合于一体才能获

---

① 中共中央文献研究室.习近平关于社会主义政治建设论述摘编[M].北京:中央文献出版社,2017:150.

得生命与价值,实现各民族的利益和诉求。①因此,对中华民族多元一体理论的阐释,是习近平总书记提出铸牢中华民族共同体意识,增进共同性、尊重和包容差异性等重要论述的基础与前提。

在深刻阐述中华民族多元一体理论的基础上,习近平总书记进一步提出了指导民族工作朝着共同性发展的新观点新论断。习近平总书记在2019年的全国民族团结进步表彰大会上明确指出,"我们辽阔的疆域是各民族共同开拓的","我们悠久的历史是各民族共同书写的","我们灿烂的文化是各民族共同创造的","我们伟大的精神是各民族共同培育的"。②习近平总书记提出的"四个共同"充分体现了各民族共同繁荣发展的美好景象,既是习近平总书记对中华民族共同体意识内涵的深刻阐述,也刻画出了中华民族共同的奋斗历程和丰富绚烂的奋斗成果,深刻说明中华民族共同体意识一直孕育于中华民族的整个奋斗进程中,是符合历史发展规律、顺应时代发展和人民需要的必然结果。2021年,在中央民族工作会议上,习近平总书记进一步指出:"铸牢中华民族共同体意识,就是要引导各族人民牢固树立休戚与共、荣辱与共、生死与共、命运与共的共同体理念。"③习近平总书记的阐述,进一步明确了中华民族共同体意识并不是要取代各民族的本民族意识,而是在中华民族共同体意识下,保护各民族的文化习俗,实现各民族的具体利益。这为我们全面理解和科学把握中华民族共同体意识的内涵提供了指引,推动我国民族工作朝着增进共同性、尊重和包容差异性的方向发展。

总之,习近平总书记提出的铸牢中华民族共同体意识理论,不仅是对中华民族多元一体理论在新时代的丰富、发展与升华,更是对我国民族理论与实践认识的进一步深化,是推动我国民族工作高质量发展的根本遵循。

---

① 于风政.论中华民族建设的主线与方向:对"中华民族多元一体格局"的再思考[J].湖北民族学院学报(哲学社会科学版),2018,36(3):12.
② 习近平.在全国民族团结进步表彰大会上的讲话[M].北京:人民出版社,2019:4-6.
③ 中共中央党史和文献研究院.习近平关于社会主义精神文明建设论述摘编[M].北京:中央文献出版社,2022:93.

三、铸牢中华民族共同体意识理论的重大贡献

铸牢中华民族共同体意识理论是习近平总书记加强和改进民族工作重要论述的精髓和核心内容,是习近平新时代中国特色社会主义思想的重要组成部分,具有重大的理论意义和理论贡献,对实际工作具有深刻的指导意义。

(一)理论贡献

第一,铸牢中华民族共同体意识理论是习近平总书记基于我国多民族的基本国情和国家改革发展现实需要而提出的重大原创性论断,是创造性地运用马克思主义民族理论指导我国新时代民族工作实践的体现,是马克思主义民族理论中国化的最新成果,是对马克思主义民族理论的继承、发展与创新。该理论充分体现了我国坚持走中国特色解决民族问题的正确道路这一基本原则,进一步推动了党的民族理论体系的科学化和系统化。

第二,铸牢中华民族共同体意识理论是新时代对中华民族多元一体理论的发展与升华。任何理论都不是一成不变的,而是随着时代不断发展变化的。铸牢中华民族共同体意识理论对中华民族"多元"与"一体"的辩证关系进行了深刻阐述,强调一体是主线和方向,多元是要素和动力,对正确处理好共同性与差异性的关系、各民族与中华民族的关系等提供了理论指导,推动了我国民族理论的新发展。

第三,铸牢中华民族共同体意识理论为新时代我国民族工作高质量发展提供了理论指导。在2021年中央民族工作会议上,习近平总书记强调,"必须以铸牢中华民族共同体意识为新时代党的民族工作的主线"[1],"铸牢中华民族共同体意识是新时代党的民族工作的'纲',所有工作要向此聚焦"[2]。这不仅体现出铸牢中华民族共同体意识理论在我国民族工作中的重要地位,更为做好新时代民族工作提供了根本遵循。

---
[1] 习近平.以铸牢中华民族共同体意识为主线,推动新时代党的民族工作高质量发展[M]//习近平.论坚持人民当家作主.北京:中央文献出版社,2021:326.
[2] 习近平.以铸牢中华民族共同体意识为主线,推动新时代党的民族工作高质量发展[M]//习近平.论坚持人民当家作主.北京:中央文献出版社,2021:329.

(二)实践贡献

一方面,铸牢中华民族共同体意识理论是各族人民勠力同心实现中华民族伟大复兴的行动指南。党的十九届六中全会审议通过的《中共中央关于党的百年奋斗重大成就和历史经验的决议》指出:"今天,我们比历史上任何时期都更接近、更有信心和能力实现中华民族伟大复兴的目标。"[1]当今世界风云变幻,面临百年未有之大变局,国际形势错综复杂,国家安全稳定的发展环境也面临新挑战,只有在铸牢中华民族共同体意识理论的指引下,激发各族人民对中华民族的高度认同,才能应对国内外的形势变化,凝聚各民族的智慧与力量,促进各民族像石榴籽一样紧紧抱在一起,为实现中华民族伟大复兴贡献磅礴力量。

另一方面,铸牢中华民族共同体意识理论是维护各民族根本利益,巩固和发展平等团结互助和谐社会主义民族关系的思想保障。社会主义民族关系的形成和发展包含着一个不断凝聚共识的过程,在这一过程中将各族人民联结起来的一条重要的"线"便是中华民族认同。[2]当前,各民族在经济文化等方面的交往交流交融逐渐深化,民族互嵌式社会结构与社区环境日益形成,各民族对中华民族的认同不断提升。习近平总书记指出:"只有铸牢中华民族共同体意识,构建起维护国家统一和民族团结的坚固思想长城,各民族共同维护好国家安全和社会稳定,才能有效抵御各种极端、分裂思想的渗透颠覆,才能不断实现各族人民对美好生活的向往,才能实现好、维护好、发展好各民族根本利益。"[3]因此,只有形成了共同的思想基础,建立起深厚的情感联系,才能维护各民族根本利益,巩固和发展社会主义民族关系。

---

[1] 中共中央关于党的百年奋斗重大成就和历史经验的决议[M].北京:人民出版社,2021:72.
[2] 陈立鹏,汪颖.习近平关于铸牢中华民族共同体意识重要论述的理论要点[J].中南民族大学学报(人文社会科学版),2021,41(10):18.
[3] 习近平.以铸牢中华民族共同体意识为主线,推动新时代党的民族工作高质量发展[M]//习近平.论坚持人民当家作主.北京:中央文献出版社,2021:327.

第三章

铸牢中华民族共同体意识理论的主要内容和基本观点

习近平总书记关于铸牢中华民族共同体意识的重要论述博大精深，内涵丰富，包括铸牢中华民族共同体意识的战略地位、重大意义、根本目的、理论内涵、实践要求等方面，深刻回答了铸牢中华民族共同体意识是什么，为什么要铸牢中华民族共同体意识，以及如何铸牢中华民族共同体意识这三个核心问题。

一、铸牢中华民族共同体意识的战略地位

习近平总书记提出的"要把铸牢中华民族共同体意识作为党的民族工作的主线"是对铸牢中华民族共同体意识战略地位的凝练总结。新中国成立后，我国始终坚持民族平等团结的原则。但过去一段时间，我国的民族工作过多强调"多元一体"中的"多元"属性，工作重心倾向于保护少数民族的历史文化特性，放大了民族间的差异，间接导致民族工作出现了"片面一元论"和"片面多元化"的思想，不利于各民族形成中华民族认同。而在当下，国家认同和民族认同在民族团结进步事业中发挥着日益重要的作用，各民族形成共同的思想和意识势在必行。因此，铸牢中华民族共同体意识的提出明确了新时代党的民族工作的方向是加强中华民族共同体建设，增进共同性、尊重和包容民族差异性。

古人云，秉纲而目自张，执本而末自从。"铸牢中华民族共同体意识是新时代党的民族工作的'纲'，所有工作要向此聚焦"是习近平总书记在2021年中央民族

工作会议上提出的新论断。"纲"字,表明了铸牢中华民族共同体意识在新时代民族工作中的领导性、代表性、表率性作用。这一重要新论断不仅是对新时代党的民族工作"以铸牢中华民族共同体意识为主线"在理论与实践层面上的进一步深入,更是将铸牢中华民族共同体意识落到实处、付诸实践的根本要求。[①]只有坚持以铸牢中华民族共同体意识为"纲",才能抓住主要矛盾,妥善处理好民族工作的方方面面,促进国家稳定、民族团结。

中共中央办公厅、国务院办公厅印发的《关于全面深入持久开展民族团结进步创建工作铸牢中华民族共同体意识的意见》明确指出,以铸牢中华民族共同体意识为根本方向,以加强各民族交往交流交融为根本途径,全面深入持久开展民族团结进步创建工作,是推进民族团结进步事业发展的必然要求。民族团结进步创建工作如果偏离铸牢中华民族共同体意识根本方向,就会出现方向性的错误。例如可能导致民族间相互排斥、歧视,难以形成一个命运共同体,严重者甚至会导致民族分裂事件的发生。因此,只有坚持新时代我国民族工作的根本方向,做好铸牢中华民族共同体意识工作,才能稳步推进各项工作。

总之,习近平总书记从新时代党的民族工作"主线"的高度、"纲"的高度,民族团结进步创建工作"根本方向"的高度,深刻论述了铸牢中华民族共同体意识的战略地位和极端重要性,具有重要的战略意义。

二、铸牢中华民族共同体意识的重大意义

铸牢中华民族共同体意识具有重大的历史意义和深远的战略意义,在习近平总书记提出的四个"必然要求"中得以深刻体现。

首先,铸牢中华民族共同体意识是维护各民族根本利益的必然要求。美好生活是各族人民的共同愿望,也是符合各民族根本利益的共同追求。当前,民族分裂势力、宗教极端势力、暴力恐怖势力(简称"三股势力")仍在对我国各民族成员(特别是边疆地区)进行思想渗透,妄图威胁与破坏我国各民族的根本利益。铸牢各民族中华民族共同体意识是有效抵御"三股势力"错误思想渗透的关键与

---

① 郝时远.民族工作以铸牢中华民族共同体意识为"纲"[J].贵州民族研究,2021,42(5):2.

根本。历史经验表明,只有心往一处想、智往一处谋、劲往一处使,才能使各民族同胞团结在一起,形成民族团结统一的意识观念,才能自觉抵御各种极端分裂思想的浸染,加强与境外势力做斗争的决心,共同维护好国家的整体利益和各民族的根本利益,让不法分子无机可乘。

其次,铸牢中华民族共同体意识是实现中华民族伟大复兴的必然要求。新中国成立以来,中国人民经历了从站起来、富起来到强起来的三个历史阶段。从抗日战争、抗美援朝的胜利到"两弹一星"的成功研制、"天宫"空间站的建设,再到高铁、5G技术领先全球,我国已成为全球第二大经济体,成为全球发展的中坚力量。这一过程,无不需要各族人民的团结一心与共同奋斗。当前,我们比历史上任何时期都更接近实现中华民族伟大复兴的目标,比历史上任何时期都更有信心、更有能力实现这个目标,而铸牢中华民族共同体意识便是凝聚中华儿女伟大合力,共同实现中华民族伟大复兴的前提条件。另外,在实现中华民族伟大复兴的道路上,不可避免地会面临一系列的风险、挑战和难题,只有铸牢中华民族共同体意识,将万众一心、亲如一家的思想根植于各民族人民心中,才能使其共同应对复兴路上的各种风险与挑战,顺利实现第二个百年奋斗目标。

再次,铸牢中华民族共同体意识是巩固和发展平等团结互助和谐的社会主义民族关系的必然要求。平等、团结、互助、和谐是我国社会主义民族关系的基本特征,其中,平等是基石,团结是主线,互助是保障,和谐是本质。这四个民族关系的基本特征与铸牢中华民族共同体意识的思想彼此呼应,铸牢中华民族共同体意识是巩固和发展社会主义民族关系的关键所在,只有铸牢中华民族共同体意识,才能增进各民族对中华民族的自觉认同,形成各民族对中华民族的深厚情感,进一步夯实我国民族关系的思想基础,推动中华民族成为凝聚力强、战斗力强的命运共同体。因此,铸牢中华民族共同体意识对于各民族团结互助、繁荣富强,不断巩固和发展平等团结互助和谐的社会主义民族关系必不可少。

最后,铸牢中华民族共同体意识是党的民族工作开创新局面的必然要求。根据国内外复杂形势以及我国多元一体的民族发展格局,当前民族工作的重点便是要处理好四对关系,即处理好中华民族共同性和各民族差异性的关系,处理好中华民族共同体意识和各民族意识的关系,处理好博大精深的中华文化和丰富多彩的各民族文化的关系,处理好物质基础和精神文明的关系。只有在推动少数民族和民族地区发展的过程中,时刻将铸牢中华民族共同体意识贯彻落实于各项工作之中,在尊重包容"多元"差异的基础上形成"一体"的共同体意识,铸牢各族人民的中华民族共同体意识,做到共性和个性的辩证统一,才能抓住新时代民族工作的主要矛盾,处理好各项民族事务,进而促进各民族交往交流交融,使党的民族工作开创新局面、实现新突破、迈上新台阶。

总之,四个"必然要求"既设身处地地从各民族自身利益的角度进行了阐述,又从整个中华民族复兴、国家繁荣富强的角度进行了阐述,还从民族关系发展、民族工作开新局的角度进行了阐述。

三、铸牢中华民族共同体意识的根本目的

在2021年的中央民族工作会议上,习近平总书记强调:"推动各民族坚定对伟大祖国、中华民族、中华文化、中国共产党、中国特色社会主义的高度认同,不断推进中华民族共同体建设。"[1]这一论述在强调"五个认同"的同时,明确指出了铸牢中华民族共同体意识的目的指向是推进中华民族共同体建设。以往有研究者认为中华民族共同体意识的内容就是"五个认同"[2],也有研究者认为"五个认同"是铸牢中华民族共同体意识的思想基础[3]。我们认为,"五个认同"是铸牢中华民族共同体意识的关键内容,而铸牢中华民族共同体意识是进一步引领各民族提升"五个认同"水平的必要途径,是建设中华民族共同体必须牢牢把握的政治方向,更是推动中华民族共同体建设,促进民族团结、国家稳定的核心要求。

在2021年的中央民族工作会议上,习近平总书记还指出:"铸牢中华民族共同体意识,就是要引导各族人民牢固树立休戚与共、荣辱与共、生死与共、命运与

---

[1] 习近平.以铸牢中华民族共同体意识为主线,推动新时代党的民族工作高质量发展[M]//习近平.论坚持人民当家作主.北京:中央文献出版社,2021:326.
[2] 郎维伟,陈瑛,张宁.中华民族共同体意识与"五个认同"关系研究[J].北方民族大学学报(哲学社会科学版),2018(3):12-21.
[3] 王延中.铸牢中华民族共同体意识 建设中华民族共同体[J].民族研究,2018(1):7.

共的共同体理念。"①"与共"一词在《现代汉语词典》中的释义为"在一起"。56个民族亲如手足,头顶同一片天,脚踏同一方土,拥有共同的疆域、共同的历史、共同的文化、共同的精神。各民族虽风格不尽相同,却血脉相连,不可分割。各民族只有牢固树立"共同体"理念,铸牢中华民族共同体意识,才能消除"大汉族主义"和"狭隘民族主义"等错误的民族主义思想的影响,齐心协力共同推进中华民族共同体建设,进而为实现中华民族伟大复兴的中国梦添砖加瓦。因此,铸牢中华民族共同体意识的根本目的是加强中华民族共同体建设,全面推进民族团结进步事业,最终实现中华民族伟大复兴的中国梦。

四、铸牢中华民族共同体意识的理论内涵

正确理解铸牢中华民族共同体意识的理论内涵是有效推进铸牢中华民族共同体意识实践进程的首要任务。对中华民族多元一体格局、中华民族共同体、中华民族共同体意识是什么,有什么相同点和不同点,如何正确处理其关系等,习近平总书记都进行了深刻精辟的阐述。

(一)关于中华民族多元一体格局

习近平总书记关于中华民族多元一体格局的深刻阐述是深入理解铸牢中华民族共同体意识理论内涵的前提与基础,也是铸牢中华民族共同体意识重要论述的重要组成部分。众所周知,费孝通先生1988年提出的中华民族"多元一体格局"的概念②,如今不仅成了中国民族问题研究的主流理论,也为中国共产党所吸纳并发展成为民族理论与民族政策话语体系的有机组成部分。③2014年,习近平总书记明确指出,"我们讲中华民族多元一体格局,一体包含多元,多元组成一

---

① 习近平.以铸牢中华民族共同体意识为主线,推动新时代党的民族工作高质量发展[M]//习近平.论坚持人民当家作主.北京:中央文献出版社,2021:327.
② 费孝通.中华民族的多元一体格局[J].北京大学学报(哲学社会科学版),1989(4):1.
③ 郝亚明.论中华民族多元一体格局与中华民族共同体建设[J].湖北民族学院学报(哲学社会科学版),2019,37(1):8-13.

体,一体离不开多元,多元也离不开一体……两者辩证统一"①。这深刻地论述了"一体"与"多元"的关系。2021年,习近平总书记又指出,"按照增进共同性的方向改进民族工作,做到共同性和差异性的辩证统一、民族因素和区域因素的有机结合"②。从这一系列的论述中可以看出,新时期理解中华民族多元一体格局,民族工作坚持"多元一体格局"理论指导,要更加强调中华民族多元一体中的"一体"属性,强调中华民族的共同性和整体性,即56个民族是一个共同体,一体是主线和方向,是中华民族的本质属性。在强调"一体"的前提下尊重"多元",尊重和保护各民族特有的文化和传统。习近平总书记对中华民族多元一体格局在新时代的新内涵作了深入的阐述,推动了中华民族多元一体格局理论在新时代的新发展。

(二)关于中华民族共同体

中华民族共同体是铸牢中华民族共同体意识中的核心概念,对此,习近平总书记曾多次进行阐述。2015年,习近平总书记明确指出:"我国56个民族都是中华民族大家庭的平等一员,共同构成了你中有我、我中有你、谁也离不开谁的中华民族命运共同体。"③2021年,在西藏拉萨调研时,习近平总书记再次强调了我国56个民族是一个中华民族共同体。在历史的变迁中,我国始终是一个统一的多民族国家。近代中国在面临生死存亡、山河破碎的危急关头,少数民族同胞与汉族同胞同仇敌忾,抵御外侮,救亡图存。如今,国家更加重视民族团结统一,坚决反对分裂势力。由此可见,中华民族作为一个命运共同体,是一个大家庭,每个民族都是这个大家庭的一员。中华民族多元一体格局是中华民族共同体形成的现实基础,而中华民族共同体则是中华民族多元一体在新时代发展的新样态,各民族只有形成一个共同体,才能团结一致,自觉维护国家统一和社会安定。

---

① 中共中央文献研究室.习近平关于社会主义政治建设论述摘编[M].北京:中央文献出版社,2017:150.
② 习近平.以铸牢中华民族共同体意识为主线,推动新时代党的民族工作高质量发展[M]//习近平.论坚持人民当家作主.北京:中央文献出版社,2021:328.
③ 姚大伟.习近平在会见基层民族团结优秀代表时强调 中华民族一家亲 同心共筑中国梦[N].人民日报,2015-10-01(1).

(三)关于中华民族共同体意识

中华民族共同体意识是"中华民族共同体"这一客观事实在人们头脑中的主观认知,是人们在社会实践中对中华民族和中华民族共同体的态度、评价和认同结果。2019年,在全国民族团结进步表彰大会上,习近平总书记明确提出,"我们辽阔的疆域是各民族共同开拓的","我们悠久的历史是各民族共同书写的","我们灿烂的文化是各民族共同创造的","我们伟大的精神是各民族共同培育的"。这四个"共同"构成了中华民族共同体意识的核心内涵。

在阐述中华民族共同体意识内涵的同时,习近平总书记也对中华民族共同体意识与各民族意识的关系问题进行了深刻论述。在2021年中央民族工作会议上,习近平总书记明确指出,"要正确把握中华民族共同体意识和各民族意识的关系,引导各民族始终把中华民族利益放在首位,本民族意识要服从和服务于中华民族共同体意识"[①]。这说明各民族不仅要铸牢中华民族共同体意识,还要将其摆在首要位置。需要注意的是,铸牢中华民族共同体意识并不意味着取代各民族的本民族意识,而是在中华民族共同体意识下,保护各民族的文化习俗,尊重各民族意识。

根据社会心理学的社会分类理论,不同种族或群体之间之所以存在隔阂,是因为个体或群体容易进行社会分类,将本民族/群体的成员划分为"我们",将其他民族/群体成员划分为"他们"。与此同时,根据社会认同理论的观点,群体认同会影响个体自我系统中群体属性内化的程度,成员对内群体的认同感越强烈,与内群体的成员关系越紧密,对外群体的排斥程度越高。由此可以看出,56个民族只有首先认同自己是中华民族的一员,才能接纳并将其他民族成员视为同胞,才能促进民族团结统一。因此,习近平总书记反复强调中华民族是一个大家庭,各民族都是大家庭的一员。当个人利益与家庭利益相冲突时,要以家庭利益为主,同时个人利益也理应受到家庭的保护和尊重。

---

① 习近平.以铸牢中华民族共同体意识为主线,推动新时代党的民族工作高质量发展[M]//习近平.论坚持人民当家作主.北京:中央文献出版社,2021:328.

五、铸牢中华民族共同体意识的实践要求

如何铸牢中华民族共同体意识,如何将铸牢中华民族共同体意识工作切实落到实处,是习近平总书记最关心的。2022年3月5日,在参加十三届全国人大五次会议内蒙古代表团审议时,习近平总书记深刻指出:"铸牢中华民族共同体意识,既要做看得见、摸得着的工作,也要做大量'润物细无声'的事情。""只要是有利于铸牢中华民族共同体意识的工作就要多做,并且要做深做细做实;只要是不利于铸牢中华民族共同体意识的事情坚决不做。"[①]关于如何铸牢中华民族共同体意识,习近平总书记围绕促进新时代民族工作高质量发展,全方位多视角进行了论述,具有很强的理论指导意义和现实针对性。

(一)坚持党的全面领导,把党的领导贯穿民族工作全过程

2014年,习近平同志在中央民族工作会议上强调:"做好民族工作关键在党、关键在人。只要我们牢牢坚持中国共产党的领导,就没有任何人任何政治势力可以挑拨我们的民族关系,我们的民族团结统一在政治上就是有充分保障的。"[②]中国共产党是中国特色社会主义事业的领导核心。中国共产党的领导是中国特色社会主义最本质的特征,是中国特色社会主义制度的最大优势。加强党的集中统一领导,既是我国的政治制度优势,也是铸牢中华民族共同体意识最根本的政治基础和组织保障。可以说,从历史的发展角度来看,如果没有中国共产党的集中统一领导,中华民族依然会处于一盘散沙、任人宰割的状态。只有坚持中国共产党的全面领导,各项事务才能有序进行,各民族之间才能团结一致,实现中华民族伟大复兴。

2014年,在第二次中央新疆工作座谈会上,习近平指出,"做好新疆工作,关键是要发挥党总揽全局、协调各方的领导核心作用,全面加强和改进党的建设,

---

① 黄敬文.习近平在参加内蒙古代表团审议时强 调不断巩固中华民族共同思想基础 共同建设伟大祖国 共同创造美好生活[N].人民日报,2022-03-06(1).
② 习近平.坚定不移走中国特色解决民族问题的正确道路[M]//习近平.论坚持人民当家作主.北京:中央文献出版社,2021:108.

为新疆社会稳定和长治久安提供坚强政治保证"[①]。2015年8月,在中央第六次西藏工作座谈会上,习近平强调,"做好西藏工作,必须坚持党的领导,全面加强党的建设,着力建设好各级领导班子、干部人才队伍、基层组织,不断提高党的创造力、凝聚力、战斗力"[②]。民族工作无小事。新疆、西藏等地地处祖国边疆地区,由于地理位置、经济发展水平、文化习俗等因素的影响,有其特殊性和重要性。深刻领会习近平总书记在新疆和西藏工作座谈会上的重要讲话精神,可以看到党和国家对新疆、西藏工作的高度重视,也说明了党的领导在民族工作中的极端重要性,坚持和加强党的领导是做好民族工作、推进民族团结进步事业的坚强政治保障。

坚持加强党对民族工作的领导,不断健全推动民族团结进步事业发展的体制机制,是我国民族团结进步事业的重要经验。2019年,在全国民族团结进步表彰大会上,习近平总书记深刻指出,"实践证明,只有中国共产党才能实现中华民族的大团结,只有中国特色社会主义才能凝聚各民族、发展各民族、繁荣各民族",并围绕铸牢中华民族共同体意识提出五点要求,其中一条就是"坚持党的领导,团结带领各族人民坚定走中国特色社会主义道路"[③]。2021年,在中央民族工作会议上习近平总书记进一步指出,"把党的领导贯穿民族工作全过程,形成党委统一领导、政府依法管理、统战部门牵头协调、民族工作部门履职尽责、各部门通力合作、全社会共同参与的新时代党的民族工作格局"[④],同时"努力建设一支维护党的集中统一领导态度特别坚决、明辨大是大非立场特别清醒、铸牢中华民族共同体意识行动特别坚定、热爱各族群众感情特别真挚的民族地区干部队伍"[⑤]。坚持党的全面领导既符合我国国家性质和民族工作的现实需要,也是我国国家治理的独特优势和

---

① 李学仁.习近平在第二次中央新疆工作座谈会上强调 坚持依法治疆团结稳疆长期建疆 团结各族人民建设社会主义新疆[N].人民日报,2014-05-30(1).
② 李学仁.习近平在中央第六次西藏工作座谈会上强调 依法治藏富民兴藏长期建藏 加快西藏全面建成小康社会步伐[N].人民日报,2015-08-26(1).
③ 习近平.在全国民族团结进步表彰大会上的讲话[M].北京:人民出版社,2019:8.
④ 习近平.以铸牢中华民族共同体意识为主线,推动新时代党的民族工作高质量发展[M]//习近平.论坚持人民当家作主.北京:中央文献出版社,2021:330-331.
⑤ 习近平.以铸牢中华民族共同体意识为主线,推动新时代党的民族工作高质量发展[M]//习近平.论坚持人民当家作主.北京:中央文献出版社,2021:331.

重要经验。因此，铸牢中华民族共同体意识，维护国家统一和民族团结，推进中国特色社会主义现代化建设，要始终坚持党的领导，完善党的各项制度，全面加强和改进党的建设，不断提高党的创造力、凝聚力和战斗力。

(二)推动各民族共同富裕，共同走向社会主义现代化

习近平指出，要推动各民族共同走向社会主义现代化。①中国共产党带领中华儿女实现了第一个百年奋斗目标，正努力朝着把我国建设成富强民主文明和谐美丽的社会主义现代化强国的第二个百年奋斗目标前进。当前，我国民族地区社会经济飞速发展的同时，也面临着很多制约性的问题。2020年我国脱贫攻坚工作取得了全面胜利，在世界扶贫史上是一个奇迹。但目前存在的一个现实问题是，部分已脱贫的地区出现了返贫现象。②可以说，防止发展相对落后的民族地区返贫是保卫我国脱贫攻坚战成果的重要一环，也是实现共同富裕的基本保证。习近平总书记深刻指出："中华民族是一个大家庭，一家人都要过上好日子。"③推动各民族共同富裕，共同走向社会主义现代化，就是要让各族人民享受共同富裕的福祉，促进城乡、区域的共同发展，推进乡村振兴。"发展是解决民族地区各种问题的总钥匙。"④要大力发展民族地区经济，为民族地区乡村发展提供优惠和照顾政策，鼓励和支持乡村企业和中小型企业发展，加大发达地区对落后地区的结对帮扶力度，缩小贫富差距。为流动人口提供就业岗位和福利保障。制定相应政策帮助经济欠发达地区引进人才资源，推动当地经济发展。要把改善民族地区民生、凝聚人心作为出发点和落脚点，加快补齐教育、就业、医疗、社保等民生领域短板，加强公共服务、缩小发展差距，进而不断增进民生福祉，增强各民族群众获得感、幸福感、安全感。只有走在共同富裕的路上，才能不断增强各族人民对中华民族的认同，铸牢中华民族共同体意识。

---

① 习近平.以铸牢中华民族共同体意识为主线，推动新时代党的民族工作高质量发展[M]//习近平.论坚持人民当家作主.北京：中央文献出版社，2021：329.
② 肖泽平，王志章.脱贫攻坚返贫家户的基本特征及其政策应对研究：基于12省(区)22县的数据分析[J].云南民族大学学报(哲学社会科学版)，2020，37(1)：81.
③ 习近平.在全国民族团结进步表彰大会上的讲话[M].北京：人民出版社，2019：8.
④ 中共中央文献研究室.习近平关于社会主义政治建设论述摘编[M].北京：中央文献出版社，2017：155.

(三)推广普及国家通用语言文字,促进各民族交往交流交融

各民族交往交流交融的本质是社会人际交往,而人际交往的基础是言语沟通。作为一个多民族、多语言、多方言的人口大国,普及国家通用语言文字,有助于推动民众日常交往,也有利于文化传承,更是增强民族凝聚力的重要举措。只有书可同文,语能同音,人方会同心。因此,要以国家通用语言文字为纽带,增强各民族在各领域中的交流,加强情感纽带,形成心理认同,为铸牢中华民族共同体意识夯基固本。习近平总书记曾多次就此进行阐述并作强调。2019年9月,在全国民族团结进步表彰大会上,习近平总书记提出,"要搞好民族地区各级各类教育,全面加强国家通用语言文字教育,不断提高各族群众科学文化素质"[1]。2021年3月,习近平总书记在参加内蒙古代表团审议时进一步指出:"要认真做好推广普及国家通用语言文字工作,全面推行使用国家统编教材。"[2]然而,部分地区在推广国家通用语言文字的过程中存在一些认识误区,例如误把国家通用语言文字的学习理解为汉语学习,认为这是"大汉族主义"的表现,担心大力推广国家通用语言文字将影响本民族语言和文化的学习传承。这种理解是片面和错误的。国家通用语言文字不是某个民族的语言文字,是我国各民族共享的语言文字,是中华文化的组成部分,是促进各民族交往交流交融的纽带。[3]国家通用语言文字服务于整个中华民族,是中华文化传承的重要载体。使用国家通用语言文字可以打破不同民族之间的交流壁垒,拉近彼此的距离。各民族对国家通用语言文字的学习和掌握,既是对中华文化符号的认同与接纳,更是增强民族共同性的客观需要。由此可见,推广普及国家通用语言文字,促进各民族交往交流交融,是铸牢中华民族共同体意识工作中的一个重要做法。

---

[1] 习近平.在全国民族团结进步表彰大会上的讲话[M].北京:人民出版社,2019:9-10.
[2] 中共中央党史和文献研究院.习近平关于社会主义精神文明建设论述摘编[M].北京:中央文献出版社,2022:91.
[3] 万明钢,安洁.国家通用语言文字教育是中华民族共同体建设的基础[J].西北师大学报(社会科学版),2022,59(4):54.

(四)加强社会主义核心价值观教育,增强各民族成员对中华文化的认同

习近平总书记指出:"人心是最大的政治。人心在我,各族人民就能众志成城。""做好民族工作,最关键的是搞好民族团结,最管用的是争取人心。"[1]心理学认为,只有增强认同感,个体或群体才能将自身归属为某一类群体。其中,文化认同是最深层次的认同,想要抓住人心,就必须增强各民族的中华文化认同,而增强中华文化认同最有效的途径就是加强社会主义核心价值观教育。社会主义核心价值观围绕个人、社会、国家三个层面进行了高度凝练,深刻阐明了中华民族共同的价值追求,体现了马克思主义理论的基本指导思想,凝聚了中国特色社会主义的共同理想,体现了特征鲜明的时代特色,是社会主义先进文化的核心。[2]社会主义核心价值观教育从根本上来说,就是要促进各族人民的文化认同,进而引导各族人民在求同存异、兼收并蓄的过程中巩固增强对中华民族的认同,使中华民族共同体意识深入人心。[3]因此,加强社会主义核心价值观教育,增强中华文化认同,是实现中华民族伟大复兴中国梦的重要一环,也是各民族不断形成统一思想堡垒的必要步骤。习近平总书记对此反复进行了论述和强调。2015年,在中央第六次西藏工作座谈会上,习近平总书记强调,"要把社会主义核心价值观教育融入各级各类学校课程"[4]。2018年,在参加十三届全国人大一次会议内蒙古代表团的审议时,习近平总书记围绕社会主义核心价值观的重要性进行了更加详细的阐述,"社会主义核心价值观决定着各民族共有精神家园的发展方向,必须在各民族中大力培育和践行,坚持从小就抓、从幼儿园就抓,注重从少数民族文化中汲取营养,创新载体和方式,搞好网上和网下结合"[5]。2019年在

---

[1] 中共中央文献研究室.习近平关于社会主义政治建设论述摘编[M].北京:中央文献出版社,2017:152-153.
[2] 罗迪.文化认同视角下的大学生社会主义核心价值观教育[J].思想教育研究,2014(2):107.
[3] 陈立鹏,汪颖.习近平关于铸牢中华民族共同体意识重要论述的理论要点[J].中南民族大学学报(人文社会科学版),2021,41(10):23.
[4] 中共中央文献研究室.习近平关于社会主义社会建设论述摘编[M].北京:中央文献出版社,2017:53.
[5] 中共中央党史和文献研究院.习近平关于社会主义精神文明建设论述摘编[M].北京:中央文献出版社,2022:122.

全国民族团结进步表彰大会上,习近平总书记明确提到要"以社会主义核心价值观为引领,构建各民族共有精神家园"[①]。2020年8月,在中央第七次西藏工作座谈会上,习近平总书记指出,"要培育和践行社会主义核心价值观,不断增强各族群众对伟大祖国、中华民族、中华文化、中国共产党、中国特色社会主义的认同"[②]。

从在校学生到社会民众,从学校教育到社会教育,习近平总书记深入系统地论述了加强社会主义核心价值观教育、增强中华文化认同对铸牢中华民族共同体意识的重要性。进行社会主义核心价值观教育,就是要促进各族人民的文化认同,进而引导各族人民在求同存异、兼收并蓄的过程中巩固增强对中华民族的认同,使中华民族共同体意识深入人心,让中华民族共同体牢不可破。因此,要深入落实社会主义核心价值观教育要求,加强社会主义核心价值观教育体系和制度建设,充分利用网络优势和名人效应,充分发挥社区、村民小组等基层组织的作用,积极营造良好的社会氛围。特别是青少年学生处于"三观"形成的关键时期,学校在开展社会主义核心价值观教育的过程中,要与时俱进,因时而新,及时完善教学内容,创新教学形式方法,激发学生的学习兴趣和情感共鸣,使其加深对中华文化的理解和认同,进而铸牢中华民族共同体意识。

(五)深入开展民族团结进步创建工作,加强中华民族共同体意识教育

民族团结进步创建是中国特色社会主义事业的重要组成部分,是促进各民族相互信任、亲近、合作、共处,形成国家凝聚力的有效途径,是铸牢中华民族共同体意识系统工程的重要内容和实践载体。2015年,在中央第六次西藏工作座谈会上,习近平总书记就提出,"要大力培育中华民族共同体意识,广泛开展民族团结进步宣传教育和创建活动"[③]。在2018年参加十三届全国人大一次会议内蒙古代表团的审议时,习近平总书记进一步强调了民族团结进步宣传教育的重要

---

① 习近平.在全国民族团结进步表彰大会上的讲话[M].北京:人民出版社,2019:9.
② 习近平.全面贯彻新时代党的治藏方略 建设团结富裕文明和谐美丽的社会主义现代化新西藏[N].人民日报,2020-08-30(1).
③ 李学仁.习近平在中央第六次西藏工作座谈会上强调 依法治藏富民兴藏长期建藏 加快西藏全面建成小康社会步伐[N].人民日报,2015-08-26(1).

性,深刻指出,"加强民族团结,基础在于搞好民族团结进步教育,建设各民族共有精神家园。要深入践行守望相助理念,深化民族团结进步教育,铸牢中华民族共同体意识,促进各民族像石榴籽一样紧紧抱在一起,共同守卫祖国边疆、共同创造美好生活"①。加强中华民族共同体意识教育是深化民族团结进步创建的需要,是对民族团结进步教育认识的升华和理论的创新,是对民族团结进步教育理念、内涵、根本目的的丰富和发展,也是民族团结进步教育新时代深入实践的客观要求。②

以往我国在民族团结进步教育中,比较注重保护各民族的多元性和差异性,尊重各民族独有的文化和习俗。而中华民族共同体意识教育则在尊重和包容各民族特殊性和差异性的同时,强调中华民族的一体性和共同性。2020年9月,在第三次中央新疆工作座谈会上习近平总书记指出,"将中华民族共同体意识教育纳入新疆干部教育、青少年教育、社会教育"③。2021年3月,在参加十三届全国人大四次会议内蒙古代表团审议时,习近平总书记再次强调,"要在各族干部群众中深入开展中华民族共同体意识教育,特别是要从青少年教育抓起"④。2021年,在中央民族工作会议上,习近平总书记进一步指出:"要构建铸牢中华民族共同体意识宣传教育常态化机制,纳入干部教育、党员教育、国民教育体系,搞好社会宣传教育。"⑤

当前,加强民族团结进步教育和中华民族共同体意识教育,建立完善铸牢中华民族共同体意识宣传教育的常态化机制,是各级党委政府的重大历史任务和新时代课题。各级党委政府特别是宣传、统战、教育、民宗等部门,要深入学习领会习近平总书记系列重要论述特别是关于中华民族共同体意识教育的创新性论

---

① 谢环驰.习近平在参加内蒙古代表团审议时强调 扎实推动经济高质量发展 扎实推进脱贫攻坚[N].人民日报,2018-03-06(1).
② 陈立鹏,张珏.关于深入推进中华民族共同体教育的几点思考[J].贵州民族研究,2020,41(6):144-145.
③ 鞠鹏.习近平在第三次中央新疆工作座谈会上强调 坚持依法治疆团结稳疆文化润疆富民兴疆长期建疆 努力建设新时代中国特色社会主义新疆[N].人民日报,2020-09-27(1).
④ 中共中央党史和文献研究院.习近平关于社会主义精神文明建设论述摘编[M].北京:中央文献出版社,2022:91.
⑤ 习近平.以铸牢中华民族共同体意识为主线,推动新时代党的民族工作高质量发展[M]//习近平.论坚持人民当家作主.北京:中央文献出版社,2021:330.

断的深刻内涵,深刻认识中华民族共同体意识教育的本质与目标,处理好中华民族共同体意识教育与民族团结进步教育的关系,把握二者之间的共性和特性,不断提高中华民族共同体意识教育的针对性和实效性。特别是要结合本地区本部门实际,研究制定落实方案,持续深入推进民族团结进步教育和中华民族共同体意识教育的开展。各级各类学校,尤其是边疆地区学校要在民族团结进步教育中聚焦中华民族共同体意识教育,确保中华民族共同体意识教育的成效。

(六)坚持依法治理民族事务,提升民族事务治理体系和治理能力现代化水平

在国家治理体系中,民族事务治理是重要的一环。随着国内外环境的变化以及我国改革开放的不断深入,国家治理体系和治理能力现代化在稳步推进的同时也面临新的挑战。2019年9月,习近平总书记在全国民族团结进步表彰大会上强调,"依法治理民族事务,确保各族公民在法律面前人人平等。要全面贯彻落实民族区域自治法,健全民族工作法律法规体系,依法保障各民族合法权益"[1]。2021年,习近平总书记又明确指出:"要提升民族事务治理体系和治理能力现代化水平。"[2]要深入铸牢中华民族共同体意识,新时代民族工作的开展就必须坚持法治理念,提升民族事务治理体系和治理能力现代化水平,确保各民族公民在法律面前一律平等,充分享有相应权利并履行相关义务,稳妥处理与民族意识形态相关的问题或案件,进而保证国家稳定和长治久安。另外,在完善党委领导、政府主导、部门配合、社会多方共同参与的民族治理新格局的同时,要把提升民族工作能力尤其是基层民族工作能力建设放在突出位置,着力培养维护党的集中统一领导态度特别坚决、明辨大是大非立场特别清醒、铸牢中华民族共同体意识行动特别坚定、热爱各族群众感情特别真挚"四个特别"好干部,推动新时代民族工作高质量健康发展。要不断提高民族地区各级干部的政治判断力、政治领悟力、政治执行力,做到精细谋划,精心施策,精准治理,不断攻克民族事务治

---

[1] 习近平.在全国民族团结进步表彰大会上的讲话[M].北京:人民出版社,2019:10-11.
[2] 习近平.以铸牢中华民族共同体意识为主线,推动新时代党的民族工作高质量发展[M]//习近平.论坚持人民当家作主.北京:中央文献出版社,2021:330.

理的瓶颈,弥补民族事务治理的薄弱环节和短板。民族事务治理现代化以协同共治为根本模式,以民族团结为根本目标,通过手段方法创新来提高民族事务治理效能。①要进一步加强网络监管和舆情监控,建立网络排查和预警机制。要围绕各民族群众最关切的实际问题,不断提升民族事务治理体系和治理能力现代化水平,坚决防范民族领域重大风险隐患,保证全国上下各层级的民族工作都能高效有序地开展,不断夯实中华民族共同体的法治基础,维护民族团结和社会稳定。

(七)严密防范民族领域重大风险隐患,坚决打击各种破坏民族团结、制造民族分裂的违法犯罪行为

古人云:"生于忧患,死于安乐。"在2021年中央民族工作会议上,习近平总书记以深沉的忧患意识、高远的战略视野强调:"要坚决防范民族领域重大风险隐患。"我国正处于百年未有之大变局的历史时期,一方面各个领域都在飞速发展,另一方面不确定或难以预见的风险因素也时刻潜伏在周围。统筹谋划和推进新时代党的民族工作,必须以实现中华民族伟大复兴为出发点和落脚点,着力防范化解民族领域重大风险隐患,坚决守住不发生区域性、系统性风险的底线。②切实提升防范化解风险的能力,严厉打击西方反华势力利用民族、宗教等问题对我国进行的各类破坏活动。坚决守住意识形态阵地,严格落实意识形态工作责任制,牢牢掌握意识形态工作领导权,坚决维护国家安全和民族团结。对于制造民族分裂的违法犯罪行为依法予以严惩,深化反分裂斗争成果。西汉刘向在《说苑·谈丛》里写道:"不困在于早虑,不穷在于早豫。"在铸牢中华民族共同体意识的工作中,"既要打好防范和抵御风险的有准备之战,也要打好化险为夷、转危为机的战略主动战"③。要以铸牢中华民族共同体意识为主线,提升化解风险的能力,积极应对各种风险与挑战。

---

① 黄贵辉.新发展阶段推进民族事务治理现代化的逻辑向度[J].西北民族大学学报(哲学社会科学版),2021(5):65-72.
② 本报评论员.坚决防范民族领域重大风险隐患:论学习贯彻习近平总书记中央民族工作会议重要讲话精神[N].中国民族报,2021-10-12(2).
③ 习近平.习近平谈治国理政.第三卷[M].北京:外文出版社,2020:220.

第四章

心理学视域下铸牢中华民族共同体意识的理论研究

一、心理学视域下增强中华民族认同研究

(一)中华民族共同体意识与中华民族认同

中华民族共同体意识是人们在社会实践中对中华民族和中华民族共同体的态度、评价和认同结果,主要包括两方面内容:一是中华民族认同,二是共同体成员对中华民族利益的认识与维护。中华民族认同就是一种具体的民族认同。换言之,就是个体知道并认可自己是中华民族一分子,以及对中华民族人群的心理依恋和情感偏爱。[1]一个多民族国家,如果其成员缺少统一的身份意识、强烈的民族认同,就不会关心与维护本民族的生存发展、兴衰荣辱、权利得失、利害安危。中华民族认同是维护民族利益的前提,既是构成中华民族共同体意识的一部分,也是形成中华民族共同体意识的基础。可以说,铸牢中华民族共同体意识的关键和核心在于增强中华民族认同。那么,如何增强中华民族认同?

---

[1] 佐斌,秦向荣.中华民族认同的心理成分和形成机制[J].上海师范大学学报(哲学社会科学版),2011,40(4):69.

(二)增强中华民族认同的心理学路径

1.尊重不同年龄阶段群体的心理发展特点

中华民族认同包含认知和情感双重维度,个体认知水平不是一个静态的固定不变的结构,而是伴随年龄增长不断发展变化的,认知能力是中华民族认同形成的基础,也会直接限制中华民族认同的发展水平。心理学家通过研究人的认知发展阶段来了解不同年龄阶段个体的心理特点。例如,小学阶段的儿童认知能力发展有限,运算思维一般还离不开具体事物的支持,离开具体事物进行形式逻辑推理会感到困难。以此作为启发,小学数学课本经常通过具体图像帮助学生理解问题,教师也会结合具体的事物和情境来辅助教学。如果课本内容与教师教学方式不以学生的认知水平和心理特点作为基础,不仅会造成学生的学习困难,还会损害学生的学习兴趣。

增强中华民族认同也是如此。不同年龄阶段群体的认知发展与心理特点存在差异,在形成中华民族认同的过程中遇到的问题各不相同。例如,目前大多数中学都对学生采取理论教育的方式,但中学生正处于身心发展的变化期,自我意识变强,对于人际关系极其敏感,经常会因为过度关注自己、在意他人的评价而出现害羞、退缩甚至自卑行为。除人际适应不良之外,受认知和思维发展水平的限制,中学生容易受到他人的暗示和影响,家长和教师的言语和非言语行为所传递的信息也会影响不同民族学生的交往态度。

对于不同年龄阶段的群体,既需要结合认知发展水平与心理特点确定他们在形成中华民族认同中所面临的问题,也需要通过问卷、访谈等方式找出发生问题的根本原因。针对幼儿园、小学、初中、高中、大学以及家庭教育提出有针对性、具体化的要求,才有利于解决问题,增强中华民族认同。

2.认识中华民族认同的形成过程

中华民族认同不仅受到心理发展水平的制约,而且受社会环境的影响。由于独特的多民族属性,中华民族认同是通过民族间不断的互动,各民族成员之间彼此接纳,打破原有的民族心理界限,由对本民族的认同扩展为对其他民族的认同,从而形成对中华民族共同体的认识以及对中华民族整体的认同。中华民族认同的形成过程可以划分为三个阶段,每一个阶段的特点都不相同,需要解决的问题也不同。

阶段一:认识阶段。受到居住地域风俗习惯、家庭、同伴的影响,本民族认同强烈,而中华民族认同是在家庭和学校教育中习得的,更多的认识还处于理论层面。由于缺少民族间交往互动,此时的中华民族认同较本民族认同处于较弱的水平。

阶段二:冲突阶段。无论是外出求学还是贸易经商,在与其他民族成员交往的过程中必然会经历文化冲突。文化冲突容易引发本民族认同与中华民族认同之间的冲突,但是同时民族心理界限也在交往中逐渐被打破,形成心理层面的中华民族认同。

阶段三:内化阶段。在这一阶段,民族成员通过与其他民族成员友好交往,克服文化冲突,摒弃民族偏见,建立积极的各民族印象,能够采取接纳的态度看待各民族文化风俗,认可自己的中华民族身份,同时在与各民族深切交往的过程中加深对中华民族命运共同体的认识,对中华民族产生依恋,为自己身为中华民族的一员而自豪。

3. 消除民族偏见,建立积极的群际关系

中华民族认同在群际互动中发展变化。建立积极的群际关系,打破各民族的心理界限,是增强中华民族认同的关键。

群际关系是民族群体之间的关系,但是它总是体现在具体的个体交往互动中。群际关系具有易冲突的特点,人们在相互交往过程中把自己看作不同民族群体的成员而非单独个体时,冲突会更容易发生。消除民族冲突有利于建立积极的群际关系。在社会心理学的视域中,导致群际冲突的主要原因是负性民族偏见。民族偏见实质上就是对某一个体或者某一个群体所持的一种态度,它是一种事先或预先就有的判断。根据态度形成的有关理论,民族偏见在结构上可以区分成三个方面:认识上的刻板印象、情感上的偏见以及行为上的歧视。

社会认同理论认为,民族偏见的产生源于认知水平上的社会分类。社会分类是人们为了在一个复杂多变、充满不确定性的世界中生存而发展出来的一种自然趋势。在进化过程中,为了生存与安全,人们需要具备快速分清敌友的能力,因而倾向于自动根据某些特征对人群进行分类,然后把自己归入某个类别从而形成内群体和外群体。群体成员能够通过内群体的积极评价肯定自我价值。社会分类造成的直接结果是,内群体的相似性和内外群体之间的差异性被夸大,从而形成稳定的内群体偏好和外群体偏见,即喜欢自己的群体,不喜欢其他群体。

研究民族偏见时,既要关注外显偏见,也要关注内隐偏见。双重态度模型理论认为,人对同一态度客体可能同时拥有两种不同的态度,一种是自动化的、内隐的态度,另一种是被意识到的、外显的态度。[1]大量研究表明,人的外显态度和内隐态度往往存在很大差异,甚至完全相反。外显态度容易受到教化,由于社会赞许性等原因,被试经常控制他们的真实想法,给出符合社会规范的答案。问卷调查、自我报告、深度访谈等测量方法是在意识层面进行的,直接要求被试者给出他们的态度,测出的通常是被试的外显态度。而人们面对外群成员时的自动反应是由内隐态度决定的,它与人们经过深思熟虑之后做出的外显行为并不一致。内隐偏见的测量需要在无意识层面进行。可以采用内隐联想测验、启动范式等心理学实验,测量人们在无意识状态下对其他民族的内隐态度。[2]格林沃德(Greenwald)等人利用内隐联想测验对黑人—白人种族刻板印象进行研究,实验中包括面孔图片和属性词,面孔图片包括黑人面孔和白人面孔,属性词包括积极形容词和消极形容词。内隐联想测验的原理在于当面孔图和属性词的关系与被试的内隐态度一致时,辨别任务更多依赖自动化加工,相对容易,因而反应速度快,反应时间短。当面孔图和属性词的关系与被试的内隐态度不一致或二者缺乏紧密联系时,往往会导致被试的认知冲突,此时辨别任务更多依赖复杂的意识加工,相对较难,因而反应速度慢,反应时间长。结果发现,人们更倾向于将白人与好的属性连在一起,将黑人与坏的属性连在一起,证实了种族偏见的存在。针对我国各民族起名差异以及着装特色,在内隐联想测验中利用不同民族姓名标

---

[1] 张林,张向葵.态度研究的新进展:双重态度模型[J].心理科学进展,2003,11(2):171-172.
[2] 卢焕华,徐苗,方慧珍,等.民族关系研究中的内隐偏见调查综述[J].西北民族研究,2011(4):5-19.

签、特色着装图片结合积极、消极属性词,可以充分证实人们是否真的存在负性内隐民族偏见,并且找出具体的刻板印象。

正确的群际接触能够减少民族偏见。接触理论认为,群际偏见是由于缺乏关于某一群体的充足信息或持有错误信息而产生的[①]。群际接触能够增进各民族对其他民族语言文化、风俗习惯的了解,缓解由于陌生感而导致的民族间的交往焦虑,同时使各民族在交往的过程中能够站在其他民族成员的角度考虑问题,从而提升群际关系,减少民族偏见。

并非所有的群际接触都能减少民族偏见,不恰当的群际接触反而会诱发群际冲突,导致消极的结果,甚至进一步加深民族偏见。奥尔波特(G. W. Allport)提出群际接触理论时认为,接触要想达到减少偏见的目的,必须满足四个条件:平等的地位(在群际接触中,接触的群体双方都希望能够拥有平等的地位,在平等的氛围下与外群体进行的接触会更有成效,同时接触也有助于平等地位的形成,二者互相促进),共同的目标(双方共同努力,且态度积极、目标明确),群际合作(共同目标的作用只在群体间存在合作关系而非竞争关系时才有效)和权威、法律的支持(群体双方更容易接受得到权威、法律支持的群际接触)。[②]

地位平等是建立良好群际接触的基础。在少数民族聚居区,学生往往来自多个民族。如果学校只要求少数民族学生学习汉语,了解汉族文化,就可能导致少数民族学生在与汉族学生交往时地位的不平等。如果学校同时将少数民族文化融入日常的学校活动,在保持民族文化特色的同时,也让汉族学生增加对少数民族文化的了解,会让所有同学在生活中真实感受到民族地位平等,从而促进民族间的交往。

间接群际接触也能有效减少民族偏见。间接群际接触是一种非面对面的群际接触形式。在间接性群际接触过程中,各民族成员能够通过观察学习来减少

[①] 曲映蓓,辛自强.中小学生民族偏见与歧视的成因及干预策略:群际接触的视角[J].心理技术与应用,2016,4(2):117.
[②] 李森森,龙长权,陈庆飞,等.群际接触理论:一种改善群际关系的理论[J].心理科学进展,2010,18(5):831-832.

民族偏见。[①]在观察学习中,学习者不用亲身经历,而是通过观察示范者的行为及其结果来习得该行为。通过观察其他同伴成功的跨群体交往结果,消除自己对其他民族成员的负面偏见。间接群际接触能够避免民族语言习惯差异,以及在直接接触中产生的焦虑感和不安全感,同时提高观察者的自我效能感,让观察者有信心并且愿意与其他民族成员交往,从而改善对外群体的态度,并进一步促进面对面的跨群体交往可能性的产生。

在观察学习中,示范者对学习者来说具有举足轻重的作用。在不同类型的示范影响下,人们通过观察学习,可以学到许多东西。观察学习也为教育中的示范教学、观摩教学以及教学演示等行为提供理论依据。利用榜样示范效应与观察学习也能够有效减少民族偏见,增强中华民族认同。

随着民族交往逐渐密切,许多汉族成员与少数民族成员相互之间建立了亲密的关系,他们就是观察学习中的示范者,民族心理学领域研究应该把这部分群体作为重点研究对象,通过深度访谈、问卷调查、观察记录、自我报告等方式研究他们跨民族交往的动机、交往方式,遭遇怎样的冲突困难以及最终如何化解,通过他们的经验来为研究者提供群体研究的依据。同时,他们也能作为观察学习的示范者,把访谈、生活记录制作成视频,通过媒体呈现给大众。网络是观察学习的最佳平台,应充分利用网络作为传播媒介,让潜移默化的观察学习代替理论层面的空洞说教,同时鼓励影视明星拍摄民族交往交流交融视频、纪录片,举办大型跨民族活动,利用明星的影响力以及观众对他们的喜爱加深观察学习的效果。

减少负面民族偏见的关键在于不能把本民族的长处与其他民族的短处相比较,要善于发现每个民族的优点,研究者应该在研究各民族文化的同时,挖掘各民族特有的优秀品质。

综上,铸牢中华民族共同体意识的关键在于增强中华民族认同。首先,对于不同年龄阶段的群体,要针对其心理特点采取具体的措施。其次,中华民族认同在群际互动中形成,加强群际接触,减少负性民族偏见是增强中华民族认同的关

[①] 艾娟.间接群际接触改善群体态度的有效性:研究与启示[J].江汉学术,2016,38(4):109.

键,可以通过研究内隐和外显水平上的民族偏见、直接群际接触、间接群际接触等方式来减少负性民族偏见。

二、民族心理学视域下铸牢中华民族共同体意识研究

(一)铸牢中华民族共同体意识的心理学因素

1.文化适应

加强各民族间的交往交流,积极培育中国各民族对中华文化的认同与适应,是铸牢中华民族共同体意识的文化基础,也是中华民族共同体意识结构中"知"的重要体现。文化适应是指不同文化背景下的群体,在不断接触中产生的心理和行为变化的过程,本质上是个体解决生活中面临的文化冲突、压力的过程,包括社会文化适应和心理适应两方面。[①]

社会文化适应是从群体层面关注文化适应,主要表现为对新环境的重新认知与解释,是适应者与主体文化建立和谐关系的过程。这一过程的顺利进行离不开对主体文化的态度,而态度又通过文化适应策略表现出来。加强中华文化认同,是铸牢中华民族共同体意识的精神根基。[②]

贝里(Berry)的"跨文化适应模型"根据对待本体文化和主体文化的态度,将文化适应策略分为整合、分离、同化和边缘化四种类型。当个体既想保持自己原有的文化,又想与主体文化保持良好的关系时,采取整合策略;如果个体只想保持原有文化身份,而排斥与主体文化建立关系,则采取分离策略;若个体只追求与主体文化的亲密关系,而不想保持原有文化,采取同化策略;但当个体既不想与主体文化产生联系,也不想保持原有的文化特征时,采取的是边缘化策略。

总的来说,在不同文化的交流与融合过程中,既具有机遇也富有挑战,采取合理有效的策略才能顺利完成文化适应。高承海等人的研究表明,文化适应策

[①] WARD C, KENNEDY A.Locus of control, mood disturbance, and social difficulty during cross-cultural transitions[J].International journal of intercultural relations,1992,16(2):175-194.

[②] 李曼莉,蔡旺.论铸牢中华民族共同体意识的三个基本问题[J].广西民族研究,2020(3):17.

略与民族认同具有显著的相关性,当个体选择分离策略时,对本民族的文化认同感最强,而采取同化策略时对主体文化认同感最强。[1]我国是一个多民族的国家,在铸牢中华民族共同体意识中面对文化适应问题,既不能采取贸然进取的分离策略,也不能采取全盘吸收的同化策略,而应选择既保持本民族文化特色,又与主体文化密切联系的整合策略,不仅有利于对主体文化的适应,还保障了各民族的原有特色。

心理适应是适应的情感成分,从个体层面关注新环境下的心理变化,有助于适应者在面对文化差异时保持积极、健康的心理状态。胡平等人在铸牢中华民族共同体意识的相关研究中提到,通过认知更新的方式实现个体心理空间的再生产,将抽象的意识转化为具体可见的表征符号,有利于个体对新知识的接受,而这一过程的实现前提是对新环境的积极心理适应。

心理适应可以用认知失调理论来解释。该理论认为,个体对于客观事物的态度,以及态度所对应的行为之间是相互协调的,一旦态度与行为间出现不一致,有机体将处于不和谐的状态,形成力求减少失调感的压力,而这种压力可以通过认知、行为的改变来缓解。刘吉昌和金炳镐提到,要正确认识民族文化的多样性,增强中华各民族的文化认同与适应。[2]个体过去的经验如果受到过其他民族文化价值观的冲击,就可能产生心理紧张等不平衡的状态。若这种紧张状态无法缓解,就会造成民族文化间的偏见与排斥。个体只有通过改变先前的认知,正确对待并适应不同民族文化间的差异,实现态度与行为上的一致,才能顺利实现各民族文化交流方面的实践。由此可见,无论是社会文化适应的态度与策略,还是心理适应下的健康状态,都对铸牢中华民族共同体意识中的"知"具有重要意义。

2.民族心理距离

实现中华民族伟大复兴的中国梦,要以铸牢中华民族共同体意识为主线,全

---

[1] 高承海,安洁,万明钢.多民族大学生的民族认同、文化适应与心理健康的关系[J].当代教育与文化,2011,3(5):109.
[2] 刘吉昌,金炳镐.构筑各民族共有精神家园 培养中华民族共同体意识[J].西南民族大学学报(人文社会科学版),2017,38(11):30.

面推进民族团结进步事业,不断促进各民族的交流与融合。我国是一个统一的多民族国家,各民族"像石榴籽一样紧紧抱在一起",从心理学角度来看,就是要通过缩短各民族间的心理距离,实现各民族成员心往一处想、劲往一处使的美好愿景。

解释水平理论认为,人们对事件的反应取决于对事件的心理表征,表征的抽象程度取决于个体感知到的心理距离。心理距离是个体感知到某事物与自己、此刻、此地距离远近的一种主观体验,可以用来代表人与人间的亲密及理解程度,是一种自我中心的概念,会影响人们对事件的决策与判断。心理距离反映在各民族之间即为民族心理距离,是各民族在文化、认知方面的差异导致的心理上与其他民族的距离感。[1]

从主体民族角度出发,民族心理距离是各民族与主体民族互动中产生的心理现象。与主体民族文化、生活习俗等相似程度越高,心理距离越近;而与主体文化差异越大,心理距离越远。姜永志等人的研究表明,民族间的交往交流,有利于增进民族关系,改变民族交往中的错误认知,缩短各民族间的心理距离。[2] 各民族与主体民族间通过不断的沟通和交流,最终会形成一个具有中华民族共性与少数民族特性双重内涵的"民族文化心理场",在这个"场"里,成员之间相互接纳,相互包容借鉴,民族心理距离逐渐变小。

从本民族角度出发,民族心理距离具有两面性。一方面,合适的民族心理距离能够增进对本民族的信心和凝聚力,增强对本民族的认同。中华民族是56个民族共同组成的大家庭,不同民族都有自己独特的风俗习惯、文化价值等,民族心理距离的存在,使每个民族的历史文化得以传承。在铸牢中华民族共同体意识的进程中,民族特色及优势得到发挥,增强了民族内部的凝聚力和自豪感。另一方面,民族心理距离过大会导致民族关系僵化。各民族间界限清晰,对其他民族存在偏见,限制了与其他民族交往的意愿,逐渐减少与其他民族的交流和融合,使各民族在交流和沟通中阻碍重重,不利于中华民族大家庭的团结。因此,

---

[1] 刘有安.族际交往中的"民族心理距离"解析[J].云南社会科学,2008(5):63.
[2] 姜永志,侯友,白红梅.中华民族共同体意识培育困境及心理学研究进路[J].广西民族研究,2019(3):109.

铸牢中华民族共同体意识,应在保证每个民族不受侵犯的情况下,最大化地缩短各民族之间的心理距离,加强各民族之间的融合。

充分了解民族心理距离产生的原因,才能在拉近各民族间心理距离的进程中有的放矢。影响民族心理距离的因素主要有历史原因、认知偏差、文化习俗、维护民族安全需要、语言沟通障碍等。民族间的交流和融合,受到历史因素的影响,若历史上民族间矛盾重重、冲突不断,那么当下民族间的心理距离也会增加。

且由于各个民族具有群居性、独立性等特点,首因效应在民族相互认知中尤为重要,一旦本民族成员具有负面信息,将导致群体污名化现象,影响到其他民族对本民族的评价,民族间关系逐渐疏远,心理距离增大。文化习俗也成为增大心理距离的重要因素,不同民族间的宗教信仰、文化及生活习俗不同,在民族交流中产生的分歧和冲突,导致对其他民族排斥。有时为了维护民族界限、民族发展和壮大,需要本民族成员齐心协力。保护本民族及民族分界的意识较强,使民族间的心理距离逐渐增大。最后,不同民族之间的语言差异较大,在彼此交流的过程中会由于语言不通导致交流障碍,对文化融合及民族交往产生负面影响,加大民族心理距离。由此可见,民族心理距离的存在,对于加强民族团结、铸牢中华民族共同体意识弊大于利,要缩短各民族间的心理距离。

3.民族意志

人类的发展史,就是一部克服困难、战胜灾难的历史。从人类起源到华夏文明,从抗日战争到新中国成立,从温饱不足到全面小康,历史的长河中从不缺少中华民族顽强奋斗的精神和坚定的意志。意志是个体自觉确定目的,根据目的调节支配自身行动,克服困难从而实现预定目标的心理过程,是人类独有的心理活动,包括意志决定与意志执行两个阶段。在铸牢中华民族共同体意识的进程中,民族意志是各民族人民决定为了共同目标,克服重重困难和阻力,最终实现中华民族伟大复兴的心理过程。

民族意志的决定阶段,是意志行动的准备期,体现的是一个人的思想、观点、立场甚至价值观,与行动者的动机有关,而动机是由个体的需要产生的。马斯洛(Maslow)的需要层次理论将人的需要分成生理需要、安全需要、归属与爱的需要、尊重需要以及自我实现的需要五个等级,这些需要体现在一次又一次保卫中华民族的反侵略战争中,体现在海外游子盼望回归祖国母亲的怀抱中,体现在世界称赞的中国速度、中国高度中,更体现在为国捐躯、舍身救人的英雄事迹中。总之,民族意志决定阶段中的价值取向和需求动机,对中华民族伟大复兴具有重要意义。

民族意志的执行阶段,是动机付诸实践的行动期。是否能努力克服主观和客观上遇到的困难,充分发挥主观能动性,是判断民族意志坚定与否的关键。铸牢中华民族共同体意识,无论是经济发展还是文化交流,都会存在一定的困难和阻碍。对我国这样一个多民族的国家而言,自然条件、地理位置带来的经济发展差异,会导致民族间的心理不平衡。此时若民族意志薄弱,将会产生消极不健康的情绪,甚至出现极端事件。一旦这种情绪蔓延,将会对整个社会发展产生负面影响。当民族意志发挥作用时,发展不平衡地区的人民,在较大的经济、生活差异面前,能充分信任国家经济发展的政策及规划,缓解不平衡的心态。而民族间的文化交流与融合,更需要民族意志的努力。我国幅员辽阔,不同民族间的语言具有较大差异,在沟通过程中会遇到语言不通这一棘手问题,一旦民族意志薄弱,将会放弃与其他民族交流甚至与主体民族文化融合的意愿,这将阻碍中华民族共同体意识的发展。但坚定的民族意志会充分发挥人的主观能动性,通过其努力学习新知识、新语言、新文化的方式促进各民族间的文化交流。由此可见,铸牢中华民族共同体意识,民族意志在每个阶段的重要性都不容小觑。

(二)铸牢中华民族共同体意识的心理学方案

1.提高文化适应能力

铸牢中华民族共同体意识,要重点加强对主体文化的适应能力,正确对待本民族及其他民族文化。

(1)转变态度,提高对主体文化的适应能力。从群体层面来说,提高对主体文化的适应能力关键在于对主体文化态度的转变。影响态度转变的心理因素有传递者的权威性、沟通信息的公平性、接受者的心理倾向、情境等。传递者的权威性意味着在铸牢中华民族共同体意识的过程中,提倡适应主体文化的主体应是民众可信服的、具有吸引力的,如地方政府、官方媒体及具有社会影响力的名人。这类信息传递者对主体文化适应重要性的宣传,更有利于民众实现态度转变。沟通信息的公平性强调对主体文化转变态度时,双方利弊得失必须是等量的,一旦出现无法保证公平的现象,需要对利益受损方使用补偿策略。国家应加大财政、教育、资源等方面的投入,根据当地需求,实行一区一议的政策支持。接受者的心理倾向表明个体态度的转变与其人格特质息息相关,我们必须认识到确实存在对主体文化无法适应的个体,甚至出现排斥、否定等极端现象。为此,应在非主体文化地区建立专门的心理健康服务机构,并派遣专业的心理咨询人员。而情境在态度转变中强调事件曝光频率的重要性,适应主体文化并非一日之功,必须经过长久的时间积累,潜移默化地影响其他民族地区。因此,应定期在民族地区开展主体文化宣传活动,做好主体文化在民族地区的常态化宣传。

(2)增强心理控制感,引导合理归因。从个体层面来说,增强心理控制感及正确归因是合理对待本民族文化及其他民族文化的关键。心理控制感是一个人对客观事物及事件的掌控程度,当客观事物是个体可掌控的,个体就会戒备心减弱,安全感提高。本民族文化受到他族文化的冲击时,若个体在认知范畴上认为这种冲击是可以预测及把握的,会正确对待其他民族文化,积极适应其他民族文化。为此,在各民族文化交流的前期,出台具有保护民族特色的相关法律政策,确保每个民族在文化交流中不受侵犯是非常必要的。而正确的归因方式体现在本民族与其他民族文化交流的后期。归因方式会影响到个体后续的行为。当从民族间的交流中获益时,将这种利益归因于双方共同努力的结果,对今后开展各种民族交流活动具有积极作用。因此,要及时、准确地做好有关民族交流成果的报告,用通俗易懂的方式呈现给民族地区的人民,将民族交流意愿植入人心。

2.缩短民族心理距离

(1)构建共同的历史记忆,发挥印象管理策略。

对主体民族而言,难以实现所有民族间物理距离的亲近,但可通过缩短民族心理距离,真正实现"石榴籽"的美好愿景。一方面需要构建共同的历史记忆,由于不同民族间的历史文化各有千秋,只有构建共同的历史记忆,才能增强各民族的归属感。可将有关中华民族团结一致的历史纳入义务教育课程中,并在全国范围内实行统一标准,实现中华民族共同体意识的内化。另一方面主体民族要做好印象管理。由于群体污名化现象的存在,非主体民族可能会受到主体民族中较为极端的事件影响,对主体民族产生排斥、偏见等评价。因此主体民族要充分发挥自我优势,主动缩短与其他民族间的心理距离。例如加大优质教师资源向偏远地区倾斜的力度,在非主体民族地区建立公益性组织,同时也要引导主体民族地区人民以接纳、包容的心态对待其他民族。

(2)重视民族间交流沟通,充分利用人际吸引原则。

对于非主体民族而言,既要重视本民族"走出去",也要吸引其他民族"走进来"。随着普通话的普及,其他民族在与主体民族交流时,语言已不成为阻碍。但非主体民族间的交流,有时会存在语言不通的现象。为此,应重视交流媒介的重要性,在实现村村通马路、村村通网络的前提下,通过技术手段开发适用性强、操作便捷的民族语言翻译软件,克服民族间天然的交流障碍。除此之外,还应重视民族间的非语言沟通,充分运用新技术、新媒体打造实体化的宣传载体,展示不同民族地区特有的非语言形式,例如蒙古族和藏族"献哈达"的寓意已深入人心,可通过肢体语言实现心理距离的缩短。而在吸引其他民族"走进来"时,应注重人际吸引原则,强调时空接近性、需求互补性。因此,非主体民族地区应重点建立与邻近民族间的关系,将空间距离的缩短转化为心理距离的缩短。并挖掘本民族的地方优势,形成不可替代的民族特色,例如傣族人民的泼水节、彝族的火把节等。

3.培育民族意志品质

铸牢中华民族共同体意识,要培育坚定的民族意志品质,注重意志动机的培养,保障意志的执行。

(1)追求自我实现,培育无意识、长远性动机。

对于民族意志的准备过程而言,由于中华民族伟大复兴是极其伟大的进程,在需要层面要强调自我实现的重要性。在动荡的年代,自我实现是不顾生命安危为国捐躯的壮举;而在和平年代,自我实现表现在个体充分发挥自己的才能,将自己毕生所学投入社会,推动社会发展的实践中。自我实现的培养关键在于自我认知,而教育是引导人们正确自我认知的最好方式。因此,要加强对大学、中小学学生的职业生涯教育。青年人只有在踏入社会前充分了解自己,才能在今后的工作岗位中实现人生价值。为确保民族意志的执行阶段有更多的认知资源,在意志动机的培养上要强调无意识动机的重要性。这种无意识动机一方面是通过长期的艰苦奋斗,在头脑中形成的内化需求,另一方面是受外界社会潜移默化的影响而形成的。在信息技术发展迅速的今天,手机等电子通信设备成为人们必不可少的日常工具。可利用大数据,分年龄阶段、工作类型、民族地区等有针对性地推送有关民族精神、民族交流、民族融合的信息,长此以往,中华民族共同体意识的无意识动机就会逐渐培养起来。当然,铸牢中华民族共同体意识,任重而道远,需要我们长期努力奋斗。因此,应通过立法、普法等形式将中华民族共同体意识的无意识动机转化为长远动机,塑造一代又一代的民族意志品格。

(2)监控动机与效率的关系,及时解决动机冲突,增强自我效能感。

对于意志执行过程而言,在铸牢中华民族共同体意识的进程中,困难与挫折不可避免。动机的最佳水平会随着任务性质的不同而发生改变,在执行过程中对于难度较大的任务,应及时调整动机,确保任务的效率。铸牢中华民族共同体意识的进程中,应充分考虑到当地的现实情况,尤其是对边远民族地区宣传民族政策、开展民族交流融合时,不应贸然求进,要充分给予民族地区人民接受新文化、新政策的时间。但当冲突和棘手的问题是在个体间产生时,例如在民族经济发展中,商户经营者一方面倾向于市场扩大,另一方面又担心竞争对手数量的增多,从而产生动机冲突,影响到民族经济发展的进程,此时政府应给予适当的指导,可举办免费的培训以提高从业者的职业道德,打造"一区一品"等特色商圈,保障经营者竞争的可控性。

意志的执行阶段是一个循环的过程,铸牢中华民族共同体意识需要充分发挥人的主观能动性,这离不开个体的自我效能感。效能感的增强不仅受到自我成败经验的影响,还与他人替代经验有关。在铸牢中华民族共同体意识进程中,除政策保障外,还可通过树立民族发展成功典型,增加民族地区人民对他人成败经验的积累,从而提高其在铸牢中华民族共同体意识过程中的自我效能感。

三、民族心理距离视域下铸牢中华民族共同体意识的路径

(一)民族心理距离与中华民族共同体意识的关系

解释水平理论(Construal Level Theory,CLT)认为人们对事物的表征具有不同的抽象程度,对这种抽象程度的解释取决于人们感知到的心理距离。[①]心理距离(psychological distance)是个体感知到某事物与自己距离远近的一种主观体验,它存在于人类社会生活的各个方面,可代表人际的亲密及理解程度,影响个体的决策与判断。如果将自己此时、此刻、此地的个体直接经验作为原点,那么外界任何非直接经验的事物与我们之间都存在心理距离,因此利伯曼(Liberman)和特罗普(Trope)等将心理距离分为时间距离(time distance)、社会距离(social distance)、空间距离(spatial distance)和概率距离(probability distance)四个维度。[②]

时间距离(time distance)是个体根据当下的时间,判断已经发生或即将发生事件时间远近的一种主观知觉,是个体感知到事物在时间上的距离。研究发现,人们对相同事件的判断会受到时间距离的影响,当事件发生的时间距离较远时,个体会有更强的距离感;反之,事件发生的时间距离较近,距离感会减弱。例如人们对近期发生的事件"卷入"程度更深,而对于历史久远或未来世纪要发生的事件距离感较强。

社会距离(social distance)是个体对与外界社会关系状态的一种主观体验,是心理距离中描述双方亲密程度的重要维度,主要涉及自我与他人、熟人与陌生人,群体内与群体外等一切人与人之间的距离。对方与自己的相似性越多,个体主观报告与他人的社会距离就越近;反之,随着相似性减少,社会距离逐渐增大。例如在人际交往中,有共同的兴趣爱好和相似的性格时,更容易建立亲密友好的关系;而当性格差异较大或共同话题较少时,彼此间的亲密度较低。

[①] TROPE Y, LIBERMAN N.Temporal construal[J].Psychological review,2003,110(3):403-421.
[②] LIBERMAN N, TROPE Y, McCREA S M,et al.The effect of level of construal on the temporal distance of activity enactment[J].Journal of experimental social psychology,2007,43(1):143-149.

空间距离(spatial distance)是个体感受到的行为或事件发生位置与自己此刻所在位置距离的远近,人们普遍对于距离较近的客体具有亲密的评价,而对于距离较远的客体,人们常表现出事不关己,高高挂起的态度。例如"远亲不如近邻"就体现了空间距离对关系密切程度的影响,由于空间距离较近,个体与邻居的关系会优于那些相距较远的亲人。

概率距离(probability distance)是不同于时间、社会和空间距离的特殊维度,是人们对事件可能发生概率的判断。当一个事件从未发生或未来也不太可能发生的时候,个体会对此事件有很强的距离感。随着事件发生的可能性增大,距离感随之减弱。例如人们都知道靠购买彩票赚钱的概率微乎其微,相比于通过中彩票一夜暴富而言,人们更愿意通过努力工作、辛苦赚钱来实现人生梦想。

民族之间的心理距离即为民族心理距离,是各民族在文化、认知方面的差异导致的心理上与其他民族的距离感,具体表现为本民族成员不参与其他民族文化生活,对其他民族设防、妨碍其他民族成员参与本民族文化生活的心理现象。[1]根据心理距离的理论,民族心理距离还包括时间距离、社会距离、空间距离及概率距离四个方面。

首先,中华民族由56个民族组成,每个民族都具有属于自己的历史文化。随着一代代的传承,民族成员早已形成能反映本民族历史文化的无意识,这种无意识表现为与相似时间起源或具有共同历史记忆的民族关系更密切,而与那些非同一时期发展、具有不同历史记忆的民族关系较为疏远。龚方在探究历史记忆与民族关系的研究中提到,陕西"回民起义"使那些具有共同历史记忆的回族人民将苦难历史作为彼此凝聚在一起的精神,在潜意识中形成了具有分化功能的圈子,他们表现出对汉族人民的"客气",实则是一种心理距离的表现。[2]

其次,各民族间由于生活习惯、文化习俗、宗教信仰等千差万别,民族间的关系各不相同。一般来说,越相似的民族共同语言越多,交往的意愿也较为强烈;而那些差异较大的民族,在交往中容易产生戒备心,从而影响民族关系。例如受到宗教信仰差异的影响,新疆维吾尔族与回族、柯尔克孜族在交往过程中表现出

---

[1] 刘有安.族际交往中的"民族心理距离"解析[J].云南社会科学,2008(5):63.
[2] 龚方.历史记忆与民族关系:从陕西"回民起义"谈起[J].黑龙江民族丛刊,2012(3):91.

对彼此较高的认同感,而与汉族、锡伯族等非穆斯林民族的交往中,维护本民族文化的意识明显增强,体现了不同宗教信仰所带来的社会距离感。

再次,我国幅员辽阔、地大物博,各民族分布在祖国各处。随着经济的发展,各民族逐渐吸收和借鉴其他民族优秀文化,此时相距较近的民族交流机会较多,而相距较远的民族相互接触的可能性较小。例如乌鲁木齐市的维吾尔族、汉族、回族由于空间位置较近,彼此居住和生活在同一城市中,在国家政策的推动下,其交流交往密切,维护民族团结和国家统一的意愿明显增强。[①]

最后,民族语言各具特色,有时同一民族不同地区的方言都千差万别,这虽是一代代传承下来的属于本民族、本地区的特色,但这种特色只有本民族拥有,对于其他民族成员而言,接触"异族语言"是生活中的小概率事件。如果在民族交往中使用本民族方言,将会出现沟通障碍,增加与其他民族的心理距离。例如湖南桑植地区的少数民族曾大力推广本民族的语言,举办民族语言学校等,这虽有利于其语言文化的保留和传承,但对于本地区的其他民族而言,反而加剧了彼此间的心理距离。

综上所述,民族心理距离的时间、社会、空间和概率四个方面,均在不同程度上影响着民族关系。中华民族共同体意识本质上是一种群体认同,核心是要解决中华民族共同体与各民族之间的关系:既要在社会经济发展浪潮中突出民族特色,展现不同民族各自的风采,又要彰显中华民族整体的魅力;既要强调中华民族血脉相连的物理统一性,也要重视各民族成员心理上的维系程度。只有缩短民族心理距离,各民族成员在面对政治、经济、文化价值观的决策时,才会作出最有利于中华民族整体发展的选择,才能真正发挥意识的主观能动性,通过每个人的自觉努力,实现中华民族共同体意识的培育。

(二)多民族国家民族心理距离产生的原因

我国是一个统一的多民族国家,铸牢各民族中华民族共同体意识,首先需要充分了解当今民族心理距离产生的原因。以下分别从时间距离、社会距离、空间距离及概率距离四个方面对其原因展开论述。

---

① 王建基.乌鲁木齐市民族居住格局与民族关系[J].西北民族研究,2000(1):41.

1.时间距离——历史记忆与宣传导向

法国社会心理学家莫里斯·哈布瓦赫(Maurice Halbwachs)在20世纪提出集体记忆这一概念,他认为这是一群人对过去的记忆,这种记忆并不是个体记忆的简单相加,而是人们根据过去经验对当前观念重新构建的过程,人类发展的历史记忆属于集体记忆的范畴。多民族国家民族关系的好坏受到历史因素的影响,每个民族的发展具有不一样的起点和时间轴,只有在同一时期发展的民族,才具有共同历史记忆。这种记忆是各民族在长期奋斗中留存下来的宝贵精神财富,通过生活方式和生活态度代代相传,民族间共同历史记忆越多,关系就越近。但共同历史记忆的方向若相反,例如民族矛盾重重、冲突不断,反而会在人们心中留下深深的烙印,影响各民族间的关系。

如果说共同历史记忆是从过去的角度阐述民族时间距离,那么宣传导向则是从未来角度探讨民族时间距离的远近。个体对自己一生的时间是可预期的,一件事情一旦超出预期范围,对人的影响将不再重要。因此有关民族团结、民族共同体意识的宣传和教育,如果突破了人们时间预期的极限,那么所提倡的内容将不易被认同;相反,人们更愿意接受那些在可预期时间范围内、关系到各民族近些年或近几十年发展的政策。

2.社会距离——认知偏差与社会公平

尽管人类在本质上具有一些共同属性,但个体会依据本民族的价值观、道德观等,判断与其他民族的关系。当民族间差异较小、共同点较多时,彼此社会距离较近;当民族间差异较大时,相应地社会距离也会增加。但无论民族间的共同点是多还是少,由于民族差异导致的认知偏差都会影响各民族间的关系,这是个体在知觉自身、他人或外界环境时,根据经验或因情境因素知觉结果出现差错的现象,在民族交往中常表现为刻板印象、首因效应、近因效应、晕轮效应等。例如某一民族成员若作出不符合社会道德规范的行为,将加剧他人对该民族认知偏差的程度,甚至产生群体污名化现象,损害民族形象的同时也加大了民族间的社会距离。

除此之外,亚当斯(Adams)的公平理论认为,追求公平是人类的永恒话题,人们会将付出与回报比例与他人比较,并判断是否公平。若出现不公平现象,个体将会产生负面情绪,影响生产积极性。在中华民族伟大复兴奋斗的过程中,如果某一民族在各类事务上享有特殊权利或社会地位明显高于其他民族,民族不公平情绪将会产生,甚至会出现有损国家利益和民族团结的现象。

3. 空间距离——居住格局与边界意识

空间距离是民族距离最原始的形式,表现为民族居住格局的差异。在各民族形成初期,受到地理位置、经济发展及交通等影响,民族居住格局大多为分离状态,每个民族都居住在属于自己的生产空间内,很少与外界其他民族产生联系。在空间上产生强烈的距离感,民族团结意识、沟通意愿较低。

随着经济、社会的发展及各民族交往交流的增多,不同民族生活在同一地区的现象不再罕见。一方面表现出各民族向统一社会形式靠近的新趋势,另一方面为了维护民族界限,保护民族领土不受侵犯,民族成员表现出强烈的边界意识。边界意识越强,民族融合与交流的可能性就越小,甚至有的民族为了强化对本民族的认同,不允许民族成员与其他民族通婚。这种由于边界意识带来的长期闭塞与排外,阻碍了各民族在空间距离上的亲近。

4. 概率距离——语言障碍与群际接触

语言学家沃尔夫(Whorf)认为,语言是不同文化下的产物,决定了人们的思维方式,导致人们对世界的认识不同。各民族在长期发展过程中形成的固定语言模式,对民族沟通具有重要影响。沟通是一个传递者传递信息,接收者反馈信息的环路,但各民族错综复杂的语言系统,恰恰阻碍了这一环路的运行。当无法理解对方语言时,沟通会弱化甚至无效,削弱了民族间交往意愿。久而久之,民族成员将会把接触这种无法理解的"异族语言"归因于小概率事件,在认知上表现出疏远与隔阂,从而加剧民族心理距离。

除语言外,民族接触频率也会影响双方的心理距离。奥尔波特(G. W. Allport)于20世纪提出"群际接触假设",他认为缺乏接触所产生的陌生感和不熟悉感,是导致民族偏见与心理距离的重要原因。我国是一个多民族国家,各民族地理位置和经济条件各不相同,因此民族相互接触的机会有所差别。一般来说,人们通常认为与那些从未接触过的民族相互交流是小概率事件,从心理上加大了彼此的距离。

(三)民族心理距离视角下铸牢中华民族共同体意识的有效路径

铸牢中华民族共同体意识需要多方面、跨学科的努力。从民族心理距离产生的原因看,要在尊重各民族特色的前提下,不断缩短时间距离、社会距离、空间距离和概率距离,实现中华民族共同体意识从外显向内隐的转变,具体路径如下。

1. 追溯共同历史记忆,重视民族需求差异

从时间距离的角度来看,每个民族的成员都会通过追溯族源,缅怀先烈等方式,充分了解民族起源历史、英雄传记和神话等,从而在民族成员间形成一种共同性的历史记忆。在社会生活中,表现为个体更加依赖和信任共同历史记忆下的群体或他人。由此可见,共同历史记忆是各民族成员明确为什么出发,肩负什么使命的前提,更是增强中华民族认同感和归属感的重要法宝。新时期构建民族共同历史记忆,要在充分尊重历史事实的前提下,以敬畏之心对待各民族发展历史,鼓励传承那些有利于民族关系发展的史实,弱化民族纷争。例如在教材编写或教育教学中,要以连续的、进步性的历史事件强化各民族间的认同,将利于各民族团结的历史事实构建成为各民族成员的共同历史记忆。

追溯历史的同时也要正确对待各民族的发展情况,铸牢中华民族共同体意识是一项从自在到自觉再到自强的伟大工程,需要各民族成员的共同奋斗。马斯洛的需要层次理论提到,只有较低层次的需要得到满足时,高层次需要才会出现。也就是说只有各民族成员吃得饱、穿得暖、住得起房、看得起病、上得起学等需要得到满足后,为实现中华民族伟大复兴而努力奋斗的高层次需要才会出现。因此在当今社会的发展中,要注重各民族最底层、最基本、最急迫的需要,始终将人民的生存与安全放在发展的首位。例如在政策制定或教育宣传之前,要通过实地调研,充分了解不同民族地区的现状和不同民族成员的需要,在保障公平的前提下满足不同民族当下的需求。

2.发挥印象管理作用，注重社会发展公平

从社会距离的角度看，民族间的认知偏差或偏见，既影响本民族的形象，又加大了各民族间的心理距离，因此改变各民族间的错误认知是促进民族关系的关键。美国社会心理学家戈夫曼（Goffman）认为社会是一个大舞台，成员之间的相互交往是促进社会发展的关键，每个社会成员都能通过使用印象管理策略，控制别人对自己的印象，从而获得符合当前社会情境的积极评价。例如个体通过行为或讲述自己积极事件的自我提升策略，能使他人认为个体很有能力，通过赞同和认可他人观点的策略获得他人的好感等。因此各民族在交往中应合理使用印象管理策略，填补由于偏见产生的民族关系沟壑。例如将本民族优势资源免费开放给资源匮乏的地区，或在其他民族地区开展公益性事业等。

除此之外，公平是社会基本价值规范，可调节社会成员的权利和利益，也是影响各民族社会距离的重要因素。追求公平是社会主义的基本目标，是维护民族关系的基础，更是保障国家稳定发展的基石。因此在铸牢中华民族共同体意识的进程中，需要多方面共同努力，维护社会公平。政治方面要通过制定完善法律法规等，保障各民族权益不受侵犯；经济方面要大力发展偏远地区的经济，缩短民族间的贫富差距；文化方面要注重在文化交流与融合中，各民族特有文化的传承与发展；教育方面要合理分配教育资源，保障并逐步提升义务教育的质量。

3.引导各民族成员合理归因，多渠道打破空间壁垒

从空间距离的角度看，民族居住格局是影响民族关系的重要因素，也是为数不多可量化民族亲密性的形式。虽然改革开放后，我国各民族传统居住格局被逐渐打破，但依旧有民族成员存在强烈的边界意识，甚至一些地区人们认为互嵌居住格局不利于本民族的发展，对其他民族产生戒备心和防御心，依旧保持民族居住分异状态，阻碍了民族交流。因此，除了在政治、经济方面的努力，还应从归因的角度出发，使民族成员意识到民族互嵌居住格局的重要意义。为此，可将民族互嵌居住格局发展较好的地区，作为成功典型进行宣传，用榜样的力量宣传民族互嵌居住格局的好处，缓解由于错误归因造成的民族距离疏远。

而对于那些受到地理环境因素影响,既无法整体迁移到其他地区,也无法扩建吸引其他民族成员的地区,可通过其他民族"走进来"的方式,培育民族互嵌氛围。例如在街道、广告牌、公交站等公共领域张贴有关民族团结的宣传标语,潜移默化地打破空间壁垒;或通过人工智能技术打造虚拟民族互嵌空间,使民族成员足不出户即可体验到各民族交往与交流的魅力。

4.重视通用语言、非语言交流,增加民族曝光频率

从概率距离的角度来看,民族交流最大的阻碍就是语言不通。随着民族交往程度日益加深,共同语言已成为各民族的共同需要,在铸牢中华民族共同体意识进程中要正确对待国家通用语言和民族语言的关系,要在保护民族特色的前提下,增加国家通用语言的使用频率。例如强调普通话在各行各业中的重要性,鼓励在公共场合使用国家通用语言。同时,也要重视各民族成员的非语言交流,积极宣传不同民族表示友好的非语言模式,例如蒙古族人民和藏族人民"献哈达"的寓意已深入人心,通过这种非语言的方式也可建立积极的民族关系。

我国是一个多民族国家,由于历史、人口及地理位置等差异,一些民族有时并不会被其他民族成员所熟悉,从而产生民族陌生感。因此在铸牢中华民族共同体意识过程中要注重各个民族的宣传频率,保证每个民族在实现中华民族伟大复兴的历史舞台上都有发光发热的机会和被熟知的可能。为此,可通过新闻媒介大力宣传、使用短视频平台拍摄民族宣传片等方式,实现各民族形象从"不熟知"到"经常见"的转变。

四、心理学视域下中华民族共同体身份的建构

(一)中华民族共同体身份的提出背景

自2014年5月习近平总书记在第二次中央新疆工作座谈会上首次提出"中华民族共同体意识"后,中华民族共同体意识便在学术界得到了广泛探讨。2021年8月,习近平总书记在中央民族工作会议上进一步指出,"必须以铸牢中华民族共

同体意识为新时代党的民族工作的主线,推动各民族坚定对伟大祖国、中华民族、中华文化、中国共产党、中国特色社会主义的高度认同,不断推进中华民族共同体建设"[1],再次强调了推动建设中华民族共同体的重要性。与"中华民族"相比,"中华民族共同体"强调各族人民牢固树立休戚与共、荣辱与共、生死与共、命运与共的共同体理念,突出了中华民族以共同体形式存在和发展的状态和实质,蕴含了中华民族共同体的整体性、共同性和实体性特征。[2]

中国自古以来便是统一的多民族国家,在五千多年的文明发展史中,各民族共同开拓了祖国辽阔的疆域,共同创造了灿烂的中华文化,共同书写了悠久的国家历史,共同培育了伟大的民族精神。中华人民共和国成立以来,多民族的基本国情并没有发生变化,为了实现民族平等、保障各民族的权益和发展、保护各民族文化的特色和多样性,我国政府开展了卓有成效的民族识别工作,并通过制定一系列政策来保障各民族的经济文化权利,如民族区域自治政策和宗教信仰自由政策,专门立法保障清真食品的供应和管理,规定"各民族都有使用和发展自己的语言文字的自由"等。各民族在获得了平等的政治和法律地位后,得到了巨大的发展。然而,进入21世纪以来,世界政治格局正发生着前所未有的深刻转变,国际环境日趋复杂。作为统一的多民族国家,一定时期内,片面强调民族文化多样性的发展给西方敌对势力提供了可乘之机,西方"民族虚无主义"通过强调各民族独特性历史的存在,企图淡化中华各民族之间的情感,虚化中华民族共同体的实体性存在。而我国目前正处于实现中华民族伟大复兴的关键时期,需要巩固和发展最广泛的统一战线,凝聚起海内外全体中华儿女,形成实现民族复兴的磅礴力量。因此,"中华民族共同体"概念的提出和强调,不仅是对"中华民族"理论内涵的丰富与发展,也是新时代面对错综复杂的国际格局,凝聚全体中华儿女共识,实现中华民族伟大复兴的必然要求。

中华民族共同体的建构,不仅需要国家层面的政策引导,也需要个体在社会生活中的具体践行。而个体能否在日常生活中践行中华民族共同体理念,关键

---

[1] 习近平.以铸牢中华民族共同体意识为主线,推动新时代党的民族工作高质量发展[M]//习近平.论坚持人民当家作主.北京:中央文献出版社,2021:326.
[2] 孔亭,毛大龙.论中华民族共同体的基本内涵[J].社会主义研究,2019(6):51-57.

在于其中华民族共同体身份的建构,即个体能否与中华民族共同体身份建立心理联结,形成主观层面的身份认同。心理学研究显示,身份认同是群体成员以群体身份发展出态度和行为倾向的基础,而且群体身份认同与群体行为间的密切关系也在不同的现实群体中得到了验证。

因此,中华民族共同体身份的建构,是个体在社会生活中践行中华民族共同体理念的基本前提,也是国家开展以铸牢中华民族共同体意识为纲的各项民族工作,推动建构中华民族共同体的必要条件。倘若对中华民族共同体身份建构的研究不够深入,理论研究没有发挥其应有的对实践的指导作用,群体成员就难以以中华民族共同体身份发展出积极的态度和行为倾向,中华民族共同体的建构也会停滞不前。

(二)中华民族共同体身份的建构

社会心理学领域著名研究者泰弗尔(Tajfel)和特纳(Turner)于1978年提出社会身份认同理论,从主观心理层面论述了社会身份的建构过程,认为个体社会身份的建构需要让其形成心理上的认同,将身份认同定义为"个体认识到他(或她)属于特定的社会群体,也认识到作为群体成员带给他的情感和价值意义",并且指出社会身份认同主要通过类别化、社会比较和积极区分三个过程形成。

首先,类别化是建构社会身份认同的基础,俗话说"物以类聚,人以群分",人们会自动地根据事物的相似性来进行类别的区分,对信息进行类别化是人类为了适应环境而进化出的认知策略。对人同样如此,人们倾向于根据他人和自己的异同来区分内群体和外群体,将人们划分为"我们"和"他们"。同时,在类别化过程中,人们会将自己归入某一群体类别中,同自己所属的群体类别身份建立心理联结,产生群体身份意识。

其次,一旦个体将自己归属于某一群体,便倾向于将自己所属群体与其他群体进行比较,尤其是在自己所属群体表现好的某些特定维度上,夸大群体间差异,赋予群体内成员更加积极的评价,从而使自己能从群体身份中获得积极的自我概念、提升自我价值。

最后,为了进一步维护和提升源于群体身份的积极自我概念,个体也会努力地在与其他群体比较的维度上表现得更加优秀。

显然,中华民族共同体身份的建构也需要历经上述的过程。作为中华民族共同体的成员,身份意识应时刻存在,而不是在某些特定情境中才能被动激发。因此,个体在类别化过程中,首先,需要有自发地把人们划分为"中华民族共同体"和其他社会群体的倾向,在类别化过程中与中华民族共同体身份建立基础的心理联结。其次,明确意识到自己的中华民族共同体成员身份后,在同其他群体比较过程中主动挖掘、积极发现中华民族共同体的优点,为身为中华民族共同体的一员而感到自豪,并且在群体优势维度不断提高自己,从而维护群体身份带来的自我价值感,加深自己与中华民族共同体这一群体身份之间的联结感和承诺感,建构坚实的中华民族共同体身份认同。

(三)中华民族共同体身份建构的现实困境

中华民族共同体身份认同的建构需要经历类别化、社会比较和积极区分过程。其中,类别化是形成中华民族共同体身份认同的核心机制与基本前提。倘若个体无法将人们划分为中华民族共同体与其他群体,自然无法形成中华民族共同体身份意识,更难以在群体比较和积极区分中加深自己同中华民族共同体身份的心理联结。

然而,生活在结构复杂的现实社会中,个体会同时拥有多重群体身份,每种群体身份对应着不同的分类方式,并不是所有的分类都能被个体轻而易举地提取和采用。个体的类别化过程会受到诸多因素的影响,包括类别的易提取性、对比切合度和规范切合度。

首先,易提取性是指类别在一般情境下被提取的便利性,可以通过群体的实体性程度衡量。实体性是用来表示社会群体被知觉为一个真正的、独立存在、有意义的群体的程度。高实体性群体(如性别、种族群体)的类别边界清晰,常被感知为真实的社会现实存在,承载更为显著的价值意义,个体更容易提取相应的分类方式。而低实体性则是群体被知觉为松散个体的集合或是抽象的心理现实,提取难度也随之增加。群体实体性作为个体所知觉到的群体特征,主要取决于群体成员间的互动依赖模式与群体内成员的相似性。群体内的个体互动越是紧密,相互依赖性越强,成员间越是相似,同远大于异,则群体被感知到的实体性则会越强。[①]然而中华民族共同体构成复杂多元,不同民族在语言文字、经济生产方式、风俗习惯、宗教信仰上存在显著的差异,同时,我国幅员辽阔,民族分布天南海北。因此,对于中华民族共同体成员来说,无论是各民族间的文化差异,还是地理因素带来的互动受限,都会影响他们对中华民族共同体的实体性感知,更容易将其感知为一个想象共同体,而非客观存在的民族实体,从而不利于中华民族共同体群体类别的提取。

其次,群体对比切合度也会影响个体的类别化知觉过程。对比切合度一般用来形容群体间对比的凸显程度。类别间的对比切合度高,该类别被个体提取的机会就会更大,人们在社会生活中所建立的适用度较广的社会群体或社会类别,如穷人与富人,男人与女人,老师与学生,普遍具有较高的对比切合度。但是,"中华民族共同体"自2014年被首次提出后,学术界虽对其进行了广泛探讨,却并未就中华民族共同体的群体边界进行明确的界定,有研究者侧重于中国范围内的各个民族[②],另有研究者认为中华民族共同体涵盖了海内外全体中华儿女[③]。"中华民族共同体"界定的模糊性影响了其与其他社会群体的对比切合度,降低了个体在类别化时将自己归为中华民族共同体成员的概率。

最后,规范切合度也是类别化知觉的影响要素,规范切合度是指某一社会群体中的人表现出的行为模式,与社会对该群体的期望和规范相符合的程度。社会群体的规范切合度越高,该类别被个体提取的机会就越大。然而当前社会并未形成针对中华民族共同体成员的具体行为规范和期望。如一些地方出台的民族团结进步模范评选表彰办法,以评选民族团结进步模范的方式,传达对各民族成员的社会期望以及各民族成员应该遵守的行为规范。但是评选标准限于促进民族团结,维护社会稳定,巩固和发展平等团结互助和谐的社会主义民族关系等

---

① 杨晓莉,刘力,李琼,等.社会群体的实体性:回顾与展望[J].心理科学进展,2012,20(8):1314-1321.
② 王文光.中华民族共同体研究三题[J].云南师范大学学报(哲学社会科学版),2022,54(1):11-14.
③ 田夏彪.铸牢中华民族共同体意识的情感助力[J].中国民族教育,2021(11):12.

较为笼统的行为层面,在普通民众的具体实践中缺乏指导性,无形中阻碍了普通民众对中华民族共同体成员身份背后的社会规范和期望的感知,不利于提高中华民族共同体成员的规范切合度,从而降低了进行这种分类的可能性。

综上所述,尽管中华民族共同体是在几千年文化历史中形成的客观存在的民族实体,但是各民族文化的多元性、地理因素带来的互动受限、"中华民族共同体"界定的模糊性、中华民族共同体成员身份背后社会规范和期待的笼统性,影响了中华民族共同体成员的类别化知觉过程。而将人们划分为"中华民族共同体"和其他社会群体,是形成中华民族共同体身份意识、建立中华民族共同体身份认同的基础。因此,未来研究应从此视角出发,通过提高中华民族共同体成员对中华民族共同体的实体性感知、明确中华民族共同体的范围界定、具体化中华民族共同体成员的行为规范,进一步强化类别化过程,让中华民族共同体成员无论何时何地都能够自发地将人们分为中华民族和其他民族,意识到自己的身份归属,从而建立中华民族共同体身份认同。

(四)中华民族共同体身份建构的实现路径

1.提高对中华民族共同体的实体性感知

首先,树立和突出各民族共享的中华文化符号和中华民族形象。文化是区分民族的重要特征,一个民族的语言文字、生产生活方式、风俗习惯、宗教信仰、心理素质等大都以文化的形式表现出来。正如厄内斯特·盖尔纳所说:"当且只当两个人共享同一种文化,而文化又意味着一种思想、符号、联系体系以及行为和交流方式,则他们同属一个民族。"因此,对于各民族成员而言,感知彼此相似,促进中华民族共同体的实体性知觉,最直接的方式是寻找文化中的共性。

作为统一的多民族国家,各民族在长期的交往交流交融过程中相互渗透、相互学习,共同创造了光辉灿烂的中华文化,形成了不计其数的由各民族共享的中华文化符号和中华民族形象,如长城、故宫等具有代表性的物质文化遗产,长江、黄河等独特的地理样貌,二十四节气、传统节日等反映人们社会生活的文化符号,唐诗宋词、音乐舞蹈等承载精神寄托的文化艺术作品,等等。以黄河流域为例,作为中华文明的发源地,它见证了中国历史上数次大规模的民族融合,如春秋时期蛮、夷、戎、狄少数民族融于华夏族,魏晋时期北部、西部的匈奴、氐、羌、鲜卑等民族迁入内地等。因此,黄河不仅是各族人民心中的母亲河,更承载着古往今来各民族的交往交流交融的历史记忆。

因此未来研究应当梳理不同历史时期或是不同类型的各民族共享的中华文化符号和中华民族形象,挖掘并且阐述其背后的丰富内涵和历史故事,以丰富多彩的方式呈现于中华民族共同体成员面前,让中华民族共同体成员从社会生活的方方面面感知集体记忆的存在。

其次,挖掘各民族独特文化中的本质相似性。俗话说,一方水土养一方人,我国地理幅员辽阔,各民族分布天南地北,不同的自然地理、环境气候、历史渊源孕育了各民族独特的文化。但是在漫长的历史进程中,各民族始终保持着密切的交往,相互学习,彼此借鉴。因此,即使是一个民族独具特色的文化,依然与其他民族文化存在着千丝万缕的联系。例如,作为中国四大传统节日之一的端午节,经常伴随着祈福纳祥、压邪禳灾的活动,承载着人们对美好生活的憧憬与祝福。但是各民族对其的称谓和背后的寓意却有着不同的解读,如藏族的端午节被藏民称为"采花节",是为了纪念教会人们采花治病的莲芝姑娘;而彝族则把端午节称为"都阳节",传说中,汉人用端午节采来的菖蒲、艾叶和雄黄治好了彝族寨子里的疫病,彝族自此也过上了端午节,而因为端午节又叫端阳节,彝语把"端"念成了"都",所以将端阳节叫作"都阳节"。看似节日的名称、寓意各不相同,实则有着一脉相承的仪式感。同时,各民族的神话史诗、图腾崇拜中也经常体现出异曲同工的文化共识,例如,盘古、伏羲历来被视为中华民族共同的祖先,在众多民族的神话中广泛流传,但是受到地域、风俗、宗教信仰的影响,各民族分别将他们融入了具有各民族鲜明特色的神话故事中,从而衍生了"盘古王""盘古真人""盘果王""牺""宓羲""太皞"等新的名称。图腾崇拜也是如此,不仅汉族神话中把远古祖先、"三皇五帝"与"龙"相联系,彝族神话中的"支格阿龙",白族神话中的"九隆"、瑶族神话中"盘瓠龙犬"也都与龙密切相关。

由此可见,虽然各民族在长期的历史发展中形成了独特的文化,但是细究其背后的脉络,往往有着根本的相似性,倘若进一步挖掘各民族独特文化中的本质相似性,便能让中华民族共同体成员在触手可及的生活日常中发现彼此的共性,提高对中华民族共同体的实体性感知。

最后,推动地区经济协同发展。增强各民族成员对中华民族共同体的实体性感知,不仅需要依靠文化内容传递感知的相似性,现实生活的所见所闻同样重要。新中国成立后,我国政府一直致力于各个民族的均衡发展,但是受地理位置和自然条件的限制,各民族之间的发展状况仍是不平衡的,依然存在一些民族地区特别是边远民族地区经济社会发展程度落后于发达地区的现状,增强了民族间的差异性感知。因此,对于中华民族共同体身份认同的构建而言,进一步巩固拓展脱贫攻坚成果,加大对欠发达地区经济帮扶的力度,推动各地区经济协同发展,实现各民族人民共同富裕、共同走向社会主义现代化,始终是重中之重。

2. 明确中华民族共同体的范围界定

2021年11月11日,中国共产党第十九届中央委员会第六次全体会议通过《中共中央关于党的百年奋斗重大成就和历史经验的决议》,决议深刻指出:"只要我们不断巩固和发展各民族大团结、全国人民大团结、全体中华儿女大团结,铸牢中华民族共同体意识,形成海内外全体中华儿女心往一处想、劲往一处使的生动局面,就一定能够汇聚起实现中华民族伟大复兴的磅礴伟力。"这就明确了中华民族共同体的范围界定,即中华民族共同体包括海内外全体中华儿女。基于此,各级党委政府、社会各个方面,都应清楚认知中华民族共同体的范围界定,既要关注国内各民族,也要关注海外中华儿女,让全体中华儿女形成清晰的中华民族共同体边界意识,从而建构起牢固的中华民族共同体身份认同。

3. 透过榜样事迹具体化中华民族共同体成员的行为规范

长期以来,各地评选出了不少民族团结进步先进模范,虽然评选标准较为笼统,但是模范事迹却是真实存在的,并且涵盖了社会生活的方方面面。如:十余年间,始终把带领乡亲们致富奔小康作为奋斗目标,带领治沙民工连队绿化3万亩荒漠化土地的敖特更花;用通俗易懂的语言向牧民群众宣传习近平新时代中国特色社会主义思想,宣传党的民族理论和民族政策的阿迪雅;把幼儿园打造成民族团结教育阵地的王素梅；无私帮助维吾尔族困难家庭的普通职工尤良英。透过模范事迹，普通民众能够了解身为中华民族共同体成员的具体行为准则，并且学习如何在社会生活的不同方面践行中华民族共同体理念。因此，未来应当进一步挖掘能够体现中华民族共同体理念的群众事迹，加强模范事迹的宣传，发挥榜样示范作用，让全体中华儿女透过榜样的事迹，自觉在心中构建起身为中华民族共同体成员的行为规范体系。

五、促进各民族的心理嵌入铸牢中华民族共同体意识

2021年，习近平总书记在中央民族工作会议上强调，"要充分考虑不同民族、不同地区的实际，统筹城乡建设布局规划和公共服务资源配置，完善政策举措，营造环境氛围，逐步实现各民族在空间、文化、经济、社会、心理等方面的全方位嵌入"[1]。从这一重要论断中我们可以得知，中华民族共同体建设体现在各个不同方面，并不是只体现在某个单一维度上。只有实现全方位的嵌入，特别是心理层面的深度嵌入，中华民族才能真正成为一个命运共同体，才能实现中华民族伟大复兴的中国梦，长盛不衰地屹立在世界民族之林。

（一）什么是心理嵌入

相比于空间嵌入、文化嵌入、经济嵌入、社会嵌入，心理嵌入是更高水平的嵌入，真正实现了你中有我，我中有你，像石榴籽一样紧紧抱在一起的美好愿景，完成了各民族交往交流交融的最后一步——民族交融。从心理学的角度来讲，心理嵌入就是心理交融，各民族心理交融是指少数民族与汉族之间、各少数民族之间在相互尊重、包容差异的基础上，以社会融入为条件，在文化价值观和生活方式等方面的包容与认可，最终实现心理层面的认同。各民族之间在交往和交流的过程中没有障碍，不存在心理壁垒，各民族同胞亲如兄弟姐妹，像家人般共居、共学、共事、共乐。

---

[1] 习近平.以铸牢中华民族共同体意识为主线，推动新时代党的民族工作高质量发展[M]//习近平.论坚持人民当家作主.北京：中央文献出版社，2021：329-330.

(二)为什么要促进各民族的心理嵌入

首先,从心理学学科视角来看,心理嵌入有利于深化各民族成员对民族关系的认知,实现各民族成员从"部分了解"到"全面了解"的飞跃,对于缩短各民族之间的心理距离、减少民族偏见、提升跨民族友谊等具有重要意义。

其次,从各民族之间的关系来看,心理嵌入有利于各民族之间相互尊重、理解和包容,使各民族成员真正地将其他民族视为与自己同呼吸、共命运、荣辱与共的家人,能够从根本上增进不同民族间的关系,促进民族和谐,形成各民族"你中有我,我中有你"的心理交融圈。

最后,从中华民族伟大复兴的进程来看,心理嵌入是维护和巩固我国各民族平等团结互助和谐新型民族关系的重要保障,有利于56个民族之间的友好往来、相互支持、共同繁荣,对提高各民族成员的中华民族认同、铸牢中华民族共同体意识、推进中华民族共同体建设、实现中华民族伟大复兴的中国梦具有重要意义。

(三)如何促进各民族的心理嵌入

1.尊重差异,包容民族多样性

自古以来,我国就是一个统一的多民族国家,56个民族在中国广袤的土地上守望相助、共同发展。不同地理位置、地域环境、历史文化、风俗习惯、宗教信仰等,使各民族呈现出多样化的民族特色与风土人情,共同塑造了根植于多民族文化沃土的中华文明与中华宝藏。多民族、多文化不仅是我国的一大特色,更是我国发展的重要动力与有利因素。各民族之间的差异与多样并非彼此独立、互不相干,而是在中华民族共有精神家园中密不可分的差异与多样。在漫长的历史进程中,各民族秉持尊重差异、包容多样的原则,取长补短、交流碰撞、交融发展,不断实现着各民族文化的创造性转化与创新性发展,在共放异彩的同时,源源不断地为中华民族文化的枝繁叶茂提供养料。习近平总书记指出:"中华文化之所以如此精彩纷呈、博大精深,就在于它兼收并蓄的包容特性。"[1]因此,要通过宣传

---

[1] 习近平.在全国民族团结进步表彰大会上的讲话[M].北京:人民出版社,2019:5.

教育等方式引导各民族成员树立正确的民族观,深刻认识共同性和差异性之间的辩证关系,做到增进共同性,尊重和包容差异性、多样性。只有这样,才能推动各民族交往交流交融的进程,使各民族在巩固与发展平等团结互助和谐的社会主义民族关系的基础上,真正实现各族人民最深层次的心理互嵌。

2.培养跨民族友谊

跨民族友谊是指在不同民族之间建立起来的友谊,是一种积极的群际接触,可以从心理层面促进各民族的嵌入,铸牢中华民族共同体意识。要形成跨民族友谊,必须先有交往和交流。

首先,内群体朋友的态度会影响群体内其他成员对外群体的态度,从而影响跨民族交往。因此,民族地区可以通过开展各种活动宣传跨民族友谊故事,进而影响不同民族成员的外群体态度。例如,中小学可以开展国旗下跨民族友谊故事系列演讲,让学生体会到跨民族友谊的意义,从而产生自愿接触其他民族同学的意愿。

其次,家庭是影响孩子友谊选择的一个重要因素,父母应该积极鼓励孩子去了解不同的民族文化,深入体验不同民族的文化,并与不同的民族接触交往,建立深厚的民族友谊,促进各民族的深层嵌入。

最后,可以通过举办各种民族传统文化节日,让各民族积极参与其中,体验民族传统文化,营造积极的跨民族友谊氛围。例如广西壮族的传统节日"三月三"已经成为广西壮族自治区的全民性节日,极大地促进了民族友谊的产生,加深了各民族的情感嵌入。

3.减少刻板印象和民族偏见

刻板印象是个体基于社会分类而对社会群体持有的固定化、僵化的信念,它是偏见的基础。偏见则是对社会群体的消极态度,强烈的偏见将会导致歧视行为,最终会引发社会矛盾和冲突。不同民族之间因为历史、地理、宗教信仰、文化习俗等方面的差异,容易出现民族刻板印象。刻板印象可能导致偏见与歧视的产生,不利于各民族的团结。因此,采取措施减少民族刻板印象和偏见是促进民族心理嵌入的重要步骤。

首先,根据群际接触理论(intergroup contact theory),不同民族之间的积极接触会改变民族之间认知上的偏差,减少刻板印象和偏见。因此要鼓励不同民族之间的积极接触和交流,推进不同民族成员更真实地了解彼此,弱化彼此持有的民族刻板印象。

其次,个体对于其他民族的认知和态度常常受到父母、教师和同伴的立场和态度的影响,这一过程也被称为民族社会化过程。父母和学校积极的民族社会化行为(如给孩子教授其他民族的文化习俗),可以促进孩子与其他民族伙伴和睦相处、减少孩子对其他民族的刻板印象和偏见。因此学校教育和家庭教育要充分发挥民族社会化的作用。

最后,刻板印象和偏见的形成常常源于文艺作品、社会媒体、报纸杂志的传播,因此社会信息的承载者应积极推进民族关系的和谐共荣传播,致力于增进各民族的相互了解,减少人们的认知偏差。

4. 强化中华民族认同

中华民族认同是指个体对中华民族这一命运共同体在认知、情感和意志上的统一。在全球化、多样化的社会趋势下,强化中华民族认同有利于增加各民族的共识,从而增进心理嵌入。中华民族认同的形成包含两个方面:一方面是个体内在的自我认同,产生于血缘、语言、家庭环境等因素之中;另一方面是个体外在的自我认同,产生于个体的社会化过程中,往往受到文化、社会习俗的影响。因此,可以通过构建国家记忆、提炼文化基因、铸牢中华民族共同体意识来强化个体的中华民族认同。

首先,应当构建生动的、完整的、鲜明的国家记忆。中华民族的历史就是一部各民族交往交流交融、不断互嵌的历史,应当不断挖掘、宣传共有的、团结的民族历史,形成共同的记忆。

其次,应当从史料中发现和提炼中华民族共性文化要素和文化基因。历史和文化密不可分,文化又会深刻影响我们的心理,要充分利用历史中的文化要素和文化基因,促进文化交流,形成良好的文化氛围,加强文化认同。

最后,要深入铸牢中华民族共同体意识。中华民族共同体意识是中华民族认同的重要体现,要引导各族人民牢固树立休戚与共、荣辱与共、生死与共、命运与共的共同体理念,促进各民族相互了解、相互欣赏、相互帮助、共同奋斗,像石榴籽一样紧紧抱在一起,实现更紧密的心理嵌入。

六、民族交融态度与中华民族共同体意识的关系:中华民族认同和心理距离的链式中介作用

2021年,习近平总书记在中央民族工作会议上强调:"铸牢中华民族共同体意识是新时代党的民族工作的'纲',所有工作要向此聚焦。"[①]这表明站在"两个一百年"奋斗目标的历史交汇点上,以习近平同志为核心的党中央为新时代民族工作指明了方向,提出了明确要求。

民族交融作为铸牢中华民族共同体意识的关键途径,自提出以来得到了学界的广泛关注。随着经济的发展,民族交融的程度逐渐加深,民族心理得到了越来越多的关注,但大多为理论性研究。已有学者使用心理测量工具开展实证研究[②],这有利于科学评估各民族成员的心理特点。但当前关于中华民族共同体意识的实证探讨仍然缺乏,也鲜有从心理学视角展开的研究。为此,本研究将探讨民族交融态度与中华民族共同体意识的关系以及内在心理机制,以期为新时代民族工作的开展提供心理学实践方案。

(一)研究文献综述

1.民族交融态度与中华民族共同体意识

中华民族共同体意识是各民族成员对长期历史发展中形成的你中有我、我中有你的民族共同体的意识,强调着各民族相互依存关系的重要性。[③]民族交融

---

① 习近平.以铸牢中华民族共同体意识为主线,推动新时代党的民族工作高质量发展[M]//习近平.论坚持人民当家作主.北京:中央文献出版社,2021:329.
② 陈立鹏,薛璐璐.基于心理测量学的中华民族共同体意识量表的编制[J].中南民族大学学报(人文社会科学版),2021,41(2):30-38.
③ 王俊秀,周迎楠,裴福华.社会心理服务体系建设视角下铸牢中华民族共同体意识的路径:基于共同内群体认同理论[J].民族学刊,2021,12(5):17-23.

是在民族交往交流的基础上,各民族成员彼此间相互尊重、求同存异的一种状态,[①]对这一进程所持有的稳定心理倾向即为民族交融态度。休斯顿(Hewstone)等人认为外群体偏见是影响群际关系的重要因素之一,减少或消除外群体偏见能改善负面群际关系。[②]里克(Riek)等人发现群际威胁能使个体产生消极的外群体态度,从而造成负面的群际互动结果。[③]此外,莱斯莉(Leslie)对不同群际态度的元分析研究表明,坚持多元文化主义的态度通常与高质量的群体间关系有关。[④]杨须爱认为通过对各民族交融汇聚史知识的再生产,消除各民族成员对民族交融这一概念的误解,有利于顺利开展铸牢中华民族共同体意识工作。[⑤]为此,本研究提出假设1:民族交融态度对中华民族共同体意识具有显著的预测作用。

2.中华民族认同的中介作用

中华民族认同是中华民族各民族成员对中华民族归属的认知和感情归附[⑥],本质上是一种群体认同。依据共同内群体认同模型(common in-group identity model),民族交融给予了各民族间广泛接触和了解的机会,各民族成员将本民族的"我们"与其他民族的"他们"转化为更上位层次的"共同的我们",是培养中华民族认同的关键。基于态度的价值表达和适应功能,个体对符合价值观的客观事物持有积极的态度,且愿意付出更大的努力。也就是说,积极的民族交融态度对促进中华民族认同具有重要意义。此外,当共同内群体认同形成时,个体自身与上位群体的联结逐渐增强,利于形成更加积极的群际关系。这表明各民

---

① 艾斌.民族交融的影响机制及其发展趋势研究:基于2018年云南省少数民族地区综合社会调查数据[J].民族研究,2019(6):18-19.
② HEWSTONE M, RUBIN M, WILLIS H.Intergroup bias [J].Annual review of psychology, 2002, 53 (1): 575-604.
③ RIEK B M, MANIA E W, GAERTNER S L.Intergroup threat and outgroup attitudes: a meta-analytic review [J].Personality and social psychology review, 2006, 10(4):336-353.
④ LESLIE L M, BONO J E, KIM Y, et al. On melting pots and salad bowls: a meta-analysis of the effects of identity-blind and identity-conscious diversity ideologies[J].Journal of applied psychology,2020,105(5):453-471.
⑤ 杨须爱.各民族交融汇聚史知识再生产的价值与路径:以铸牢中华民族共同体意识为视角[J].民族研究,2021(1):30-47.
⑥ 佐斌,秦向荣.中华民族认同的心理成分和形成机制[J].上海师范大学学报(哲学社会科学版),2011,40(4):69.

族成员对中华民族的认同,能强化彼此共同身份的联结,提高感知相似性,对中华民族共同体意识具有重要促进作用。为此,本研究提出假设2:中华民族认同在民族交融态度与中华民族共同体意识的关系中起中介作用。

3.心理距离的中介作用

心理距离是个体感知到某事物与自己亲疏远近的一种主观体验。依据群际接触理论,民族交融作为一种较深层次的群际接触,能有效消除群体偏见,促进心理联结。李正元和王卫东认为,民族互嵌式社区作为民族交融的基本实现途径,使不同民族成员生成了共融的社区情感,拉近了心理距离。而以往的研究表明,各民族成员积极的民族交融态度,使不同民族间形成了牢固可靠的情感关系,有效防止了民族社会结构的分化与断裂。各民族间心理距离的缩短,有利于促进民族团结,凝聚各民族的奋斗力量。陈立鹏和薛璐璐则阐述了缩短各民族交往间的心理距离对铸牢中华民族共同体意识的重要作用。[1]为此,本研究提出假设3:心理距离在民族交融态度与中华民族共同体意识的关系中起中介作用。

4.中华民族认同和心理距离的链式中介作用

利文斯顿(Livingstone)等人的研究表明,对共同内群体的认同能增强群际感觉理解的程度,而感觉理解已被证实有助于缩短群际的心理距离。[2]格里纳韦(Greenaway)等人研究发现,对所属某一群体的认同感能显著预测个体的心理控制感,可以缩短群际心理距离。[3]由此可见,中华民族认同对缩短各民族间的心理距离具有重要影响。此外,当民族交融态度较为积极时,个体对共同内群体的认同水平较高,个体感知到更多的身份复杂性,对增强群际信任和缩短心理距离

---

[1] 陈立鹏,薛璐璐.民族心理距离视域下铸牢中华民族共同体意识的路径研究[J].中央民族大学学报(哲学社会科学版),2020,47(6):34-40.

[2] LIVINGSTONE A G,FERNÁNDEZ R L,ROTHERS A."They just don't understand us":the role of felt understanding in intergroup relations[J].Journal of personality and social psychology,2020,119(3):633-656.

[3] GREENAWAYKH,HASLAM S A,CRUWYS T,et al.From "we" to "me":group identification enhances perceived personal control with consequences for health and well-being[J].Journal of personality and social psychology,2015,109(1):53-74.

具有重要作用。[1]同时,从王沛和刘峰[2]的研究也可以看出,感受到群际威胁后所产生的消极态度将强化个体对本民族的认同,减弱对中华民族的认同,从而增加心理距离,进而对铸牢中华民族共同体意识产生负面影响。为此,本研究提出假设4:中华民族认同和心理距离在民族交融态度与中华民族共同体意识之间起链式中介作用。

综上,本研究提出一个链式中介模型,以期揭示民族交融态度与中华民族共同体意识间的内在心理机制,具体见图4-1:

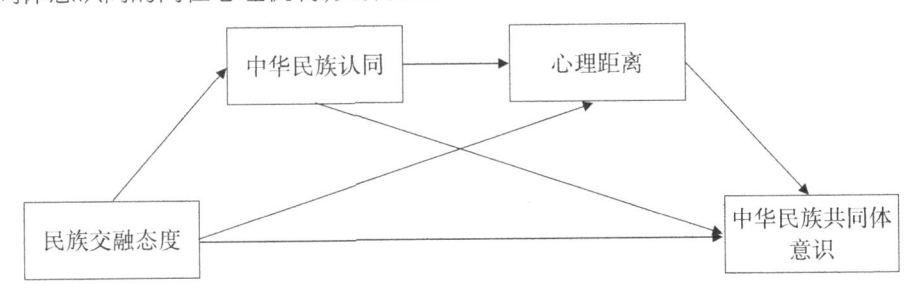

图4-1 民族交融态度与中华民族共同体意识关系的链式中介模型

(二)研究情况

1.被试

通过方便取样法,利用互联网发放问卷713份,剔除无效作答数据后剩余682份有效数据,有效率为95.65%。被试分布在北京、上海等30个省区市,涉及汉族、满族等22个民族(汉族561人,少数民族121人)。其中女性444人,男性238人;年龄范围18岁以下12人,18~25岁406人,26~30岁100人,31岁及以上164人。

2.研究工具

(1)民族交融态度量表。

采用陈立鹏和薛璐璐编制的民族交融态度量表[3],共有15道题目,包括认知、

---

[1] 辛素飞,明朗,辛自强.群际信任的增进:社会认同与群际接触的方法[J].心理科学进展,2013,21(2):290-299.
[2] 王沛,刘峰.社会认同理论视野下的社会认同威胁[J].心理科学进展,2007,15(5):822-827.
[3] 陈立鹏,薛璐璐.基于心理测量学的民族交融态度量表的编制[J].中南民族大学学报(人文社会科学版),2022,42(5):37-44,182-183.

情感、行为倾向三大维度。量表采用Likert 5点计分方式，1代表"非常不认同"，5代表"非常认同"，得分越高代表民族交融态度越积极。在本研究中的克龙巴赫(Cronbach's)α系数为0.89。

(2)中华民族认同量表。

本研究根据布朗(Brown)编制的群体认同量表[①]进行改编后形成中华民族认同量表。原量表分为积极群体认同和消极群体认同两个维度，共计10道题目。采用Likert 5点计分方式，1代表"从不"，5代表"总是"，消极维度采用反向计分，得分越高代表对群体越认同。本研究仅将题目中的"群体""团队等"更改为"中华民族"，如"我是一个认同团队的人"修订为"我是一个认同中华民族的人"，其余与原量表保持一致。修订后量表结构效度符合心理测量学标准，其中$\chi^2/df = 3.65$，GFI = 0.91，NFI = 0.93，CFI = 0.94，RMSEA = 0.07，本研究中的克龙巴赫α系数为0.84。

(3)心理距离量表。

采用戴宁宁[②]对博加德斯(Bogardus)的社会距离量表改编后的心理距离量表，共计10道题目。量表采用Likert 5点计分方式，1代表"非常赞成"，5代表"非常不赞成"，得分越高说明心理距离越远。在本研究中的克龙巴赫α系数为0.94。

(4)中华民族共同体意识量表。

采用陈立鹏和薛璐璐编制的中华民族共同体意识量表[③]，共由18个题目组成，包括认知、情感、意志三大维度。量表采用Likert 5点计分方式，1代表"非常不认同"，5代表"非常认同"，得分越高代表中华民族共同体意识越强。在本研究中的克龙巴赫α系数为0.91。

3.数据分析和处理

本研究采用SPSS 20.0和AMOS 21.0对数据进行描述统计和相关分析，并采用海斯(Hayes)开发的SPSS宏程序PROCESS中的Model 6进行中介效应检验。

---

① BROWN R,CONDOR S,MATHEWS A, et al.Explaining intergroup differentiation in an industrial organization[J].Journal of occupational psychology, 1986,59(4):273 - 286.
② 戴宁宁.维汉民族交往中的"民族心理距离"解析[J].新疆社会科学,2011(5):42-43.
③ 陈立鹏,薛璐璐.基于心理测量学的中华民族共同体意识量表的编制[J].中南民族大学学报(人文社会科学版),2021,41(2):30-38.

(三)研究结果

1.共同方法偏差的检验

本研究在施测过程中进行了共同方法偏差的控制(例如匿名回答,使用反向计分等),在数据处理过程中采用哈曼(Harman)单因子检验法进行分析。结果表明,共有7个因子的特征根值大于1,且第一个因子解释的变异量为24.72%,远低于平均临界值40%,说明本研究不存在共同方法偏差问题。

2.描述性统计及相关分析

由表4-1可知,民族交融态度与中华民族认同、中华民族共同体意识呈显著正相关,与心理距离呈显著负相关;中华民族认同与中华民族共同体意识呈显著正相关,与心理距离呈显著负相关;心理距离与中华民族共同体意识呈显著负相关。

表4-1 描述统计及相关分析结果($N=682$)

分析项	M	SD	1	2	3	4	5	6
1.性别[a]	—	—	1					
2.年龄段[b]	—	—	−0.13	1				
3.民族交融态度	4.22	0.44	−0.01	0.05	1			
4.中华民族认同	3.98	0.69	0.03	0.07	0.64**	1		
5.心理距离	2.82	1.68	0.02	−0.07	−0.68**	−0.69**	1	
6.中华民族共同体意识	4.69	0.52	0.06	0.12	0.55**	0.73**	−0.59**	1

注:[a]为虚拟变量,男=1,女=2;[b]为虚拟变量,18岁以下=0,18~25岁=1,26~30岁=2,31~40岁=3,41~50岁=4,51~60岁=5;**表示$p<0.01$。

3.中介效应分析

采用AMOS 21.0对模型进行检验。结果表明,$\chi^2/df = 2.988$,CFI = 0.994,TLI = 0.989,GFI = 0.983,AGFI = 0.963,NFI = 0.991,RMSEA = 0.054。各个路径的标准拟合指数见图4-2。其中,民族交融态度($\beta = 0.43, t = 7.44, p < 0.001$)、中华民族认同($\beta = 0.24, t = 5.23, p < 0.001$)、心理距离($\beta = -0.16, t = -3.51, p < 0.001$),均能显著预测中华民族共同体意识。

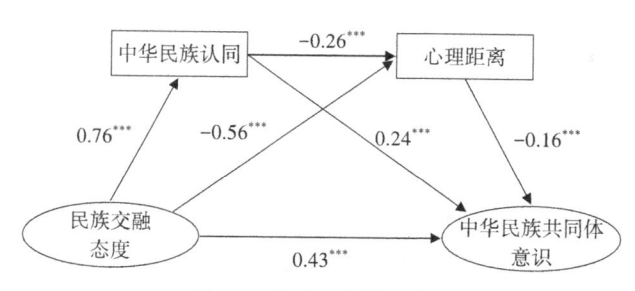

图 4-2 链式中介模型检验

注：***为 $p<0.001$。

本研究在控制性别和年龄的基础上，采用PROCESS插件中的Model 6，通过抽取 5000 个 Bootstrap 样本（中介效应在 95% 置信区间），对中华民族认同和心理距离的中介效应进行分析。由表4-2可知，各路径的95%置信区间都不包含0，说明中华民族认同和心理距离的链式中介效应显著。

表4-2 中介路径效应量分析

分析项	效应量	SE	95%置信区间	效应量百分比
直接效应	0.10	0.05	[0.01,0.19]	18.19%
民族交融态度→中华民族认同→中华民族共同体意识	0.37	0.04	[0.30,0.46]	67.28%
民族交融态度→心理距离→中华民族共同体意识	0.03	0.01	[0.01,0.05]	5.45%
民族交融态度→中华民族认同→心理距离→中华民族共同体意识	0.05	0.01	[0.01,0.08]	9.09%
总中介效应	0.45	0.04	[0.37,0.53]	81.82%
总效应	0.55	0.04	[0.46,0.62]	

（四）研究讨论

本研究基于共同内群体认同模型和群际接触理论构建了一个链式中介模型，揭示了民族交融态度与中华民族共同体意识间的内在心理机制，对推进铸牢中华民族共同体意识工作具有重要的理论和实践价值。

1.民族交融态度与中华民族共同体意识的关系

本研究结果验证了我国当前民族政策的科学性和合理性，是从微观心理验证宏观政策的创新性实践。此外，本研究结果还证实了减少各民族成员对民族交融的误解和疑虑、培养其积极民族交融态度的重要性,验证了感知不确定性与群际冲突的以往研究。同时,积极的民族交融态度是不同民族成员间建立友谊关系的前提,对中华民族共同体意识具有重要的促进作用,这也为以往关于跨群体友谊与群际关系的研究提供了理论支持。

2. 中华民族认同的中介作用

本研究结果证实了共同内群体认同模型在我国民族关系研究中的合理性。积极的民族交融态度使各民族间形成了"你中有我、我中有你"的心理交融圈,增进了各民族成员间的凝聚力,而凝聚力是某一上位群体形成的关键结构要素,对认同上位群体具有重要促进作用。相反,消极的民族交融态度产生较低水平的中华民族认同,对中华民族共同体意识具有负面影响。此外,本研究验证了中华民族认同是铸牢中华民族共同体意识的核心之一,同时也从逻辑上厘清了中华民族认同与中华民族共同体意识的关系,即各民族成员在民族交融进程中形成的上位群体是"中华民族",只有对"中华民族"产生认同感,才能促进各民族成员形成中华民族共同体意识。

3. 心理距离的中介作用

本研究结果阐明了群际接触理论在民族互动间的重要意义。积极的民族交融态度使不同民族间接触和互动的频率增加,有利于打破群际壁垒,降低群际敏感性;而消极的民族交融态度则会阻碍各民族间的互动与了解,加大民族间的心理距离。同时,民族交融是一个尊重差异、包容并蓄的实践进程,不同民族的特色和文化在民族交融进程中得以发挥和延续,会缩短群际心理距离,这与个性差异贡献能促进群际关系的研究结果相一致。此外,各民族成员心理距离的缩短意味着彼此间的心理联结更加紧密,对实现"各民族像石榴籽一样紧紧抱在一起"的美好愿景具有重要意义。

4. 中华民族认同和心理距离的链式中介作用

群体认同能增进个体的安全感、自尊、社会支持等积极体验,促使个体作出更多的自我暴露和自我卷入,而自我暴露和自我卷入已经被证实有利于缩短群际互动中的心理距离。也就是说,本研究证实了民族交融态度与中华民族共同体意识间存在着一个循序开展、层次递进的心理机制。基于该心理机制提出的实践方案,有利于发挥心理学学科在铸牢中华民族共同体意识进程中的优势。

首先,应通过宣传、教育等手段,使各民族成员明确民族交融的目的与意义,减少不确定性带来的负面民族交融态度;其次,可充分挖掘历史素材,构建各民族间的共同历史记忆,增加各民族间的共性认知,提高对中华民族的认同;再次,要保证各民族间的平等和公平,积极营造各民族相互信任、共同发展的和谐氛围,缩短民族间的心理距离;最后,应尊重各民族间的差异和个体心理发展规律,以"因地制宜、以人为本"的观念推进民族交融进程。

5.研究意义与不足

本研究具有一定的理论和实践意义。

(1)理论方面。第一,本研究是以中华民族共同体意识为研究对象开展实证研究的初步探索,在一定程度上将宏观变量引入微观个体心理层面,有利于拓宽中华民族共同体意识的研究思路。第二,本研究首次探究了民族交融态度与中华民族共同体意识的内在心理机制,证实了中华民族认同与心理距离的作用,为后续研究提供了理论依据。

(2)实践方面。第一,本研究验证了民族交融态度对铸牢中华民族共同体意识的重要性,为国家政策的出台和地方实践提供了心理学依据。第二,本研究提出的建议符合各民族成员的心理发展规律,有利于各民族成员自觉维护民族团结,充分发挥主观能动性,铸牢中华民族共同体意识。

诚然,本研究还存在一些局限,需要在未来研究加以改进。第一,本研究采用的是横断设计,缺少对民族交融进程中各民族成员态度变化的横向追踪,后续可考虑使用追踪研究或实验室实验进一步探究。第二,民族交融是一个漫长且复杂的过程,是否还有其他调节机制影响民族交融态度与中华民族共同体意识的关系,需要在未来加以讨论。

（五）研究结论

（1）民族交融态度、中华民族认同、心理距离、中华民族共同体意识之间两两显著相关，且民族交融态度能正向预测中华民族共同体意识。

（2）中华民族认同和心理距离在民族交融态度与中华民族共同体意识间起显著中介作用，且该中介作用包括三条路径，分别是：中华民族认同的单独中介作用；心理距离的单独中介作用；中华民族认同和心理距离的链式中介作用。

七、民族地区的中学生的民族认同对国家认同的影响：心理资本和民族交往态度的链式中介效应分析

各族人民亲如一家，是中华民族伟大复兴必定要实现的根本保证。党的十八大以来，习近平总书记多次提出要铸牢中华民族共同体意识，党的十九大更是把"铸牢中华民族共同体意识"写入了党章。铸牢中华民族共同体意识的核心在于对中华民族共同体产生认同，对中华民族共同体的认同则主要表现为对统一的多民族国家的国家认同。而强烈的国家认同将有助于提升多民族国家的向心力和凝聚力，是整个社会稳定发展、国家长治久安的必要条件。有鉴于此，深入研究国家认同的心理作用机制，大力提升个体的国家认同感水平，对于进一步铸牢中华民族共同体意识、实现中华民族伟大复兴的中国梦具有重大的意义。

（一）研究文献综述

1.民族认同与国家认同

我国自古就是一个统一的多民族国家，在这种多民族的背景下，民族认同与国家认同往往交织在一起，二者的关系一直是民族研究的关注热点。国外学者将"民族认同"定义为个体对所属族群的承诺与归属感、对所属族群的积极评价以及个体对族群活动的参与程度。[1] 相较于国外而言，"民族"一词在我国既能指

---

[1] PHINNEY J S.Ethnic identity in adolescents and adults: review of research[J].Psychological bulletinl, 1990, 108(3):500-501.

代中华民族统一体,又能指代统一体内的各个民族;而在本研究中,"民族认同"实指个体对本民族的认同。以往的很多研究表明,民族认同与国家认同之间存在显著的正相关关系。此外,有研究指出,民族认同是初级层次的认同,是复杂社会中人们的本能性群体心理归属选择,而国家认同则是高层次的认同,是一系列群体归属认同之上的建构性政治价值认同。[1]从认同的发展角度看,民族认同产生于国家认同之前;从认同的层次角度看,民族认同是国家认同之基,国家认同是以民族认同为基础不断发展的结果。[2]因此,国家认同高于民族认同。由此,本研究提出假设H1:民族地区的中学生的民族认同对国家认同具有正向的预测作用。

2. 心理资本的中介作用

民族认同除了能够直接影响国家认同之外,是否存在着其他的影响路径呢?有研究者提出,个体的心理资本与民族认同能够相互促进,当个体具有较高的民族认同时,会在多个方面表现出良好的素质,也就意味着会有较好的心理资本。[3]有研究发现,民族认同与希望、乐观、自我效能、掌控力等均有正相关关系。[4]青少年的民族认同水平越高,预示着个体情绪越稳定,积极情感体验越多,内控、自信且乐观,对自身的整体评价也越高。[5]而心理资本正是包括了自我效能(信心)、希望、乐观、坚韧性这4个因素[6],是个体在成长和发展过程中表现出来的一种积极心理状态,更是促进个体成长与能力提升的重要心理资源。另一方面,研究表明,心理资本能够影响个体的国家认同感,积极健康的社会心态能够

---

[1] 李占录.现代化进程中族群认同、地域认同与国家认同之间关系探讨[J].中央民族大学学报(哲学社会科学版),2015,42(3):21.

[2] 俞水香,娄淑华.论我国各民族民族认同与国家认同的统一性[J].云南民族大学学报(哲学社会科学版),2020,37(2):15.

[3] 谢畅.小学高年级学生自我调节学习、心理资本与民族认同的关系研究:以延吉市为例[D].延吉:延边大学,2018.

[4] DERIK Y-E,BERENSON K,MCWHIRTER P.Hope,ethnic pride,and academic achievement:positive psychology and Latino youth[J].Psychology,2014,5(10):1206-1214.

[5] 张翔.青少年民族国家认同与人格特征及心理健康的关系[J].中国学校卫生,2012,33(4):416.

[6] 蒋建武,赵曙明.心理资本与战略人力资源管理[J].经济管理,2007(9):56.

提升个体的国家认同水平。[1]此外,心理资本可以通过文化智力的中介作用和感知文化的调节作用帮助少数民族预科生更快地适应主流文化[2],这有助于促进民族融合。也有研究发现,心理资本对个体的社会融入进程起到正向推动作用。由此,本研究提出假设H2:民族地区的中学生的心理资本在民族认同与国家认同之间起到中介作用。

3.民族交往态度的中介作用

中华民族共同体的建构离不开各民族间的交往交流交融,而民族交往态度是影响和衡量民族关系的一项重要指标。实证研究表明,民族认同与积极的族际态度呈显著正相关关系,良好的民族认同可使个体对本民族产生较强的自豪感和偏爱意识,使其更好地理解外群体成员,进而对不同族群的交往交流产生积极作用。[3]发展取向的认同理论为民族认同影响民族交往态度提供了理论上的支撑,该理论认为,身为一个发展良好的民族的一员,觉得处于一种安全的地位,可以更加开放地对待来自其他民族的人;通过减少威胁感,强烈的民族认同感可能会使人们对新奇事物的兴趣成为自己与不同的人接触的刺激因素。[4]另一方面,以往的研究指出,各民族间对彼此持有积极的社会态度、社会认知、社会情感和社会行为,会直接或间接地影响各民族间的交往频率、交往强度和交往深度。根据群际接触理论的观点,群际接触为群体获得其他群体的信息提供了机会,通过群际接触可以有效减少群际偏见和消极刻板印象。换而言之,积极的民族交往态度能够促进民族交往交流交融,而这一过程实际上就是群际接触的过程;积极的民族交往,有助于各民族建立起共同的内群体概念,从而增强对整个国家的认同与归属感。由此,本研究提出假设H3:民族地区的中学生的民族交往态度在民族认同与国家认同之间起到中介作用。

---

[1] 王双丽.推进中华民族伟大复兴的社会心理机制研究[J].新西部,2019(9):7.
[2] 叶宝娟,朱黎君,方小婷.心理资本对少数民族预科生主流文化适应的影响:有调节的中介模型[J].中国临床心理学杂志,2019,27(3):595.
[3] 张莹瑞,徐海波,阳毅.民族认同在民族间态度中的积极作用[J].心理科学进展,2009,17(6):1344-1348.
[4] PHINNEY J S, JACOBY B, SILVA C. Positive intergroup attitudes: the role of ethnic identity[J]. International journal of behavioral development, 2007, 31(5):478-490.

4.心理资本、民族交往态度的链式中介作用

有研究发现,心理资本与社交焦虑之间呈显著的负相关关系,即个体的积极心理资本越多,其社交焦虑水平就越低。[1][2]还有研究指出,丰富的心理资本是少数民族学生积极适应多元文化的强大精神财富,有助于少数民族学生以积极的心态去接触、了解多元文化,进而形成全面且客观的认识评价,积极地进行自我调整,从而更好地适应多元文化。[3]由此,本研究提出假设H4:民族地区的中学生的心理资本和民族交往态度在民族认同与国家认同之间起到链式中介作用。

根据上述假设,本研究试图建构一个链式中介理论模型(如图4-3),以探究民族认同、心理资本、民族交往态度、国家认同之间的关系。

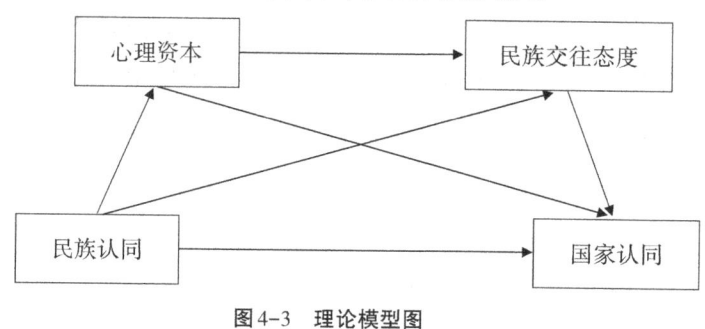

图4-3 理论模型图

(二)研究情况

1.被试

采用方便取样的方法,选取四川省阿坝藏族羌族自治州数所民族中学的初高中生为研究对象,共计发放纸质问卷1134份,获得有效问卷947份,问卷有效率为83.5%。其中,男性461人(48.7%),女性486人(51.3%);藏族543人(57.3%),羌族362人(38.2%),汉族42人(4.4%)[4];初中生624人(65.9%),高中生323人(34.1%)。

---

[1] 李梦龙,任玉嘉,杨姣,等.体育活动对农村留守儿童社交焦虑的影响:心理资本的中介作用[J].中国临床心理学杂志,2020,28(6):1297-1300.
[2] 涂崇玉.心理资本与社交焦虑的关系:不确定性忍受力和应对方式的中介作用思考[J].才智,2019(14):228.
[3] 植凤英.提升少数民族学生的心理资本:民族教育的新视点[J].前沿,2011(11):161.
[4] 合计不为100%,是由于四舍五入所致。

2.研究工具

(1)民族认同量表。

采用秦向荣[1]编制的民族认同问卷。该问卷包括四个维度：民族身份自我认定(在图4-4,表4-3等中简称"自我认定")、归属感、民族情感、行为卷入。采用Likert 5点计分,从1(完全不同意)到5(完全同意),得分越高表明个体的民族认同程度越高。在本研究中,该问卷的克龙巴赫α系数为0.78。

(2)心理资本量表。

采用由张阔等编制的积极心理资本问卷。该问卷共有26个题目,包括四个维度：自我效能、韧性、希望、乐观。采用Likert 5点计分,从1(完全不符合)到5(完全符合),得分越高表示个体的心理资本越多。在本研究中,该问卷的克龙巴赫α系数为0.89。

(3)民族交往态度量表。

采用菲尼(Phinney)编制的多民族认同量表中的其他民族定向分量表来测量个体对接触其他民族的态度。该问卷共有6个题目,采用Likert 5点计分,从1(完全不同意)到5(完全同意),得分越高说明个体与其他民族接触的态度越积极。在本研究中,该问卷的克龙巴赫α系数为0.85。

(4)国家认同量表。

采用陈晶[2]编制的国家认同问卷。该问卷包括认知(自我归类)、评价(国家/民族自尊)、情感(国家情感、民族依恋)三个维度,其中评价维度包含私人集体自尊和公共集体自尊这两个子成分,情感维度包含国家情感、国家依恋这两个子成分。采用Likert 5点计分,从1(完全不同意)到5(完全同意),得分越高表明个体的国家认同程度越高。在本研究中,该问卷的克龙巴赫α系数为0.70。

3.数据收集与处理

本研究采用集体施测和当场回收的方法收集问卷数据。采用SPSS 26.0对所获数据进行描述统计、相关分析、独立样本t检验等,采用AMOS 23.0进行结构方程模型分析,使用偏差校正的非参数百分位Bootstrap法检验中介效应的显著性。

---

[1] 秦向荣.中国11至20岁青少年的民族认同及其发展[D].武汉:华中师范大学,2005:69-77.
[2] 陈晶.11至20岁青少年的国家认同及其发展[D].武汉:华中师范大学,2004:67-75.

(三)研究结果

1.共同方法偏差的检验

采用哈曼(Harman)单因子检验法来检验数据的共同方法偏差程度。结果表明:特征根值大于1的因子共有13个,第一个因子的解释力为20.086%。根据国内应用情况,一般认为单因子解释的变异应小于40%,由此可知,本研究不存在严重的共同方法偏差。

2.描述统计和相关分析

描述统计结果显示(见表4-3),民族认同、心理资本、民族交往态度、国家认同的各个维度及其总均分都高于理论中值3,这说明民族地区的中学生具有较高的民族认同和国家认同,并且拥有较多的心理资本和较好的民族交往态度。相关分析结果显示(见表4-3),民族认同、国家认同、心理资本、民族交往态度这4个变量及其各维度之间均具有显著的正相关。

对民族地区的中学生的国家认同在性别、学段、民族上的差异进行检验。独立样本 t 检验结果显示:在性别上,女生得分(3.82±0.48)和男生得分(3.63±0.56),差异达到了显著性水平($t=-5.85, p<0.001$);在学段上,初中生得分(3.68±0.56)和高中生得分(3.82±0.46),差异达到了显著性水平($t=-4.13, p<0.001$)。单因素方差分析结果显示:在民族上,藏族得分(3.74±0.52)、羌族得分(3.72±0.56)和汉族得分(3.75±0.48),差异未达到显著性水平($F=0.20, p=0.82$)。

表4-3 主要变量的描述统计和相关分析

变量	M±SD	1	2	3	4	5	6	7	8	9	10	11	12	13	14	15
1.民族认同	3.47±0.56	1														
2.自我认定	3.49±0.69	0.813**	1													
3.归属感	3.52±0.82	0.828**	0.622**	1												
4.情感	3.62±0.68	0.790**	0.541**	0.551**	1											
5.行为卷入	3.33±0.64	0.673**	0.412**	0.511**	0.404**	1										
6.心理资本	3.16±0.54	0.369**	0.270**	0.339**	0.311**	0.238**	1									
7.自我效能	3.06±0.67	0.311**	0.247**	0.299**	0.244**	0.175**	0.806**	1								
8.韧性	3.15±0.63	0.150**	0.065*	0.160**	0.158**	0.098**	0.646**	0.376**	1							
9.希望	3.48±0.75	0.350**	0.252**	0.321**	0.271**	0.251**	0.795**	0.595**	0.310**	1						
10.乐观	3.28±0.69	0.351**	0.304**	0.302**	0.285**	0.190**	0.796**	0.580**	0.357**	0.614**	1					
11.民族交往态度	3.91±0.86	0.435**	0.361**	0.367**	0.392**	0.234**	0.320**	0.246**	0.114**	0.301**	0.332**	1				
12.国家认同	3.73±0.53	0.408**	0.306**	0.287**	0.431**	0.292**	0.281**	0.123**	0.127**	0.294**	0.279**	0.343**	1			
13.认知成分	3.84±0.87	0.322**	0.216**	0.256**	0.360**	0.216**	0.250**	0.127**	0.118**	0.274**	0.261**	0.258**	0.736**	1		
14.评价成分	3.95±0.77	0.359**	0.264**	0.251**	0.398**	0.245**	0.238**	0.084**	0.112**	0.240**	0.234**	0.327**	0.887**	0.576**	1	
15.情感成分	3.58±0.46	0.344**	0.276**	0.234**	0.336**	0.274**	0.228**	0.102**	0.096**	0.248**	0.223**	0.274**	0.873**	0.494**	0.623**	1

注：*表示 $p<0.05$，**表示 $p<0.01$，***表示 $p<0.001$。

3.链式中介模型的检验

在建立结构方程模型之前,需要先对题目进行打包。根据已有研究的建议[①],民族交往态度为单维量表,打包成3个指标(态度1,态度2,态度3);民族认同、心理资本、国家认同分别有4、4、3个维度,分别打包成4、4、3个指标。

采用结构方程模型对理论模型进行验证。由于因变量(国家认同)存在显著的性别和学段差异,因此将性别和学段作为控制变量纳入模型中进行分析。结果显示,c^2/df = 3.442, NFI = 0.939, RFI = 0.925, IFI = 0.956, TLI = 0.946, CFI = 0.956, RMSEA = 0.051,这表明模型拟合情况良好。并且,根据图4-4可知,模型中的每条路径的路径系数均是显著的。

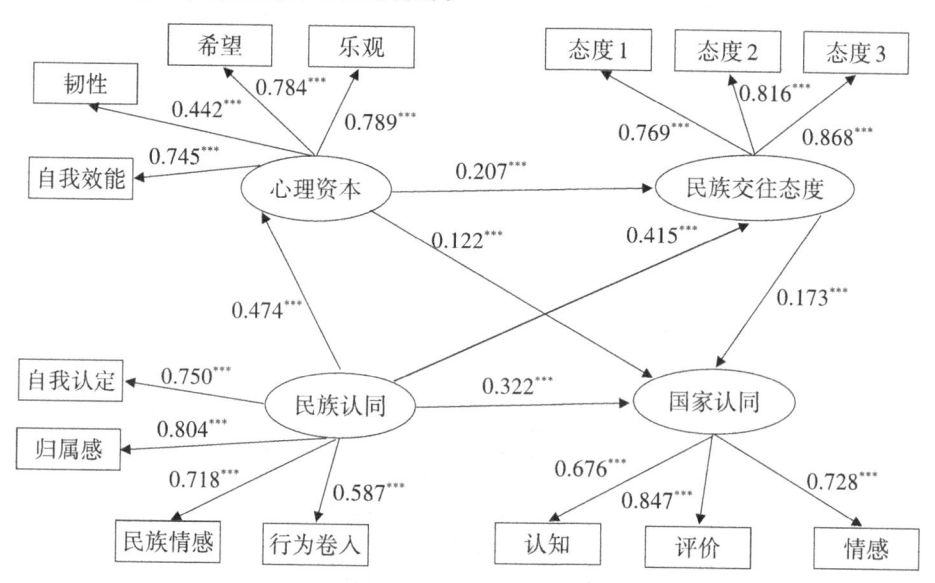

图4-4 心理资本、民族交往态度在民族认同与国家认同关系中的中介作用

使用偏差校正的百分位Bootstrap法检验中介效应的显著性,在AMOS 23.0中设定5000个Bootstrap样本,如果Bootstrap的95%置信区间不包含0,说明参数估计值显著,反之,则说明参数估计值不显著。结果显示(见表4-4):民族认同通过心理资本对国家认同产生的间接效应为0.058(0.474×0.122),95%置信区间不包括0,这说明心理资本在民族认同与国家认同之间的中介效应显著;民族认同

---

① 吴艳,温忠麟.结构方程建模中的题目打包策略[J].心理科学进展,2011,19(12):1859-1867.

通过民族交往态度对国家认同产生的间接效应为0.072(0.415×0.173),95%置信区间不包括0,这说明民族交往态度在民族认同与国家认同之间的中介效应显著;民族认同通过心理资本、民族交往态度对国家认同产生的间接效应为0.017(0.474×0.207×0.173),95%置信区间不包括0,这说明心理资本和民族交往态度在民族认同与国家认同之间的链式中介效应显著。

表4-4 标准化效应及偏差校正Bootstrap的95%置信区间

路径	标准化间接效应	95%置信区间 下限	95%置信区间 上限
民族认同→心理资本→国家认同	0.058	0.014	0.101
民族认同→民族交往态度→国家认同	0.072	0.038	0.112
民族认同→心理资本→民族交往态度→国家认同	0.017	0.008	0.032
总间接效应	0.147	0.094	0.206

(四)分析与讨论

1.民族认同、心理资本、民族交往态度、国家认同的特点

首先,本研究发现,民族地区中学生的民族认同水平较高,特别是表现在对本民族的情感与归属感方面,这与以往研究的结论一致。许多研究表明,少数民族学生对自己所属的民族具有较强的认同感[1][2]。其次,本研究发现,民族地区的中学生的心理资本状况良好,这与相关研究的结论基本一致。有研究指出,朝鲜族初中生的心理资本水平较高[3];也有研究指出,藏族大学生的心理资本各维度得分均稍高于理论中值,即心理资本处于中等水平。[4]与此同时,本研究还发现,民族地区的中学生的民族交往态度较好,这与前人研究的结论一致。最后,本研

---

[1] 高承海,撒丽.青少年民族认同的发展状态与心理适应的关系[J].西北师大学报(社会科学版),2017,54(2):107-108.
[2] 赵科,杨丽宏.民族认同、民族文化认同和主流文化认同对少数民族学生幸福感的影响[J].民族教育研究,2019,30(5):149.
[3] 陈曹雯,严秀英.朝鲜族初中生心理资本与自我调节学习的关系[J].中国健康心理学杂志,2018,26(5):742.
[4] 胡维芳,谢政航.职业价值观对藏族大学生择业效能感的影响:心理资本的中介作用[J].民族教育研究,2019,30(3):148.

究发现,民族地区的中学生的国家认同水平较高。有研究者认为,少数民族学生国家认同感的提升与多年来我国积极贯彻落实民族教育政策很有关系。[1]

2.民族认同、心理资本、民族交往态度、国家认同的关系

(1)民族认同与国家认同的关系。

本研究发现,民族地区的中学生的民族认同与国家认同具有显著的正相关关系,并且国家认同的总体水平高于民族认同,这与以往研究的结论一致。该结论充分说明了民族地区的中学生具有较强的中华民族共同体意识,他们既有作为中国人的归属感、自豪感与承诺感,又对本民族有着强烈的认同感,这是在国家一体下的民族认同,该认同有利于民族交往交流交融,能够促进民族团结与社会和谐发展。

本研究进一步发现,民族地区中学生的民族认同对国家认同具有直接的正向预测作用。这一结论突出说明了民族地区的中学生积极的民族认同对国家认同的获得与提升具有重大的意义。对此有研究者提出,诉求国家认同必须以尊重民族认同为前提,民族认同可借助于国家认同实现合作与双赢。[2]

(2)心理资本的中介作用。

本研究发现,民族地区的中学生的心理资本在民族认同与国家认同之间起到了部分中介作用。这说明个体的积极心理特质与其民族认同和国家认同有着紧密联系,而这与前人的研究结果一致。有研究指出,本民族认同维度和中华民族认同维度与乐观和积极情绪显著正相关,且与更加稳定的心理状态和自我评价相联系[3]。还有研究指出,国家认同不仅是马斯洛需要层次理论中所提个体发展之归宿感需要的重要部分,更是个体深层归宿感的需要,同时也是一个人自我实现需要满足的根本性依托,而国家无疑是现时代个体实现自我的最重要的公共场域,是个体提升自我价值、扩展生活意义的重要源泉。[4]由此可知,培养和发

---

[1] 陶文俊,夏晓莉.交往交流交融视域下内地班少数民族学生的社会心态研究:以江苏省Y市内高班为例[J].民族教育研究,2020,31(3):140.
[2] 李智环.民族认同与国家认同研究述论[J].西南科技大学学报(哲学社会科学版),2012,29(2):90.
[3] 张翔.青少年民族国家认同与人格特征及心理健康的关系[J].中国学校卫生,2012,33(4):416.
[4] 刘铁芳.国家认同的教育意蕴及其实现[J].探索与争鸣,2018(2):122.

展积极性的心理要素,对个体的民族认同和国家认同能够起到一定的促进作用,同时得到提升的民族认同和国家认同又能够进一步提升个体的心理资本,由此达到一种良性循环。

(3)民族交往态度的中介作用。

本研究发现,民族地区的中学生的民族交往态度在民族认同与国家认同之间起到了部分中介作用。这一结果印证了发展取向的认同理论,个体具有强烈的民族认同会促使个体对所属民族进行积极的探索,进而更有可能达到民族认同的实现阶段;这种成熟的民族认同意味着个体对民族群体以及民族间关系有着更高的认知水平,这种认识会使个体对其他群体持有更为积极的态度[1]。而不同民族在长期的交往过程中,有机会增进对彼此的了解,消除对外民族的偏见和刻板印象,挖掘各民族间的共性之处,强化中华民族多元一体的思想,最终达到对整个国家的强烈认同。

(4)心理资本与民族交往态度的链式中介作用。

本研究发现,民族地区的中学生的心理资本、民族交往态度在民族认同与国家认同之间共同起到了链式中介作用。这一结果说明,民族地区的中学生具有较强的民族认同可以增加自身的心理资本,进而产生积极的民族交往态度,从而提升个体对整个国家的认同水平。该结果支持了前人的研究结论,民族认同能够正向促进个体的心理健康发展[2]。此外,根据心理资本的缓冲效应模型,心理资本可以通过一些中介变量间接地影响个人的状态与行为。[3]具体而言,当个体获得更多的心理资本后,可以通过增强民族交往意愿,进而间接地提高个体对国家的认同水平。

---

[1] 张莹瑞,徐海波,阳毅.民族认同在民族间态度中的积极作用[J].心理科学进展,2009,17(6):1345.
[2] 尹可丽,李鹏,包广华,等.民族社会化经历对藏族青少年积极心理健康的影响:民族认同与自尊的中介作用[J].华南师范大学学报(社会科学版),2016(1):78-84.
[3] 李斌,马红宇,郭永玉.心理资本作用机制的研究回顾与展望[J].心理研究,2014,7(6):56.

(五)贡献与启示

1. 理论贡献

目前关于少数民族的国家认同研究多以学理分析为主,从心理学视角出发的实证研究相对较少;此外,已有研究对于民族认同影响国家认同的心理机制也缺乏深入系统的研究。基于此,本研究在前人研究的基础上,将心理资本与民族交往态度这两个中介变量整合到民族认同对国家认同的影响过程中,试图去探索可能存在的影响机制。

本次研究发现,心理资本与民族交往态度在其中起到了单独中介以及链式中介的作用;该结果支持了发展取向的认同理论、群际接触理论以及心理资本的缓冲效应理论;与此同时,我们针对本次的研究发现提出了相应的建议,以期更好地提升民族地区学生的国家认同感,为民族地区民族教育决策提供一定的理论参考。

2. 教育启示

(1)处理好民族认同和国家认同的关系。

在我国这样一个统一的多民族国家,处理好民族认同与国家认同之间的关系意义重大。一方面应当重视民族文化教育,将文化认同作为民族认同与国家认同的精神纽带,促进多民族文化的和谐共生。通过文化认同来强化民族认同,通过共同的历史命运与集体记忆,推进国家认同。另一方面,应当积极开展中华民族共同体意识教育,铸牢中华民族共同体意识。同时重视社会主义核心价值观的培育和建设,以强大的价值共识引领和凝聚各族人民,深入推进中华民族多元一体的价值追求。

(2)引导各族学生形成积极的民族交往态度。

群际接触理论认为,民族接触能减少刻板印象、降低群际焦虑程度、改善交往态度。[①]在接触和交往过程中能够增强彼此之间的了解,有利于形成积极的民

---

① 高承海,侯玲,万明钢.民族接触促进跨民族互动的心理机制[J].西北师大学报(社会科学版),2014,51(6):30.

族关系。因此,创造良好的民族接触的环境和机会,提高接触质量,是促进民族关系和谐发展的重要策略。在本研究中我们也发现,心理资本与民族交往态度之间存在重要联系,这也意味着在鼓励民族交往交流过程中应当考虑到培养、发展和利用好个体的积极心理资本,为民族间的往来创造良性条件,进一步促进民族关系的和谐发展。

(六)研究结论

本研究得出的结论如下:

(1)民族地区的中学生的民族认同、心理资本、民族交往态度、国家认同均高于理论中值,处于较好的水平。

(2)民族地区的中学生的民族认同对国家认同具有显著的正向预测作用。

(3)民族地区的中学生的心理资本、民族交往态度在民族认同与国家认同之间既能单独起到中介作用,也能共同起到链式中介作用。

第五章

心理学视域下铸牢中华民族共同体意识研究工具的开发与应用

一、基于心理测量学的中华民族共同体意识量表的编制

(一)研究背景

铸牢中华民族共同体意识是维护国家统一和民族团结的基础,是我国民族工作的主线和"纲",是建设中国特色社会主义伟大事业、增强"五个认同"、促进民族团结、实现中华民族伟大复兴的前提。自"中华民族共同体意识"提出以来,学界纷纷对其展开相关研究,涉及民族学、历史学、教育学、心理学等学科,主要围绕中华民族共同体意识的内涵、意义、途径等进行探讨。如:将中华民族共同体意识分为"中华民族""共同体意识""中华""民族""共同体""意识"6个概念,将"共同体"和"共同体意识"作为元概念,强调其在中华民族这一特定场景中的内涵和价值;[1]认为中华民族共同体意识是中国各民族在不断交往交流交融的历史进程中,在历史、心理、社会、制度、政治、文化等层面取得一致性或共识性的集体身份认同;[2]提出在铸牢中华民族共同体意识方面的多种途径,强调民族院校在

---

[1] 青觉,徐欣顺.中华民族共同体意识:概念内涵、要素分析与实践逻辑[J].民族研究,2018(6):4-8.
[2] 哈正利,杨胜才.中华民族共同体意识基本内涵探析[N].中国民族报,2017-02-24(5).

铸牢中华民族共同体意识中的作用。①也有研究者重视大众舆论和思想作用,突出心理因素的重要性,从心理学角度开展研究。例如:强调民族心态构建的重要性②;从心理空间生产强调学校教育的意义;③从民族心理学角度阐述心理距离对铸牢中华民族共同体意识的影响等④。

对于铸牢中华民族共同体意识这一时代任务而言,理论根基固然重要,但在探究理论的同时,也需要通过量化指标,对当前背景下中华民族共同体意识的现状进行深入分析,探究其是否受到个人心理因素的影响,为国家大政方针提供科学数据。但查阅文献和书籍发现,关于中华民族共同体意识的量化研究寥寥无几,究其原因主要是缺乏有效测量中华民族共同体意识的测量工具,虽然国内外已有关于民族认同、国家认同等方面的量表,如:国外学者菲尼于1992年编制的多民族认同量表,从依恋和归属感、认同获得、民族行为等方面测量民族认同;我国学者高承海等⑤编制的民族认同量表,从探索、肯定和确认三个维度测量民族认同;等等。但中华民族共同体是一个有别于民族认同、国家认同的概念,需要从更为全面整合的角度来测量。为此,本研究以意识理论为基础,围绕认知、情感、意志三方面,构建了中华民族共同体意识量表的理论结构,严格按照心理测量学的方式,编制中华民族共同体意识量表,为后续研究提供了有效的测量工具。

心理学关于意识的概念还未有清晰的界定,但总的来说意识是人在觉醒状态下对自己和环境的觉知,包括认知、情感和意志三方面。中华民族共同体意识就是在中华民族共同体这一背景下,人们直接经验的主观显现,同样反映在认

---

① 杨胜才.民族院校铸牢中华民族共同体意识的价值意蕴、方法路径与保障体系[J].中南民族大学学报（人文社会科学版）,2020,40(5):9-14.
② 龙金菊,高鹏怀.民族心态秩序构建:铸牢中华民族共同体意识的社会心理路径[J].西南民族大学学报（人文社会科学版）,2019,40(12):9-15.
③ 胡平,徐莹,徐迩嘉.从心理空间生产看学校教育中华民族共同体意识的培育[J].民族教育研究,2020,31(4):19-24.
④ 陈立鹏,薛璐璐.民族心理距离视域下铸牢中华民族共同体意识的路径研究[J].中央民族大学学报（哲学社会科学版）,2020,47(6):34-40.
⑤ 高承海,安洁,万明钢.多民族大学生的民族认同、文化适应与心理健康的关系[J].当代教育与文化,2011,3(5):106-113.

知、情感和意志三方面。其中认知是人们对客观世界的信息加工活动,与认识的内涵如出一辙,一般包括个体的感觉、知觉、记忆、表象等,在铸牢中华民族共同体意识中表现为对中华民族价值观、中华民族身份等的认识。如研究者强调社会主义核心价值观、文化自信、文化认同等对中华民族共同体意识的影响,意在突出认知的重要性。[1]情感则是人们对客观事物的感受与评价,是人们适应生存的工具,能激发个体的心理活动和行为,在铸牢中华民族共同体意识中表现为中华民族团结统一、平等,也表现为对中华民族的强烈归属感。现有研究表明,民族交往交流交融有助于构建平等、团结、互助、和谐的社会主义民族关系,体现了民族情感对铸牢中华民族共同体意识的重要意义。[2]意志是人自觉地确定目的,根据目的调节支配自身的行动,克服困难,去实现预定目标的心理倾向,是实现意识层面向行为层面转化的动力。在铸牢中华民族共同体意识方面,意志表现为实现中华民族伟大复兴的使命感和自觉行为。有研究从政治、经济、文化、社会等方面提出途径,彰显了意志行动在铸牢中华民族共同体意识方面的重要作用。[3]为此,将认知、情感和意志作为中华民族共同体意识量表的三大维度,能全面、有效地测量中华民族共同体意识的现状,也能为后续关于中华民族共同体意识的相关研究提供测量工具。

(二)研究情况

1.研究对象

样本1:选取中国人民大学在校学生20人。其中男生6人,女生14人;汉族12人,少数民族8人;年龄范围在20岁至26岁之间,样本1作为自编开放式问卷的被试。

样本2:选取北京、福建、安徽、广西、广东、海南、江西、云南、浙江等28个地区共531名被试。其中男性194人,女性337人;非农业户口372人,农业户口159人;

---
[1] 郝时远.文化自信、文化认同与铸牢中华民族共同体意识[J].中南民族大学学报(人文社会科学版),2020,40(6):1-10.
[2] 刘吉昌,曾醒.情感认同是铸牢中华民族共同体意识的核心要素[J].中南民族大学学报(人文社会科学版),2020,40(6):11-16.
[3] 杨鹍飞.中华民族共同体认同的理论与实践[J].新疆师范大学学报(哲学社会科学版),2016,37(1):83-94.

年龄范围在17岁至70岁之间；受教育水平在专科以下的有67人，专科及以上的有464人；涉及汉族、白族、藏族、朝鲜族、土家族等16个民族，涵盖个体经营者、公务员、国企员工、军队文职人员、事业编制人员、私企员工、学生等。样本2作为本研究中项目分析和探索性因素分析的被试。

样本3：选取北京、福建、安徽、广西、广东、海南、江西、云南、浙江等28个地区共402名被试。其中男146人，女256人；非农业户口276人，农业户口126人；年龄范围在16岁至78岁之间；受教育水平在专科以下的有39人，专科及以上的有363人；共涉及汉族、白族、藏族、朝鲜族、土家族等16个民族，涵盖个体经营者、公务员、国企员工、军队文职人员、事业编制人员、私企员工、学生等。样本3作为本研究中验证性因素分析和内部一致性信度分析的被试。

样本4：选取样本3中的114人，在间隔两周之后进行再次施测。其中男生33人，女生81人，年龄范围在20岁至25岁之间。样本4作为本研究中重测信度分析的被试。

2. 量表编制过程

(1) 初始量表的编制。

首先，在意识理论基础上，对"中华民族共同体"方面的相关文献进行梳理；其次，对中国人民大学20名学生进行开放式问卷调查和访谈，进一步总结归纳中华民族共同体意识的测量范围；最后，初步构建中华民族共同体意识的理论结构，按照"简洁、通顺、清楚、明白"的准则进行题目编制。通过三次讨论，最终形成Likert 5点计分量表，即从1到5，依次代表"非常不认同""比较不认同""不确定""比较认同""非常认同"，共40道题目的中华民族共同体意识量表初测版。

(2) 量表的修订。

使用中华民族共同体意识量表初测版，对样本2中的被试进行施测，并对测量结果进行项目分析和探索性因素分析。在项目分析中，将题总相关系数小于0.4及高低分组t检验不显著的题目剔除，共删除2道题目。在探索性因素分析中，按照相关删题原则，共删除20道不符合测量要求的题目，最终中华民族共同体意识量表经修订后剩余18道题目。

(3)形成正式量表。

使用修订后的量表对样本3的被试进行施测,施测结果用于验证性因素分析和内部一致性信度分析;最后使用样本4的被试进行重测信度分析。最终形成的中华民族共同体意识量表共包括18个题目,由认知、情感、意志三大维度构成,每个维度均为6个题目。

3.研究工具

(1)中华民族共同体意识开放式问卷。

中华民族共同体意识开放式问卷:根据所研究的内容,在参考已有文献的基础上,自编10道简答形式的开放式题目,调查结果用于本研究量表编制中的理论构建。开放式问卷例题如下:"你如何理解中华民族共同体意识?""你认为应如何培育中华民族共同体意识?"

(2)中华民族共同体意识量表初测版。

该量表是根据意识的理论结构,分别将认知、情感、意志作为中华民族共同体意识量表的三大维度,按照编制题目的规范性,形成具有40道题目的初测版量表。量表采用Likert 5点计分方式,1代表"非常不认同",2代表"比较不认同",3代表"不确定",4代表"比较认同",5代表"非常认同",得分越高代表中华民族共同体意识越强。

(3)中华民族共同体意识量表正式版。

该量表是由中华民族共同体意识量表初测版,经过项目分析、探索性因素分析、验证性因素分析和内部一致性信度分析后形成。该量表共有18道题目,包括认知、情感、意志三大维度,每个维度具有6个题目。量表采用Likert 5点计分方式,1代表"非常不认同",2代表"比较不认同",3代表"不确定",4代表"比较认同",5代表"非常认同",得分越高代表中华民族共同体意识越强。

4.研究程序与数据处理

本研究采用线下施测和线上施测相结合的方式。开放式问卷使用线下施测方式,主试由具有心理学背景的硕士研究生担任,在被试知情并自愿的情况下进行调查;量表的初测版、正式版、重测版均使用中国人民大学线上测试系统,被试在知情并明确指导语后进行作答。问卷统一回收后,使用SPSS 20.0及AMOS 20.0进行数据处理。

(三)施测及分析

1.中华民族共同体意识量表初测版的项目分析

使用本研究中的样本2进行施测,对施测结果进行高低分组t检验及题总相关分析。计算中华民族共同体意识量表初测版的总分,按得分高低,将前27%作为高分组,后27%作为低分组,使用独立样本t检验,比较高低分组在各个题目上的差异。结果表明,除第14题外,其他39道题目得分均具有显著差异。对中华民族共同体意识量表的各题目与总分进行皮尔逊相关分析,结果表明40道题目与总分均呈显著正相关。但第24题的相关性小于0.4(见表5-1)。综上所述,根据项目分析结果,将第14题和第24题删除,对剩余38道题目进行探索性因素分析。

表5-1 中华民族共同体意识量表初测版本项目分析

题项	平均分	标准差	题总相关	高低分组t检验
Q1	4.71	0.70	0.56	4.53***
Q2	4.82	0.64	0.61	5.12***
Q3	4.78	0.67	0.60	5.25***
Q4	4.58	0.80	0.57	12.12***
Q5	4.82	0.66	0.66	6.40***
Q6	4.68	0.80	0.63	10.36***
Q7	4.87	0.45	0.44	2.60***
Q8	4.67	0.71	0.55	8.09***
Q9	4.84	0.65	0.66	6.00***
Q10	4.67	0.80	0.63	10.27***
Q11	4.71	0.66	0.41	4.28***
Q12	4.70	0.61	0.41	4.41***
Q13	4.84	0.66	0.62	5.84***
Q14	4.80	0.57	0.41	0.72
Q15	4.89	0.42	0.66	5.25***

续表

题项	平均分	标准差	题总相关	高低分组 t 检验
Q16	4.89	0.39	0.70	4.62***
Q17	4.85	0.47	0.64	7.89***
Q18	4.79	0.50	0.68	11.14***
Q19	4.90	0.41	0.71	5.90***
Q20	4.90	0.37	0.64	6.43***
Q21	4.82	0.48	0.55	8.35***
Q22	4.73	0.72	0.48	8.45***
Q23	4.67	0.75	0.61	11.30***
Q24	4.85	0.51	0.39	1.78***
Q25	4.81	0.51	0.71	9.20***
Q26	4.78	0.61	0.48	4.05***
Q27	4.89	0.45	0.71	4.89***
Q28	4.85	0.47	0.63	7.67***
Q29	4.87	0.50	0.66	6.50***
Q30	4.86	0.50	0.78	6.82***
Q31	4.90	0.38	0.80	6.77***
Q32	4.88	0.43	0.77	7.07***
Q33	4.89	0.40	0.78	7.12***
Q34	4.88	0.42	0.75	7.70***
Q35	4.79	0.55	0.44	4.24***
Q36	4.65	0.74	0.51	5.01***
Q37	4.84	0.49	0.79	8.29***
Q38	4.71	0.62	0.67	11.83***
Q39	4.71	0.63	0.48	7.17***
Q40	4.57	0.81	0.45	8.64***

注：***, $p<0.001$。

2.中华民族共同体意识量表初测版探索性因素分析

根据项目分析结果，对中华民族共同体意识量表初测剩余的38个题目进行探索性因素分析，Bartlett 球形检验结果显示：KMO 值为0.92，$\chi^2=20885.57$，$df=780$，$p<0.001$，说明数据适合进行探索性因素分析，结果见表5-2。

表5-2 中华民族共同体意识量表初测版本KMO和Bartlett球形检验结果

Kaiser-Meyer-Olkin Measure of Sampling Adequacy		0.92
Bartlett's Test of Sphericity	Approx.Chi-Square	20885.57
	df	780
	Sig.	0.000

采用主成分分析中方差最大旋转法抽取公因子,根据特征根大于1确定因子数量,并根据以下标准进行项目剔除:(1)因子载荷小于0.40;(2)在两个因子上的载荷均大于0.40;(3)某因子的题目数量小于3;(4)题目不符合因子内涵。共进行了7次探索性因素分析,第一次剔除2个题目,第二次剔除2个题目,第三次剔除3个题目,第四次剔除1个题目,第五次剔除2个题目,第六次剔除5个题目,第七次剔除5个题目。最终形成包含3个因子,共18个题目的中华民族共同体意识量表,见表5-3。

表5-3 中华民族共同体意识量表初测版本探索性因素分析

题目	因子1	因子2	因子3
5.各民族间的密切交流有利于中华民族共同体的发展。	0.88		
9.无论我属于哪个民族,都是中华民族大家庭中的一员。	0.86		
2.中华民族的发展与我们各民族的发展息息相关。	0.84		
1.中华民族是由56个民族组成的大家庭,缺一不可。	0.84		
3.中华民族是一个命运共同体,一荣俱荣,一损俱损。	0.84		
13.有福同享,有难同当是中华民族的传统美德。	0.83		
17.我热爱中华民族。		0.88	
28.我对中华民族有着深刻的依恋之情。		0.88	
20.听到有辱中华民族的消息,我会感到很气愤。		0.74	
21.我对待其他民族成员与对待本民族成员的态度基本一致。		0.70	
25.如果我身处国外,我会非常思念我的祖国。		0.64	
22.我为自己是一名中国人感到骄傲。		0.57	
30.每个人都肩负着民族团结统一、中华民族伟大复兴的重任。			0.87
33.只要是对中华民族有益处的事情,再难我也会坚持。			0.85
32.我会自愿做一些利于中华民族团结、民族共同繁荣的事情。			0.85
34.无论何时,只要中华民族团结一心,必定能战胜困难。			0.80
31.中华民族的命运掌握在我们每个人手中,我们必须为之奋斗。			0.79
29.我们必须与任何分裂祖国、分裂中华民族共同体的势力作斗争。			0.78

续表

因子名称	认知	情感	意志
特征根	8.70	1.76	2.79
贡献率	48.35	9.78	15.53
累计贡献率	48.35	58.13	73.66

由表5-3可知,因子1由第1题、2题、3题、5题、9题、13题组成,属于假设理论结构中的认知维度,故将因子1命名为"认知"。因子2由第17题、20题、21题、22题、25题、28题组成,属于假设理论结构中的情感维度,故将因子2命名为"情感"。因子3由第29题、30题、31题、32题、33题、34题组成,属于假设理论结构中的意志维度,故将因子3命名为"意志"。

综上所述,探索性因素分析得到了与初步构想相一致的结果,即中华民族共同体意识由认知、情感、意志三方面构成,最终形成了具有18道题目组成的中华民族共同体意识量表正式版。

3.中华民族共同体意识量表正式版的验证性因素分析

根据探索性因素分析,得到与假设预期一致的理论模型,即中华民族共同体意识的结构为认知、情感和意志。在样本3中对包含18道题目的中华民族共同体意识量表正式版进行施测,对施测结果进行验证性因素分析及内部一致性信度分析。使用AMOS 20.0进行验证性因素分析,中华民族共同体意识量表的一阶模型和二阶模型拟合指数如表5-4所示。由表5-4可知,一阶模型的χ^2/df为3.95,RMSEA为0.08,且AGFI、GFI、IFI、TLI、CFI值均大于0.8但小于0.9;而二阶模型中χ^2/df为2.27,RMSEA为0.05,且AGFI、GFI、IFI、TLI、CFI值均大于0.9。说明二阶模型较好,符合心理测量学标准,这也与本研究的理论构想一致,为此最终采用二阶模型作为中华民族共同体意识量表的理论结构,其结构模型及标准化路径系数见图5-1。

表5-4 中华民族共同体意识理论模型的拟合度指标

模型	χ^2/df	AGFI	GFI	IFI	TLI	CFI	RMSEA
一阶模型	3.95	0.81	0.85	0.87	0.85	0.87	0.08
二阶模型	2.27	0.90	0.92	0.94	0.93	0.94	0.05

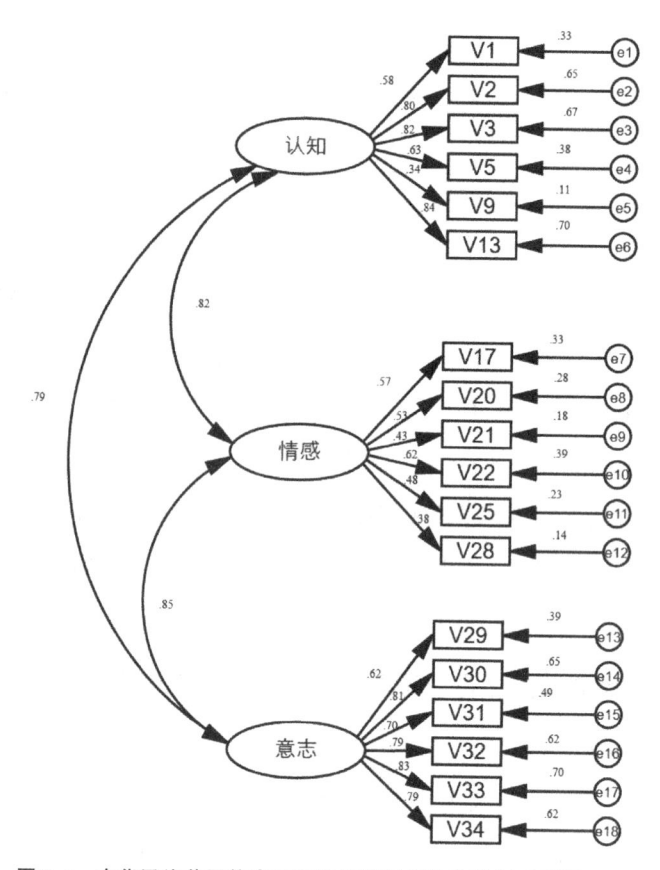

图 5-1　中华民族共同体意识结构模型及标准化路径系数图

4. 中华民族共同体意识量表正式版的信度分析

(1)中华民族共同体意识量表正式版的内部一致性信度。

采用中华民族共同体意识量表对样本3的被试进行施测,施测结果用来进行中华民族共同体意识量表的内部一致性信度分析。结果见表5-5,总量表的克龙巴赫α系数为0.90,认知维度的克龙巴赫α系数为0.82,情感维度的克龙巴赫α系数为0.67,意志维度的克龙巴赫α系数为0.88。结果表明,此量表具有较好的内部一致性信度。

(2)中华民族共同体意识量表正式版的重测信度。

采用中华民族共同体意识量表对样本4的被试间隔2周后进行重复测试。计算两次测量量表总分及各维度分数的相关系数。结果见表5-5,总量表的重测信度系数为0.97,认知维度的重测信度系数为0.70,情感维度的重测信度系数为0.86,意志维度的重测信度系数为0.83。结果表明,量表具有较好的重测信度。

表5-5 中华民族共同体意识量表正式版信度分析

维度/量表	内部一致性信度系数α	重测信度系数
认知维度	0.82	0.70
情感维度	0.67	0.86
意志维度	0.88	0.83
总量表	0.90	0.97

(四)讨论与结论

铸牢中华民族共同体意识是新时代民族工作的目标,对促进实现各族人民像石榴籽一样紧紧抱在一起的美好愿望具有重要作用。本研究根据意识的理论,将认知、情感、意志作为中华民族共同体意识量表的维度,分别通过项目分析、探索性因素分析及验证性因素分析,编制了一份各项指标均符合测量学标准的"中华民族共同体意识量表"。

1.中华民族共同体意识量表的理论构建

为确定量表施测内容和范围,参照现有关于中华民族共同体意识的相关文献后,自编开放式问卷。对开放式问卷结果进行整理,发现在被试的回答中出现频率较高的词有"团结""统一""共同"等,这与现有研究强调的各民族成员"心往一处想,劲儿往一处使"相符。而以意识理论为基础,从认知、情感、意志三个方面考察中华民族共同体意识,也与现有研究相一致。从认知角度看,中华民族共同体意识意在强调各民族成员对待"中华民族共同体"肯定的态度与强烈的认同感,是实现民族团结与共同繁荣的精神基石;从情感角度看,中华民族共同体意识意在强调各民族之间、各民族与中华民族之间的感情维系程度,只有认知层面的爱国观念转化为可察觉的爱国情感时,才能被社会感知到,最终形成具有社会属性的家国情怀;从意志角度看,中华民族共同体意识意在强调从认知、情感向行为层面的转化,这也是中华民族共同体意识的最高层次,体现了在中华民族伟大复兴征程中意志努力的重要性。

2. 中华民族共同体意识量表的编制与施测

在理论构建的基础上,邀请心理学教授及研究生进行多次讨论,严格按照量表编制的方法,形成了中华民族共同体意识量表的初测版。对初测版进行项目分析和探索性因素分析后,删除不符合要求的22道题目,剩余18道题目。

其中认知维度第5题涉及民族交往、第9题涉及民族身份,而第2题、1题、3题、13题涉及中华民族价值观,重在强调中华民族主流价值观的培育,加强各民族的交往交流交融,是增强民族认同感的基础,也是中华民族共同体意识逐渐稳固的关键。情感维度第17题、28题涉及对中华民族的依恋之情,第25题涉及对中华民族的归属感,第20题涉及对中华民族的认同与拥护,第21题涉及对各民族的态度平等、公平,强调中华民族共同体意识是一种认同中华民族为统一的命运共同体的自觉性倾向,突出认同感、归属感的必要性。而意志维度第30题、31题涉及实现中华民族伟大复兴的使命感,第33题和34题涉及民族复兴任务中的坚韧性和坚持性,第29题、32题涉及为国家做贡献的自觉性,意在突出铸牢中华民族共同体意识进程中,为突破困境和战胜困难的意志努力的重要性,强调全国各族人民在经济、政治、文化等多方面的努力的意义。

在验证性因素分析阶段,分别比较了一阶模型和二阶模型的拟合程度,最终结果表明二阶模型相较于一阶模型拟合度更好,其中χ^2/df为2.27,RMSEA为0.05,且AGFI、GFI、IFI、TLI、CFI值均大于0.9,进一步证明了本研究在理论构建部分的合理性。

3. 本研究的意义与不足

本研究根据已有中华民族共同体意识的相关理论,使用心理测量学的方式,根据意识的理论编制中华民族共同体意识量表,在理论和实践应用方面具有重要意义。首先,意识是一种觉知,是人的高级心理功能,具有较强的主观能动性。量表从个体的认知、情感和意志三方面进行考察,有利于充分发挥各民族成员在铸牢中华民族共同体意识中的作用。其次,铸牢中华民族共同体意识是符合时代发展的伟大任务,量表能准确反映当前我国各民族成员中华民族共同体意识的现状,为多学科、跨领域的研究提供了可参照的数据。最后,量表的编制完全按照心理测量学的方式,各项指标均符合心理测量学的标准,为后续关于"中华民族共同体意识"的研究提供了科学、有效的测量工具。

本研究也存在一些不足。首先,量表在经过探索性因素分析后,删除了22道题目,是由于研究内容具有较高的社会赞许性倾向,导致被试在作答时有意选择符合社会规范的题目,为此,在后续修订量表过程中,应注意文字的表达,巧妙避开社会赞许性较高的文字。其次,虽然此次测量涉及的民族众多,被试涵盖范围较广,但从整体上看,被试的数量较少。未来研究可广泛施测于各个地区、职业人群,扩大样本的施测范围,全面了解中华民族共同体意识的现状。最后,由于中华民族共同体意识方面的测量工具较少,本研究中未能进行校标效度的检验。但在结构效度上,本研究通过理论及验证性因素分析等,保证了结构效度的科学性。

4. 结论

从意识理论出发构建的中华民族共同体意识的理论结构包括认知、情感、意志三方面,据此编制的中华民族共同体意识量表共有18道题目,其中认知维度6道题目,情感维度6道题目,意志维度6道题目。该量表的信效度均符合测量学标准,可应用于未来中华民族共同体意识的相关研究。

二、基于心理测量学的民族团结意识量表的编制

(一)民族团结意识量表编制的背景

党和国家历来高度重视民族团结工作。党的十八大以来,习近平总书记多次强调,民族团结是我国各族人民的生命线。做好民族工作,最关键的是搞好民族团结,最管用的是争取人心。在党的二十大报告中,习近平总书记进一步指出,要"以铸牢中华民族共同体意识为主线""全面推进民族团结进步事业"。其中,铸牢中华民族共同体意识的一个重要实现途径是开展民族团结进步教育,增

强各民族的团结意识。[①]而目前民族学、社会学和教育学等领域中缺乏具体的可操作性工具来评估各民族团结意识的真实水平。心理学领域中与族群/族际关系相关的测量工具主要有博加德斯社会距离量表(Bogardus Social Distance Scale)和李(Lee)等人设计的反转社会距离量表(the Reverse Social Distance Scale)。前者从大族群的立场和角度来设计题目,测量美国人与其他种族的社会距离值;后者从小族群的感受角度出发,要求被试评价其他大群体对他们的接受程度,评估小族群对大族群所建构的社会距离的感受。国内学者许木柱编制的心理距离量表(Psychological Distance Scale)主要目的是评估群体之间的亲疏关系和相互理解程度。但以上测量工具均有各自的侧重点或文化差异,无法确切评估我国各族人民的民族团结意识水平。因此,为了将民族团结研究从宏观层面上的理论思辨进一步推进到关注个体内在心理态度的微观层面上,本研究依据心理测量学的理论和方法,拟编制一套适用于青少年和成年人的民族团结意识量表,从而直观地了解各民族在心理层面上的团结意识水平,也可以作为检验民族团结进步教育成效的实证工具。

(二)民族团结意识量表编制的理论背景

1.民族团结意识的概念

无论是马克思主义哲学还是心理学都对意识有着深厚的研究。前者认为"意识是人的精神活动的总和,包括低级形式的感觉、高级形式的思维,以及情感、意志等"[②]。而心理学上认为意识是个体认知、情感和意志的统一体。关于民族团结意识的具体理论概念,目前学术界并没有形成一个统一的说法,不同的研究者有着各自的理解。孔兆政和张毅认为,"民族团结意识是一种基于各族群长期的交往与互动而形成的一种建立在共同情感、共同道德信仰和共同理想信念上的相互联系、相互帮助的心理状态和向心趋势"[③]。张圣进在对民族团结概念

[①] 赵刚,宋鹏.铸牢跨界民族的中华民族共同体意识:以民族团结进步教育为视角[J].延边大学学报(社会科学版),2020,53(5):80.
[②] 王锐生,薛文华.马克思主义哲学原理[M].北京:高等教育出版社,1993:88.
[③] 孔兆政,张毅."天下"观念与中国民族团结意识的建设[J].中南大学学报(社会科学版),2010,16(1):40.

进行梳理和总结后,认为民族团结意识应当是以共享信念为基础,以文化认同为纽带,在情感上形成强烈的民族自豪感、责任心、自尊心、自信心和使中华民族腾飞的紧迫感,同时尊重理解其他民族,认为民族平等的一种意识。[1]谭玉林则认为民族团结意识"是指人们对民族团结行为和民族团结现象的主观认知和反映"[2]。以上研究者主要是从民族和文化的视角对民族团结意识进行概括,还有学者从心理学的视角提出了民族团结意识的相关内涵。例如:罗鸣春指出,民族团结心理是民族成员对民族团结价值及功能的认同和接纳,对民族团结的态度和行为倾向。[3]

基于前人对民族团结意识概念的理解,本研究认为民族团结意识是各族人民在认知、情感和意志上的高度统一,体现在对中华民族共同体、中华文化和民族平等地位等的认同,对中华民族的热爱以及对破坏民族团结行为的愤恨,并通过实际行动维护民族平等和团结的坚强意志上,是一种高级心理活动,对指导各民族维护国家统一,促进民族团结,共同实现中华民族伟大复兴的中国梦有积极作用。目前,从心理学视角解释民族团结意识的国内外研究还处于起步阶段,需要民族心理学研究者进一步思考和探索。

2. 民族团结意识的维度

在社会心理学中,对个体和群体态度的研究占据着重要分量。弗里德曼(J. L.Friedman)认为,态度(attitude)是指个体对某一特定事物、观念或他人稳固的心理倾向,包含了认知成分、情感成分和意向成分。[4]其中认知成分主要体现在个体对态度对象的想法上,包括了解的事实、掌握的知识以及持有的信念等;情感成分是指对态度对象的主观评价以及之后体验到的积极或消极的情绪感受,例如自豪、排斥或敌对;意向成分主要是指个体的意志和行为倾向,即个体行动前的准备状态。民族团结意识作为意识,与态度之间有着不可分割的关联性。首先,民族团结意识中包括对民族团结这一客观事实的认知、情感和意志,这与态

---

[1] 张圣进.试论初中历史教学中民族团结意识的培养[D].济南:山东师范大学,2011:9.
[2] 谭玉林.我国民族团结教育理论与实践研究[D].北京:中央民族大学,2011:17.
[3] 罗鸣春.民族团结心理的结构与功能[N].中国社会科学报,2016-02-22(6).
[4] 侯玉波.社会心理学[M].3版.北京:北京大学出版社,2013:112.

度中的认知、情感和意向成分一致,体现出意识和态度在结构和定义上存在相似性。其次,民族团结意识作为意识,对客观现实具有能动的作用,可影响个体或群体的外在行为表现,这与态度中的意向成分相一致,也就是意识影响态度进而影响行为。因此,对民族团结意识水平的把握可以通过对态度进行测量从而获得客观的结果。

关于民族团结意识的维度,以往有研究者通过实证研究对其进行了初步的探索。例如尹绍清等人在青少年民族团结观及其心理结构的研究中,通过调查筛选,归纳出青少年群体对民族团结的看法主要集中在民族团结的内涵与价值、内涵和具体的行为三个方面。[1]戴宁宁提到民族团结心理的基本构成要素包括民族团结认知、民族团结态度和民族团结的行为。[2]因此,借鉴以往研究,本研究根据态度的组成要素,将民族团结意识分为认知、情感和意向三个维度。

3.民族团结意识的主要内容

在确定了民族团结意识的三大维度后,还需要进一步探究每个维度所包含的具体内容,而民族团结意识的内容则体现在我国独具特色的民族团结教育的内容中。殷剑平认为,在心理学研究中,民族团结教育就是提高学生民族团结认识能力、丰富大学生情感内容、培养大学生意志品质的过程,我国民族团结教育需要让大学生明确民族团结的概念,坚持"五个认同"和"三个离不开",弄清民族团结的意义,并掌握民族团结的做法。[3]蒋寒则认为我国民族团结教育涉及面广,整体上需要把握"知、情、信、意、行"五大基本要素。[4]其中"知"指的是对民族团结问题是非曲直的准确认识和判断,包括国家认同、民族认同、反对分裂等。"情"指的是对民族关系的情感体验,包括归属感、自豪感和维护团结的责任感。"信""意""行"可归为一类,指的是维护民族团结的信念、意志和行为倾向,包括反对民族分裂、弘扬民族文化、促进民族间交往、理解包容、了解各民族文化和发展等等。杨胜才认为增强中华文化认同是民族团结的根之所在,是民族和谐的

---

[1] 尹绍清,赖怡,李春忠,等.青少年民族团结观及其结构研究[J].楚雄师范学院学报,2014,29(2):68.
[2] 戴宁宁.民族团结心理的构建及其实证分析[J].北方民族大学学报(哲学社会科学版),2014(5):87.
[3] 殷剑平.高校民族团结教育的心理过程分析[J].新疆社科论坛,2015(6):101-103.
[4] 蒋寒.大学生民族团结教育的要素探析[J].学校党建与思想教育,2012(3):91.

魂之所系。[1]除具体研究外,某些理论也可以为探索民族团结意识的内容提供启示。奥尔波特在1954年提出的群际接触理论是心理学中促进群际关系最有效的理论之一,该理论认为促进群际接触或者族群接触必须满足地位平等、共同目标、群际合作和法律权威的支持四个要求。

因此,根据相关理论和总结前人的研究观点,本研究认为民族团结意识的内容大致分为以下三个部分:认知维度主要是对民族团结事实的主观认知和判断,包括对中华民族、中华文化、民族平等和各民族相互依存的认同;情感维度主要是对民族团结事业的主观情感体验,包括爱国情感、自豪感、归属感、对破坏民族团结的憎恶;意向维度包括意志和行为倾向,具体包括维护民族团结、反对分裂、理解包容各民族的文化差异、各民族之间合作交往、相互交流、参与民族文化活动等。

(三)研究情况

1. 量表编制的过程

(1)初始量表编制。

首先,查阅以往国内外关于民族团结方面的相关研究,确定民族团结的概念、维度和内容。通过对民族学和心理学相关文献的分析和梳理,构思民族团结意识所应当包含的大致维度,初步总结出民族团结意识应当包括民族团结认知、民族团结情感和民族团结意向三大维度,以及每个维度可能包含的大致内容。其次,深入基层走访调研,确定民族团结意识的具体内容。研究团队深入民族地区,与当地群众和干部开展个体访谈和集体座谈,根据理论基础和实际调研对民族团结意识的内容进一步丰富和完善,总结出民族团结认知维度大致包括中华民族认同、民族平等、中华文化认同、相互依存,民族团结情感维度大致包括爱国情感和民族归属感,民族团结意向维度大致包括理解包容、维护团结、文化参与和合作交往。最后,邀请专家论证,确定最终的量表维度和题目。邀请民族学和心理学相关领域专家2名,民族学专业和心理学专业的博士研究生和硕士研究生

---
[1] 杨胜才.增强中华文化认同是民族院校的核心使命[J].中南民族大学学报(人文社会科学版),2015,35(2):156.

6名,经过分析和研讨,认为民族团结认知维度还需包括"共同目标",民族团结情感维度还需包括"同胞亲情"。最终确定民族团结认知维度包括5个方面,每个方面3道题目;民族团结情感维度包括3个方面,每个方面3道题目;民族团结意向维度包括4个方面,每个方面3道题目。因此,形成了共计36道题目的民族团结意识初始量表。

(2)量表修订。

首先,对测量结果进行项目分析。将民族团结情感维度优化为2个方面,将民族团结意向维度优化为3个方面。根据题目得分与量表总分相关系数小于0.3或大于0.8的剔除原则,剔除2个区分度不佳的题目。其次,对量表剩余的题目进行探索性因素分析。在这一过程中,需要将因子载荷低于0.4以及在2个因子上的载荷均大于0.4的题目删除,同时,如果某一因子上的题目等于或少于3道题目,也不符合维度构成要求,因此也将其删除。修订后最终形成了3个因子9个方面共22道题目的民族团结意识量表。最后,使用最终确定的民族团结意识量表进行验证性分析、结构效度分析以及内部一致性信度检验,并进一步检测量表的重测信度,确保其科学性和有效性。

(3)最终量表形成。

通过项目分析、探索性因素分析、验证性分析、重测信度检验等一系列过程,最终形成了含有22道题目的民族团结意识量表,包括由民族平等、中华民族认同、中华文化认同、相互依存和共同目标组成的认知维度,由爱国情感和民族归属感组成的情感维度,以及由理解包容、文化参与和合作交往组成的意向维度。采用Likert 5点计分,"1"代表完全不认同,"2"代表比较不认同,"3"代表不确定,"4"代表比较认同,"5"代表完全认同。量表总得分越高代表个体民族团结意识水平越强。

2. 量表的施测

(1)被试。

采用纸质版问卷和网络问卷调查相结合的方法,通过随机取样法先后2次在全国范围内共收回问卷1411份,剔除信息不完整、题目漏答错答以及填写不认真等无效问卷,得到有效问卷1320份,回收有效率为93.6%。样本由三部分组成。

样本1:在全国范围内收取621份有效问卷为项目分析和探索性因素分析所使用。其中性别方面,男性298人,女性323人;年龄方面,15~20岁年龄段70人,21~30岁年龄段265人,31~40岁年龄段85人,41~50岁年龄段114人,50岁以上87人,总体平均年龄为33.43±13.47岁;民族分布上,汉族347人,朝鲜族108人,回族69人,蒙古族76人,其他少数民族21人;宗教信仰方面,佛教28人,基督教6人,伊斯兰教5人,无宗教信仰582人;经济收入方面,家庭月收入3000元以下113人,3000～6000元201人,6001～9000元158人,9000元以上149人。

样本2:在全国范围内收取546份有效问卷为验证性因素分析所使用。其中性别方面,男性245人,女性301人;年龄方面,15~20岁年龄段66人,21~30岁年龄段214人,31~40岁年龄段95人,41~50岁年龄段105人,50岁以上66人,总体平均年龄为34.27±13.35岁;民族分布上,汉族301人,朝鲜族95人,回族53人,蒙古族72人,其他少数民族25人;宗教信仰方面,佛教18人,基督教11人,伊斯兰教9人,无宗教信仰508人;经济收入方面,家庭月收入3000元以下67人,3000～6000元184人,6001～9000元124人,9000元以上171人。

样本3:在北京市某高校选取在校学生作为被试线下施测,获得153份有效问卷为重测信度检验分析所用。其中男生61人,女生92人,平均年龄为21.45±1.35岁;汉族学生102人,蒙古族学生32人,回族19人,均无宗教信仰。

(2)施测过程。

将事先编制好的问卷题目录入网络问卷系统中,通过互联网在全国范围内发布施测,以期各个民族均有问卷收回。线下纸质版问卷施测过程中,主试由2名具有心理学专业背景的研究生(硕士研究生、博士研究生各1名)担任,为被试阅读指导语。在问卷完成后现场回收,最后赠予被试小礼品作为答谢。

(3)数据处理。

问卷统一回收后,将整理好的数据录入统计软件中,使用SPSS 23.0和AMOS 21.0进行项目分析、探索性因素分析、验证性因素分析和重测信度检验。

(四)施测及分析

1.民族团结意识量表的项目分析

首先,使用SPSS 23.0统计软件计算被试民族团结意识量表的总分。将总分进行高低排序,得分排名前27%的划分为高分组,得分排名后27%的划分为低分组,进行独立样本 t 检验,从而比较两个组的被试在民族团结意识量表得分上的差异。结果显示,高分组和低分组在量表全部36个项目上的得分差异均显著($p<0.01$),且CR值均显著,说明项目具有较好的区分度,因此在项目分析中保留所有项目。接下来,将量表各个项目得分与量表总分进行皮尔逊相关分析。一般来说,相关系数不仅要显著还要达到中等水平,因此将相关系数低于0.4和高于0.8的项目删掉。根据这一标准,剔除的项目分别为7和23,剩余的34个项目均具有良好的项目区分度。

2.民族团结意识量表的探索性因素分析

使用样本1的数据,对民族团结意识量表的34个项目进行探索性因素分析,Bartlett球形检验结果显示:KMO=0.955,χ^2=22354.14,$p<0.001$,表明量表数据适合进行探索性因素分析。采用主成分分析中方差最大旋转法抽取公因子,根据特征根大于1确定因子数量。如果项目存在因子载荷小于0.4,或者在两个维度上载荷均大于0.4,或者在某个因子上项目数量小于3个等情况,需对相应的项目进行剔除。因此,先后共进行了4次探索性因素分析,第1次剔除6个项目,第2次剔除2个项目,第3、第4次分别剔除1个项目。最后,将每个因子上不符合量表编制内涵的项目剔除,共剔除2个项目。因此,经过探索性分析,与前文理论设想相一致,最终形成了包含3个因子22道题目的民族团结意识量表。其因子载荷具体见表5-6。

表5-6 民族团结意识量表各项目的因子载荷表

题目	民族团结意向	民族团结认知	民族团结情感
35.我乐意和其他民族成员做朋友。	0.746		
32.如果有机会,我愿意参与到其他民族的传统节日中去。	0.714		
36.如果有机会,我愿意与其他民族的成员共同生活。	0.692		

续表

题目	民族团结意向	民族团结认知	民族团结情感
34.我愿意与其他民族的成员一起工作或学习。	0.685		
25.我可以接纳各个民族的文化差异。	0.682		
26.在生活中我会尊重其他民族成员的生活习惯。	0.665		
31.我愿意去体验不同民族的风土人情。	0.663		
33.我愿意去学习不同民族的传统文化和历史发展。	0.641		
27.我会尊重各个民族的宗教信仰。	0.579		
8.56个民族均是中华民族的重要组成部分,缺一不可。		0.755	
15.中国能取得如今的成就,离不开各族人民共同的努力。		0.739	
14.在中华民族伟大复兴的道路上,每个民族都发挥着重要的作用。		0.732	
11.56个民族的历史文化共同铸造了灿烂悠久的中华文化。		0.727	
13.56个民族共同的奋斗目标是实现中华民族伟大复兴的中国梦。		0.709	
12.我认为中华文化是各民族文化的集合,在世界文明史上独具特色。		0.707	
10.中国各民族之间相互依存,有福同享,有难同当,谁也离不开谁。		0.625	
4.各民族平等是民族团结的前提和基础。		0.616	
17.我为自己是中国人而感到自豪。			0.753
18.我热爱祖国的每一座高山,每一条河流。			0.701
16.当看到五星红旗飘扬时,我会感到骄傲。			0.681
21.我对中华民族有着深深的依恋之情。			0.631
20.当外国反华势力阻碍中华民族的发展时,我会感到很气愤。			0.591
特征根	9.426	1.92	1.29
贡献率	42.85	8.75	5.86
累积贡献率	42.85	51.60	57.46

根据量表编制的理论构想和项目的具体内涵,分别将第1个因子命名为民族团结意向,包含9道题目;第2个因子命名为民族团结认知,包含8道题目;第3个因子命名为民族团结情感,包含5道题目。

3.民族团结意识量表的验证性因素分析

使用样本2的数据,对民族团结意识量表进行进一步的验证性因素分析。AMOS软件分析数据结果显示:χ^2/df=2.957、GFI=0.921、AGFI=0.903、NFI=0.921、RFI=0.912、CFI=0.936、RMSEA=0.059,模型拟合度良好,说明三因子模型假设成立。

4.民族团结意识量表各维度内部一致性系数及相关分析

采用样本2中的数据,对民族团结意识量表中民族团结认知、民族团结情感和民族团结意向三个维度进行内部一致性检验。结果显示,三个维度的克隆巴赫α系数分别为0.89、0.75、0.89,量表总体的克龙巴赫α系数为0.94,说明量表具有良好的内部一致性信度。对量表各维度与总分进行相关分析,结果如表5-7所示。

表5-7 民族团结意识量表各维度的相关矩阵

分析项	1	2	3	4
1.认知维度	1			
2.情感维度	0.60**	1		
3.意向维度	0.61**	0.56**	1	
4.总分	0.84**	0.83**	0.88**	1

注:**,$p<0.01$。

结果显示,民族团结意识认知维度得分、民族团结意识情感维度得分以及民族团结意识意向维度得分均与总得分呈显著正相关关系,相关系数均达到了0.8以上,且三个维度两两之间同样呈现中等以上水平的相关,说明量表题目很好地测量了所要考察的内容。同时与验证性因素分析结果相结合,可知该量表具有较好的结构效度。

5.民族团结意识量表的重测信度检验

对样本3中153名被试间隔1个月后进行重测,计算量表两次的总得分和各维度得分间的相关系数。结果见表5-8。结果显示,经过重测之后认知维度、情感维度、意向维度以及量表总分内部一致性系数分别为0.90、0.70、0.79、0.88。四个维度的重测信度系数在0.82~0.88之间,且均达到显著的相关水平。说明民族团结意识量表具有良好的重测信度。

表5-8 民族团结意识量表的重测信度结果

维度/量表	内部一致性信度系数α	重测信度系数
认知维度	0.90	0.82**
情感维度	0.70	0.86**
意向维度	0.79	0.88**
量表总分	0.88	0.85**

6.民族团结意识的总体特点

对样本2的数据进行独立样本t检验和单因素方差分析,结果显示:在性别、民族和宗教信仰方面,认知维度、情感维度、意向维度和量表总分均无显著差异;在年龄方面,21~30岁年龄段与41~50岁年龄段在情感维度上得分以及总分上均存在显著差异($p<0.05$),具体为41~50岁年龄段被试在情感维度得分(M±SD=4.95±0.15)和总分上(M±SD=4.90±0.20)均显著高于21~30岁年龄段被试的情感维度得分(M±SD=4.85±0.41)和总分(M±SD=4.82±0.39)($ps<0.05$);在经济水平方面,家庭月收入6000~9000元的被试在认知得分(M±SD=4.93±0.17)和情感得分上(M±SD=4.94±0.16)显著高于9000元以上被试的认知得分(M±SD=4.81±0.57)和情感得分(M±SD=4.85±0.47)($ps<0.05$)。

(五)讨论

经过量表的初始编制、项目分析、探索性因子分析和验证性分析等一系列分析,最终确定了认知、情感、意向三个因子共计22个项目的民族团结意识量表,经过检验,其内在一致性信度、结构效度和重测信度均良好,因此可以用来作为我国评估青少年和成年人的民族团结意识水平的测量工具。

对于量表的维度划分,探索性因子分析的结果与本研究的理论构思一致,即民族团结意识包含对民族团结的主观认知和价值判断、对民族团结的主观感受和情感体验,以及对维持和促进各民族团结的个人意向。民族团结心理是良好民族关系建立的心理基础,而民族团结认知、情感和行为倾向又恰好是民族团结心理的基本构成要素。以往有关测量族群/种群关系的量表都重在测量族群间的心理社会距离,接触意愿越高,则表明心理距离越短、族群关系越亲密,但这不足以评估个体对于民族/族群团结关系的综合感知,因此本研究编制的民族团结意识量表从"知、情、意"三个方面考察个体对民族团结和民族关系的感知,完善以往族群关系测量工具在内容上的不足。

对于量表每个维度具体包含的内容,探索性因素分析和验证性因素分析结果发现,除了认知维度,其他两个维度所包含的题目与初始量表的题目有所出入。首先,在情感维度上,初始量表包括"爱国情感"、"民族归属感"和"同胞亲情"三部分内容,修订之后的最终量表剔除了"同胞亲情";其次,初始量表意向维度包括"理解包容"、"维护团结"、"文化参与"和"合作交往"四部分内容,修订之后剔除了"维护团结"。剔除的原因有三点:

第一点,"同胞亲情"和"维护团结"两部分的题目在探索性因素分析阶段的因子载荷结果不理想,例如在两个或两个以上的因子上载荷数值大于0.4,无法归类为某一个具体的因子上,因此这类题目需要剔除。

第二点,"同胞亲情"的内容主要包括各族人民之间的亲密关系、血浓于水的亲情和一方有难八方支援的情谊。从1998年特大洪水到2008年汶川大地震,每次当国家和人民遭受自然灾害时,都会见到全国各族人民众志成城的感人场景,这足以说明各民族同胞间的亲密感情坚如磐石,因此这部分题目同样不具有区分度,绝大多数被试选择完全认同。

第三点,"维护团结"的内容主要包括愿意采取行动维护民族团结统一,愿意自觉抵制带有民族偏见或歧视的言论和做法,绝不做破坏民族团结的违法行为。因此该部分题目被剔除的原因同上,均是在被试测试中区分度不高,题目价值无法体现。

民族团结意识总体特点的分析结果显示,民族团结意识的整体水平和其中的情感维度存在年龄差异,表现为41~50岁年龄段的被试在二者上均显著高于21~30岁的年龄段。可能原因是21~30岁年龄段的人属于社会中的年轻群体,信息接收的能力要强于其他年龄阶段,因此容易受到一些外来信息或他人的影响,并且该年龄段以工作打拼为主,对民族政策和民族团结事业关注度可能较低,并且该年龄段的个体大多离开校园步入社会,因而民族情感和民族团结意识要略低于上学阶段的未成年人。而41~50岁年龄段的人处于中年期,成长阅历丰富,亲身经历过民族团结事业的发展,对民族政策和民族团结工作认识深刻,得分自然较高。另外,民族团结意识在经济收入不同的人群中存在差异,在认知和情感维度得分上,家庭月收入6000~9000元的群体要高于9000元以上的群体,可能原因是随着第一个百年奋斗目标的实现,前一群体可能在国家经济发展的过程中受益较多,经济收入相较于以往增长幅度较大,因此对于民族团结事业的认同和感情较强。而家庭月收入在9000元以上的群体可能原本已在较富足状态,在这一过程中收入幅度变化相对较小,因此对民族团结的认知和情感得分要略低于前者。无论是年龄因素还是收入因素,虽说存在着差异,但整体得分上仍然高于平均水平,民族团结意识较强。

(六)研究展望

目前,增强各民族的团结意识、铸牢中华民族共同体意识是新时代的重点课题,从什么角度开展研究,如何发挥各学科的优势是完成这一时代课题的关键。心理学科可以利用心理统计学和心理测量学等量化研究的方法开展实证研究,通过大数据分析探讨个体或群体形成民族团结意识的内在心理机制,并且深度分析个体间差异出现的心理原因和影响因素,进而为深入探索个体或群体形成中华民族共同体意识的心理路径奠定前期基础。另外,以往有关民族团结教育和中华民族共同体意识教育的研究内容范畴较为宽泛,对学生深层次的认知和情感无法准确地了解。通过心理研究方法找出抑制学生民族团结意识和中华民族共同体意识的心理因素,在教育实践过程中予以重视并有针对性地进行干预,是确保教育实效的有效途径。

三、基于心理测量学的民族交融态度量表的编制

(一)研究背景

民族交往交流交融是促进民族团结的基础和前提,同时也是铸牢中华民族共同体意识的关键途径。目前学界有关民族交往交流交融的研究多关注其整体,如探究其政策导向[①]、理论依据[②]、实践途径[③]、心理路径[④]及与中华民族共同体意识的关系[⑤]等。但从心理学视角分析,各民族成员在民族交往交流交融的每一阶段心理特点是不同的,只有准确把握不同阶段各民族成员的心理需求、态度意愿等,才能更好地推进民族交往交流交融进程。依据民族交往交流交融的概念和逻辑关系可知,民族交融作为民族交往交流交融的最后一步和关键一环,代表着民族交往交流交融的最终成果。以往研究表明,各民族成员在民族交融这一进程中的态度,即是否愿意与其他民族相互接触、相互融合等,在很大程度上影响着民族交融的进程。可见,准确评估和测量各民族成员的民族交融态度至关重要。但遗憾的是,目前还没有相关测量工具。基于此,本研究依据心理测量学的相关原理和技术,期望编制一份能有效评估民族交融态度的心理测量量表,为后续有关民族交融的研究提供实证工具。

1.民族交融态度的结构

态度包括认知、情感和行为三种成分,民族交融态度同样也包括认知、情感和行为三种成分。在认知层面上,民族交融态度表现为各民族成员对民族交融

---

① 王延中,章昌平.新时代民族工作与民族交往交流交融[J].中央民族大学学报(哲学社会科学版),2019,46(5):15-27.
② 杨须May.马克思主义民族融合理论在新中国的发展及"民族交往交流交融"提出的思想轨迹[J].民族研究,2016(1):1-13.
③ 王瑜,马小婷.我国各民族交往交流交融的空间生产与实践路径[J].中南民族大学学报(人文社会科学版),2022,42(1):27-34.
④ 高承海.促进民族交往交流交融的社会心理路径与策略[J].西南民族大学学报(人文社会科学版),2020,41(7):215-221.
⑤ 郝亚明.中华民族共同体意识视角下的民族交往交流交融研究[J].西南民族大学学报(人文社会科学版),2019,40(3):9-13.

的认识和评价。以往的研究表明,各民族成员对民族交融的正确理解和认识,有利于形成积极的民族关系认知,减少民族偏见,是加快民族交融进程的基础和前提。若对民族交融的概念和目的产生误解,将会阻碍民族交融进程的推进,对铸牢中华民族共同体意识产生消极负面影响。可见,了解各民族成员对民族交融的态度,首先要明确其是否对民族交融有正确的认识和了解。在情感层面上,民族交融态度表现为各民族成员在民族交融进程中的情感体验。有研究提到,各民族成员在民族交融进程中体验到的幸福感和获得感有利于促进民族交融,而各民族成员间的心理距离和情感疏远则会影响民族交融的进程,不利于民族团结和稳定。[1]因此,各民族成员的情感表现,也是衡量其民族交融态度的重要指标。在行为层面上,民族交融态度表现为各民族成员在民族交融这一进程中的自觉行为。各民族成员自觉维护民族团结、民族稳定,对促进民族交融具有重要作用,而那些破坏民族团结、分裂民族关系的行为正是对民族交融持有消极态度的表现。可见,明确各民族成员在民族交融进程中的行为意向,能准确把握其对民族交融的态度。

2.民族交融态度的内容

为正确把握民族政策的深刻内涵,做到理论与实践相结合,促进各民族交往交流交融,本研究基于习近平总书记在2014年9月中央民族工作会议上提出的重要论断,将共居、共学、共事、共乐作为民族交融态度量表编制的主要内容。虽然目前关于四者的概念尚未统一,但结合相关民族政策和以往研究可知,共居是指各民族成员在空间上、情感上形成相互包容的共同体。考察各民族成员对共居的态度,有利于了解其是否能在民族交融进程中与其他民族成员和谐相处。共学是指各民族成员共同学习、相互了解,从而实现共同进步。考察各民族成员对共学的态度,能准确把握其了解其他民族的优秀传统文化,与其他民族成员共同进步的意愿。共事是指各民族成员齐心协力,互相帮助,为了同一目标而共同奋斗。考察各民族成员对共事的态度,能正确评估其维护民族团结,与其他民

---

[1] 陈立鹏,薛璐璐.民族心理距离视域下铸牢中华民族共同体意识的路径研究[J].中央民族大学学报(哲学社会科学版),2020,47(6):36.

一道实现中华民族伟大复兴的意向程度。共乐是指各民族成员都能有获得感、幸福感,共同感受与分享快乐。考察各民族成员对共乐的态度,能有效评估其对守望相助、中华民族一家亲理念的认识和理解。此外,随着各民族交往交流交融的程度逐渐加深,各民族间通婚的现象也日益普遍。已有研究表明,各民族间的通婚是促进民族交融的重要形式之一[①]。为此,本研究将通婚也纳入民族交融态度量表的主要测量内容。

综上所述,本研究编制的民族交融态度量表在结构上以认知、情感和行为作为理论架构,在内容上主要从共居、共学、共事、共乐、通婚五个方面编制题目。总的来说,本研究从理论和实践两方面保证了量表编制的科学性,以期能全面、有效地测量各民族成员民族交融态度的现状。

(二)研究方法

1.研究对象

样本1:选取中国人民大学在校生19名。其中女生13人,男生6人;汉族3人,回族3人,藏族2人,朝鲜族4人,彝族7人;年龄范围在18~24岁之间。样本1为本研究的开放式问卷被试。

样本2:选取北京、黑龙江、山东、吉林、河南、上海、西藏、内蒙古等30个省、自治区、直辖市共计638人,涉及汉族、满族、朝鲜族、蒙古族、土家族、回族、布依族、白族、鄂伦春族等22个民族(汉族548人,少数民族90人)。其中女性373人,男性265人;年龄在18岁以下的23人,18~25岁403人,26~30岁118人,30岁以上94人;农业户口275人,非农业户口363人;学历水平在本科以下的45人,本科及以上的593人;有宗教信仰36的人,无宗教信仰的602人。样本2为本研究的项目分析和探索性因素分析的被试。

样本3:选取北京、黑龙江、山东、吉林、河南、上海、西藏、内蒙古等30个省、自治区、直辖市共计489人,共涉及汉族、满族、朝鲜族、蒙古族、土家族、回族、布依族、白族、鄂伦春族等22个民族(汉族392人,少数民族97人)。其中女性319人,

---

① 杜娟.从族际通婚看民族交融与发展[J].中南民族大学学报(人文社会科学版),2018,38(6):17.

男性170人;年龄在18岁以下的13人,18~25岁293人,26~30岁63人,30岁以上120人;农业户口185人,非农业户口304人;学历水平在本科以下53人,本科及以上436人;有宗教信仰40人,无宗教信仰449人。样本3为本研究的验证性因素分析和内部一致性信度分析的被试。

样本4:间隔两周后对样本3中的214人进行再次施测。其中女性132人,男性82人。样本4为本研究中重测信度分析的被试。

2.量表编制过程

(1)民族交融态度量表初测版编制。

首先,依据态度理论及与民族交融相关的研究,初步提出民族交融态度量表的测量维度。其次,对样本1中的19名学生进行开放式问卷调查和访谈后,确定了民族交融态度量表的测量维度。最后,由1名心理学教授、2名心理学博士研究生、6名心理学硕士研究生组成的题目编制团队,按照量表编制的流程和原则进行编题。在2次讨论后,形成了30道题目的民族交融态度量表初测版。量表采用Likert 5点计分方式,1代表"非常不认同",2代表"比较不认同",3代表"不确定",4代表"比较认同",5代表"非常认同",得分越高说明民族交融态度越强烈。

(2)民族交融态度量表初测版修订。

使用民族交融态度量表初测版对样本2中的被试进行施测,并进行项目分析和探索性因素分析。在项目分析中,依据题总相关及高低分组t检验结果,没有删除任何题目。在探索性因素分析中,依据相关标准,最终删除15道题目,剩余15道题目。

(3)民族交融态度量表正式版形成。

使用项目分析及探索性因素分析修订后的量表,对样本3施测并进行验证性因素分析和内部一致性信度分析。间隔两周后使用样本4的被试进行重测信度分析。结果表明,民族交融态度量表结构合理,各项指标均符合测量学标准,可以形成正式量表。

3.研究工具

(1)民族交融态度量表开放式问卷。

查阅相关文献及与民族交融有关的政策文件,围绕本研究的主要内容,自编10道问答形式的开放式题目,目的是为本研究量表维度构建提供科学有效的数据。开放式问卷例题如"你认为民族交融应该包括哪些要素?""你如何理解民族交融?"等。

(2)民族交融态度量表初测版。

根据心理学态度的理论结构,分别将认知、情感、行为作为民族交融态度量表的三大维度,又依据民族交融的相关研究和政策文件,在题目编制时主要围绕共居、共学、共事、共乐、通婚五个方面,形成包含30道题目的初测版量表。

(3)民族交融态度量表正式版。

在民族交融态度量表初测版进行项目分析、探索性因素分析、验证性因素分析及信度分析后,形成以认知、情感、行为为三大理论维度,以共居、共学、共事、共乐、通婚为主要内容,共计15道题目的民族交融态度量表正式版。量表采用Likert 5点计分方式,1代表"非常不认同",2代表"比较不认同",3代表"不确定",4代表"比较认同",5代表"非常认同",得分越高说明民族交融态度越强烈。

4.研究程序与数据处理

研究采取线下和线上相结合的方式。线下主要适用于开放式问卷施测及访谈,由心理学博士生担任访谈主试,其在访谈对象知情且愿意的情况下开展调查。线上施测主要使用中国人民大学心理学系线上施测系统,在施测前给予被试指导语和知情同意提示。施测数据回收后,使用SPSS 23.0及AMOS 20.0进行处理。

(三)结果与分析

1.民族交融态度量表初测版项目分析

对样本2的数据进行项目分析,用于初步判断题目的合理性。本研究主要采用题总相关法和高低分组 *t* 检验两种方法的测试结果作为删除题目的标准。在题总相关分析中,所有题目与总分的相关系数均大于0.4;在高低分组 *t* 检验中,按得分从高到低排序,将前27%作为高分组,后27%作为低分组,高分组与低分组均具有显著差异。综上所述,项目分析表明民族交融态度量表初测版不需要删除任何题目,具体见表5-9。

表5-9 民族交融态度量表初测版项目分析结果

题项	平均分	标准差	题总相关	高低分组t检验
Q1	4.19	0.97	0.69**	18.23***
Q2	4.34	0.94	0.66**	16.88***
Q3	4.51	0.82	0.76**	15.50***
Q4	4.25	0.96	0.70**	18.86***
Q5	4.23	0.93	0.66**	17.70***
Q6	4.57	0.81	0.78**	14.93***
Q7	4.23	0.93	0.64**	17.97***
Q8	4.26	0.93	0.71**	19.97***
Q9	3.90	1.09	0.58**	18.47***
Q10	4.02	1.02	0.59**	15.70***
Q11	4.15	0.91	0.76**	22.05***
Q12	4.42	0.81	0.81**	19.79***
Q13	4.42	0.79	0.85**	21.36***
Q14	4.30	0.91	0.74**	20.01***
Q15	4.23	0.86	0.78**	22.18***
Q16	4.14	0.91	0.77**	25.53***
Q17	4.25	0.89	0.79**	22.79***
Q18	4.46	0.74	0.84**	20.64***
Q19	4.52	0.77	0.77**	16.32***
Q20	3.85	1.02	0.66**	21.47***
Q21	4.62	0.74	0.77**	13.53***
Q22	4.58	0.72	0.79**	15.79***
Q23	4.52	0.73	0.84**	19.16***
Q24	4.49	0.74	0.87**	19.93***
Q25	4.33	0.87	0.73**	20.23***
Q26	4.56	0.71	0.83**	16.87***
Q27	4.61	0.69	0.83**	15.55***
Q28	4.59	0.73	0.83**	16.98***
Q29	4.68	0.74	0.75**	11.55***
Q30	4.31	0.92	0.73**	20.64***

注:**,$p<0.01$;***,$p<0.001$。

2.民族交融态度量表初测版探索性因素分析

在项目分析的基础上,对样本2的数据进行探索性因素分析,Bartlett球形检验结果显示:KMO值为0.97,χ^2=19066.651,df=435,p<0.001,表明数据适用于探索性因素分析。

在探索性因素分析中,主要采用主成分方法提取因子,采用最大方差法进行正交旋转,并根据以下标准删除题目:(1)因子特征根小于1;(2)题目最大载荷小于0.50;(3)题目在两个或两个以上的因子上载荷接近;(4)因子题目数量小于3的全部题目;(4)题目归类不当或无法命名。共进行5次分析,第一次删除6个题目,第二次删除2个题目,第三次删除3个题目,第四次删除2个题目,第五次删除2个题目,共计删除15道题目,结果见表5-10。

表5-10 民族交融态度量表初测版探索性因素分析结果

题目	因子1	因子2	因子3
Q27其他民族成员有困难时,我会主动帮助。	0.812		
Q21我会尊重不同民族的生活习惯。	0.794		
Q25在共事时如果与其他民族成员有分歧,我会尽量避免矛盾。	0.785		
Q29我支持自己的亲人、朋友与其他民族成员结婚。	0.763		
Q23我会接纳不同民族间的文化差异。	0.718		
Q20跨民族的婚姻值得被祝福。		0.814	
Q11与其他民族成员做邻居会给我的生活带来乐趣。		0.751	
Q17我非常幸运生活在各民族共同发展、共同繁荣的时代。		0.723	
Q14我对其他民族的文化感兴趣。		0.708	
Q15如果与其他民族成员共事,我会受益匪浅。		0.679	
Q7各民族和谐共处是人民幸福快乐的基础。			0.849
Q1多民族混居有利于民族团结。			0.845
Q10跨民族通婚不应被反对。			0.762
Q4各民族成员在一起学习讨论能提高学习效果。			0.643
Q5不同民族间的相互合作是不可缺少的。			0.628
因子名称	行为	情感	认知
特征根	8.64	1.43	1.07
贡献率	57.62	9.59	7.13
累计贡献率	57.62	67.21	74.34

由表5-10可知,因子1由第27题、21题、25题、29题、23题组成,涵盖了共居、共学、共事、共乐、通婚五个方面,且这些题目属于态度的行为层面,为此将因子1命名为"行为";因子2由第20题、11题、17题、14题、15题组成,涵盖了共居、共学、共事、共乐、通婚五个方面,且这些题属于态度的情感层面,为此将因子2命名为"情感";因子3由第7题、1题、10题、4题、5题组成,涵盖了共居、共学、共事、共乐、通婚五个方面,且这些题目均属于态度的认知层面,为此将因子3命名为"认知"。综上,民族交融态度量表的因素分析结果与假设基本一致,即最终形成了15道题目的民族交融态度量表正式版。

3.民族交融态度量表正式版验证性因素分析

对民族交融态度量表正式版在样本3中进行施测,并使用AMOS 20.0对数据结果进行验证性因素分析。为避免题目编制内容和理论构建维度相混淆,在验证性因素分析中分别对五因子模型(即共居、共学、共事、共乐、通婚)和三因子模型(即认知、情感、行为)进行对比分析。由表5-11可知,三因子模型的各项拟合指标更好,符合心理测量学标准,结构模型及标准路径系数见图5-2。

表5-11 民族交融态度量表验证性因素分析拟合度指标

模型/拟合度指标	χ^2/df	GFI	IFI	TLI	CFI	RMSEA
五因子模型	7.32	0.74	0.83	0.78	0.83	0.15
三因子模型	3.96	0.90	0.95	0.94	0.95	0.07
拟合度指标	<4.00	>0.90	>0.90	>0.90	>0.90	<0.08

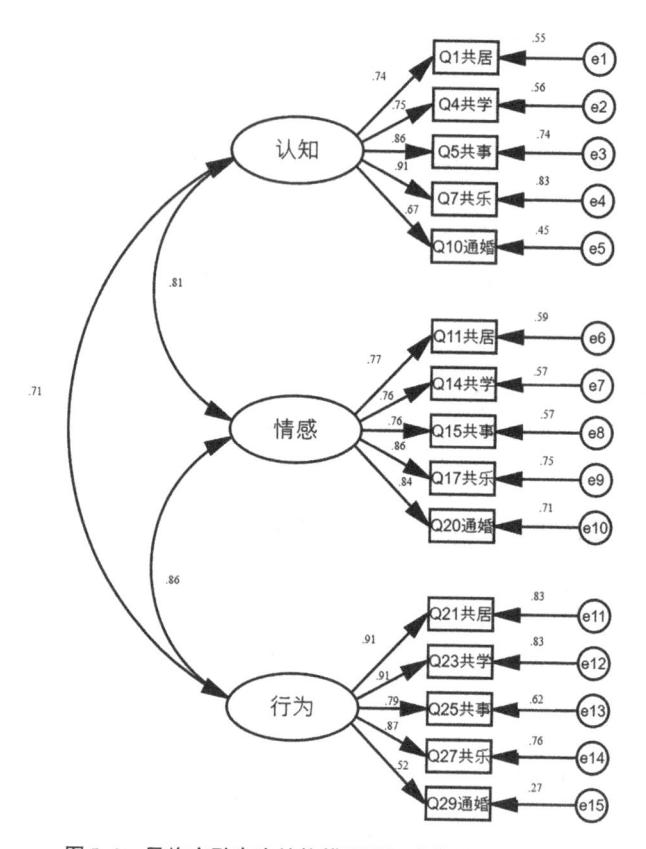

图5-2 民族交融态度结构模型及标准化路径系数图

4.民族交融态度量表正式版信度分析

(1)民族交融态度量表正式版的内部一致性信度。

内部一致性信度分析使用样本3的数据,结果见表5-12:总量表的克龙巴赫α系数为0.94,认知维度的克龙巴赫α系数为0.89,情感维度的克龙巴赫α系数为0.90,行为维度的克龙巴赫α系数为0.89。结果表明,民族交融态度量表具有较好的内部一致性信度。

(2)民族交融态度量表正式版的重测信度。

按照方便取样的方式,在样本3中抽取一部分被试组成样本4,对其在2周后进行重复测试,计算本研究中的重测信度系数。结果见表5-12:总量表的重测信度系数为0.83,认知维度的重测信度系数为0.80,情感维度的重测信度系数为

0.87,行为维度的重测信度系数为0.90。结果表明,民族交融态度量表具有较好的重测信度。

表5-12 民族交融态度量表正式版信度分析

维度/量表	内部一致性信度系数α	重测信度系数
认知维度	0.89	0.80
情感维度	0.90	0.87
行为维度	0.89	0.90
总量表	0.94	0.83

(四)结果与分析

民族交融作为民族交往交流交融的最后一步,凸显着各民族成员的心理复杂性,准确把握这一时期各民族成员的心理特点,才能有的放矢地为民族交往交流交融进程提供科学有效的政策指导和实践路径。

1.民族交融态度量表的理论构建

使用心理测量学的方法,编制开发能有效测量民族学相关概念的量表,具有较强的实践意义。如使用陈立鹏等人编制的中华民族共同体意识量表、民族团结意识量表,能较为全面地了解各族人民的中华民族共同体意识、民族团结意识水平。基于以往研究发现,态度作为个体对特定对象所持有的稳定心理倾向,在多民族关系的研究中占据着举足轻重的位置。例如,通过对个体态度的测量,能有效了解其在民族团结[①]、民族认同[②]、民族交往[③]等方面的认知与表现,但目前还没有将其与民族交融相结合的相关研究。基于此,本研究以心理学态度的理论为基础,编制能准确测量各民族成员民族交融态度的量表,符合当前学科交叉研究的趋势。此外,对各民族成员民族交融态度的测量,更要关注民族交融政策本

---

① 罗鸣春,陈家敏,常敬,等.民族院校大学生民族团结心理特点及培育研究[J].民族高等教育研究,2018,6(6):59-65.
② 马智群,罗小男.新疆少数民族大学生民族认同与语言态度的关系研究[J].民族教育研究,2017,28(6):65-69.
③ 赵志军,马德山.汉族大学生跨民族交往的问题与对策研究:基于民族地区高校和民族院校的个案调查[J].民族教育研究,2018,29(2):62-67.

身。在分析已有文献时,我们发现以往有学者从政策层面对民族交融的内在维度进行了初步梳理,提出将族际共居、族际共事、族际共乐、族际通婚作为衡量民族交融的四个维度指标[①]。这与本研究在开放式问卷中得到的词频分析观点一致,即大多数人在开放式问卷的回答中均提到了"互嵌居住格局""民族团结进步""有福同享,有难同当""民族通婚"等。为此,本研究在确定以心理学态度理论为主要理论框架的基础上,重点结合民族交融政策的实践情况,即在认知、情感和行为三大维度下围绕共居、共学、共事、共乐、通婚五个方面编制题目,保证量表既符合心理学理论基础,又能完整、全面地涵盖与民族交融有关的实践内容。

2.民族交融态度量表的编制与施测

在前期理论构建的基础上,由心理学教授、博士及硕士组成的团队进行题目编制,在对施测数据进行项目分析、探索性因素分析、验证性因素分析后,最终形成了以认知、情感、行为作为三大维度的民族交融态度量表,该量表共计15道题目,每个维度5道题目,分别涵盖了共居、共学、共事、共乐、通婚五个方面,各项指标均符合测量学标准。

项目分析中没有删除任何题目,说明民族交融态度量表的初测版题目代表性和区分度较好,间接证明了量表编制的科学性和有效性。探索性因素分析依据各项删除题目的指标,得到了符合本研究的预期结果,即民族交融态度量表包括认知、情感和行为三大维度。其中认知、情感和行为方面的共居题目为第1、11、21题,主要围绕与其他民族成员混居的认识、是否在情感上感受到快乐、是否会尊重其他民族展开测量。共学题目为第4、14、23题,主要围绕与其他民族共同学习的认识、是否对其他民族文化感兴趣、是否能接受多民族文化差异展开测量。共事题目为第5、15、25题,主要围绕如何看待民族间的合作、合作的收获、能否有效处理合作分歧展开测量。共乐题目为第7、17、27题,主要围绕如何看待各民族的共同幸福、生活在当今时代的感悟、是否愿意帮助其他民族成员展开测

---

① 艾斌.民族交融的影响机制及其发展趋势研究:基于2018年云南省少数民族地区综合社会调查数据[J].民族研究,2019(6):16.

量。通婚题目为第10、20、29题,主要围绕如何看待通婚现象、对通婚的情感表现、是否支持通婚行为展开测量。虽然民族交融态度量表在理论建构和探索性因素分析中均验证了认知、情感和行为的三大维度结构,但考虑到实际编制题目时以共居、共学、共事、共乐、通婚五方面为主,为此在验证性因素分析中,分别对认知、情感和行为三因子假设模型和共居、共学、共事、共乐、通婚五因子模型进行对比分析,结果表明五因子模型多项指标远远低于三因子模型,进一步验证了本研究假设的合理性。

3. 研究的意义和不足

本研究从心理学角度出发,结合民族交融相关政策实践,编制了一份能有效测量各民族成员民族交融态度的量表,在理论和实践方面均具有重要意义。

第一,在理论方面,将心理学态度理论引入民族学的相关实践研究中,并通过大量数据分析验证了跨学科理论结合的有效性,丰富了现有心理学与民族学的研究。

第二,在实践方面,本研究编制的民族交融态度量表能有效评估各民族成员民族交融态度的现状,有利于促进民族交往交流交融整体进程,对铸牢中华民族共同体意识具有重要实践意义。

诚然,本研究也存在以下两点不足,需要在未来的研究中加以改进。

(1)由于目前还未有与民族交融态度有关的量表,为此本研究尚未进行校标效度的检验,后续可通过实地调研、访谈等方式,为本研究编制的量表提供校标标准。

(2)虽然此次测量数据涉及的民族众多、被试取样范围较广泛,但一些特殊区域(如偏远山区等)人口,在本研究中占比较少,未来可扩大取样的范围,进一步提升民族交融态度量表的准确性和有效性。

(五)结论

从心理学态度理论和民族交融政策的相关实践出发,本研究构建的民族交融态度量表以认知、情感和行为三方面作为理论结构,分别以共居、共乐、共事、共学、通婚五个方面为题目编制内容,据此形成了一份具有15道题目的民族交融态度量表,其中认知维度5道题目,情感维度5道题目,行为维度5道题目。各项分析结果表明,该量表的信效度均符合测量学标准,可应用于未来有关民族交融的相关研究。

四、心理学视域下中华民族认同现状调查和分析

(一)问题的提出

中华民族认同是铸牢中华民族共同体意识的核心内容[①],是维护国家统一、促进社会和谐、加强民族团结的重要思想基础。中华民族认同是"五个认同"中的重要内容之一。中国是一个统一的多民族国家,具有独特的多元一体格局,促进对中华民族的认同能帮助促进各民族间关系,增强各民族与国家之间的联系,对国家稳定发展具有重要意义;此外,中华民族认同能帮助个体形成对所处群体的认同,有利于个体心理健康发展。

了解个体的中华民族认同具有重要的意义,但当前针对中华民族认同的研究相对较少。在中国知网以"中华民族认同"为篇名和关键词搜索2012—2022年发表在核心期刊上的文章,对检索到的220多篇文献进行分析。结果表明,当前专门针对"中华民族认同"的研究较少,主要的研究集中在"中华民族共同体意识"、"国家认同"以及"文化认同"这三个方向(见图5-3)。对于中华民族认同的研究也基本集中在其理论依据、培育路径、历史逻辑与中华民族共同体意识的关系等方面。同时,当前对于中华民族认同的现状研究也较少,且研究基本集中在对学生群体,如民族院校的大学生、民族地区高中生,或是针对某大学某地区进行调研,对于其他的社会群体或是不限定某特定地区的群体探究相对较少。基于此,有必要对样本的类别进行扩展,不局限在学生群体和特定的地区,也关注其他群体和各不同地区的情况,了解中华民族认同的现状。此外,各领域对如何

---

① 浦昆华,尹可丽.中华民族认同对少数民族青少年学校适应的影响:亲社会倾向的中介作用[J].民族论坛,2022(2):24.

培育中华民族认同进行了研究和探索，了解中华民族现状对于评估培育方案的实施效果等具有一定的参考价值。

图 5-3　中华民族认同文献可视化分析结果

中华民族认同概念复杂，人们常将其与"国家认同"和"民族认同"的概念混淆。不同的学者也对中华民族认同有不同的定义，佐斌和秦向荣将其定义为中华民族认同是中华民族各民族成员对中华民族归属的认知和感情归附[①]。史慧颖等人认为，中华民族认同包括归属感和建立在民族各认知要素上的积极情感[②]。为了更好地在本研究中开展调查，我们参考菲尼对民族认同的定义以及泰

---

① 佐斌，秦向荣.中华民族认同的心理成分和形成机制[J].上海师范大学学报(哲学社会科学版)，2011，40(4):69.
② 史慧颖，张庆林，范丰慧.西南地区少数民族大学生民族认同心理研究[J].民族教育研究，2007，18(2):32.

弗尔(Tajfel)对社会认同的定义,将中华民族认同定义为:中华民族认同是个体认识到自己归属于中华民族的认知,对中华民族的情感依附,以及对中华民族的行为活动卷入。并根据定义自编问卷,将问卷分为认知、情感、行为三个维度。此外,为正确把握中华民族认同的深刻内涵,做到理论与实际相结合,本研究基于习近平总书记2019年9月在全国民族团结进步表彰大会上的讲话中提出的重要论断,将共同开拓辽阔的疆域、共同书写悠久的历史、共同创造灿烂的文化、共同培育伟大的精神作为中华民族认同问卷的主要内容。

(二)调查对象和调查工具

1.调查对象

本研究采用方便取样法,通过线上系统在全国范围回收973份问卷数据,剔除信息不完整,题目漏答错答,以及填写不认真等无效问卷数据,得到有效问卷数据879份,回收有效率为90.3%。其中性别方面,男性417人,女性462人;年龄方面,15~20岁年龄段310人,21~30岁年龄段407人,31~40岁年龄段49人,41~50岁年龄段56人,50岁以上57人,总体平均年龄为(30.69 ± 12.02)岁;民族分布上,汉族536人,回族59人,壮族47人,苗族43人,土家族28人,蒙古族22人,彝族20人,满族18人,维吾尔族18人,傣族14人,藏族12人,其他少数民族62人;在职业分布上,学生469人,职员等办事人员96人,服务业工作人员62人,专业技术工作者46人,公务员等公职人员26人,教师85人,医疗工作者18人,其他职业77人;受教育程度方面,初中及以下16人,高中或中专78人,大学或大专640人,研究生145人;宗教信仰方面,佛教80人,基督教12人,伊斯兰教29人,其他信仰41人,无宗教信仰717人;户口方面,农村户口497人,非农村户口382人。

2.调查工具

采用自编问卷进行调查,问卷分为两个部分,第一部分为人口学变量,内容包括性别、年龄、民族、职业、受教育水平、宗教信仰、户口,第二部分为中华民族认同问卷项目,问卷包括认知、情感、行为三个维度。2019年,习近平总书记在全国民族团结进步表彰大会上明确提出,我们辽阔的疆域是各民族共同开拓的,我们悠久的历史是各民族共同书写的,我们灿烂的文化是各民族共同创造的,我们伟大的精神是各民族共同培育的。本书课题组以此为依据,从认知、情感、行为三个维度将问卷内容设计为疆域、历史、文化、精神四个方面(问卷内容见表5-13)。问卷共20题,采用Likert 5点计分,1为"非常不同意",2为"比较不同意",3为"不确定",4为"比较同意",5为"非常同意",分数越高代表对中华民族的认同度越高。问卷信度克龙巴赫α系数为0.94,KMO值为0.96。

表5-13 中华民族认同问卷

维度	项目
认知	我国辽阔的疆域是各民族人民共同开拓的。
	五千多年的中华文明史是中华民族的力量源泉。
	中华民族深厚的文化传统是我们的骨气和底气。
	中华民族精神是各民族共同培育的精神。
	以爱国主义为核心的中华民族精神是各民族的强大精神动力。
情感	我对破坏中华民族领土的行为感到生气。
	我热爱各民族共同开拓的这片热土。
	我为中华民族的悠久历史感到骄傲。
	我对中华民族会创造新的历史伟业抱有信心。
	我为中华民族的优秀文化感到自豪。
	我对诋毁中华文化的行为感到生气。
	我为伟大的中华民族精神感到骄傲。
行为	我愿意守护中华民族的每一寸土地。
	我会抵制破坏中华民族领土完整的行为。
	我愿意花时间去了解中华民族的悠久历史。
	我会主动与他人提起中华民族的历史。
	我愿意弘扬中华民族的优秀文化。
	我愿意参加中华民族的传统活动,如春节庙会、泼水节等。
	我会作出与中华民族精神相吻合的行为。
	我会主动学习了解中华民族的精神内涵。

3.统计分析

使用SPSS 22.0软件进行描述统计、相关分析、差异检验。

(三)调查结果

1. 中华民族认同的总体情况

将问卷各项目的分数进行加总,得到中华民族认同总分,结果表明,中华民族认同总平均分为 4.70 ± 0.40。为了更好地了解中华民族认同的现状,将问卷的总平均分与计分中位数(2.5)进行单样本 t 检验,$t(878) = 162.04$,$p < 0.001$,问卷的平均分显著高于计分中位数,表明总体来说,中华民族认同的得分较高,中华民族认同较强。

2. 人口学变量对中华民族认同的影响

我们分别对性别、年龄、民族、职业、受教育水平、宗教信仰、户口是否影响中华民族认同进行检验。

采用独立样本 t 检验对性别进行检验,$t(877) = 2.26$,$p < 0.05$,女性(4.72 ± 0.37)(括号中数值为中华民族认同平均分)比男性(4.66 ± 0.43)有更高的中华民族认同度。

在年龄上,将年龄划分为以下5个阶段:15~20岁(4.72 ± 0.39)、21~30岁(4.68 ± 0.37)、31~40岁(4.58 ± 0.53)、41~50岁(4.66 ± 0.66)、50岁以上(4.80 ± 0.28),并对这5个年龄阶段的中华民族认同进行方差分析,$F(4,874) = 2.44$,$p = 0.05$,结果表明各年龄阶段中华民族认同差异边缘显著,进一步进行事后检验结果表明,31~40岁与41~50岁这两个年龄阶段中华民族认同差异边缘显著,其他年龄阶段之间差异不显著。

在民族上,将民族分为汉族和少数民族进行独立样本 t 检验,$t(877) = -0.41$,$p > 0.05$,汉族(4.69 ± 0.42)和少数民族(4.70 ± 0.38)在中华民族认同上没有显著差异。

在职业上,考虑到职业具有多样性,本研究对各类职业进行了整合归纳,划分成学生(4.70 ± 0.36)、专业技术工作者(4.64 ± 0.37)、办事人员(4.74 ± 0.35)、服务业人员(4.63 ± 0.51)、教师(4.69 ± 0.55)和其他职业(4.69 ± 0.45)。采用方差分析对以上6种职业进行检验,$F(5,873) = 0.92$,$p > 0.05$,结果表明不同职业间中华民族认同差异不显著。

在受教育水平上,将被试划分为以下4种,初中及以下(4.52 ± 0.80)、高中或中专(4.66 ± 0.53)、大学或大专(4.70 ± 0.38)、研究生(4.69 ± 0.36),并进行方差分析,$F(3,875) = 1.33, p > 0.05$,结果表明不同受教育水平被试的中华民族认同差异不显著。

在宗教信仰上,将被试划分为有宗教信仰和无宗教信仰两类,进行独立样本 t 检验,$t(877) = -0.94, p > 0.05$,宗教信仰的有(4.72 ± 0.36)无(4.69 ± 0.41)对中华民族认同没有显著影响。

户口上,采用独立样本 t 检验对被试户口进行检验,$t(877) = 1.02, p > 0.05$,户口在城镇(4.68 ± 0.44)或者农村(4.71 ± 0.37)对中华民族认同没有显著影响。

3. 中华民族认同三维度的情况

分别对各维度的分数进行加总,认知维度上平均分为4.73 ± 0.44,情感维度上平均分为4.76 ± 0.40,行为维度上平均分为4.62 ± 0.44。为了更好地了解中华民族认同三维度的现状,将各维度的总平均分与计分中位数(2.5)进行单样本 t 检验。认知维度:$t(878) = 148.60, p < 0.001$;情感维度:$t(878) = 165.60, p < 0.001$;行为维度:$t(878) = 141.76, p < 0.001$。问卷三维度的平均分显著高于计分中位数,表明在认知、情感和行为维度上,中华民族认同的得分均较高,中华民族认同均较强。

对认知、情感、行为三个维度的平均分进行相关分析,结果表明,三个维度之间呈显著的正相关,$r_{(认知,情感)} = 0.79, p < 0.001$;$r_{(认知,行为)} = 0.68, p < 0.001$;$r_{(情感,行为)} = 0.68, p < 0.001$。

(四)讨论

本研究采用自编的中华民族认同问卷,对不同民族、不同年龄、不同职业、不同受教育程度等的被试的中华民族认同水平进行了测量。结果表明,当前不同群体的中华民族认同水平总体较高,且无论年龄、民族、职业、教育水平等,被试群体的中华民族认同都较强。中华民族认同在性别上具有显著差异,女性比男性拥有更高的中华民族认同度。此外,中华民族认同的三个维度具有显著的正相关,表明个体在中华民族认同上表现出认知、情感和行为的一致性。

与以往的研究[①]一致,本研究同样发现相比于男性,女性的中华民族认同度更高。不仅是中华民族认同,在国家认同[②]、对城市的社会认同[③]、社会阶层认同[④]等社会认同上都能观察到女性比男性拥有更高的认同度。这可能与女性本身的人格特质有关,在对中学生的调查中发现,女性比男性有更高的宜人性[⑤],也就是说,女性在个体间人际关系上有更积极的态度,对他人更加友好,更愿意维持群体间的关系,相对应地,女性对群体的认同度也就更高。此外,相比于男性,女性更愿意进行群际接触,在群际接触的数量上和质量上都优于男性。[⑥]以往的研究表明,群际接触能有效减少偏见,是促进对所处群体认同的有效方法。[⑦]大量的研究者也对群际接触能促进中华民族共同体意识进行了学理分析。基于此,当个体处于中华民族这一大群体中时,相比于男性,女性的群际接触意愿更高、群际偏见更少,这就会促进女性有更强的中华民族认同。

在民族上,本研究并没有观察到汉族和少数民族群体在中华民族认同上具有显著差异。以往的研究在该问题上并没有一致的结果,有研究对比了民族地区的汉族与少数民族高中生,发现两组被试在中华民族认同上差异不显著。[⑧]也有研究对比了新疆的少数民族大学生,发现各民族在中华民族认同上存在差异。[⑨]本研究中汉族与少数民族在中华民族认同上差异不显著,都具有较强的中华民族认同。这可能是当前在各地区开展的中华民族认同教育和宣传带来的积

[①] 张红梅,杨英,周永强.南疆高师院校维汉学生中华民族认同的现状调查研究:基于新疆喀什师范学院维汉学生的调查[J].喀什师范学院学报,2015,36(1):98.

[②] 赵锐,胡炳仙.少数民族大学生国家认同现状及影响因素:基于Z民族院校的调查[J].中南民族大学学报(人文社会科学版),2014,34(4):54.

[③] 贺雯,莫琼琼.初中阶段城市农民工子女的社会认同研究[J].心理学探新,2015,35(2):171.

[④] 王敏.社会阶层认同的性别差异研究:基于住房视角的实证分析[J].社会学评论,2021,9(6):215-232.

[⑤] 邹泓,张春妹.中学生的人格五因素、感知的社会支持与自尊的关系[J].北京师范大学学报(社会科学版),2006(4):46.

[⑥] 管健,王源,艾丽菲热·吾甫尔.外来务工人员主观社会阶层、刻板印象威胁及认同管理策略:基于性别差异的视角[J].心理学探新,2017,37(5):474.

[⑦] 李森森,龙长权,陈庆飞,等.群际接触理论:一种改善群际关系的理论[J].心理科学进展,2010,18(5):831-839.

[⑧] 程淑华,韩毅初,李欣.民族地区高中生中华民族认同现状研究[J].学理论,2016(8):69.

[⑨] 孙桂香,马勇.新疆少数民族大学生民族认同现状研究[J].中国青年社会科学,2015,34(4):123.

极成果。如在西藏地区,为了更好地增强西藏地区的中华民族认同,进一步铸牢中华民族共同体意识,西藏颁布了《西藏自治区民族团结进步模范区创建条例》,将西藏民族团结进步模范区创建工作纳入法治轨道;在教育上,西藏深入贯彻《深化新时代学校民族团结进步教育指导纲要》,将民族团结教育、中华民族共同体教育贯穿教育全过程、各学段,如推动各族儿童开展书信手拉手、结对子等活动,开展铸牢中华民族共同体意识主题实践教育培养,通过线上课程以及校园文化活动等开展民族团结进步宣传教育。不仅在民族地区,而且在其他地区都市里,如在武汉,学校坚持混班教学、混合住宿,推进各民族学生共居、共学、共事、共乐,在课堂和校园建设中、在学生管理和学生实践中,坚持开展和体现"五个认同"的思想教育,将"五个认同"潜移默化植入学生心中;社区也同样开展结对子、一家亲活动,通过各民族之间交往交流交融,建立少数民族的主人翁意识,帮助他们融入新环境。①不同地区采取了不同的政策和行动,这些政策和行动都有力地帮助了各民族成员进行交往交流交融,促进了群体间的接触和了解,增强了各民族的中华民族认同。

同样,在不同职业、不同受教育水平以及不同宗教信仰之间,我们并未观察到中华民族认同度有差异,无论当前在做什么样的工作,处于什么教育水平,有什么样的信仰,大家都有着较高的中华民族认同度。这可能与当前促进中华民族认同、铸牢中华民族共同体意识的社会宣传教育有关。各地区不只是在学生群体、校园环境中进行与中华民族相关的知识文化宣传推广,也在大型的展演活动、节庆活动中对中华民族文化进行品牌打造,提升各民族成员对包括自己民族在内的各民族的认同度。如广西地区实施"千村万户文艺惠民工程",通过开展惠民演出活动,打造"壮族三月三·八桂嘉年华"等民族节庆文化品牌来宣扬民族文化和特色,通过提升人民群众对文化的认同度,铸牢更深层次的中华民族认同。②③

在不同年龄阶段上,我们观察到31~40岁的被试群体与41~50岁群体在中华

---

① 段超,车越川.都市铸牢中华民族共同体意识的实践与探索:以武汉市民族工作为例[J].中南民族大学学报(人文社会科学版),2021,41(11):53-55.
② 陈立鹏,闫芸.铸牢中华民族共同体意识的地方实践:以广西为例[J].中央民族大学学报(哲学社会科学版),2022,49(5):14-22.
③ 陈立鹏,禄嫦.论少数民族传统节庆活动与铸牢中华民族共同体意识:以广西"三月三"为例[J].贵州大学学报(社会科学版),2022,40(5):102-108.

民族认同度上具有显著的差异,而其他的年龄阶段群体间没有显著的差异。从数据上可以观察到,15~20岁被试群体到31~40岁被试群体的中华民族认同度呈缓慢下降的趋势,31~40岁被试群体到50岁以上被试群体的中华民族认同度呈缓慢上升趋势。这可能是31~40岁群体当前所面临的社会压力导致的。2022年以来,全球经济复杂,俄乌消耗战、美欧与俄罗斯之间的制裁与反制裁、发达经济体或由"胀"滑向"滞胀"、债务危机等问题给中国的经济带来了挑战。在经济受到冲击的当下,许多工作者面临巨大的经济压力,担心自己是否会失业,或者已经失业而面临着如何再就业的问题。特别是31~40岁的群体,他们是工作中的中坚力量,承担着"顶梁柱"的角色,不仅需要养活自己,还需要养活家庭,他们所感受到的经济压力是最大的。在这样的巨大压力下,该年龄阶段的群体将更多的注意资源投入到自身的发展和生活中去,与其他群体相比,他们的中华民族认同度相对较低。

在本研究中,我们观察到中华民族认同的认知、情感、行为三个维度之间呈显著的正相关。这表明个体在中华民族认同上具有认知、情感和行为上的协同性和一致性,即个体在认知上能清晰地认识到自己归属于中华民族,赞同中华民族共同开拓了辽阔的疆域、共同书写了悠久的历史、共同创造了灿烂的文化、共同培育了伟大的精神,又在情感上对中华民族具有强烈的情感依附,对所处的土地、悠久的历史、璀璨的文化、伟大的精神抱有热爱和自豪,以及愿意在行为上体现对中华民族的认同,愿意守护中华民族的每一寸土地,愿意学习了解中华民族悠久的历史,愿意继承发扬优秀中华优秀传统文化,愿意弘扬伟大的民族精神。这三个维度协同共变,构成了当前中华民族认同的现状。个体对中华民族认同三个维度的反应一致性有助于个体形成"认同融合",即个体发自内心的与群体的合一感[1],有助于维持群体的稳定,增强群体的凝聚力。高度的中华民族认同能够减少各民族之间的歧视和偏见,对于优势民族来说,在认知上他们了解到自己和其他民族是一体的,在情感上愿意接纳其他民族,在行动上能帮助其他民族;对于弱势民族来说,他们的社会认同威胁减弱,更愿意留在群体中,不会采取社会竞争的策略引发群体冲突,有助于维护社会的和谐稳定。

---

[1] 杨通平,陈国典.认同融合:观点及作用机制[J].中国临床心理学杂志,2020,28(5):1054.

(五)关于进一步增强中华民族认同的建议

总的来说,本研究的调查结果显示,各群体对中华民族的认同度较高,且在认知、情感和行为三个方面具有高度的一致性。但相对来说,男性和31~40岁年龄阶段群体的中华民族认同度相较于女性和其他年龄阶段群体中华民族认同度稍低。这可能是男性不愿意进行群际接触,刻板印象更高导致他们在中华民族认同度上相对女性更低;31~40岁群体正处于人生发展的关键时期,他们承担的社会责任较重,所感受到的社会压力也较重,在此情况下,他们更多将注意力放于自身或家庭,难以在其他方面投入精力,在中华民族认同度上相对较低。为了进一步加强和巩固不同群体的中华民族认同,本研究针对以上问题提出建议和对策,以期能进一步增强各群体的中华民族认同。

群际接触是有效消除群际偏见的一种策略[1]。以往的研究表明,增加群体成员之间的了解,可以改变个体对群体的认知从而减少刻板印象[2],个体在此过程中能够认识到内群体与外群体的相似性[3],能够减少感知到的群际威胁[4]。由此可见,增加不同民族间的接触能有效地帮助个体了解不同民族,减少对不同民族的刻板印象,减少不同民族群体带来的群际威胁,找到民族与民族之间的相似之处,改善民族关系,从而增强对整个中华民族的归属感和认同。

对于男性群体来说,他们直接进行群际接触的意愿相对较低,且在人际关系的维护上也不那么积极,可以通过间接的群际接触帮助他们了解其他民族成员,建立与其他民族之间的联系感。间接的群际接触可以通过讲述跨民族友谊故事实现,个体通过了解与自己相同民族的他人和不同民族的朋友之间的友谊经历,形成间接的群际接触感,促进其也愿意迈出自己的一步,与其他民族之间建立友

---

[1] 何雪琴.西方群际接触理论的相关研究及展望[J].民族高等教育研究,2020,8(1):55.
[2] BRAMBILLA M, RAVENNA M, HEWSTONE M.Changing stereotype content through mental imagery: imagining intergroup contact promotes stereotype change [J].Group processes & intergroup relations, 2012, 15(3): 305-315.
[3] NG Y, KULIK C, BORDIA P.The moderating role of intergroup contact in race composition, perceived similarity, and applicant attraction relationships [J].Journal of business and psychology, 2016, 31(3):415-431.
[4] PETTIGREW T F, TROPP L R, WAGNER U, et al.Recent advances in intergroup contact theory [J].International journal of intercultural relations, 2011, 35(3):271-280.

谊，进行交往交流交融。如各地区可以开展相关的故事征集活动，收集当地人民的跨民族友谊故事，聚焦普通民众，以文字、照片和视频形式，通过官方公众号等媒体，传播这些珍贵的友谊故事，加深故事者之间的友谊，也帮助观看者扩展群际接触，从而增强民族凝聚力。此外，在教育中逐步渗透中华民族一家亲的理念和相应的事迹也是良好的间接群际接触方法。教师可以通过讲述相关的故事，或是给学生播放有关的民族团结友谊的视频，让学生们潜移默化地提高与其他民族的接触意愿，体会中华民族共同体的氛围，从而增进对中华民族的认同。

31~40岁的群体一般都已步入社会，对于这一群体而言，提高中华民族认同可以从社会教育、党员教育出发，发动社区、党组织等进行宣传教育。社区应发挥其能动性，积极开展"民族团结一家亲"活动，在春节、少数民族传统节日期间，开展社区联谊，共同庆祝节日等活动，促进社区人员之间的交往交流交融。不仅是社区，各基层党组织也应发挥能动性，将民族团结、中华民族认同、铸牢中华民族共同体意识等有关的教育融入党组织生活中。不仅是理论上的教育，还可以邀请党内不同民族的同志分享各自民族的有关习俗和文化，通过近距离地了解和感受不同民族的风俗习惯，直接接触不同民族，加强对不同民族的理解包容。通过直接群际接触的方法，让个体更直观地了解其他民族，增进与其他民族的交往交流交融，增进对中华民族的认同。

总之，中华民族认同是增强民族团结、铸牢中华民族共同体意识的基础和关键，了解中华民族认同的现状具有重要的意义。

本研究发现，总的来说，各民族成员对中华民族的认同度较高，而且对中华民族的认同在认知、情感和行为上具有高度的一致性。各地区所采取的中华民族共同体意识宣传教育的方式方法都具有显著的积极效果，群众能正确地认识中华民族，保持对中华民族的热爱，愿意守护中华民族的大好河山、弘扬中华优秀传统文化、伟大民族精神。但当前国内外形势错综复杂，需要持续推进中华民族认同的宣传引导，增强各民族成员之间的群际接触，共同增进中华民族认同，铸牢中华民族共同体意识。

第六章

教育学视域下铸牢中华民族共同体意识研究

一、中华民族共同体教育的几个基本理论问题探讨

(一)中华民族共同体教育的概念

中华民族共同体教育是铸牢中华民族共同体意识、推进中华民族共同体建设的重要途径。2019年10月,中共中央办公厅、国务院办公厅印发了《关于全面深入持久开展民族团结进步创建工作铸牢中华民族共同体意识的意见》,明确提出"加强中华民族共同体教育"。2020年9月,习近平总书记在第三次中央新疆工作座谈会上深刻指出:"要加强中华民族共同体历史、中华民族多元一体格局的研究,将中华民族共同体意识教育纳入新疆干部教育、青少年教育、社会教育,教育引导各族干部群众树立正确的国家观、历史观、民族观、文化观、宗教观,让中华民族共同体意识根植心灵深处。"[1] 2021年3月在参加十三届全国人大四次会议内蒙古代表团审议时,习近平总书记再次强调,"要在各族干部群众中深入开展中华民族共同体意识教育,特别是要从青少年教育抓起"[2]。2021年在中央

---

[1] 鞠鹏.习近平在第三次中央新疆工作座谈会上强调 坚持依法治疆团结稳疆文化润疆富民兴疆长期建疆 努力建设新时代中国特色社会主义新疆[N].人民日报,2020-09-27(1).
[2] 中共中央党史和文献研究院.习近平关于社会主义精神文明建设论述摘编[M].北京:中央文献出版社,2022:91.

民族工作会议上，习近平总书记进一步指出，"要构建铸牢中华民族共同体意识宣传教育常态化机制，纳入干部教育、党员教育、国民教育体系，搞好社会宣传教育"①。根据党中央的要求和习近平总书记重要指示精神，教育部在《教育部2021年工作要点》中明确提出，"编写出版中华民族共同体教育读本""增强铸牢中华民族共同体意识教育有效性"；在《教育部2022年工作要点》中进一步指出，"加强学校铸牢中华民族共同体意识教育。以增进共同性为方向，推动铸牢中华民族共同体意识教育与中小学德育和高校思想政治工作紧密融合"。

那么，何谓中华民族共同体教育？铸牢中华民族共同体意识教育又是什么？它们两者是什么关系？

中华民族共同体教育，从字面上来看，是关于中华民族共同体的教育，展开点说，是关于中华民族共同体的理论、思想、观点和知识的教育。因此，中华民族共同体教育，简而言之，是指通过一定的途径和方法向受教育者传播中华民族共同体思想和知识的过程，是使受教育者增强中华民族认同、树立中华民族共同体意识的过程。中华民族共同体教育的目标很明确，即增强受教育者的中华文化认同，铸牢受教育者的中华民族共同体意识，使受教育者自觉维护中华民族的整体利益，自觉维护国家统一和民族团结。中华民族共同体教育的内容也很集中，即紧密围绕中华民族、中华民族大家庭、中华民族共同体的概念，中华民族共同体的形成与发展、中华民族共同体的结构与特征，中华各民族交往交流交融的历史与团结奋斗、守望相助的故事等开展教育教学工作，特别是要深入学习领会习近平总书记关于铸牢中华民族共同体意识的重要论述。

铸牢中华民族共同体意识教育，是围绕铸牢中华民族共同体意识开展的教育，是为了实现铸牢中华民族共同体意识的目的而实施的教育。具体讲，铸牢中华民族共同体意识教育是指通过一定的途径和方法向受教育者传播铸牢中华民族共同体意识思想和知识的过程，是使受教育者增强国家认同和中华民族认同、树立中华民族共同体意识的过程。铸牢中华民族共同体意识教育包括社会主义核心价值观教育、爱国主义教育、民族团结教育、中华民族共同体教育等组成部

---

① 习近平.论坚持人民当家作主[M].北京：中央文献出版社，2021：330.

分和内容。社会主义核心价值观围绕个人、社会、国家三个层面进行了高度凝练,深刻阐明了中华民族共同的价值追求,对构筑各民族共有的精神家园、铸牢中华民族共同体意识至关重要。爱国主义教育是培养各民族成员国家意识和中华民族共同体意识的基础工程。2019年中共中央、国务院颁发的《新时代爱国主义教育实施纲要》明确提出"坚持以维护祖国统一和民族团结为着力点","强化祖国统一和民族团结进步教育","深化民族团结进步教育,铸牢中华民族共同意识"。民族团结教育更是直接指向铸牢中华民族共同体意识。因此,社会主义核心价值观教育、爱国主义教育、民族团结教育都是铸牢中华民族共同体意识教育的重要组成部分。当前,为深入推进铸牢中华民族共同体意识教育的实施,尤其需要深刻认识铸牢中华民族共同体意识教育与中华民族共同体教育之间的关系,把握铸牢中华民族共同体意识教育的精髓和重点。

关于中华民族共同体教育与铸牢中华民族共同体意识教育之间的关系,简单讲,中华民族共同体教育与铸牢中华民族共同体意识教育密不可分、紧密相连,铸牢中华民族共同体意识教育包含中华民族共同体教育,中华民族共同体教育是铸牢中华民族共同体意识教育的精髓和核心内容,两者都指向铸牢中华民族共同体意识,推进中华民族共同体建设。

当前,铸牢中华民族共同体意识,构建铸牢中华民族共同体意识教育体系,要在积极推进社会主义核心价值观教育、爱国主义教育、民族团结教育的同时,大力开展中华民族共同体教育。要通过中华民族共同体教育,培养各民族成员的"四个共同"("我们辽阔的疆域是各民族共同开拓的","我们悠久的历史是各民族共同书写的","我们灿烂的文化是各民族共同创造的","我们伟大的精神是各民族共同培育的")意识,从而牢固树立休戚与共、荣辱与共、生死与共、命运与共的共同体理念,铸牢中华民族共同体意识。因此,铸牢中华民族共同体意识,加强铸牢中华民族共同体意识教育,要统筹推进社会主义核心价值观教育、爱国主义教育、民族团结教育和中华民族共同体教育,其中重点是大力开展中华民族共同体教育,提高中华民族共同体教育的针对性和实效性。

(二)中华民族共同体教育的政府职责

中华民族共同体教育是国家意识形态领域的一项重要工作,是思想政治教育的重要内容,在实施过程中,需要政府、学校、社会各方面各司其职,通力合作,协同推进。其中,政府作为国家履行公共管理职能的行政机关,在中华民族共同体教育实施过程中应当承担起相应的职责,发挥特定的作用,当前应着重抓好以下几方面工作。

首先,加大学习宣传力度,提高全社会的认识。政府需要引导社会民众了解和学习中华民族共同体教育,扎实做好中华民族共同体教育重要性及相关知识的宣传和普及工作。一方面,政府需要提高各级领导干部尤其是教育部门、民宗部门的领导以及一线教师队伍的思想认识。不仅引导他们重视中华民族共同体教育,做到思想上统一认识,行动上步调一致,还要指导他们如何在实践中具体开展中华民族共同体教育工作。另一方面,政府也要充分利用各种媒体如报纸杂志、广播电视、网络平台等做好中华民族共同体教育的宣传,用通俗易懂、喜闻乐见的方式让普通民众了解并接纳中华民族共同体教育,为开展中华民族共同体教育营造一个良好的社会生态环境。

其次,加强顶层设计,做好科学谋划。中华民族共同体教育事关国家改革发展稳定和中华民族兴衰存亡,必须加强顶层设计,做好科学谋划。2019年,中共中央办公厅、国务院办公厅印发了《关于全面深入持久开展民族团结进步创建工作铸牢中华民族共同体意识的意见》,与此相配套,教育部、国家民委等部门应尽快制定实施方案,对中华民族共同体教育的目标任务、内容形式、步骤措施、保障条件等进行全面规定。同时,着手制定中华民族共同体教育中长期发展规划,在推进铸牢中华民族共同体意识工作和建设教育强国的进程中,一体化推进中华民族共同体教育。为切实推进中华民族共同体教育的实施,当务之急,国家有关部门应抓紧编写中华民族共同体教育读本,地方政府也应当根据当地的实际情况组织编写具有地方特色的教育读本,教育读本可以分为党政干部读本、学生读本和普通民众读本等,以满足深入开展中华民族共同体教育的实际需要。

再次,从实际出发,采取相应的对策措施。如何根据不同地区的实际情况开展中华民族共同体教育,提高教育的针对性和实效性,是地方政府需要思考的问题。我国国土面积辽阔,各地区自然地理条件、文化生活习俗有差异,经济发展水平不均衡,因此在推进中华民族共同体教育的过程中,地方政府应当充分依据本地区的实际情况和特点,因地制宜地出台相应的文件,采取相应的措施,确保中华民族共同体教育的顺利有效开展。例如,新疆维吾尔自治区制定了《新疆维吾尔自治区民族团结进步模范区创建条例》,条例明确提出,开展中华民族共同体意识教育,以党史、新中国史、改革开放史、社会主义发展史,新疆地方与祖国关系史为主要内容,教育引导各族群众铸牢中华民族共同体意识。西藏自治区为加强中华民族共同体教育,在各学校普遍开展了新旧西藏对比、反分裂、反宗教极端等方面内容的教育,取得了明显的成效。在推进中华民族共同体教育的过程中,一定程度上出现了"东冷西热"的现象,相对而言西部地区比较重视,而中部和东部一些地区重视不够,措施不多。因此,各地各级政府要按照中央的要求,进一步提高思想认识,因地制宜,大力推进中华民族共同体教育,积极做好对当地学校的指导、评估和检查工作,确保各级各类学校有效地开展中华民族共同体教育工作。

最后,加强中华民族共同体教育的教师队伍建设。加强中华民族共同体教育,教师是关键。第一,要做好教师队伍的培养工作。政府应在师范院校和综合性大学中立项建设相关学科专业,加强中华民族共同体教育的专业教师培养,并在其他学科中设置相关知识和内容,普遍提高学生的中华民族共同体教育素质,解决师资队伍紧缺问题。第二,要做好教师的培训工作。当务之急,是要加强政治课特别是民族团结教育课教师的相关培训,使其尽快适应中华民族共同体教育教学工作的需要。第三,建立完善民族地区教师福利保障体系,让民族地区教师过得安心,工作舒心,有更多的时间和精力投入中华民族共同体教育事业中。

(三)中华民族共同体教育的学校责任

铸牢中华民族共同体意识,推进中华民族共同体建设,需要在全社会形成一个教育生态系统,让每一个成员都能接受到中华民族共同体教育。其中,学校作为教育的重要阵地,应充分发挥其在中华民族共同体教育中的基础性、关键性作用。

1.明确内容,提高中华民族共同体教育的针对性

中华民族共同体是"你中有我,我中有你,谁也离不开谁"的命运共同体。开展中华民族共同体教育,首先必须明确中华民族共同体教育的内容,深刻把握中华民族共同体教育的重点及目标,以提高教育的针对性,防止教育走偏、走样。

中华民族共同体教育是关于中华民族共同体的思想和知识的教育,其内容包括中华民族共同体的概念、中华民族共同体的形成与发展、中华民族共同体的结构与特征、中华民族与各民族之间的关系、中华各民族交往交流交融的历史等。育人者,必先育己。因此,教师应主动学习中华民族共同体教育相关知识,提升自身素质。同时,学校也应该开展一系列培训和学习活动来提高教师的中华民族共同体知识素养,如成立相关教研室,定期组织专题学习、研讨交流等。

中华民族共同体教育的重点主要包括"五个认同"(对伟大祖国、中华民族、中华文化、中国共产党、中国特色社会主义的认同)、"三个离不开"(汉族离不开少数民族,少数民族离不开汉族,各少数民族之间也相互离不开)、"四个共同"(我们辽阔的疆域是各民族共同开拓的,我们悠久的历史是各民族共同书写的,我们灿烂的文化是各民族共同创造的,我们伟大的精神是各民族共同培育的)、"四个与共"(休戚与共、荣辱与共、生死与共、命运与共)等内容。教师要深入学习把握中华民族共同体教育的重点,内化于心,外化于行。在此基础上,根据不同学段教学要求及不同年龄阶段学生身心发展特点,逐步探索出由浅入深、循序渐进的中华民族共同体教育教学体系,保证中华民族共同体教育的效果。

中华民族共同体教育的目标是提升学生的中华民族共同体意识水平,铸牢中华民族共同体意识。学校领导及教师要及时评估教学成效,确保教育目标的实现。学校可使用本书课题组编制的"中华民族共同体意识量表"来评估学生的中华民族共同体意识水平,根据客观的统计分数来评估学校中华民族共同体教育的教学质量和学生的内化情况,及时总结好的做法与经验及存在的问题与不足,促进中华民族共同体教育高质量发展。

2. 创新形式,提高中华民族共同体教育的成效

在中华民族共同体教育实施过程中,为保证教育的实际效果,采取灵活多样的教学形式至关重要。

首先,不同年龄阶段的学生,其认知能力发展水平不同,因此,学校层次不同,应采取不同的教育方式。如幼儿园、小学阶段的教学应以图像、视频和故事教学为主,同时可以开展参观纪念馆、博物馆等活动进行情景教学。中学生易受到榜样人物的激励,因此中学阶段的教学不仅需要开展理论教学,还应注重进行榜样教育。大学生人生观、价值观逐渐形成,辩证逻辑思维开始发展,因此大学阶段的教学应注重引导学生思考,如可以通过开展辩论、社会实践、课题研究等引发大学生进行深度思考。

其次,以学生乐于接受的教育方式开展中华民族共同体教育可以达到事半功倍的效果,学校和教师应该紧跟时代潮流,充分运用互联网技术等开展课堂教学。例如,视频具有生动形象等特点,在知识讲解中播放相关视频,可以提高学生的学习兴趣,有利于提高教育效果。教师也可以借助相关互联网教学工具开展教学,例如借助"云课堂"等工具,实现师生、生生实时互动,匿名讨论等,提高学生的课堂参与度,从而增加学生对课堂内容的加工深度。

最后,不同学校还可以结合自身特色,打造有利于中华民族共同体教育的校园氛围。如广西壮族自治区的学校可以结合广西少数民族传统节日"三月三",开展校园山歌比赛、校园抢花炮大赛等;云南省的学校可以结合彝族传统节日"火把节",开展火把接力赛、火把舞蹈比赛等;贵州省的学校可以结合苗族苗年节,开展芦笙舞大赛、苗族美食体验活动等。通过这些校园活动打造具有特色的校园文化氛围,让学生体验到中华文化的博大精深,对中华民族共同体有更深刻的认识。

3. 建立机制,切实将中华民族共同体教育落到实处

要切实将中华民族共同体教育落到实处,全面深入持久地开展中华民族共同体教育,学校应结合自身情况,建立科学有效的中华民族共同体教育机制。

首先,学校应成立由校领导牵头、各职能部门和相关教师代表参加的中华民族共同体教育领导小组,由领导小组负责学校中华民族共同体教育的顶层设计和推动落实,通过定期召集会议、开展培训、评估检查等指导监督学校中华民族共同体教育的实施。

其次,学校应制定加强中华民族共同体教育的相关制度,如建立考核制度、评估制度、奖惩制度等,明确相关要求,包括对任课教师、其他学科教师以及学校行政人员、教辅和后勤人员的要求等。

再次,学校可以发布相关课题,建立专门的基金项目,鼓励教师开展与中华民族共同体教育相关的教学研究及教学实践探索,通过教科研特别是在行动研究中不断推进中华民族共同体教育的实施。

最后,学校与学校之间也可以建立合作机制,如内地学校可以和边疆地区学校合作开展线上交流,交流形式可以有线上文化交流展示、中华民族共同体主题线上辩论、线上中华民族历史知识比赛等,共同推进中华民族共同体教育的实施。

(四)中华民族共同体教育的社会生态

深入推进中华民族共同体教育,需要充分发挥社会有关机构和组织的正向作用,积极营造中华民族共同体教育的良好社会生态。

1.充分发挥新闻媒体的教育功能

在信息化时代,新闻媒体成为人们接受外界信息的关键途径,新闻媒体传播的内容直接影响着人们对客观世界的认识。为此,中华民族共同体教育的实施离不开这一重要传播媒介。

首先,重视新闻媒体从业人员的理论学习,提高其对中华民族共同体教育的认识。习近平总书记对新闻工作者寄予厚望,他强调,要做党和人民信赖的新闻工作者。为此,相关单位应加大对新闻媒体从业人员理论学习和思想政治教育的投入,加强对其进行中华民族共同体教育相关知识的学习培训,确保其对中华民族共同体教育的理解不跑偏、不走样,在中华民族共同体教育中承担起应有的责任。

其次,坚持正确舆论导向,加强中华民族共同体教育的宣传效果。新闻媒体的社会舆论导向对社会稳定和发展具有重要意义,对青少年"三观"的形成具有重要影响。因此,在中华民族共同体教育实施过程中,一方面要注重新闻媒体导向的正确性,大力宣传中华民族大家庭、中华民族共同体、中华民族一家亲的概念、意义、故事、成效等,另一方面更要发挥新闻媒体的专业性,增强中华民族共同体教育的宣传效果,如创新媒体宣传形式、碎片化新闻信息整合再利用等。这样,通过喜闻乐见、灵活多样的形式,在不知不觉中影响社会民众特别是青少年中华民族共同体意识的形成。在积极发挥专业新闻媒体作用的同时,也要加强对各类大众传媒的监管,积极引导其发挥正面作用,拓展中华民族共同体教育载体,共同营造中华民族共同体教育的良好舆论环境。

2.充分发挥社区的服务职能

2019年7月,习近平总书记在内蒙古考察时强调,社区是各族群众共同的家,民族团结一家亲。要深入推进民族团结进步创建进社区,把社区打造成为各族群众守望相助的大家庭。因此,社区是开展中华民族共同体教育的重要阵地。

首先,完善社区服务体系,营造团结和谐的社区氛围。社区是中华民族共同体教育的重要阵地,只有做好社区服务体系建设,帮助社区成员解决生产生活中的困难和问题,才能使其感受到祖国大家庭的温暖,感受到团结和谐的社区氛围,从而更积极主动地融入社区生活。为此,社区可通过定期召开社区代表大会、成立专门的社区帮扶小组、建立一站式社区服务中心等多种形式,不断培养社区成员的家国情怀和中华民族共同体意识。

其次,丰富中华民族共同体教育载体,组织积极有益的社区活动。中华民族共同体教育需要丰富的载体。社区可将宣传布告栏、电子屏幕、电梯广告牌等作为中华民族共同体教育的载体,在社区成员(包括青少年)日常生活的空间中,潜移默化地开展中华民族共同体教育。此外,社区还应结合实际情况积极开展教育活动,例如利用中华民族的传统节日和少数民族的特色节日举办联谊会、趣味运动会、中华民族共同体知识竞赛等,促进社区成员的交往交流交融,提升中华民族共同体教育的成效。

3.充分发挥教育基地的重要作用

作为学校教育的补充和延伸,社会教育基地在教育活动中扮演着重要角色,担负着重要职责。一方面要充分发挥现有各类教育基地特别是爱国主义教育基地、民族团结进步教育基地等社会教育基地的作用,另一方面要逐步建设中华民族共同体教育的专门基地。

首先,规范化开展教育活动,充分发挥教育基地的作用。对于现有教育基地而言,应重视教育基地活动开展的规范性,保证教育主题明确、教育内容科学、教育活动有效。同时,教育基地应扩大服务人群,一般不应设置参观与学习门槛,保证最大化地发挥教育基地的作用。

其次,建立中华民族共同体教育基地,将中华民族共同体教育与区域特色相融合。国家层面应积极推进中华民族共同体教育专门基地的建设,充分发挥基地的教育功能,提升教育效果。同时,各地也应根据本地区的实际和特点,积极筹划建立与本地区文化特色、民族特色相融合的中华民族共同体教育基地,以适应社会民众特别是青少年学生接受中华民族共同体教育的需要。

(五)中华民族共同体教育的家庭责任

中华民族共同体教育是一项系统工程,需要政府、学校、家庭、社会各司其职、同心协力。其中,家庭教育承担着重要职责,发挥着不可替代的作用。

1.充分发挥家庭教育的个性化引导作用

"知子莫若父",最了解孩子的是父母,父母可以在实际生活中针对孩子的认知特点,有针对性地对孩子进行引导和教育。例如针对不同学习类型的孩子,父母可以将中华民族共同体的思想和知识以不同的方式渗透于其日常生活中。对于喜欢从形象化载体上获取知识的孩子,根据孩子的认识水平和接受能力,选择一些蕴含相关知识的电视、电影等,并有选择地订阅各类读物,让孩子通过阅读书籍和观看视频影像来理解和认识中华民族共同体的思想和知识;对于善于聆听和交谈的孩子,可以将中华民族共同体的思想和知识融入日常聊天对话之中,通过娓娓道来的方式让孩子将知识内化于心,外化于行;而对于喜欢互动和参与、动手能力较强的孩子,则可以给他们提供更多跨民族交往的机会,鼓励他们主动建立跨民族友谊,带领他们进行中华传统手工艺品的制作、体验不同民族的风俗民情,将中华民族传统文化、中华民族共同体形成与发展的历史过程贯穿其中。

2. 充分发挥父母的榜样示范作用

循循善诱、谆谆教诲是言传,以身作则,用自己的行为影响孩子是身教,家庭教育总是身教大于言传,作为朝夕相处的对象,父母的一言一行,一举一动,都会给孩子带来潜移默化的影响,因此在家庭教育中,家长应当发挥榜样示范作用,为孩子营造浓厚的学习氛围。日常交谈中,避免使用刻板印象评价其他民族成员;日常交往中,积极主动地与其他民族成员建立跨民族友谊,对其他民族成员与本民族成员一视同仁,在其他民族成员遭遇困难时感同身受并且积极提供帮助,面对损害国家统一和民族团结的不当言行时,明确表明自己的立场。让孩子在父母的潜移默化中理解中华民族共同体的深刻内涵,理解中华民族共同体是中华各族人民在长期历史发展中形成的政治上团结统一,文化上兼容并蓄,经济上相互依存,情感上相互亲近,你中有我,我中有你,谁也离不开谁的命运共同体,面对损害国家统一和民族团结的不当言行时,能够自觉维护中华民族的整体利益、国家统一和民族团结。

3. 开展形式多样的学习实践活动

家庭教育应当合理利用空余时间,通过各种途径为孩子创造形式多样的学习实践活动,打破课堂教学的封闭状态,让孩子置身于开放、动态、主动、多元的学习环境中,在丰富的自然体验、社会体验、文化体验等实践活动中激发出孩子自主学习的愿望、对于中华民族共同体知识的兴趣。具体来说,参观各地的民族博物馆,能够让孩子通过文物本体关联时代背景和重要人物,追溯中华民族的伟大源流,学习古往今来的民族交往交流交融史;游览中国历史文化古迹,能够让孩子感受中国的锦绣河山、广袤疆域,了解中华民族多元一体格局形成背后的地理纽带;参与其他民族的风俗节庆活动,在少数民族聚集地区与其他民族成员同吃同住,能够为孩子创造与各族成员沟通交流、建立友谊的机会,增强与各民族成员间的心理亲密感,亲身体验中华民族大家庭的深刻内涵。

4.配合学校、社会(社区)发挥最佳作用

中华民族共同体教育由学校、家庭和社会共同承担,三者不可分割,紧密联系,家庭教育需要与学校、社会教育协调一致,互相配合,才能发挥中华民族共同体教育的最佳效果。因此,家长需要重视与老师的沟通交流,对孩子在学校受到的中华民族共同体教育做到心中有数,并与其保持一致,配合学校要求。如学生课下需要学习铸牢中华民族共同体意识相关知识,家长则应督促孩子及时学习并且帮助他们更好地理解;其次,家长有责任对孩子接触到的新闻媒体信息进行筛选,引导孩子辨别新闻媒体内容正确与否,积极鼓励、主动陪伴孩子参与学校、社区宣传中华民族共同体教育的相关活动和民族团结进步创建活动,让孩子在学校和社区活动中感受到祖国大家庭的温暖。

(六)中华民族共同体教育的学科融合

中华民族共同体教育是实现新时代教育目标任务的重要举措,推动中华民族共同体教育的学科融合,不仅是推进中华民族共同体建设、铸牢中华民族共同体意识的需要,也是落实立德树人根本任务、实现培根铸魂根本要求的题中之义。

什么是中华民族共同体教育的学科融合?中华民族共同体教育的学科融合不等同于学科拼凑,不是简单、生硬地将中华民族共同体教育的内容与各学科教学内容同时呈现在一堂课之中,而是立足学科规律与课程标准,打破单一学科的局限,将中华民族共同体教育作为隐形教学目的,抓准学科教学知识点与中华民族共同体教育的结合点,将中华民族共同体教育的丰富内容通过教材、教具、教育情境、教学设计等不同的教学载体,渗透到整个学科体系与学科教学的环节之中,赋予生硬的学科知识以丰富的情感色彩,实现"中华民族共同体教育+"的多学科融合。在这个过程中,学科融合要满足打通不同教学内容的内在壁垒、找准结合点精准设计课程、实现潜移默化地巧妙渗透等基本要求。

中华民族共同体教育的学科融合的目标任务是什么？推动中华民族共同体教育的学科融合，首要目标便是要在学科教学的过程中激发学生对中华民族共同体的情感认同，使学生在学习学科知识、用学科知识解决实际问题的过程中，发现蕴藏在知识背后的丰富精神内涵，培养学生的爱国主义精神与民族精神，促进其形成正确的国家观与民族观，潜移默化地铸牢学生的中华民族共同体意识，从而引导学生成长为自觉担当民族复兴大任的社会主义建设者和接班人。另外，将中华民族共同体教育与学科教学相融合，将情感饱满的中华民族共同体教育知识与学科知识相融合，能够助力各学科提质增效，促进其内涵与价值的提升，强化专业课程的育人功能，从而实现科学认知与情感共鸣相贯通，促进学科教学中科学精神与人文精神的融合发展。

中华民族共同体教育的学科融合有哪些有效途径？由于不同类型的学科特点不同，所以中华民族共同体教育的学科融合方式也需因学科而异。对于道德与法治等思政类学科，可以充分发挥其作为中华民族共同体教育第一课堂的作用，准确厘清中华民族共同体教育的教学内容与框架，将其思想精髓贯穿于整个教学单元之中，创新课堂教学模式，丰富课外教学活动，通过时政素材的补足更新，凸显伟大民族精神，使学生走出课本知识，在体会各民族共同创造美好生活的过程中主动升华学科知识，增强对中华民族的情感认同。对于语文、历史、地理等人文类学科，推动中华民族共同体教育与其融合的有效方式，便是将中华各民族交往交流交融的历史与团结奋斗、守望相助的故事融入教学环节中，特别要体现在教学引入的背景介绍以及课后阅读资料中，使学生在初学时沉浸于具有浓厚情感氛围的教学背景中，吸引其更加投入地学习学科知识，并在课后为其提供相关拓展资料与畅谈感想的机会，不断强化其情感认同。对于数学、物理、化学等理工类学科，由于这类学科倾向于用数理逻辑知识解决实际问题，因此可以将学科融合的结合点设置在教学情境上，将教学过程中的数理问题或科学实验设置在解决各民族社会生活问题的教学情境中，在解决学科问题的过程中，潜移默化地激发学生为中华民族的发展贡献力量的情感，进一步提高其学习热情。对于音乐、体育、美术等文体类课程，要创设具有民族风格的特色项目，比如创编具有民族风格的热身活动、健身操以及舞蹈,选择来源于各民族日常生活的音乐素材,开展与民族风俗习惯相关的绘画、剪纸、泥塑、雕刻等手工活动等,加深学生对中华民族、中华文化的认识与了解,为铸牢中华民族共同体意识提供基础。

另外,中华民族共同体教育应结合不同学段学生的特点进行学科融合。在小学教学开展过程中,要正确认识到小学生认知发展规律的特点,可以将学科融合体现在各学科的游戏活动或实践体验中,增加了解探索类教学活动,使学生在了解民族风俗习惯、参观博物馆、观看影视作品等过程中学习学科知识,在耳濡目染中促其形成56个民族是一家的民族认知。中学阶段是学生自我同一性形成的关键期,也是进行中华民族共同体教育的重要时期。但该时期学生学业压力大,实践类课程活动较少,因此学科融合的结合点要抓住课堂教学这一主战场,可以通过巧妙设计课程内容,丰富课内外教学资料,布置多样化课程作业等方式,充分利用教学时间,将中华民族共同体教育的内容融入其中,润物无声地帮助青少年塑造正确的民族观。大学学科呈现出灵活化、多元化的特点,要求学生不仅要掌握课本之内的学科知识,更要走出课本,自主获取学习资源,亲身走到社会中学习与解决问题,这为中华民族共同体教育的学科融合提供了契机。因此在大学阶段,除了通过思政课堂等教学平台进行中华民族共同体教育,还可以充分发挥学生的主观能动性,以社会实践、科研项目为依托,鼓励学生主动探索在中华民族共同体形成过程中可以用专业知识解决的问题,使其在实际行动中铸牢中华民族共同体意识,推动中华民族共同体建设。

总的来说,中华民族共同体教育的学科融合是推进中华民族共同体教育的有效途径,是各级各类学校落实立德树人根本任务的题中之义和重要举措,对于维护民族团结,铸牢中华民族共同体意识具有重要意义。因此,要大力推进中华民族共同体教育的学科融合,充分利用各类学科的特点与优势,找准中华民族共同体教育的学科融合的结合点,将中华民族共同体教育的内容与情感色彩巧妙融入各学科知识中,切实提升中华民族共同体教育的吸引力、有效性与针对性。

二、深入推进中华民族共同体教育的思考

新中国成立以来,党和政府高度重视民族工作。特别是党的十八大以来,以习近平同志为核心的党中央始终站在国家发展稳定、民族团结和谐、实现中华民族伟大复兴中国梦的高度,来谋划和推进民族工作,对民族工作作出了一系列重要论述和重大部署。在习近平新时代中国特色社会主义思想特别是习近平总书记关于民族团结、铸牢中华民族共同体意识等重要论述的指导下,2019年10月,中共中央办公厅、国务院办公厅印发了《关于全面深入持久开展民族团结进步创建工作铸牢中华民族共同体意识的意见》,深刻指出"中华民族共同体意识是国家统一之基、民族团结之本、精神力量之魂",明确提出"加强中华民族共同体教育"。中华民族共同体教育提出后,没有得到有关方面及全社会应有的重视,目前关于如何推进中华民族共同体教育的研究成果比较少,有研究者从民族院校的角度对此问题进行了探讨[①]。理论的缺失直接影响实践的进程,因此本研究将从全面深入推进中华民族共同体教育的角度,对中华民族共同体教育的重大意义、中华民族共同体教育的概念、目的、内容、重点、推进思路,以及中华民族共同体教育与民族团结教育、爱国主义教育之间的关系等问题进行分析探讨。

(一)深入推进中华民族共同体教育的意义

1.深入推进中华民族共同体教育是维护国家统一和民族团结、实现中华民族伟大复兴中国梦的需要

当今世界正经历百年未有之大变局,国内外形势正在发生着深刻复杂的变化。自新中国成立以来,西方反华势力从未停止过对中国进行思想文化渗透与围堵,妄图"分化""西化"中国;"三股势力"利用中国社会改革发展中出现的人民内部矛盾,将其扩大化,质疑社会主义制度,对中国发起攻击。进入21世纪后,在西方反华势力的插手和支持下,"三股势力"勾结得愈发紧密,"疆独""藏独""港独""台独"分子制造民族矛盾、挑起民族仇恨,散布谣言、蛊惑人心,策划暴力恐

---
① 陈明华.在民族院校进行中华民族共同体教育的几点思考[J].理论视野,2019(4):24-29.

怖事件、损害人民群众的利益。这些国内外的敌对势力是社会的毒瘤,是人民的公敌,必须毫不留情,针锋相对。

面对错综复杂的"反分裂"斗争形势,需要引导各族人民树立正确的身份意识,形成强烈的国家认同和中华民族认同,防止敌对势力煽动民族分裂,破坏民族团结。国家的统一,有赖于中华民族大家庭的团结,反之,也唯有国家的统一,才能增进各民族的团结交融;而新时代的中国梦,是属于56个民族共同的复兴梦,国家统一和民族团结则是实现这一梦想的先决条件。因此,必须深入推进中华民族共同体教育,不断提升各民族人民对中华民族和中华文化的认同,打牢各族人民的中华民族共同体思想基础,铸牢中华民族共同体意识。只有这样,才能彻底遏制民族分裂活动的发展,让民族分裂主义丧失民心;才能使各族人民更加明晰中华民族共同体内部各民族与国家的关系定位,增强各族人民的家国情怀,不断提升中华民族的凝聚力、向心力和战斗力,从而为维护国家统一和民族团结、实现中华民族伟大复兴的中国梦打下坚实的思想基础和群众基础。

2. 深入推进中华民族共同体教育是深化民族团结进步教育的需要

冷战结束后,资本主义影响世界经济的一个重要衍生物就是全球化问题,缘起于经济全球化的民族自我认同浪潮此消彼长,而增进民族认同则是民族共同体意识的基本功能。[1]在我国,必须尤为警惕并坚决反对两种民族主义倾向,即大汉族主义和地方民族主义。大汉族主义以"先进的民族"自居,打压汉族以外的各少数民族,采取轻视、排斥、压迫的态度,剥夺少数民族的平等权利,忽视少数民族对祖国作出的贡献。地方民族主义则以"独特的民族"自居,过分强调本民族的局部利益,采取排外、孤立、保守的态度,不愿接触和学习先进事物。这两种极端的民族主义思想是阻碍民族团结的离心力,与中华民族共同体的理念相悖。

在这种背景下,不断夯实各族群众中华民族共同体思想基础对增进民族团结、反对极端民族主义思想至关重要。习近平总书记深刻指出,"民族团结是我国各族人民的生命线","加强中华民族大团结,长远和根本的是增强文化认同,

---

[1] 陈延斌.全球化背景下铸牢中华民族共同体意识的路径[N].中国民族报,2018-08-03(5).

建设各民族共有精神家园,积极培养中华民族共同体意识""深化民族团结进步教育,铸牢中华民族共同体意识"。在习近平新时代中国特色社会主义思想指引下,《关于全面深入持久开展民族团结进步创建工作铸牢中华民族共同体意识的意见》适时提出"加强中华民族共同体教育"。中华民族共同体教育的提出,是对民族团结进步教育认识的升华和理论的创新,是对民族团结进步教育理念、内涵、根本目的的丰富和发展,也是民族团结进步教育新时代深入实践的客观要求,标志着我国对民族团结进步教育的认识上升到了一个新的阶段,也必将谱写我国民族团结进步教育发展的新篇章。中华民族共同体教育的提出和深入推进,对于巩固深化民族团结进步教育的成果,进一步提升民族团结进步教育的针对性和实效性,不断增强各族群众的"五个认同",促进各民族交往交流交融,巩固发展社会主义新型民族关系,具有重大而深远的意义。

3. 深入推进中华民族共同体教育是培养中国特色社会主义合格建设者和可靠接班人的需要

加强中华民族共同体教育不仅是服务民族团结进步事业,深化民族团结进步教育的需要,更是完成教育使命任务,提升教育育人功能,培养德智体美劳全面发展的中国特色社会主义事业的合格建设者和可靠接班人的需要。中华民族共同体教育的一项重要任务就是落实落细新时代立德树人的根本任务,推动思想政治教育的发展和完善,提高思想政治教育的针对性和实际效果。为此,培养一大批热爱社会主义中国、具有高度国家认同和中华民族认同的优秀人才,既是党和国家对各级各类学校办学的基本要求,也是我国教育事业在新时代的责任与担当。由此,需要围绕教育的目的任务,特别是人才培养的目标结构,落地落细人才的核心素养特别是政治思想品德素养中爱国主义和中华民族共同体意识的培育工作,深入开展中华民族共同体教育。通过中华民族共同体教育的深入实施,打牢各族师生中华民族共同体思想基础,把"爱我中华"的种子埋在每个学生的心灵深处,促进各民族像石榴籽一样紧紧抱在一起,让中华民族患难与共、团结奋斗的光荣传统接续相传、永不中断。

(二)深入推进中华民族共同体教育的几个重要问题探讨

要在实践中稳步、深入推进中华民族共同体教育的实施,提高教育的针对性和实效性,避免"盲动"和走弯路,目前急需明确中华民族共同体教育的概念、目的、内容、推进思路及重点,以及中华民族共同体教育与民族团结教育、爱国主义教育之间的关系等。

1.明确中华民族共同体教育的概念、目的和内容

深入推进中华民族共同体教育,首先需要明确中华民族共同体教育的概念,只有这样,才能做到任务明确、目的明确。中华民族共同体教育的概念,简而言之,是指通过一定的途径和方法向受教育者传播中华民族共同体思想和知识的过程,是使受教育者增强中华民族认同、树立中华民族共同体意识的过程。中华民族共同体教育的目的,概而言之,就是增强各民族受教育者的中华文化和中华民族认同,铸牢受教育者的中华民族共同体意识,使受教育者自觉维护国家统一和民族团结。

当前,关于中华民族共同体教育内容的研究还不深入,还没有形成统一的认识。我们认为,中华民族共同体教育的内容,不可避免地会与目前开展的民族团结教育、爱国主义教育的内容有交叉重合的地方,但同时它也有相对独立的内容。中华民族共同体教育内容与民族团结教育、爱国主义教育的区别是,中华民族共同体教育的内容应紧紧围绕中华民族的概念、中华民族共同体的形成与发展、中华各民族(中华儿女)团结奋斗的历史而展开。具体来说,中华民族共同体教育的主要内容或称重点内容,在基本概念方面,包括中华民族、中华民族共同体、中华民族共同体思想基础、中华民族共同体意识,民族认同、国家认同、中华民族认同、中华文化认同等;在基础知识方面,包括中华民族的形成、中华民族与各民族之间的关系、中华各民族之间的关系,中华各民族交融发展、团结奋斗的历史,中华各民族团结互助的故事等;在基本理论方面,包括习近平总书记关于中华民族、中华大家庭、中华民族共同体思想基础、中华民族共同体意识等的重要论述,中华民族多元一体格局理论等。

2.从国家意识形态、教育体系整体的角度推进中华民族共同体教育

深入推进中华民族共同体教育,必须认识到,中华民族共同体教育首先是教育工作,教育具有意识形态属性,是国家意识形态领域的重要组成部分,因此,在国家意识形态工作中,不能缺乏中华民族共同体教育的内容,而且面对新形势新要求,意识形态工作中必须统筹加强中华民族共同体教育,打牢中华民族共同体思想基础。同时要认识到,中华民族共同体教育在国家教育体系中主要属于思想政治教育的内容,在思想政治教育工作中,不能缺乏中华民族共同体教育。但必须指出,中华民族共同体教育要放在国家意识形态、教育体系整体的视野下来谋划和推进,具体来说,是在思想政治教育整体工作中一体化推进中华民族共同体教育,不是在思想政治教育工作中单搞一套、另起炉灶,而是对目前思想政治教育工作、思想政治教育内容的丰富与完善。因此,在当前的思想政治教育工作中,要坚持系统规划、统筹协调的原则推进中华民族共同体教育,要注意处理好中华民族共同体教育与思想政治教育相关方面、相关内容的关系,特别是与民族团结教育、爱国主义教育的关系,做好与民族团结教育、爱国主义教育的衔接融通工作。只有这样,才能提高中华民族共同体教育的针对性和实效性,也才能从整体上提高思想政治教育的实际效果。

首先,要处理好中华民族共同体教育与民族团结教育之间的关系。中华民族共同体教育与民族团结教育关系紧密,民族团结教育包含中华民族共同体教育的内容,中华民族共同体教育是民族团结教育的重要组成部分。两者在教育内容上有交叉,都要开展各民族荣辱与共、团结奋斗历史的教育,都要学习习近平总书记关于民族团结、中华民族共同体意识等的重要论述,都要弘扬中华优秀传统文化;两者在教育根本目的上完全一致,即增强各民族对中华文化的认同,增强中华民族的凝聚力和向心力,铸牢中华民族共同体意识,维护国家统一、民族团结和社会稳定。但两者在教育内容、具体教育目标上也有所不同。中华民族共同体教育的内容和目标如前所述,而民族团结教育在内容上除了包含中华民族共同体教育的内容外,还包括各民族的历史源流、语言文字、风俗习惯、宗教信仰、经济社会发展等内容;在教育目标上,除了有与中华民族共同体教育一致的

目标外，还包括提高对各民族文化特点包括文化差异性的认识，传承和发展各民族特别是少数民族的文化，从而在了解、尊重各民族文化特点和差异的基础上，实现民族团结和社会和谐。因此，中华民族共同体教育的深入推进，需要从统筹推进民族团结教育、丰富完善民族团结教育内容的角度系统地整体推进，而不是独立于民族团结教育体系之外建立单独的体系和系统，另搞一套。但为了防止或避免在民族团结教育中弱化中华民族共同体教育，同时也为了彰显中华民族共同体教育的独特价值，需将中华民族共同体教育的目标明确列入民族团结教育的目标体系之中，并将中华民族共同体教育的内容以"专题"或"教学单元"的形式予以呈现。

其次，中华民族共同体教育的深入推进，还需要处理好中华民族共同体教育与爱国主义教育之间的关系。中华民族共同体教育与爱国主义教育有着非常紧密的联系，中华民族共同体教育是爱国主义教育不可分割的重要组成部分，爱国主义教育包含中华民族共同体教育，爱国主义教育必须有中华民族共同体教育方面的内容。爱国主义是中华民族、中华儿女最重要的精神财富，爱国主义不是抽象的，自然包括爱这片土地上生活的人民，爱中华民族，爱中华文化。我国有悠久的爱国主义教育历史和传统，有丰富的爱国主义教育内容和形式。面对新时代新形势，2019年11月，中共中央、国务院颁发了《新时代爱国主义教育实施纲要》，对新时代爱国主义教育的总体要求、基本内容、具体实施等进行了明确规定。在"总体要求"上，明确提出"坚持把实现中华民族伟大复兴的中国梦作为鲜明主题"，"坚持以维护祖国统一和民族团结为着力点。国家统一和民族团结是中华民族根本利益所在"；在"基本内容"上，明确提出"传承和弘扬中华优秀传统文化"，"强化祖国统一和民族团结进步教育"，"深化民族团结进步教育，铸牢中华民族共同体意识"。可见，新时代爱国主义教育对中华民族共同体教育提出了明确要求，中华民族共同体教育是爱国主义教育的重要组成部分，两者密不可分。因此，中华民族共同体教育的深入推进，需要放在爱国主义教育的视野下，从新时代全面加强爱国主义教育的角度系统整体推进；需要在谋划和推进中华民族共同体教育的过程中，不断推进爱国主义教育的发展，不断丰富和完善爱国主义教育的内容。

3.要充分发挥学校教育的基础性、关键性作用

中华民族共同体教育关涉国家长治久安、民族团结和社会稳定,应纳入国民教育和精神文明建设全过程,要面向全国各族人民,从娃娃抓起,聚焦青少年。要充分发挥学校教育的基础性、关键性作用,按照各学段、不同年龄学生身心发展特点及成长成才规律,悉心栽培引导,由浅入深,循序渐进,"精准滴灌"。

(1)小学阶段是中华民族共同体意识的孕育期,中华民族共同体教育要"着底色"。

小学阶段是学生思想、观点的启蒙和孕育期。这一阶段,小学生心智发育还未成熟,听说读写能力较弱,对宏观抽象概念、逻辑思辨性强的理论难以吸收消化。因此,在小学阶段,中华民族共同体教育的内容应以简单的概念、知识为主,教育方式以教师讲授为主,并通过生动的事例、多样的活动,使学生对中华民族共同体有一个初步的印象,让他们感受到我国是一个由多民族组成的中华民族大家庭。

课上课下协同并进。教材是教学的重要载体,教师应予以重视,研究熟悉教材内容。课上,教师可先从中华大家庭历史背景入手,带领学生通读专题教材,指导学生把握重点难点,协助学生领悟主旨,肯定学生的点滴进步。与此同时,考虑到小学生的知识储备与思维能力,教师还应善用形象事例,如"毛主席亲切接见库尔班大叔""文成公主进藏"等,寓理于例,汇知识性、易懂性、趣味性于一体,增强教学的感染力。课下,学生应趁热打铁,通过观看视频、阅读书籍、搜集资料等多种方式巩固知识、加深理解。

校内校外全面育人。校内,应积极开展各类文体活动,鼓励各民族学生在文艺活动中表演本民族特色节目、在交流活动中展示本民族风土人情,加强各民族间的互动交流,调动学生的能动性,使其能自觉维护民族团结。校外,应组织学生走进民族团结教育基地、展览馆、博物馆等地,使其切身感受各民族多姿多彩的文化,感受各民族守望相助、团结奋斗的历史,不断加深对中华民族悠久历史文化的认同,在实践中启发和孕育其中华民族共同体意识。

(2)初中阶段是中华民族共同体意识的初步形成期,中华民族共同体教育要"上好彩"。

初中阶段是学生思想、观点的初步形成期。这时,初中生正处在青春期,展现出冲动、冒险等个性特征。因此,在初中阶段,中华民族共同体教育的内容应以基本概念、基础知识为主。在教育方式上,应以教师讲授辅导为主,同时鼓励学生积极参与,通过启发引导、互动体验等方式,使学生对中华民族共同体有进一步的认识,并逐步形成中华民族共同体意识。

结合学生兴趣点,善用启发式教学。初中生好奇心强、兴趣广泛,教学设计既要满足学生对知识的渴求,增强教学的科学性、趣味性,又要重点突出,目标明确;教师应当抓住此点科学安排中华民族共同体教育的有关教学内容,围绕教学目标多提多讲学生感兴趣的话题,避免枯燥的概念解说和无中心、发散式的知识传授。不仅如此,教师还应注重启发式教学,以问题为导向,引导学生主动发现问题、思考问题、解决问题。在师生互动过程中,春风化雨地推进知识学习,潜移默化地提高学生掌握和运用知识的能力。

深入具体学习生活,打牢中华民族共同体思想基础。初中生正处于叛逆期,还未形成完整的道德观、法治观,因此易受周围环境、极端思想及西方反华势力的影响甚至蛊惑,作出不当行为。基于此,教师应当在生活中给予学生更多的关心与引导:重视学生特别是少数民族贫困生、学困生的成长发展,帮扶生活学业上有困难的学生,结成互助小组;要求学生干部从自身做起,为其他同学做表率,自觉规范言行,积极团结各民族同学;同时,鼓励少数民族学生主动担任学生干部等职务,增强自信心,增进同学之间的了解,消除误解与偏见。通过一系列具体行动,让各民族学生切实感受到中华大家庭的温暖,自觉抵制外界不良影响,不断增强中华民族共同体意识。

(3)高中阶段是中华民族共同体意识的发展期,中华民族共同体教育要"描好画"。

高中阶段是学生思想、观点的形成和不断发展期。高中生具有心智成熟、自制力与自主性都较强等个性特征。因此,在高中阶段,中华民族共同体教育应以让高中生学习掌握基本理论、巩固消化所学知识为主,充分发挥教师的主导作用和学生的主观能动性,通过理论分析、实践活动、隐性教育等方式,进一步增强学生的中华民族共同体意识。

抽丝剥茧讲理论,网络平台作补充。高中生普遍具备自学和思辨能力,一方面表现为对理论知识的求知欲旺盛,另一方面则表现为积极寻求有力证据以检验和支撑理论。教师应针对此情况,创新中华民族共同体教育的授课方式,重视思维的逻辑性和理论的框架性,对问题由浅入深、由表及里进行透彻分析;给予学生时间消化吸收、避免"填鸭式"教学。在课堂上,教师要鼓励学生多想多问,锻炼学生的思维能力,培养学生的问题意识。此外,线上教学是课堂教学的延伸,教师要充分发挥互联网优势进行线上教学,努力提升教学质量、满足学生的个性化需求。

不言之教胜于教,实践活动重实效。落实中华民族共同体教育,理论学习固然重要,但隐性教育、实践活动同样重要。学校可利用宣传布告栏、校史陈列馆、学校官网、微信公众号等定期推出中华民族共同体教育的相关内容;在各民族重大传统节日,引导各民族师生交流联谊、共同庆祝;组织开展"中华民族一家亲,同心共筑中国梦"主题班会、团日活动、演讲辩论等;通过形式多样的学习方式和实践活动,将中华民族共同体意识刻入学生的基因,融入学生的血脉,转化成学生的自觉行为。

(4)大学阶段是中华民族共同体意识的铸牢期,中华民族共同体教育要"定好型"。

大学阶段是学生思想、观点的进一步发展和铸牢期。大学生思维活跃,善于独立思考,自尊心强。同时,大学生可自由支配的时间和接触各类思想的机会明显增多。因此,在大学阶段,中华民族共同体教育应以让学生学习研究基本理论、提高理论素养为主,在教育方式上,应以让学生自主学习研究为主,教师发挥引领示范作用,重在给学生提供丰富多样的教学资源,提供学术交流的机会和平台,创设和谐团结的校园氛围,从而使其在理论学习和日常生活中深化对中华民族共同体的认识,不断增强"五个认同",树立"三个离不开"思想,深入铸牢中华民族共同体意识。

教学科研齐头并进,校内外资源充分利用。大学阶段,学校应开设中华民族共同体教育公选课,组织全校学生修学;同时,鼓励学生在学习理论的同时加强理论的研究探索,引导师生积极参与相关的科研项目与学术讨论,定期邀请研究民族工作的权威学者来校作讲座报告,分享科研经验和最新研究成果,将科研与教学有机结合起来。与此同时,充分利用图书馆这一重要阵地,增加有关中华民族共同体教育的图书资源和网络资源供学生阅读学习。此外,还可充分利用各种社会优质资源,如组织学生观看以中华优秀文化、民族英雄人物为主题的电影,学生不仅能通过影视作品极大地激发爱国热情、民族情感,更能有效结合理论知识,不断提高对中华文化、中华民族的了解和认同。

尊重民族文化差异,营造和谐校园氛围。教师要尊重各民族的文化差异,要事先了解学生的民族构成,了解各民族的文化特点和风俗习惯,在教学及日常与学生交流时要注意措辞严谨,避免对学生造成伤害和不良影响。同时,引导规范同乡之间联谊、(民族)同胞之间联谊等同辈群体活动的开展,积极鼓励不同地域、不同民族同学之间的交流联谊、互帮互助。学校可对表现优秀的集体和个人进行表彰,通过对先进事例的肯定和宣传,为学生树立学习榜样,进一步促进各民族师生之间的交往交流交融,营造各民族师生团结友爱、亲如一家的校园氛围,不断铸牢中华民族共同体意识。

(三)推进中华民族共同体教育的对策思考

为全面深入推进中华民族共同体教育的实施,使中华民族共同体教育由国家的政策要求、专家学者的研讨交流变成现实中实实在在的行动,当前需着重做好五个方面的工作。

1. 提高思想认识

思想是行动的先导,只有思想认识到位,才能措施到位,行动到位。当前,各级党委政府特别是宣传、统战、教育、民宗等部门、社会各个方面要深刻认识到,深入推进中华民族共同体教育,是全面贯彻习近平新时代中国特色社会主义思想特别是习近平总书记关于民族团结、铸牢中华民族共同体意识等重要论述的客观需要，是落实《关于全面深入持久开展民族团结进步创建工作铸牢中华民族共同体意识的意见》的明确要求，是维护国家统一和民族团结、进一步提高中华民族的凝聚力和向心力，培养一代又一代中国特色社会主义事业的合格建设者和可靠接班人、实现中华民族伟大复兴中国梦的现实需要。各级党委政府、社会各个方面、全体中华儿女，要全面提高思想认识，始终从政治高度，从国家事业发展全局的高度，从中华民族兴衰存亡的高度，深刻认识深入推进中华民族共同体教育的重大战略意义。

2. 加强顶层设计

中华民族共同体教育事关国家改革发展稳定全局和中华民族兴衰存亡，必须加强顶层设计，做好科学谋划。当前，中共中央宣传部、中共中央统战部、教育部、国家民委等部门要根据《关于全面深入持久开展民族团结进步创建工作铸牢中华民族共同体意识的意见》的精神和要求，尽快制定出台全面加强中华民族共同体教育的指导意见（或实施方案），对中华民族共同体教育的重大意义、指导思想、目标任务、内容形式、步骤措施、保障条件等进行全面规定，尤其要针对当前中华民族共同体教育理论研究薄弱、教学资源缺乏、教育教学体系尚未建立起来的状况，对中华民族共同体教育的科研组织、教学资源建设、教师培训、监督问责等进行明确规定，从而有力有序地推进中华民族共同体教育的发展。

3. 建立工作机制

为切实推进中华民族共同体教育的深入实施，中共中央宣传部、中共中央统战部、教育部、国家民委等部门可考虑成立中华民族共同体教育工作指导小组，建立联动机制和会商制度，加强对中华民族共同体教育实施过程中重大问题的研究处理，指导督促各地、各有关方面将中华民族共同体教育落到实处。特别是抓紧成立中华民族共同体教育教材读本编写小组，抓紧中华民族共同体教育教材、读本的编写出版。一是面向大中小学编写各学段内容有机衔接的中华民族共同体教育专题教材，二是面向社会特别是党政干部编写中华民族共同体教育普及读本。为了保证教材读本内容的科学性、适切性，编写小组应由政治可靠、业务精湛的理论专家、实际工作部门同志及一线教师组成,大家群策群力,完成好这一神圣使命。

4.设置专项课题

当前,如何科学认识中华民族共同体教育与民族团结教育、爱国主义教育之间的关系,如何在民族团结教育、爱国主义教育实践中推动中华民族共同体教育的实施、推进中华民族共同体教育目标的实现,各级党委政府、各有关部门、社会各个方面如何实现上下联动、统筹协调、聚心合力推进中华民族共同体教育的实施,如何调动社会各方面的积极性、发挥社会各方面的作用推进中华民族共同体教育的实施,特别是如何聚焦青少年,根据青少年心智发育特点和规律,并结合学校民族团结教育、爱国主义教育的现状,丰富完善中华民族共同体教育的内容,建立中华民族共同体教育的教学体系、理论体系等,都是亟须研究解决的问题。因此,国家应组织开展中华民族共同体教育的课题研究,加强对中华民族共同体教育中重大理论、实践与现实问题的研究,全国哲学社会科学办、教育部、国家民委等部门应设置"中华民族共同体教育研究"专项课题,引导组织有关科研力量积极申报,特别是要鼓励一线教师结合教育教学实践进行研究。通过研究,不断推进中华民族共同体教育的深入实施和科学发展。

5.营造良好氛围

中华民族共同体教育提出的时间不长,作为一件新事物,需要有一个良好的舆论环境和社会氛围。在党中央统筹指导下,各级党委政府特别是宣传、统战、教育、民宗等部门要主动担责,积极作为,大力宣传开展中华民族共同体教育的重要性和必要性,大力宣传中华民族共同体教育的基本概念、基本思想,大力宣传新形势下铸牢中华民族共同体意识的极端重要性。要创新宣传方式,找准宣传工作与时代发展的契合点,不断提高宣传的亲和力和感染力。当前,各类大众传媒已成为引导社会舆论的重要力量,各级党委政府及有关部门应加强引导和规范,充分发挥它们的优势和作用,加强正面宣传,形成宣传合力,激发民众对中华民族共同体教育的认识及对中华民族共同体的认同,不断营造有利于中华民族共同体教育、有利于铸牢中华民族共同体意识的良好社会生态。

三、中华民族共同体教育的西藏实践

自习近平总书记作出"铸牢中华民族共同体意识"重大原创性论断以来,我国民族工作进入了新的时期。教育是培育意识的重要途径,2019年,中共中央办公厅、国务院办公厅印发了《关于全面深入持久开展民族团结进步创建工作铸牢中华民族共同体意识的意见》,明确提出了"加强中华民族共同体教育"的要求。有学者认为,在学校中培养学生中华民族共同体意识是促进国家安全和社会发展的必然选择,是推进中华民族共同体教育和深化爱国主义教育的必然走向。[1]虽然近年来一些学者开始关注中华民族共同体教育的重要作用,但总体以理论研究为主,关于推进中华民族共同体教育的实践研究比较缺乏。如何推进学校场域中的中华民族共同体教育,是目前该领域亟须深入研究的重点问题。与此同时,已有的实践研究所关注的对象大多数以高校大学生居多,很少涉及中小学校如何开展中华民族共同体教育的实践。与大学生不同,青少年时期是"三观"形成的关键期,青少年对主流意识形态的认同程度不仅关系到青少年自身的成长和发展,也关系到国家和社会的稳定与发展。[2]西藏自治区不仅是我国重要的边疆地区,在国家发展战略全局中具有重要的战略定位,[3]同时也是我国民族工作的重点地区,历来重视民族团结进步教育工作,在中华民族共同体教育方面也形成了不少好的做法和经验。总结其中华民族共同体教育的经验,发现和分析存在的问题,并提出相应对策措施,对于进一步推进西藏乃至全国的中华民族共同体教育工作具有重要意义。

基于以上背景,本书课题组深入拉萨市和林芝市两地,实地调研当地小学(2所)、初中(2所)、高中(2所)和大学(2所)共8所学校。采用田野调查法,通过自然观察、座谈、访谈等形式,对每所学校在开展中华民族共同体教育方面的做法进行了详细记录和深度总结,也对当前存在的问题和不足进行了分析和反思,掌握了西藏自治区中华民族共同体教育实践的第一手资料。

---

[1] 曹能秀,马妮萝.中华民族共同体意识培养融入学校教育研究[J].云南师范大学学报(哲学社会科学版),2022,54(1):122.
[2] 陶利江.青少年主流意识形态认同:问题、影响因素及路径选择[J].青少年学刊,2016(4):30.
[3] 蓝国华.新时代西藏铸牢中华民族共同体意识的意义、挑战及实践路径[J].西藏研究,2022(1):7.

（一）西藏自治区学校开展中华民族共同体教育的主要做法及经验

我们调研时深刻感受到,西藏自治区各级学校特别是本次调研的8所学校高度重视中华民族共同体教育工作,结合本地和学校实际,开展了一系列有针对性的教育教学活动,形成了不少好的做法与经验,值得参考与借鉴。

1.教育内容针对性强,紧密结合西藏实际

西藏自治区的大中小学设置的与中华民族共同体教育相关的教育内容紧密结合西藏的历史和当地实际,教育主题突出,特色鲜明。

在中小学阶段,中华民族共同体教育的授课内容紧紧围绕反分裂教育、新旧西藏对比、树立科学观念三个方面。

第一,在反分裂教育中,拉萨市某高中校长在座谈时跟我们说道:"教育的本质是培养社会主义接班人,为党为国培养高素质人才,就必须教育学生在国家民族的大是大非问题上坚定立场,绝不允许有分裂思想的存在。"拥护祖国统一,维护民族团结是反分裂教育的主要内容。

第二,西藏自治区内的所有中学均有新旧西藏发展对比的相关教学内容。例如让学生了解黑暗的封建农奴制度使农奴生活在水深火热之中,宗教势力涉及范围广,政教合一,千百年来一切反抗均以失败告终,只有中国共产党才帮助西藏推翻了封建主义的大山,废除了农奴制,解放了百万农奴,使他们获得了土地和人权,等等。老一辈西藏人民对党的感激之情是发自肺腑的,年轻一代的学生由于生活在新中国,没有经历过黑暗的旧社会,需要学校教育和家长的正确引导。在西藏,这些教育内容一部分以照片的形式张贴在每所学校的德育走廊和教室楼道里,另一部分由教师在历史课和思政课等课堂上给学生们讲解,加深学生的理解和感受。

第三,树立科学观念。父母对子女的影响深远,父母的一些非科学思想观念会在日常生活中潜移默化地影响子女。因此,学校明确要求理科教师要在课堂上有意识地引导学生树立科学观念,用科学思维去看待和解释世界万物,文科教师要在课堂上讲授科学的发展史及其重大意义,防止学生们受家长错误的思想影响。

在高等教育阶段,与中华民族共同体教育相关的教学内容主要为马克思主义"五观"教育,即国家观、民族观、历史观、文化观、宗教观教育。具体要求是"三入",即入教材、入课堂、入学生头脑。据了解,马克思主义"五观"教育是西藏自治区内高校开设的特色思政课,目的是让各民族的大学生都形成马克思主义世界观和价值观,增强"五个认同",从而达到铸牢中华民族共同体意识的目的。

2. 教育形式丰富多样,结合各学段学生特点

通过访谈了解到,西藏各级学校都十分重视以实践活动的形式让学生切身感受民族团结的重要性,通过丰富的主题活动提升学生的感性认识,增强中华民族共同体意识。同时,由于不同学段的学生认知理解水平存在差异,因此设计的活动主题往往会结合学生的身心特点有所侧重。

在小学阶段,活动类型主要有班队课、观看爱国影片、制作手抄报、国旗下讲话、庆祝中华传统节日和少数民族节日等。班队课是少先队员的爱国主义和民族团结的主题课,学校思政处每周统一设置课程主题,由少先队大队长负责安排具体的课程目标、教案和课件,班主任为主要授课人。在小学高年级阶段,教师还会鼓励学生准备演讲稿上台发言,分享自己对爱国主义和民族团结的认识。另外,学校还会组织各年级共同观看爱国主义影片等,加深学生的感性认识。不少学校还会定期组织学生参与以民族团结和爱党爱国为主题的手抄报比赛,优秀作品会被张贴在校园宣传栏和教学楼走廊处。每周一的升旗仪式上,举行"国旗下讲话"活动,让学生们在国旗下不断加深对国家统一和民族团结的认知。在节日方面,学校不仅会在汉族的传统节日(例如清明节、端午节)里组织藏汉师生一起过节,也会庆祝不同民族的传统节日,例如藏族的雪顿节、珞巴族的昂德林节、门巴族的曲科节等,各民族的学生会邀请其他民族的同学一起在学校里庆祝节日,增进彼此之间的友谊和了解。

在中学阶段,中华民族共同体意识教育的形式主要有"三联三进一交友"活动、朗诵比赛等。据了解,"三联三进一交友"活动是西藏从2014年起在全区教育系统全面铺开的重要活动之一,是指学校党员干部、班主任和教师坚持联系班级、联系学生、联系家长,坚持深入学生班级、深入学生宿舍和食堂解决实际问题,坚持与各民族学生交朋友、促进不同民族学生间"结对子"交朋友。

在走访林芝某中学的过程中,我们了解到该校要求每周都必须安排两名校领导或老师(藏、汉各一名)陪同学生就餐,了解学生的近期需求和困难。引人注目的是餐厅外有一面墙用来张贴学校领导及老师与学生们在食堂的合影,通过这样的活动拉近不同民族师生之间的情感距离,有助于推动各民族师生间的交往交流交融。朗诵比赛往往在某些特定的节日里举办,例如每年7月1日党的生日,9月3日抗日战争胜利纪念日等,让学生们结合这些特殊日子自己准备题目和演讲内容,在国旗下演讲。学校通过朗诵比赛等形式,既提高了大家的学习积极性,又让学生以朋辈的身份去影响台下的同学,加深其对党对国家对民族的热爱、对和平的向往,坚定其维护祖国统一的信念,达到爱国主义教育和民族团结教育的目的,在活动中潜移默化地影响各民族学生们的价值观,铸牢中华民族共同体意识。

在高校,中华民族共同体意识教育活动的类型主要有"四讲四爱"(讲党恩爱核心、讲团结爱祖国、讲贡献爱家园、讲文明爱生活)主题宣讲、民族团结进步创建月活动以及大学生暑期"三下乡"实践活动等。"四讲四爱"活动是西藏地区重点开展的主题教育活动,全区各级学校都在不同程度地进行宣讲。据我们对西藏某高校的实地调查,该校广泛发动不同院系的教师组成宣讲团,在学生课堂上进行主题宣讲。同时学生会也会招募宣讲能手加入宣讲团中,在课余时间深入学生群体当中进行宣讲,加深学生的理解。民族团结进步创建月活动是高校团委牵头,学生会和社团联合会共同承办,围绕民族团结进步和各民族学生交往交友的大型系列活动,旨在促进在校各民族师生相互了解,加强交流沟通,以活动为载体拉近彼此的空间距离和心理距离,增强民族团结意识。西藏各大学的学生会根据学校的统一安排,在暑假期间积极参与"三下乡"活动,深入西藏基层,利用专业知识,向群众宣传党和国家的政策,传播文化、科技、卫生知识,加深对西藏基层社会的了解,体验不同民族的风俗和文化。在这一过程中,青年学生也会给当地各民族群众普及其他民族的文化和习俗知识。"三下乡"活动是西藏各大学进行中华民族共同体教育的一个重要实践方式。

3. 注重教师队伍建设，尤其要重视思政课教师素质的全面提升

要做好中华民族共同体教育工作，首先要培养一支素质好、觉悟高、专业能力强的教师队伍。当前，西藏各学校的中华民族共同体教育工作主要由学校思政课老师承担。因此，各学校在整体提高教师队伍政治和业务素质的同时，非常重视思政课教师素质的全面提升。

在访谈中我们了解到，西藏的中小学高度重视每月一次的"三会一课"活动和教师"一考三评"制度，以提升教师的科学文化和思想政治素质，确保教育方向的正确性。拉萨市某高中校长表示："我校教师的素质考核全部采用闭卷的形式，分数不及格的教师会受到相应的处分。我们以此来提醒教师要对素质提升予以重视，绝不搞形式主义。"拉萨市某小学校长表示："除了日常教学工作，我们学校每月还会对全体教师进行一次党史学习教育，教师课后轮流讲述自己的心得。我们以此来提升藏汉教师队伍的整体思想觉悟。"

西藏各学校都十分鼓励并支持教师外出进修培训，激发教师的学习热情。林芝市某中学每年选派多名思政课教师参加"国培计划""区培计划"，始终把思政课教师的培养放在首要位置。近年来，西藏各级学校组织思政课教师整理习近平总书记铸牢中华民族共同体意识的相关论述和有关文献，并在教研室主任的牵头下与其他教师一同学习。确保教师跟得上新时代民族政策的步伐，并及时向学生们宣传讲解最新的民族政策，不断铸牢各族学生的中华民族共同体意识。

西藏的高校除了日常教学工作外，还承担了区内教师培训的重要任务。中小学教师除了前往内地高校访学交流以外，多数均会在西藏的高校进行专题培训，了解最新的民族政策及民族教育研究的进展和发展趋势。

4. 重视校园文化建设，营造爱党爱国、民族团结的良好校园氛围

学校不仅要重视传统课堂的教育作用，还要重视校园环境作为"隐性课堂"对学生潜移默化的影响。校园墙体文化作为校园文化氛围营造的主阵地之一，发挥着推动学校教育发展和历史文化精神传承的重要作用。苏霍姆林斯基认

为,"孩子在他周围——在学校走廊的墙壁上、在教室里、在活动室里——经常看到的一切,对于精神面貌的形成具有重大的意义。这里的任何东西都不应当是随便安排的。孩子周围的环境应当对他有所诱导,有所启示"[1]。

西藏的大中小各级学校积极打造德育氛围浓厚的校园文化,主题内容紧密结合国情和区情。调研期间令我们印象深刻的是,在西藏的学校里,几乎每一面墙壁都得到了充分的利用,每一间教室里黑板的上方均挂有中华人民共和国国旗和党的历代领导人画像,教室后面的黑板报则以民族团结和爱党爱国为主题。在教学楼走廊和楼梯间也均挂有学生参加民族团结活动的照片及书法绘画作品。在林芝的一所小学中,一名女同学说:"每次学校组织的活动我们都会积极参与,都希望自己的画和书法作品可以被贴在墙上。"学校通过这样的方式,极大地调动了学生们的积极性,让学生内化对党和国家的热爱,对民族团结的拥护。

除了教学楼区域外,学生宿舍也是不可忽视的教育场域。宿舍的墙体文化主要涉及各个民族的文化习俗和生活习惯,目的是引导不同民族的学生尊重各民族的生活习惯。林芝市某高中的宿舍阳台摆满了学生自己种植的花卉,学校要求不同宿舍之间要互相帮忙照料。一名回族学生跟我们说:"我是回族的,我的月季花现在是隔壁藏族的央珍同学帮我打理,我帮她养的是小向日葵,我们经常一起交流心得,有时候也会聊一些生活上的趣事,关系很好。"看得出来,此做法在营造绿色舒适的住宿环境的同时,也拉近了不同民族学生之间的距离,有利于各民族学生之间建立互帮互助的同伴关系。

除此之外,我们调研的各所学校均建立了德育走廊或德育观摩室供学生们学习参观。德育走廊或德育观摩室陈列内容基本分为农奴时期旧西藏、社会主义新西藏、伟大的中国共产党、伟大祖国、社会主义新时代等几大板块。教师会组织学生统一参观,并亲自为学生讲解西藏各个时期的发展历程,让学生通过参观展陈,不断增强对伟大祖国、中华民族、中华文化、中国共产党、中国特色社会主义的认同,了解当今中国的综合国力和国际地位,提升民族自豪感和自信心,进而铸牢学生们的中华民族共同体意识。

---

[1] 蔡汀,王义高,祖晶.苏霍姆林斯基选集(五卷本).第4卷[M].北京:教育科学出版社,2001:191-192.

5.重视教研科研工作,推动"教学研"一体化

西藏自治区的各级学校不仅重视中华民族共同体教育和民族团结教育的教学实践工作,还注重相关的学术研究和教学研究,旨在打造教学研三位一体的教育模式。扛起科研大旗的首先是西藏自治区内的高校。西藏大学成立了铸牢中华民族共同体意识研究基地,组织了校内13个教学科研单位,从多学科视角进行中华民族共同体意识研究,并邀请西藏自治区内外的权威专家共同打造铸牢中华民族共同体意识的科研团队,大力开展相关教学科研活动。西藏大学每年除了鼓励教师积极申报国家社科基金等各类项目外,也会通过校科研处设立关于中华民族共同体意识的科研项目,鼓励教师积极申报,并且每年产出丰富的关于中华民族共同体意识的研究成果。除了高校,中小学也鼓励思政课教师积极申报自治区教育厅设立的有关课题,鼓励与高校合作开展相关课题的研究,并定期邀请专家学者来学校进行科研指导和交流,共同商讨课题研究事宜,推进学校"教学研"发展。通过理论研究和教学实践相结合,助推铸牢中华民族共同体意识的实践进程。

(二)西藏自治区学校开展中华民族共同体教育的现状及存在的主要问题

西藏自治区各级学校在中华民族共同体教育方面采取了多种多样的教育形式,因地制宜地开展教育教学工作,成效明显,学生的中华民族共同体意识整体水平较高。但目前在教育教学过程中仍然存在一些问题和不足,可主要归纳为以下几个方面。

1.部分学校对中华民族共同体教育认识不到位,把中华民族共同体教育等同于民族团结进步教育

要深入推进中华民族共同体教育,首先需要明确中华民族共同体教育的内涵,只有这样才能做到目标明确,任务精准。从走访的学校中我们了解到,各学校虽然重视并积极开展中华民族共同体教育,但对于何为"中华民族共同体教

育"以及"中华民族共同体教育"与"民族团结进步教育"的区别是什么,仍认识模糊,往往将二者混淆。拉萨市某高中副校长在与我们交流时表示:"我们学校一直将学生的意识形态教育作为教学工作的重点,但我认为和以往多年来所开展的民族团结进步教育没什么本质区别,因此我校教师们也同以往一样备课教学。"林芝市某初中德育教师在回答二者的区别时说道:"当我们办公室接到学校下发的关于开展中华民族共同体教育的文件时,所有同事都满脸疑惑,不明白中华民族共同体教育是什么,怎么教。"从他们的谈话中可以看出,造成这一问题的根本原因是对中华民族共同体教育认识不到位,没有很好地把握中华民族共同体教育与民族团结教育二者的共性和个性。因此,学校领导和教师都需要准确把握中华民族共同体教育的本质和内涵,正确处理中华民族共同体教育与民族团结进步教育的关系,这是推进中华民族共同体教育的首要工作。

2.各学段教学内容融会贯通不够,没有形成有机衔接的中华民族共同体教育的教学体系

教育内容应当符合学生的认知水平和理解能力,需要根据不同年龄阶段学生的认知发展特点设置教学目标和内容。虽然西藏自治区各级学校在举办活动方面做到了学段不同活动类型不同,但在教育内容方面各学段却没有明确的侧重点,导致出现中华民族共同体教育内容重叠、与学生认知水平不匹配等问题。由于没有做到融会贯通,未形成各学段有机衔接的教学体系,教学效果大打折扣。例如,在拉萨市某小学调研期间,随机访谈的一名藏族男生跟我们说道:"我们老师课上会给我们讲各民族都要形成中华民族共同体意识,但我们不知道什么是中华民族共同体,有时候喜欢听老师讲故事,但其余的就听不懂啦,也不想听。"这说明如果不根据学生的理解水平和认知思维特点来设计教学内容,很容易导致低年级学生无法理解教师所讲的内容,影响学生的课堂参与度。林芝一名高中生在访谈时对我们说道:"现在高中所上的德育课和我初中上的内容几乎一样,听不听都可以,有时候也确实不想听。"像这种每个学段教学内容大致相同的情况如不改变,很容易导致中华民族共同体教育沦为形式,空有其表,无法达到教育的预期目标,也会降低学生的课堂积极性,影响各民族学生铸牢中华民族共同体意识。因此,形成科学合理的、各学段有机衔接的中华民族共同体教育体系是至关重要的一步。

3.未设立专门的中华民族共同体教育课程

实践教学可以增强学生的感性认识,文化教学则可以丰富学生的理论知识。目前西藏自治区的各级学校均举办了形式多样的文体活动来培育学生的中华民族共同体意识,但在理论知识学习上则略显薄弱。有学者指出,目前民族地区学校场域中铸牢中华民族共同体意识工作存在着意识形态教育形式化、意识生态建设表面化和意识心态修养被动化的问题。[1]学校作为开展中华民族共同体教育的重要阵地,需要脚踏实地加强有关中华民族共同体的课程教学,丰富学生的理论知识。据了解,西藏的中小学均未开设铸牢中华民族共同体意识的专门课程。在访谈中,多名初中学生均提到:"我们的德育老师没有给我们上过专门的有关中华民族共同体的课程,有时候会在语文、历史等课堂上提及相应的知识。至于中华民族共同体是什么,怎么形成的,我们不是很清楚。"在某小学调研时,一名小学班主任跟我们说:"我们每周五下午有班会课,分管德育的副校长会不定期给我们敲定一个民族团结或爱国的主题,然后每位班主任便根据自己的理解给学生们讲一讲。"林芝市某高校的老师也说过,他们学校没有开设专门的理论文化课。由此可见,对于中华民族共同体的教学仅仅是依靠各科教师在课堂讲课时捎带提及,或是通过班会的形式给学生们讲授,并没有设立专门的课程。这导致学生无法系统、科学地学习关于中华民族共同体的相关知识,不利于学生自我内在知识体系和逻辑框架的建构,进而对铸牢中华民族共同体意识产生不利影响。

4.缺乏相应的教材和配套读物,教师理论知识匮乏

文化传承离不开物质载体,同样,中华民族共同体教育的开展也离不开教材或读物这一载体。当前,还没有国家统编的中华民族共同体教育相关教材出版,

---

[1] 许可峰.民族地区学校场域铸牢中华民族共同体意识:路径、问题与改进[J].西北师大学报(社会科学版),2021,58(5):58.

西藏自治区也没有关于中华民族共同体教育的地方教材,使得教师在备课时没有教材可依,学生课余时间也缺少相应的配套读本阅读。教材的缺乏使学校无法开设中华民族共同体专门课程,只能在其他学科教学过程中渗透给学生,学生对中华民族共同体的具体内涵以及有关知识无法深入了解和掌握,教师缺乏教学大纲的指导,没有明确的教学目标。一名高中教师在座谈时说道:"有时候接到学校要求开展中华民族共同体教育主题班会的通知,办公室的老师们都在讨论怎么讲,我也只能听取一部分建议,再加一些我自己的理解,做成PPT给学生们展示,有时候也不知道理解得是否全面。"在与学生座谈时,一名藏族高中生说:"像这种班会,大多数时候都是班主任在台上讲,我们坐在下面听,很少有互动,讲的内容有点枯燥,因此坐在后排的同学大多会偷偷写作业。"缺少教材导致了课堂教学以教师讲授为主,形式单一,难以吸引学生,同时缺少参与感和互动感,无法保证知识入学生的脑、入学生的心。除了中小学,高校情况亦是如此。西藏大学某学院的院长表示:"高校除了思政课那几本传统的教材外,同样缺少大学生铸牢中华民族共同体意识的课外读物,学生课堂理论学习的主动性和参与度较低。"可以看出,出版铸牢中华民族共同体意识的教材和读物是中华民族共同体意识教育教学质量的基本保证。

5.教育教学效果缺乏客观的评估手段

由于缺乏相应的教材和读本,衍生出的一个现实问题便是教育教学成效无法客观考量。与语文、数学、英语等学科不同,缺少教学计划和大纲,中华民族共同体教育无法以客观分数来评估教学成效。在调研过程中我们了解到,学校只能依靠教师课后与学生交流来掌握学生总体的理解程度。目前国内几乎很少有学校或第三方对中华民族共同体教育的成效进行考核,也缺少具体的考核指标和科学的评估手段。西藏地处我国边陲,受境外势力和不良言论的影响频率高,如不能掌握学生意识形态方面的具体情况,便无法有效地进行阻止和干预。拉萨市一名初中德育教师就曾表示:"在工作中往往很难了解学生的全部情况,全凭学生个人理解。有不明白的同学我会在办公室给他再解释一下,期末考试又不考这个,不清楚学生们中华民族共同体意识的整体水平。"另外,由于学生个体之间认知水平存在差异,不同的学生对中华民族共同体相关知识的理解水平也不同。拉萨市一位高一的学生在访谈时说道:"我们听说过中华民族共同体这个词,老师讲过,但我们不是很理解。不理解也没啥关系,上了高二就不学这个了。"中华民族共同体教育是意识形态教育,其教育质量直接影响到个体的思维和行为,因此很有必要开发相应的评估体系对学生的共同体意识水平进行评估。评估结果是对教师教学效果的一种客观反馈,能不断优化教育形式和教学内容,确保真正铸牢各民族学生的中华民族共同体意识。

(三)加强和改进学校中华民族共同体教育的几点建议

中华民族共同体教育在我国提出不久,实践工作刚刚起步。当前主要是在民族地区和民族院校展开,亟须积极探索,总结经验成效,逐步实现在全国范围内的全面深入开展。在这个过程中,理论的指导非常重要,理论研究亟待深入跟进,特别是针对实践层面的研究亟待加强。为深入推进中华民族共同体教育的实施,我们认为,当前应着重做好以下几方面的工作。

1. 提高认识,全面准确把握中华民族共同体教育的内涵

为了提高学校对中华民族共同体教育的思想认识,首先,上级教育部门要开展对学校领导的指导教育,各学校也要积极开展对教师的教育培训,通过集中学习、个人自主学习和专业培训等方式整体提高学校教育者对中华民族共同体教育和民族团结进步教育概念、目标和内容的理解程度,准确把握二者的共同点和区别,正确处理好二者的关系。要通过培训学习,深刻理解中华民族共同体教育的本质和内涵,"紧密围绕中华民族、中华民族大家庭、中华民族共同体的概念,中华民族共同体的形成与发展、结构与特征,各民族交往交流交融的历史与团结奋斗、守望相助的故事开展教育教学工作"[1],特别是要深入学习领会习近平总书记关于铸牢中华民族共同体意识的重要论述。要根据不同学段要求和不同年龄阶段学生身心发展特点,科学设置中华民族共同体教育的内容,由浅入深,循序渐进。

---
[1] 陈立鹏.要全面准确理解中华民族共同体教育[J].中国民族教育,2022(1):15.

2.遵循学生认知规律,建立完善中华民族共同体教育的教学体系

要让教育内容符合不同学段学生的身心发展特点,就需要教育者明确不同年龄段学生的思维发展规律和心理特点。心理学家朱智贤指出,"小学儿童思维的基本特点是:从以具体形象思维为主要形式逐步过渡到以抽象逻辑思维为主要形式。但这种抽象逻辑思维在很大程度上,仍然是直接与感性经验相联系的,仍然具有很大成分的具体形象性"[①]。青少年思维的特点主要是可以将事物的形式和内容分开,离开具体的事物,抽象逻辑思维逐步发展成熟。在成年早期,个体具有稳定的知识结构和思维结构,思维方式由形式逻辑思维为主转为以辩证逻辑思维为主。[②]因此,教材、读本的编写和教育内容的设置需要心理学专家、教育学专家、一线教师代表合作完成,确保内容的科学性、适切性。在小学低年级,中华民族共同体教育应采用影视作品、图画、民族团结故事等生动直观的形式,让儿童易于接受;在小学高年级,教育者则可以讲解一些简单的概念,以普及知识为主要目的,使学生对中华民族共同体有一个初步的感性认识;在初中阶段,中华民族共同体教育应以让学生了解基本概念,掌握中华民族的历史知识为主,使学生深化对中华民族共同体的认识;在高中阶段,中华民族共同体教育应以让学生理解并掌握中华民族共同体的结构和内容为主,培养学生理解抽象形式的文字和材料的能力,深入理解中华民族共同体这一客观实体;在大学阶段,中华民族共同体教育应以大学生学习研究为主,使其用理性辩证的思维去解读目前我国的民族理论政策,了解提出中华民族共同体意识的时代背景和实践做法,并鼓励学生积极探索如何在现实中铸牢中华民族共同体意识。只有通过大中小学教育一体化的推进和科学有机的衔接,才能建立完备的中华民族共同体教育体系,让学生真正理解中华民族共同体,铸牢中华民族共同体意识。

3.加紧教材和读本的出版,设置相关课程

为了更好地达到铸牢中华民族共同体意识的要求,教育部门应当加快组织编写铸牢中华民族共同体意识的相关教材,并根据大中小学各个年龄阶段的认

[①] 朱智贤.儿童心理学[M].4版.北京:人民教育出版社,2003:398.
[②] 林崇德.发展心理学[M].2版.北京:人民教育出版社,2009:375.

知水平,出版与之相适应的辅助读本,保证中华民族共同体教育有大纲指导、有教材可依、有读本可阅读。不仅要针对学生群体编写读本,还应分别编写供全国党政干部、社会民众以及海外华人华侨学习使用的读本,营造中华民族共同体教育的良好社会生态,形成学校、家庭、社会齐抓共管、互促互进的教育发展格局。有了教材和读本,大中小学还应当针对大纲和培养方案设置相应的课程,教师围绕铸牢中华民族共同体意识的内容进行备课。要充分利用网络教育资源,改变以往单调的以教师讲授为主的教学形式,注重以学生为本,调动学生的课堂积极性和主观能动性,通过案例研讨、小组分享、个人展示等形式,引导学生乐于接受并喜欢中华民族共同体的相关课程学习,确保中华民族共同体教育的科学化、系统化和专业化。只有理论学习与主题活动相配合,讲授与互动交流相结合,才能使学生们在思维层面和情感层面达到相同的高度,进而内化于心,外化于行,在实际行动中自觉维护民族团结和国家统一。

4. 完善课程考核标准,依据量化指标评估教学质量和学习效果

与课程设立和课堂教学形式转变相对应的就是教学质量和效果的评估问题。一门课程的内容在多大程度上被学生所掌握,教学目标在多大程度上达到预期,需要一个客观的依据。目前国内几乎很少有学校对中华民族共同体教育进行客观的考核,也就无法了解学生的实际情况和真实想法。因此,教育部门应当制订一套考核标准,对各级学校学生的学习情况和中华民族共同体意识的水平进行系统的摸底。这样一方面可以督促教师专心备课,精心教学,另一方面也提醒学生认真对待中华民族共同体教育的课程学习,提高重视程度。由于中华民族共同体意识属于心理范畴,因此可采用心理学的测量手段进行评估。目前学界已开发出可用于评估中华民族共同体意识的测量工具,从认知、情感和行为倾向三个维度进行测量。[1]根据客观的测量分数来评估学校中华民族共同体教育的教学质量和学生的内化情况,可以及时总结好的经验及存在的不足,更好地为中华民族共同体教育实践服务。

---

[1] 陈立鹏,薛璐璐.基于心理测量学的中华民族共同体意识量表的编制[J].中南民族大学学报(人文社会科学版),2021,41(2):30-38.

四、铸牢中华民族共同体意识教育的新疆实践

(一)研究背景

新疆维吾尔自治区位于我国西北边陲,是我国面积最大的自治区。在成立之初,新疆确认了13个世居民族,随着各民族的交往交流交融,到2020年第七次全国人口普查时,新疆民族成分已增加至56个,成为我国民族成分最全的省级行政区之一,是名实相符的多民族聚居区。在新疆广袤的土地上,各民族相互了解、相互尊重、相互学习、相互帮助,形成了"你中有我、我中有你"的和合共生关系和多元一体格局,各族儿女广泛交往、全面交流、深度交融,凝聚起共同团结奋斗、共同繁荣发展的中华民族伟大合力。

2014年5月,习近平总书记在第二次中央新疆工作座谈会上首次明确提出了"中华民族共同体意识"这一重大论断,以此为指引,新时代民族工作向纵深发展。2015年10月,俞正声在新疆维吾尔自治区成立60周年庆祝大会上强调:"要坚定不移贯彻党的民族政策,深入开展民族团结进步创建活动,大力培育和践行社会主义核心价值观,构筑各民族共有精神家园,牢固树立国家意识、公民意识、中华民族共同体意识。"[1]2017年3月,习近平总书记在参加十二届全国人大五次会议新疆代表团审议时强调,要"把民族团结落实到日常生活工作学习中,贯穿到学校教育、家庭教育、社会教育各环节各方面,让民族团结之花常开长盛"[2]。而后,2020年9月,习近平总书记在第三次中央新疆工作座谈会上指出:"要加强中华民族共同体历史、中华民族多元一体格局的研究,将中华民族共同体意识教育纳入新疆干部教育、青少年教育、社会教育。"[3]自2014年起,习近平总书记在多个场合深入阐释了铸牢中华民族共同体意识的深刻内涵和重大意义,多次强调了铸牢中华民族共同体意识教育的基础性、关键性作用。当前,铸牢中华民族共

---

[1] 俞正声.在新疆维吾尔自治区成立六十周年庆祝大会上的讲话[M]//中共中央文献研究室.十八大以来重要文献选编(中).北京:中央文献出版社,2016:703.
[2] 中共中央文献研究室.习近平关于社会主义政治建设论述摘编[M].北京:中央文献出版社,2017:173.
[3] 鞠鹏.习近平在第三次中央新疆工作座谈会上强调 坚持依法治疆团结稳疆文化润疆富民兴疆长期建疆 努力建设新时代中国特色社会主义新疆[N].人民日报,2020-09-27(1).

同体意识已成为党中央治疆方略的指导原则和重要内容,深入推进铸牢中华民族共同体意识教育实践则是关键之举与长久之策。

当前,关于新疆铸牢中华民族共同体意识的研究,学者们主要从新疆实践的整体层面进行探讨,也有学者从教育实践视角出发,对铸牢新疆各民族中华民族共同体意识问题进行了研究。例如,王碧琳提出,在学前教育中要以扩大资源供给、加强教职工队伍建设、开发和推广统一、规范课程与教材、将中华优秀传统文化元素融入日常课程等方式强化铸牢中华民族共同体意识教育。[①]韩海冬等提出,在中小学教育中,要坚持以国家通用语言文字教育为载体,以"五个认同"为内容,以创新教育形式为手段,为铸牢新疆中小学生中华民族共同体意识奠定坚实的思想政治基础。[②]王玉刚提出,在高校教育中要加强党的政治建设,强化思政教育,加强教育教学改革,加强理论探索。[③]

通过文献分析可以发现,目前关于新疆铸牢中华民族共同体意识的教育实践研究大多局限于各学段的学校教育中,对教育的目标、内容与原则尚未厘清,且对策建议较少基于对新疆问题挑战的分析。然而,要切实将铸牢新疆中华民族共同体意识工作落到实处,不仅要从学校教育入手,更要从党员教育、干部教育以及社会教育等层面多方渗透。因此,本研究将基于新疆现状与大教育背景,深入阐述新疆铸牢中华民族共同体意识的教育实践要求,全面总结新疆铸牢中华民族共同体意识的教育实践成效,并在深入剖析其教育实践所面临的问题挑战的基础上,提出进一步推进新疆铸牢中华民族共同体意识教育的有效途径,以期为新疆及其他省区深入推进铸牢中华民族共同体意识教育工作,铸牢各民族中华民族共同体意识提供借鉴与参考。

---

① 王碧琳.关于如何强化学前教育中铸牢中华民族共同体意识教育的对策和建议:以乌鲁木齐市为例[J].中共乌鲁木齐市委党校学报,2021(3):37-39.
② 韩海冬,陈宝,热合木吐拉·艾山."五个认同"引领新疆中小学生思想政治教育探析[J].和田师范专科学校学报,2021,40(2):14.
③ 王玉刚.新疆高校铸牢中华民族共同体意识教育的分析与对策[J].新疆广播电视大学学报,2020,24(3):19.

(二)新疆铸牢中华民族共同体意识教育的实践要求

为进一步铸牢新疆各族人民的中华民族共同体意识,使新疆铸牢中华民族共同体意识教育工作的思路更清晰,目标更明确,有必要研究了解新疆铸牢中华民族共同体意识的教育目标、教育原则、教育内容等问题。只有在实践中深刻认识这三个基本问题,才能保证新疆铸牢中华民族共同体意识的教育实践不走弯路、不走偏路,提高工作成效。

1.教育目标

中华民族共同体意识教育是关于铸牢中华民族共同体意识的理论、思想、观点和知识的教育,是通过一定的途径和方法向受教育者传播中华民族共同体意识思想和知识的过程。[①]新疆铸牢中华民族共同体意识教育是为了全面铸牢新疆各民族成员的中华民族共同体意识而实施的教育与实践过程,旨在增强新疆各族人民的国家认同、中华民族认同与中华文化认同,铸牢其中华民族共同体意识,使其自觉维护国家利益和中华民族的整体利益,自觉维护国家统一和中华民族的大团结,自觉形成中华民族命运共同体理念,在思想上筑牢边疆民族地区反分裂、反渗透的铜墙铁壁。

2.教育原则

(1)普遍性与特殊性相结合。

新疆铸牢中华民族共同体意识教育应具有普遍性,即在新疆各地均需要开展统一要求的有组织、有计划的铸牢中华民族共同体意识的教育实践。统一化的教育计划与实施方案可以为各地有效落实铸牢中华民族共同体意识教育要求提供标准化的参考与指导,有利于其科学化、常态化、长效化开展。与此同时,也要兼顾各地的特殊情况,坚持普遍性与特殊性相结合。新疆地域辽阔,各地自然环境条件、经济文化发展、民族构成等不尽相同,有相对发达的地区,也有相对落后的地区,有边疆地区,也有内陆地区,有聚居地区,也有散杂居地区,因此,新疆各地区铸牢中华民族共同体意识教育的具体目标、重点内容、实施途径等也需要

---

① 陈立鹏.要全面准确理解铸牢中华民族共同体意识教育[J].中国民族教育,2022(1):15.

根据其实际情况进行调整,做到铸牢中华民族共同体意识教育实践的个别化、精准化,提高针对性和实效性。

(2)全面性与科学性相结合。

新疆铸牢中华民族共同体意识教育应坚持系统性、全面性的原则,即不仅要在学校教育中开展铸牢中华民族共同体意识教育,也要将其融入家庭教育、党员教育、干部教育以及社会教育中,构建全方位、多层次、立体式的铸牢中华民族共同体意识教育体系,实现新疆各族人民铸牢中华民族共同体意识教育全覆盖。同时,铸牢中华民族共同体意识教育的推进不能只是表面上轰轰烈烈,更不能拍脑袋、拍胸脯凭感觉行事,要按照意识形态工作规律和思想政治教育工作规律科学有序推进,保证教育实效。要根据各民族的心理和认知特点,在增加各族人民对中华民族共同体认知的基础上,层层推进,步步深入,激发新疆各民族对中华文化、中华民族、中华民族共同体的深层次情感认同,达到各民族之间高度的情感交融,使中华民族共同体意识根植于人民心中。

(3)显性教育与隐性教育相结合。

在新疆铸牢中华民族共同体意识的教育实践中,既要涉及直接的、外显的有形教育方式,通过课堂、讲座等方式,使新疆各民族接受正规的、系统的教育,又要涉及间接的、内隐的无形教育方式,使各族人民在日常生活中、在社会娱乐中,潜移默化地接受有关铸牢中华民族共同体意识的相关思想观点,达到"润物细无声"的教育目的。铸牢中华民族共同体意识的教育方式是灵活多样的,只有将显性教育与隐性教育相结合,充分发挥各自特长,才能在保证铸牢中华民族共同体意识教育正向推进的同时,增加各族人民对其的接受度与兴趣,以一种有形"浇灌"与无形"渗透"的方式,铸牢新疆各民族中华民族共同体意识。

3.教育内容

(1)社会主义核心价值观教育。

社会主义核心价值观教育的本质是关于社会主义核心价值观的价值认同教育,社会主义核心价值观教育的根本目标是使新疆各民族成员认同富强、民主、文明、和谐这一国家层面的价值目标,认同自由、平等、公正、法治这一社会层面的价值取向,认同爱国、敬业、诚信、友善这一公民个人层面的价值准则。对中华民族共同主流价值的认同是积极培育和践行社会主义核心价值观的精髓所在,更是构筑各民族共有精神家园、铸牢中华民族共同体意识至关重要的思想基础。新疆社会主义核心价值观教育的重点在于使边疆民族地区各民族成员在面对国内外反动势力时立好中华民族的"主心骨",挺起中华民族的"精神脊梁";在面对"三股势力"思想渗透时唱响中华民族的社会主旋律;在面对风云激荡的国际环境时凝聚中华民族共同价值追求的伟大合力,以自身实际行动守好边疆的思想防线。

(2)爱国主义教育。

爱国主义是民族精神的核心,是中华民族的宝贵精神财富,是中华儿女团结一心共同繁荣发展的精神动力。爱国主义教育是树立各民族热爱中华人民共和国并愿为之献身的思想之教育,具体包括国家和民族历史教育、民族优秀传统文化教育、国情教育等。新时代爱国主义教育是铸牢中华民族共同体意识教育的重要内容,对于铸牢中华民族共同体意识无疑具有精神指引作用。新疆爱国主义教育的重点在于培养边疆民族地区各民族成员的国家自豪感与民族自尊心,在坚持一个中国、新疆是祖国不可分割的一部分的基础上,丰富与发展中华民族的物质文化财富,自觉维护国家主权独立与民族尊严利益,不断树立为国家、为民族无私奉献的理想信念,铸牢中华民族共同体意识,为实现中华民族伟大复兴积极贡献力量。

(3)民族团结教育。

做好民族工作,最关键的是搞好民族团结,最管用的是争取人心。民族团结教育是对各民族进行的学习党的民族理论、掌握党的民族政策、普及民族团结常识、树立民族团结意识、履行民族团结义务、增强民族团结责任的教育。民族团结教育是促进各民族交往交流交融的重要桥梁,是铸牢中华民族共同体意识的重要途径。新疆民族团结教育的重点在于讲好国家对边疆民族地区的帮扶支持政策,讲好各民族患难与共、守望相助、携手并进的美好故事,讲好各民族交往交流交融的生动实践,强化各族成员反对"三股势力"的思想观点,使各族成员树立正确的民族观、宗教观,引导各族成员互尊、互信、互学、互助,使"汉族离不开少数民族,少数民族离不开汉族,各少数民族之间也相互离不开"的思想意识深深融进边疆各族人民的血液和灵魂,巩固和发展平等、团结、互助、和谐的社会主义民族关系,推动中华民族走向包容性更强、凝聚力更大的命运共同体。

(4)中华民族共同体教育。

中华民族共同体教育是铸牢中华民族共同体意识教育的核心内容,与社会主义核心价值观教育、爱国主义教育、民族团结教育密不可分。新疆中华民族共同体教育的重点在于加强新疆各民族成员对中华民族共同体理论、中华民族多元一体理论的学习与掌握,塑造其对中华民族共同体的正确认知,使其正确认识中华民族与各民族之间的关系是"一体"与"多元"的辩证关系,加深对中华民族多元一体格局的了解,激发各民族成员对中华民族、中华文化的情感认同,培育各民族对中华民族共同体的深层次认同,引导各族人民心往一处想、劲往一处使,汇聚起各民族全面建设社会主义现代化国家、实现中华民族伟大复兴中国梦的磅礴力量。

(三)新疆铸牢中华民族共同体意识教育的实践成效

近年来,新疆积极推进铸牢中华民族共同体意识工作,将铸牢中华民族共同体意识的教育实践作为全疆工作的重点内容,坚持顶层设计与实践落实两手抓、两手硬,在铸牢中华民族共同体意识的教育实践方面取得了显著成效,为新疆全面推进民族团结进步事业,铸牢各民族中华民族共同体意识开创了良好局面。

在顶层设计上,新疆将铸牢中华民族共同体意识教育明确写入自治区法规和"十四五"规划中。2021年2月,《新疆维吾尔自治区民族团结进步模范区创建条例》审议通过,其中明确提出,"开展中华民族共同体意识教育,以党史、新中国史、改革开放史、社会主义发展史,新疆地方与祖国关系史为主要内容,教育引导各族群众铸牢中华民族共同体意识"。这为新疆铸牢中华民族共同体意识教育工作的开展指明了前进方向,提供了法规依据和保障。而后,2021年6月,《新疆维吾尔自治区国民经济和社会发展第十四个五年规划和2035年远景目标纲要》

正式发布,明确提出"坚持把中华民族共同体意识教育纳入国民教育、干部教育、青少年教育和社会教育,增强各族干部群众对伟大祖国、中华民族、中华文化、中国共产党、中国特色社会主义的认同","持续开展民族团结宣传教育和民族团结进步创建活动,积极创建全国民族团结进步模范区"。这不仅体现了新疆对铸牢中华民族共同体意识工作的高度重视,更体现出新疆对铸牢中华民族共同体意识教育常态化开展的深度谋划。

在实践落实上,新疆不断进行理论创新与实践创新,在社会、学校等层面广泛开展铸牢中华民族共同体意识教育实践活动。

在社会层面,新疆深入开展"民族团结一家亲"和民族团结联谊活动。每年选派7万余名干部扎根天山南北的村庄与社区,帮助群众解决生产生活中的实际困难,推动全区112万名干部职工与169万名基层群众结对认亲,把结亲走访与思想教育引导、帮扶解困结合起来。各族干部群众在同吃同住同劳动同学习中,加深了解,增进感情,促进各民族交往交流交融。①

为了深入贯彻第三次中央新疆工作座谈会精神,新疆开展新时代"访民情、惠民生、聚民心"驻村工作,发挥教育引领作用,采取基层群众喜闻乐见的方式,深入开展铸牢中华民族共同体意识教育,大力讲好新时代民族团结进步故事,扎实推进中华民族共有精神家园建设,促进各民族广泛交往交流交融。②同时,兵团党委持续开展"五共同一促进"创建活动,安排专项资金实施就业创业、教育、医疗卫生等兵地融合项目,引导各族群众树牢"三个离不开"思想,不断增强"五个认同",推动中华民族共同体意识深入人心。③另外,在教育宣传上,新疆阿克苏市融媒体中心策划推出《开学第一课:致敬戍边英雄 激发爱国情怀》,通过创新发展,多层次、全方位、立体式讲好新疆故事,引导各族群众铸牢中华民族共同体

---

① 姜洁,李昌禹.中华民族一家亲 同心共筑中国梦:党的十八大以来我国民族团结进步事业发展成就述评[N].人民日报,2021-08-26(4).
② 姜洁,邓建胜,李纵,等.坚定不移走中国特色解决民族问题的正确道路:习近平总书记中央民族工作会议重要讲话在各族干部群众中引发热烈反响[N].人民日报,2021-08-30(1).
③ 杨明方,阿尔达克.新疆生产建设兵团扎实开展党史学习教育:赓续红色血脉 矢志维稳戍边(奋斗百年路启航新征程·学党史 悟思想 办实事 开新局)[N].人民日报,2021-05-05(2).

意识,不断巩固各民族大团结。①岳普湖县以文化润疆,铸牢中华民族共同体意识,通过一个个基层新时代文明实践点,持续推进文化润疆工程,让新时代文明实践站成为推动"文化润疆"的"新动力",让各族群众共创、共建、共享新时代文明实践成果。

在学校层面,新疆教育系统全面开展"三进两联一交友"活动,区地县三级领导干部带头联系指导学校,教育系统干部教师全员参与,截至2021年9月,新疆维吾尔自治区共有38.3万名干部教师联系1.1万所学校,与451万名各族学生结对交友,"三进两联一交友"活动已成为开展铸牢中华民族共同体意识教育、促进各族师生交往交流交融的重要载体。2020年至2021年间,新疆和田各级各类学校成立文化体育艺术社团和兴趣小组1.7万个,开展"红色故事我来讲"活动3.2万场次,组织瞻仰革命先烈、祭扫烈士墓活动1.2万场次。常态化、全覆盖的中华优秀传统文化教育,让中华民族共同体意识在师生心中生根发芽。②在高校教育方面,新疆大学深入推进思政课改革创新,形成了具有多民族地区高校特色的"4+1+1"课程体系,帮助师生铸牢中华民族共同体意识。③喀什大学着力构建全校大思政工作体系,课堂教学围绕社会稳定和长治久安新疆工作总目标,构建以"简明新疆地方史教程"为中心,其他思政课紧密协同的教学体系,建设"喀什大学思想政治教育基地"等实践教学基地,形成"课程门门有思政,教师人人讲育人"的行动自觉,系统培植学生的文化自信、国家认同和中华民族认同。

除此之外,铸牢中华民族共同体意识教育也融入援疆计划中。2020年5月31日,浙江省援疆指挥部启动"浙阿百校十万'石榴籽'青少年融情工程",把国家通用语言文字教育作为铸牢中华民族共同体意识教育的重要抓手,让教育走出教室、走出学校,走进社区、走进农村、走进家庭。截至2021年7月,浙阿两地已有442所学校、2176个班级、14.9万余名学生结对,7万余名小朋友开展书信交

---

① 吴晶,周玮,史竞男,等.为实现中华民族伟大复兴凝心聚力:习近平总书记致新华社建社九十周年贺信在新闻战线引起热烈反响[N].人民日报,2021-11-08(4).
② 王晓波,邹翔,金建宇,等.新疆生态与民生持续改善:群众脸上的笑容更加灿烂[N].人民日报,2021-10-13(13).
③ 全国教书育人楷模候选人事迹简介[N].人民日报,2021-07-29(15).

流。[①]另外,安徽援疆指挥部紧紧围绕新疆工作总目标,充分结合皮山县教育工作实际,依托人工智能技术,在皮山县266所中小学校及幼儿园推进智慧教育,着力开展国家通用语言文字能力提升和丰富中华民族共同体意识资源两大工程,同步建设多重保障机制,打造智慧教育铸皮山模式。[②]

(四)新疆铸牢中华民族共同体意识教育面临的挑战

由于新疆特殊的地理位置与多元的宗教文化氛围,以及新时代对铸牢中华民族共同体意识工作的新要求,新疆铸牢中华民族共同体意识教育也面临一定的挑战。只有不断攻坚克难,将挑战转换为机遇,牢牢抓住铸牢中华民族共同体意识教育的关键着力点,才能将教育落到实处,激发各族人民爱国爱疆的美好情感,铸牢各民族中华民族共同体意识。

首先,新疆各级党政机关及基层单位面临铸牢中华民族共同体意识相关理论与知识、中华民族共同体教育相关理论与知识储备不足的挑战。与全国其他地区一样,新疆各级主体学习有关铸牢中华民族共同体意识及中华民族共同体教育的相关知识有待深入,中华民族共同体教育与社会主义核心价值观教育、爱国主义教育、民族团结教育的联系与区别有待进一步厘清,从而明确铸牢中华民族共同体意识教育的重点内容。广泛开展各类思想教育而不聚焦于中华民族共同体教育,对于铸牢新疆各民族中华民族共同体意识来说是事倍功半的。同时,在实践落实层面,学校、社区等基层单元也面临着教育力量与队伍不强、教育者综合素质不高、教育宣传活动不足等挑战,为铸牢中华民族共同体意识教育的有效落实带来困难。

其次,"三股势力"的渗透和破坏仍未停止,新疆始终面临着渗透与反渗透、颠覆与反颠覆、分裂与反分裂的复杂斗争,这给新疆铸牢中华民族共同体意识教育的开展带来严峻挑战。其一,民族分裂势力利用新疆暴恐案件的消极影响来渲染、挑拨民族关系,打着保护"民族文化特性"的幌子,散播分裂思想、制造民族

[①] 浙江援疆"强基开拓"接续支援不停步"系统提升"打造援疆金名片[N].人民日报,2021-07-20(14-15).
[②] 安徽援疆奏响三部曲助推和田皮山高质量发展[N].人民日报,2021-07-19(8).

隔阂、挑起民族矛盾,严重破坏了新疆各族人民对中华民族共同体的正确认知,弱化了部分少数民族群众对中华民族、中华文化的认同,给铸牢中华民族共同体意识教育工作带来了不利影响。其二,新疆具有多种宗教并存的特点,宗教极端势力歪曲宗教教义、宣扬宗教极端,重点从文化教育领域进行思想渗透,蛊惑、煽动信教群众组织、参与非法宗教活动,大大削弱了铸牢中华民族共同体意识教育的效果。其三,20世纪90年代以来,新疆地区发生的数千起暴恐事件,背后都有极端主义与暴力恐怖主义的阴影。极端主义把极端思想与宗教捆绑在一起,与广大信教群众捆绑在一起,与社会生活捆绑在一起,导致一些少数民族文化被冲击、被禁锢、被封闭,一些群众思想扭曲、心理压抑,戴上了沉重精神枷锁。[1]除此之外,以新自由主义、文化多元主义、历史虚无主义为代表的西方政治思潮也在不同程度地解构着新疆各族成员的原有价值观,对中华民族共同体意识的构筑造成严重威胁。

再次,由于部分民族成员对中华民族多元一体格局认识不到位,对中华民族与各民族的关系认知不准确,导致大汉族主义与狭隘民族主义依然存在,各民族内部差异被部分人员突出与强化,阻碍了铸牢中华民族共同体意识教育实践的开展。同时,随着近年来新疆各民族交往交流交融的深入,民族间宗教信仰、语言沟通、饮食习俗等方面的差异逐渐显现,矛盾与纠纷时有发生。若各民族成员将尊重差异理解为固化差异,强调自身特性,强化民族边界,便会产生对其他民族的排他性,增强对其他民族的疏离感,进而可能会产生对铸牢中华民族共同体意识教育的排斥。在一个多民族国家里,如果过于强调本民族利益,忽视或否定其他民族利益,破坏国家的整体利益,则会引来外部敌对势力的觊觎和介入,往往会导致"一损俱损"的严重后果。同时,也要充分考虑在强调共同性的过程中本民族认同弱化带来的风险挑战,避免认识偏差上的风险以及各民族在交融过程中民族文化走向内卷化发展的风险等。

最后,新疆目前依然存在不平衡不充分发展的问题,与之相应的便是各地区教育差异大、教学资源分配不均衡、教育均等化难以实现的挑战。由于经济水平

---

[1] 徐贵相.冲破极端主义的精神牢笼[N].人民日报,2019-03-19(16).

落后、交通条件闭塞、文化生活匮乏等，不少少数民族成员的文化基础相对薄弱，政治理论素质不高，在以血缘为纽带的本民族文化的长期影响下，南疆等地区的部分少数民族成员存在本民族意识较强、对民族问题认识不清等问题，当铸牢中华民族共同体意识思想进入南疆等地时，便容易陷入思想冲突中。除此之外，部分民族地区教师队伍及高素质人才的缺乏也会导致其民族成员对国家大政方针与民族理论政策的了解与认识不足等问题，进而影响到铸牢中华民族共同体意识思想的宣传教育成效。

（五）进一步加强新疆铸牢中华民族共同体意识教育的实践途径

针对新疆当前面临的问题与挑战，新时代进一步推进新疆铸牢中华民族共同体意识教育需重点做好以下几项工作。

第一，自治区各级党委政府要坚持以习近平总书记关于加强和改进民族工作的重要指示，特别是关于铸牢中华民族共同体意识的系列重要论述为理论指导与根本遵循，做到学懂弄通，并结合新疆各地区实际情况和当地各民族中华民族共同体意识现状水平，做好顶层设计和实践谋划，构建全方位教育体系，实现宣传、统战、教育、民宗等部门的无缝配合，逐步推动形成党委领导、政府负责、社会协同、全民参与的铸牢中华民族共同体意识教育格局。同时，根据中央精神和要求，积极研究开发自治区铸牢中华民族共同体意识教育地方课程与教材，指导推动新疆各地区铸牢中华民族共同体意识教育的开展。各地区在统一教学资源的基础上，要创新开发适合本地文化特色和民族特点的特色课程与读本，使铸牢中华民族共同体意识教育体系化、特色化，增强针对性与实效性。当前，《新疆维吾尔自治区民族团结进步模范区创建条例》已正式施行，接下来的重点工作应是聚焦铸牢中华民族共同体意识有关要求，完善细化有关铸牢中华民族共同体意识教育的法规与政策文件，抓实抓牢铸牢中华民族共同体意识教育的贯彻执行，建立有效的监督机制与评价反馈机制，使铸牢中华民族共同体意识教育真正落到实处。另外，要充分发挥机关、企事业单位、学校、社区等单位和组织的育人功能，不断提高各级各类教育主体特别是党员干部、党政领导干部对铸牢中华民共同体意识教育的认识与重视,通过培训学习、专题研讨等方式大力培养高素质教育者,组建高水平宣讲团,使其正确把握铸牢中华民族共同体意识教育的内涵,与时俱进地更新知识体系,全面准确地将铸牢中华民族共同体意识的思想和知识传递给社会大众,进而增强其中华民族认同,铸牢其中华民族共同体意识。

第二,深入开展文化润疆工程,坚守中华文化立场,增强文化认同,在各族人民心中建立起抵御错误思想渗透的心理防线,为铸牢中华民族共同体意识教育的开展营造良好的社会文化氛围。要以社会主义核心价值体系与社会主义核心价值观为引领,充分发挥其对新疆社会稳定和长治久安重大问题的价值导向作用,以"三个离不开""四个自信""五个认同"为教育基础,深挖中华优秀传统文化精华,通过讲好新疆民族团结故事,树立和突出各民族共享的中华文化符号和中华民族形象,为新疆各族人民抵御"三股势力"的思想侵蚀补足"精神之钙",从根本上解决中华文化认同问题。要将中华文化的创造性转化与创新性发展融入铸牢中华民族共同体意识教育的过程中,不仅要使新疆各民族成员学习好、传承好具有新疆特色的民族优秀传统文化,更要使各民族成员不断汲取中华民族的主流文化与其他民族文化的精神力量,使其更加自觉、更加主动地推动中华优秀传统文化同当代社会相适应、同现代化进程相协调,更好地推动中华民族文化的创新与发展。另外,语言是文化认同的关键,是铸牢中华民族共同体意识的重要载体。要在推广普及国家通用语言文字上下功夫、出实招、求突破、见成效,全面落实国家统编教材使用工作,营造使用国家通用语言文字的良好环境,提高各民族普通话水平,从而使新疆各民族成员在国家通用语言文字的学习、掌握与使用中感受中华民族文化的魅力与成果,搭建起新疆各族成员交往交流交融的语言桥梁,为铸牢中华民族共同体意识教育奠定基础。

第三,重点加强中华民族历史教育与新疆历史教育,促进新疆各民族成员在铸牢中华民族共同体意识的教育实践中形成正确的历史观与民族观。要在铸牢中华民族共同体意识教育中加强新疆各民族成员的中华民族历史教育,强化"四史"教育、爱国主义教育、反分裂教育和中华民族共同体教育,使各民族深刻认识到我们辽阔的疆域是各民族共同开拓的,我们悠久的历史是各民族共同书写的,我们灿烂的文化是各民族共同创造的,我们伟大的精神是各民族共同培育的,明确中华民族形成与发展的过程,加强其对中华民族多元一体格局的理解,讲好中华民族历史故事。同时也要加强新疆历史教育。新疆各民族的发展与中华民族的发展是一脉相承的,新疆各民族始终是中华民族多元一体格局的一员。要深入挖掘新疆的历史资源,凸显各民族同舟共济、守望相助的共同历史记忆,寻找各民族的同根因子,讲好新疆的新时代民族故事,激发新疆各民族成员对中华民族认同的历史情结。要坚持用辩证唯物主义和历史唯物主义引导各民族成员正确认识新疆历史,客观分析和解决新疆面临的实际问题,抵制各种歪曲历史的错误思潮和历史虚无主义,反对大汉族主义与狭隘民族主义,使各民族成员意识到新疆对中华民族和中华文化的伟大历史贡献,将新疆是中华民族不可分割的一部分这一观念铭记于心,增强各民族对中华民族、中华文化的归属感与自豪感,立好新疆各族干部群众共同团结奋斗、共同繁荣发展的主心骨,铸牢新疆各族成员的中华民族共同体意识。

第四,要认清教育短板,改变教育劣势,在保证当前新疆各地铸牢中华民族共同体意识教育普遍开展的同时,重点加强经济基础薄弱、教育水平相对落后的南疆地区的铸牢中华民族共同体意识教育,特别是南疆农村地区的铸牢中华民族共同体意识教育。同时,通过对口支援、乡村振兴等方式帮助南疆地区的各民族成员过上美好生活,不断缩小区域发展与教育差距,实现教育均等化,充分做好意识形态领域工作,打消反动势力利用当地文化水平低等弱点进行思想煽动与宗教歪曲的想法,使铸牢中华民族共同体意识教育深入基层、深入乡村、深入人心。南疆等地应在铸牢中华民族共同体意识教育方面奋发作为,主动求变,充分发挥主动性、能动性。各级各类学校要高度重视思想品德教育课程以及民族理论与民族政策相关课程,发挥学校教育的基础性、关键性作用,在铸牢中华民族共同体意识教育教师资源紧缺的情况下,创新打造学科融合的教学模式,将铸牢中华民族共同体意识教育融入各学科的教学之中,实现在学科教学中潜移默化地铸牢各民族学生的中华民族共同体意识。同时,各地区还应充分利用社会教育的力量,通过社区专家讲座、民族节庆活动等,为各民族成员提供接受教育、主动学习的机会,使铸牢中华民族共同体意识教育融入社会生活的方方面面。除此之外,随着科学技术的发展,互联网教育成为开展铸牢中华民族共同体意识教育的新阵地,这将大大改善阻碍南疆等落后地区接受教育的客观现实状况,鼓励各民族成员突破传统方式,利用网络的便捷性、传播性,学好中华民族共同体教育的知识,建设各民族共有精神家园。

五、构建铸牢中华民族共同体意识教育体系的思考

(一)问题的提出

2021年11月,《中共中央关于党的百年奋斗重大成就和历史经验的决议》指出:"今天,我们比历史上任何时期都更接近、更有信心和能力实现中华民族伟大复兴的目标。"[1]当前,实现中华民族伟大复兴已进入了不可逆转的历史进程,这也意味着我们必须准备付出更为艰苦的努力。实现中华民族伟大复兴必然离不开56个民族儿女的携手奋斗与团结一心,正因如此,习近平总书记在2021年中央民族工作会议上提出,必须从中华民族伟大复兴战略高度把握新时代党的民族工作的历史方位[2],强调铸牢中华民族共同体意识是新时代党的民族工作的"纲"[3]。

2022年3月5日,习近平总书记在参加十三届全国人大五次会议内蒙古代表团审议的讲话中强调,"铸牢中华民族共同体意识,既要做看得见、摸得着的工作,也要做大量'润物细无声'的事情"[4]。深入开展铸牢中华民族共同体意识教育是铸牢中华民族共同体意识的关键举措,而"润物无声,教育无痕"是教育的最高境界。要想将铸牢中华民族共同体意识教育"润物细无声"地渗透到社会各界的思想教育中,实现无痕育人,首要任务便是要构建铸牢中华民族共同体意识教

---

[1] 中共中央关于党的百年奋斗重大成就和历史经验的决议[M].北京:人民出版社,2021:72.
[2] 习近平.以铸牢中华民族共同体意识为主线,推动新时代党的民族工作高质量发展[M]//习近平.论坚持人民当家作主.北京:中央文献出版社:326.
[3] 习近平.以铸牢中华民族共同体意识为主线,推动新时代党的民族工作高质量发展[M]//习近平.论坚持人民当家作主.北京:中央文献出版社:329.
[4] 黄敬文.习近平在参加内蒙古代表团审议时强调 不断巩固中华民族共同体思想基础 共同建设伟大祖国 共同创造美好生活[N].人民日报,2022-03-06(1).

育体系,实现铸牢中华民族共同体意识教育的科学化、常态化发展。2019年10月,中共中央办公厅、国务院办公厅印发的《关于全面深入持久开展民族团结进步创建工作铸牢中华民族共同体意识的意见》中强调,要加强中华民族共同体教育,培育中华民族共同体意识。2020年,习近平总书记在第三次中央新疆工作座谈会上明确提出,"将中华民族共同体意识教育纳入新疆干部教育、青少年教育、社会教育"[1]。2021年,在中央民族工作会议上,习近平总书记进一步指出,"要构建铸牢中华民族共同体意识宣传教育常态化机制,纳入干部教育、党员教育、国民教育体系,搞好社会宣传教育"[2]。由此可见,深入推进铸牢中华民族共同体意识教育,构建铸牢中华民族共同体意识教育体系已成为当前铸牢中华民族共同体意识工作的迫切之举与长久之策。

学界关于铸牢中华民族共同体意识教育的研究自2012年起呈逐年上升趋势,尤其在近五年,越来越多的学者将关注点聚焦到铸牢中华民族共同体意识教育上,发文量也呈现出倍数递增的趋势。通过文献梳理可以发现,铸牢中华民族共同体意识教育的研究较多局限在民族或边疆地区的学校教育中,较少涉及干部教育、党员教育、社会教育等内容,部分涉及教育体系构建的研究也仅仅是在学校教育的背景下讨论,而未在一个宏观的大教育背景下思考铸牢中华民族共同体意识教育体系的构建问题。另外,需要指出的是,中华民族共同体意识是生活在各地区的中华儿女都需要深刻领悟、浸润于心的重要思想意识,也是各民族成员在不同人生阶段都需要不断巩固与铸牢的价值观念,因此,铸牢中华民族共同体意识教育不应仅是民族或边疆地区的教育重点,也不应仅是学校教育的重要内容。片面零散的教育难以将中华民族共同体意识根植于每一位民族成员的心中,只有构建起全方位的教育体系,才能将铸牢中华民族共同体意识教育往实里抓、往细里做,构成教育闭环,达到教育目的。因此,本研究将从构建铸牢中华民族共同体意识教育科学体系的角度出发,厘清为什么要构建铸牢中华民族共

---

[1] 鞠鹏.习近平在第三次中央新疆工作座谈会上强调 坚持依法治疆团结稳疆文化润疆富民兴疆长期建疆 努力建设新时代中国特色社会主义新疆[N].人民日报,2020-09-27(1).
[2] 习近平.以铸牢中华民族共同体意识为主线,推动新时代党的民族工作高质量发展[M]//习近平.论坚持人民当家作主.北京:中央文献出版社,2021:330.

同体意识教育体系,铸牢中华民族共同体意识教育体系的主要内容是什么,以及如何构建铸牢中华民族共同体意识教育体系这三个核心问题,推进铸牢中华民族共同体意识教育落到实处,实现铸牢中华民族共同体意识教育的高质量发展、科学健康发展。

(二)构建铸牢中华民族共同体意识教育体系的重大意义

1.构建铸牢中华民族共同体意识教育体系是提高铸牢中华民族共同体意识教育科学性、系统性、有效性的需要

铸牢中华民族共同体意识教育自提出后便受到社会各界的广泛关注,成为当前的研究热点与教育热点,并在理论和实践层面取得了许多成效。然而,铸牢中华民族共同体意识教育作为一项覆盖全民、贯穿各层级的持久性育人工作,不能仅仅停留于在单个教育层面上零散的学理探究与实践落实,而应构建成全方位、多层次、立体化的网状教育体系,实现教育体系内部的衔接融合、互联互通,将铸牢中华民族共同体意识教育落到实处、浸润人心。铸牢中华民族共同体意识教育体系是指与铸牢中华民族共同体意识教育有关的互相联系的各种教育机构的整体,或是教育大系统中的各种教育要素的有机组合。

首先,铸牢中华民族共同体意识教育体系是针对各民族成员各阶段的发展需求以及当前政治经济社会变化而建立的教育系统,可以为铸牢中华民族共同体意识教育工作的开展提供科学的指导,使各层级教育主体能够遵循教育规律科学地进行教育实践。

其次,铸牢中华民族共同体意识教育体系不仅包括教育结构体系,还包括人才预测体系、教育管理体系、师资培训体系、课程教材体系、教育科研体系、经费筹措体系等支撑体系。完整的教育结构体系将大大提高铸牢中华民族共同体意识教育的系统性。

最后,铸牢中华民族共同体意识教育体系具有全面性、开放性、融通性等特征,能够实现现有教育资源的合理配置以及潜在教育资源的开发利用,激发各层级的教育创造力,保证铸牢中华民族共同体意识教育的有效落实。因此,构建铸牢中华民族共同体意识教育体系是提高铸牢中华民族共同体意识教育的科学性、系统性、有效性的必然要求和客观需要。

2.构建铸牢中华民族共同体意识教育体系是铸牢中华民族共同体意识、推动民族工作高质量发展的需要

2021年，习近平总书记在中央民族工作会议上对铸牢中华民族共同体意识问题进行了系统深入的阐述，这标志着习近平总书记关于铸牢中华民族共同体意识的重要论述已经形成一个科学完整的理论体系，成为推进我国民族工作高质量发展的根本遵循。新时代民族工作要在习近平铸牢中华民族共同体意识理论指导下，按照增进共同性的方向积极开展工作，引导各族人民正确把握中华民族共同体意识和各民族意识的关系，在尊重"多元"的基础上形成"一体"的共同体意识，进而推动民族工作高质量发展。

中华民族共同体意识是个体在与社会互动中产生个体认同，再与社会互相渗透，同所属群体形成民族认同，最后通过重新范畴化，转变对族群间边界的感知，将内外群体转变为共同的、包摄水平更广的中华民族共同体的过程中形成的，①其内涵是指我国56个民族成员能够自觉认同中华民族共同体的客观存在，并自觉认识到自身是中华民族中的一个成员，对中华民族及中华人民共和国认同、忠诚并寄予情感依托等态度和认识。从中华民族共同体意识的生成逻辑来看，其属于个体后天生活实践的产物，这意味着中华民族共同体意识并不是与生俱来的，而是在社会互动中习得与建构的。在这个过程中，教育起到了关键作用，它通过构建铸牢中华民族共同体意识教育体系，全方位、多层次、立体化地开展社会主义核心价值观教育、爱国主义教育、民族团结教育，特别是系统全面的中华民族共同体教育，促使个体的社会认知结构发生积极转变，加强个体对中华民族共同体格局的自觉认知，建构个体对中华民族共同体的认同，进而铸牢中华民族共同体意识。因此，构建铸牢中华民族共同体意识教育体系是铸牢中华民族共同体意识、推动民族工作高质量发展的现实需要，是当前面临的一项重大而紧迫的任务。

---

① 张积家,冯晓慧.中华民族共同体认同的心理建构与影响因素[J].民族教育研究,2021,32(2):5.

3.构建铸牢中华民族共同体意识教育体系是促进全体中华儿女大团结、实现中华民族伟大复兴的需要

近年来,随着我国综合实力的增强,西方敌对势力利用民族问题、宗教问题对我国实施遏制、西化、分化的图谋在加剧,历史虚无主义、极端民族主义等错误思想的渗透破坏活动日益频繁,再加之"三股势力"一定程度的存在,对民族团结、国家统一和社会安定造成了威胁,使得民族地区反分裂、反渗透的形势更为复杂,压力更大。另外,随着我国各民族的交往交流交融的加强,涉及民族因素的矛盾纠纷也呈易发高发态势,部分民族成员在冲突中可能会形成对其他民族成员的消极刻板印象,甚至在敌对势力的蛊惑下产生狭隘的民族观念和极端的宗教思想,这将阻碍中华民族大团结和中华民族伟大复兴的实现进程。面对当前错综复杂的形势,要想彻底遏制民族分裂活动发展,在各民族心中建起抵御错误思想渗透的铜墙铁壁,就必须深入推进铸牢中华民族共同体意识教育,紧密围绕铸牢中华民族共同体意识这一目标开展教育教学工作,并在此基础上构建起覆盖全民、科学系统的铸牢中华民族共同体意识教育体系,全面引导各民族成员树立休戚与共、荣辱与共、生死与共、命运与共的共同体理念,全面提升中华民族的凝聚力与向心力,不断巩固和发展各民族的大团结、全体中华儿女的大团结,汇聚起实现中华民族伟大复兴的磅礴力量。《中共中央关于党的百年奋斗重大成就和历史经验的决议》中提到,"只要我们不断巩固和发展各民族大团结、全国人民大团结、全体中华儿女大团结,铸牢中华民族共同体意识,形成海内外全体中华儿女心往一处想、劲往一处使的生动局面,就一定能够汇聚起实现中华民族伟大复兴的磅礴伟力"[①]。因此,构建铸牢中华民族共同体意识教育体系是实现全体中华儿女大团结、实现中华民族伟大复兴的时代要求与客观需要。

(三)关于铸牢中华民族共同体意识教育体系主要内容的探讨

铸牢中华民族共同体意识教育体系是关于铸牢中华民族共同体意识教育的有机结构和系统,其内涵丰富,涉及面广。从教育学段看,它包括幼儿教育、初等

---

① 中共中央关于党的百年奋斗重大成就和历史经验的决议[M].北京:人民出版社,2021:70.

教育、中等教育和高等教育等；从教育内容看，它包括社会主义核心价值观教育、爱国主义教育、民族团结教育和中华民族共同体教育等，其中中华民族共同体教育是关键内容；从教育主体看，它包括学校教育、党员教育、干部教育和社会教育，各部分紧密联系、不可或缺，教育对象、教育目的和教育途径既有交叠，也有差异。以下从教育主体的角度对铸牢中华民族共同体意识教育体系进行探讨。

1. 关于铸牢中华民族共同体意识的学校教育体系

2021年3月，在参加十三届全国人大四次会议内蒙古代表团审议时，习近平总书记强调，"要在各族干部群众中深入开展中华民族共同体意识教育，特别是要从青少年教育抓起"[①]。教育部在《教育部2022年工作要点》中也指出，"加强学校铸牢中华民族共同体意识教育。以增进共同性为方向，推动铸牢中华民族共同体意识教育与中小学德育和高校思想政治工作紧密融合"。学校是开展铸牢中华民族共同体意识教育的重要阵地，在当前背景下，加强学校铸牢中华民族共同体意识教育，铸牢各族学生的中华民族共同体意识，是各级各类学校义不容辞的政治责任和重大任务，也是当前亟须加强的工作重点。

铸牢中华民族共同体意识学校教育的对象主要是学前教育、初等教育、中等教育及高等教育的学生。铸牢中华民族共同体意识教育要从娃娃抓起，从青少年抓起。学校教育阶段是个体形成自我认同、民族认同与国家认同的启蒙期、发展期、敏感期与关键期，而铸牢中华民族共同体意识的核心是引导各族人民坚定"五个认同"，因此，要充分发挥学校教育的基础性作用，抓住个体成长期，巩固与加强各学段学生对"五个认同"的认识，这对于铸牢中华民族共同体意识至关重要。铸牢中华民族共同体意识学校教育的目标是从小打牢各族学生对中华民族共同体的认同意识根基，使其将"五个认同"深深根植于心中，为其扣好铸牢中华民族共同体意识的第一粒扣子。

铸牢中华民族共同体意识学校教育的开展要重点把握以下几点。

第一，要坚持教育的普适性和适切性相结合。既要在全国各级各类学校中

[①] 中共中央党史和文献研究院.习近平关于社会主义精神文明建设论述摘编[M].北京：中央文献出版社，2022：91.

普遍开展铸牢中华民族共同体意识教育,也要根据各民族各学段学生的身心发展规律制订针对性教育方案,遵循从认知建构到情感体验再到人格塑造的教育原则,开展循序渐进、螺旋上升的"精准滴灌"教育。当前,要抓紧大中小幼各学段铸牢中华民族共同体意识教育的教材编写与出版工作,确保大中小幼各学段教育思想的准确性和教学内容的可衔接性。

第二,要积极探索铸牢中华民族共同体意识教育学科融合的有效模式,在充分发挥思政学科作为铸牢中华民族共同体意识教育第一课堂作用的基础上,把握其他学科的独特优势,找准其与铸牢中华民族共同体意识教育学科融合的结合点,潜移默化地实现科学认知与情感共鸣相贯通,促进学科教学的科学精神与人文精神融合发展,切实提升铸牢中华民族共同体意识教育的渗透性、广泛性与有效性。

第三,要拓宽铸牢中华民族共同体意识的教育渠道,创新教育途径和载体,推动中华民族共同体意识教育走出课堂、走向社会。要通过第二课堂、实践调研、志愿服务以及网络交流等学生喜闻乐见的方式,为学生提供与其他民族成员交往交流的机会,丰富学生探究中华民族多元一体格局的途径,使学生在与不同民族成员的合作学习中体验到共同奋进的情感,加深其对中华民族以及中华民族共同体意识的理解,增强其中华民族认同,使其体悟到各民族和谐共生、美美与共的美好画卷,进而产生反哺国家与民族的热情。

2. 关于铸牢中华民族共同体意识的党员教育体系

2019年,中共中央办公厅印发《2019—2023年全国党员教育培训工作规划》,其中明确提出"对党员加强党的意识、中华民族共同体意识和马克思主义国家观、历史观、民族观、文化观、宗教观等教育培训"。2021年3月,习近平总书记在参加十三届全国人大四次会议内蒙古代表团审议时再次强调,"在党史学习教育中要用好这些红色资源,组织广大党员、干部重点学习党史……特别是要在坚持走中国特色解决民族问题正确道路、维护各民族大团结、铸牢中华民族共同体意识等重大问题上不断提高思想认识和工作水平"[①]。这一系列论述均体现了在党员教育中开展铸牢中华民族共同体意识教育的必要性。

铸牢中华民族共同体意识党员教育的对象主要是中国共产党党员。中国共产党党员不仅是中国工人阶级的有共产主义觉悟的先锋战士,也是人民群众的主心骨,更是铸牢中华民族共同体意识的中坚力量。因此,铸牢党员同志的中华民族共同体意识不仅是当前党员教育的重点,更是一项重要的基础性工作和长期的战略性任务。铸牢中华民族共同体意识党员教育的目标是全面增强党员对中华民族共同体的思想认识与情感共鸣,提升其政治觉悟与政治定力,充分发挥党员在铸牢中华民族共同体意识上的精神引领作用和先锋模范作用,以自身实际行动带领各族人民群众心往一处想、劲往一处使、拧成一股绳,引领各民族成员铸牢中华民族共同体意识。

铸牢中华民族共同体意识党员教育的开展要重点把握以下几点。

第一,要使党员从常态化开展的"四史"教育学习中充分汲取中华民族齐心前行的精神力量,借鉴党在一百多年奋斗历史中所创造积累的铸牢中华民族共同体意识的宝贵经验,助力新时代中华民族共同体的建设与发展。与此同时,要引导党员同志深刻学习马克思主义关于民族问题的基本理论,特别是习近平总书记关于加强和改进民族工作的重要思想,使理论武装紧跟理论创新,用党对民族工作创新理论的最新成果武装头脑、指导实践、推动工作。

第二,科学制订铸牢中华民族共同体意识党员教育的培训计划,不断提升培训质量,在深入研读理论思想的基础上建立专题化、系统化的必修与选修课程体系,坚持"缺什么、补什么"的原则,有针对性地填补党员自身思想"短板",并通过专家讲座、专题报告、学习论坛和实践实训等多种学习形式,激发党员学习热情,推动铸牢中华民族共同体意识教育往深里走、往心里走、往实里走。

第三,要鼓励党员同志下基层、近群众、办实事,使其在与各族群众的交往交流中形成正确认知、建立深厚情感,在实践中感悟中华民族共同体的伟大合力,

---

① 谢环驰.习近平在参加内蒙古代表团审议时强调 完整准确全面贯彻新发展理念 铸牢中华民族共同体意识[N].人民日报,2021-03-06(1).

在与各族群众面对面的交往交流交融中,体悟中华民族共同体教育的精神内涵,并在铸牢自身中华民族共同体意识的同时,增强各族群众的"五个认同"。

3.关于铸牢中华民族共同体意识的干部教育体系

2021年8月,习近平总书记在中央民族工作会议上提出,努力建设一支维护党的集中统一领导态度特别坚决、明辨大是大非立场特别清醒、铸牢中华民族共同体意识行动特别坚定、热爱各族群众感情特别真挚的民族地区干部队伍。[1]2022年3月5日,习近平总书记在参加十三届全国人大五次会议内蒙古代表团审议时提出:"各族干部要全面理解和贯彻党的民族理论和民族政策……只要是有利于铸牢中华民族共同体意识的工作就要多做,并且要做深做细做实;只要是不利于铸牢中华民族共同体意识的事情坚决不做。"[2]这一系列重要论述明确了新时代干部队伍建设的新要求,也体现了铸牢中华民族共同体意识干部教育的重要性和必要性。

铸牢中华民族共同体意识干部教育的对象主要是各级党政机关和企事业单位中的党政干部,特别是"关键少数"的领导干部。干部教育是党的干部政策的重要组成部分,干部队伍的素质如何,是决定革命和建设工作能否顺利完成的重要条件之一,与党、国家和整个民族的事业发展、前途命运息息相关。因此,在干部教育中开展铸牢中华民族共同体意识教育是事关中华民族伟大复兴的重中之重的任务,既是基础,又是保证。铸牢中华民族共同体意识干部教育的目标是使党政干部(特别是领导干部)在全面深刻学习铸牢中华民族共同体意识理论的基础上,提升其处理民族问题、防范化解风险隐患的工作能力,使其牢牢把握铸牢中华民族共同体意识这一主线和"纲"推进工作,推动民族工作高质量健康发展。

铸牢中华民族共同体意识干部教育的开展要重点把握以下几点。

第一,要推动铸牢中华民族共同体意识干部教育培训工作的长效开展,制订周期性的培训计划,确保培训教材的系统性与针对性,确定培训评价标准与考核

---

[1] 习近平.以铸牢中华民族共同体意识为主线,推动新时代党的民族工作高质量发展[M]//习近平.论坚持人民当家作主.北京:中央文献出版社,2021:331.
[2] 黄敬文.习近平在参加内蒙古代表团审议时强调 不断巩固中华民族共同体思想基础 共同建设伟大祖国 共同创造美好生活[N].人民日报,2022-03-06(1).

方案,增强培训的规范性与有效性。同时,培训目标不仅要着力于铸牢广大干部的中华民族共同体意识,更要引导广大干部深刻认识铸牢中华民族共同体意识的极端重要性以及更先一步、更深一层学习的必要性。

第二,要以培养干部的大局意识和全局观念为着力点,通过理论研究与实地调研相结合的方式开展铸牢中华民族共同体意识的干部教育,培养干部跳出局部看全局的能力,提升干部系统思考、整体谋划、战略布局的能力,锤炼其前瞻性思维,使干部能从中华民族整体利益的高度想问题、做决策、抓工作,在铸牢中华民族共同体意识学习上学通透、悟明白,不仅能用理论指导实践,更能从实践中总结经验、创新与发展理论,不断完善铸牢中华民族共同体意识理论。

第三,要重点加强干部在铸牢中华民族共同体意识方面的防范力与控制力,提升干部处理涉及铸牢中华民族共同体意识等重大问题的工作能力,通过案例讨论、问题预演等方式,增强干部对民族问题的敏锐度,使其能够及时甄别不利于民族团结的风险隐患,在面对涉及民族因素的纠纷与矛盾时,能正确运用所学理论与实践经验巧妙化解民族问题,真正做到学以致用。

4.关于铸牢中华民族共同体意识的社会教育体系

2022年3月,习近平总书记在参加十三届全国人大五次会议内蒙古代表团审议时提出,"要把铸牢中华民族共同体意识的工作要求贯彻落实到全区历史文化宣传教育、公共文化设施建设、城市标志性建筑建设、旅游景观陈列等相关方面","各项工作都要往实里抓、往细里做,要有形、有感、有效"。[①]这就明确要求我们,要全面深入开展铸牢中华民族共同体意识工作,在全社会形成铸牢中华民族共同体意识的浓厚思想文化氛围。其中,大力开展社会教育至关重要,社会教育是铸牢中华民族共同体意识的重要阵地。

铸牢中华民族共同体意识社会教育的对象主要是广大社会成员,即社会民众。社会教育是一种活教育,具有深刻性、丰富性、广泛性、独立性、形象性等特点,是现代教育体系中不可忽略的部分。社会教育内容丰富、生动有趣、深入人

---

① 黄敬文.习近平在参加内蒙古代表团审议时强调 不断巩固中华民族共同体思想基础 共同建设伟大祖国 共同创造美好生活[N].人民日报,2022-03-06(1).

心,能够让中华民族共同体意识的教育变得可感可触,是铸牢各民族中华民族共同体意识覆盖面最广的、最易开展的途径。铸牢中华民族共同体意识社会教育的目标是引导社会民众正确认识中华民族与各民族的关系,促进其在民族接触与互动中形成各民族是一家、中华民族一家亲的思想观点,减少民族偏见与歧视,构建平等团结互助和谐的社会主义民族关系,进而推进铸牢中华民族共同体意识全民化。

铸牢中华民族共同体意识社会教育的开展要重点把握以下几点。

第一,要坚持显性教育与隐性教育相结合,既要有计划、有组织、有目的地开展社会讲座、教育课堂、宣讲活动等显性教育,又要具有渗透性、生活性、开放性的涉及民族交往交流交融的社区活动、节庆活动等隐性教育。与此同时,还要大力推广普及国家通用语言文字,搭建各族人民之间的语言桥梁,使铸牢中华民族共同体意识教育融于大众生活的方方面面,促进铸牢中华民族共同体意识教育的社区化、生活化,使社会公众将中华民族共同体意识内化于心,外化于行。

第二,抓住社会教育渠道具有灵活性与多样性的特点,充分发挥文化馆、少年宫、图书馆、博物馆、纪念馆、现代媒体等社会载体对铸牢中华民族共同体意识的宣传教育作用,使大众在耳濡目染的过程中加深对其他民族成员的认识与理解,唤醒各民族深层次的情感联系与共同记忆,进而增强各族成员对中华民族的认同,达到铸牢中华民族共同体意识的教育目的。

第三,要充分借助社会力量,实现多方参与,充分发挥可利用资源的最大效用,如:多学科专家学者走进社区,讲述在中华民族形成与发展的历史长河中涌现的民族英雄故事;企业精英走进社区,分享在企业合作中各族成员为共同富裕、繁荣发展而奋斗的故事;社区宣讲团走进企业与学校,讲述各族成员在共居中守望相助的民族团结故事;等等。逐步搭建社区、企业、学校联学共建、互通共融的铸牢中华民族共同体意识社会教育新格局。

(四)构建铸牢中华民族共同体意识教育体系的实践路径

构建铸牢中华民族共同体意识教育体系是加强铸牢中华民族共同体意识教育、推进铸牢中华民族共同体意识工作向纵深发展的必然要求,是当前面临的一项紧迫任务与重大课题。我们认为，当前可以从加强指导宣传、加强顶层设计、加强实践研究以及加强监督评估等方面，积极推进铸牢中华民族共同体意识教育体系的建设与发展。

1.加强指导宣传，全面提高全社会特别是各级党委政府对构建铸牢中华民族共同体意识教育体系的认识

指导宣传工作是推进铸牢中华民族共同体意识教育体系建设的"指挥棒"与"扩音器"，如果不知道"怎样做""为何做"，那么铸牢中华民族共同体意识教育体系的构建只会空有形式而无实效。从各层面加强指导宣传工作是必不可缺的第一环节。

首先，国家各部委、机关应提高对构建铸牢中华民族共同体意识教育体系的认识，深刻认识到加强铸牢中华民族共同体意识教育、构建铸牢中华民族共同体意识教育体系的重要性和紧迫性，不断加强相关理论的学习和调查研究，提高理论水平和实践工作能力。同时，定期召开专题会议统一思想、部署工作，充分发挥中央各部门的优势，共同做好构建铸牢中华民族共同体意识教育体系的宣传教育工作，为地方党委政府自上而下构建铸牢中华民族共同体意识教育体系提供指导。

其次，中央的精神与要求能否传达到人民心中，很大程度上取决于地方各级党委政府的认识程度，因此，地方各级党委政府要不断提高政治站位，履行政治责任，深刻认识到构建铸牢中华民族共同体意识教育体系的重大战略意义，建立完善线上线下优势互补、良性互动的宣传教育大平台，充分发挥地方各级机关单位宣传教育的指导引领作用。

最后，提升全民参与构建铸牢中华民族共同体意识教育体系的积极性与主动性，增强学校与社区宣教的传播力与吸引力，围绕地区实际开展动之以情、晓之以理的宣传工作，改变大众认为铸牢中华民族共同体意识教育体系仅仅属于学校教育体系的片面观点，使铸牢中华民族共同体意识的全民化教育观念根植各族人民心中，形成全国各族人民共同推进铸牢中华民族共同体意识教育体系构建的伟大合力。

2.加强顶层设计,积极推进铸牢中华民族共同体意识教育体系的建立与发展

顶层设计是对构建铸牢中华民族共同体意识教育体系的全局性、战略性、前瞻性、综合性的设计与规划,在构建铸牢中华民族共同体意识教育体系的过程中起着根本指导和系统整合的作用。加强顶层设计是积极推进铸牢中华民族共同体意识教育体系建立与发展的应有之义。

首先,中央宣传部、中央统战部、教育部、国家民委等部门要紧紧围绕习近平总书记关于加强和改进民族工作的重要思想,特别是关于铸牢中华民族共同体意识的重要论述,尽快制定出台关于加快发展铸牢中华民族共同体意识教育、积极构建铸牢中华民族共同体意识教育体系的指导意见,对构建铸牢中华民族共同体意识教育体系的重大意义、指导思想、目标要求、内容形式、实践路径以及保障措施等进行全面规定,保证各级各部门在落实上不走歪路、不走偏路、不走错路,有力有序地推动铸牢中华民族共同体意识教育体系的构建。

其次,要建立切实可行的体制机制,为铸牢中华民族共同体意识教育体系的构建筑基稳舵。中央有关部门可考虑成立铸牢中华民族共同体意识教育工作指导小组,建立联动机制和会商制度,加强理论研究、实践指导与形势研判,做好前瞻性的规划设计,加强对构建铸牢中华民族共同体意识教育体系过程中重大问题的研究处理,指导督促各地、各部门将铸牢中华民族共同体意识教育体系的构建落到实处。

最后,各地要加强本地区铸牢中华民族共同体意识教育体系构建与发展的顶层设计,保证国家政策落地落实落细。国家政策一般比较宏观,具有原则性,而全国各地情况千差万别。因此,国家的政策文件从中央传达到地方的过程,应是各地各单位因地制宜逐级分解与细化的过程。各地应在深入调查研究的基础上,结合本地区实际制定铸牢中华民族共同体意识教育体系构建与发展的总体规划和实施方案,既要符合中央要求,又要反映地方实际和特点,从而积极稳妥、科学有序地推进铸牢中华民族共同体意识教育的高质量健康发展。

3.加强实践研究,不断推进铸牢中华民族共同体意识教育体系的科学化、系统化

铸牢中华民族共同体意识教育体系的构建要坚持顶层设计与摸着石头过河相结合。实践是检验真理的唯一标准,空有理论指导而无实践探索是徒劳的,只有在理论指导下不断进行实践探索,在实践探索中不断完善与发展理论,才能建立高质量的铸牢中华民族共同体意识教育体系,推进其科学化、系统化地发展。

首先,要做好构建铸牢中华民族共同体意识教育体系的实践调研工作。要走进学校、走进基层、走进社区,深入了解铸牢中华民族共同体意识的工作现状,明确各层级各方面需要怎样的教育、怎样进行教育,充分调研其开展铸牢中华民族共同体意识教育的成效与挑战,总结经验,反思不足,探究构建铸牢中华民族共同体意识教育体系在各层级各方面中的具体实践路径。

其次,要加强学理探究,在学中做,在做中学,将感性层面的经验认识上升到理性层面。打破学科与机构壁垒,整合民族学、人类学、心理学、教育学等多学科资源,集聚政府、社区、学校、科研院所等多方研究力量开展重大理论攻关,打造跨学科、跨机构的理论研究机制,从不同学科视角对体系构建进行历时性审视和共时性剖析,科学系统地揭示构建铸牢中华民族共同体意识教育体系的规律与现实问题,深化构建铸牢中华民族共同体意识教育体系的理论与实践研究。

最后,加强铸牢中华民族共同体意识教育体系的教学资源开发与建设,立足实际,紧紧围绕中华民族、中华民族共同体、中华民族共同体意识的概念,中华民族共同体的形成与发展,中华民族共同体的结构与特征,中华各民族交往交流交融的历史等内容,特别是要充分挖掘各民族患难与共、团结奋斗的典型故事与鲜活案例,分门别类地制定教育方案,科学系统地编制适合学校教育、党员教育、干部教育以及社会教育的铸牢中华民族共同体意识教育教材、教参与学习资料,注重共性与个性相统一,加强针对性与实效性,坚决防止"一刀切"和形式主义。

4.加强监督评估,切实推进铸牢中华民族共同体意识教育体系的形成与发展

当前,构建铸牢中华民族共同体意识教育体系的相关工作处于探索发展阶段,在教育实践的过程中,能否及时准确地掌握构建铸牢中华民族共同体意识教育体系的推进效果与进展至关重要。有效的监督与评价机制是提质增效的重要法宝,同样,科学全面的教育监督评价与构建铸牢中华民族共同体意识教育体系的有效开展与持续推进密不可分。

一方面,要建立健全推进铸牢中华民族共同体意识教育体系的监督机制。教育监督是一项需要长期开展的常态化工作,要明确各层级监督主体的权责边界,严格按照法规制度履行监督责任,强化客观全面的有效监督,坚持国家监督和社会监督相结合、纵向监督和横向监督相结合、内部监督和外部监督相结合的原则,加强对学校、党员、干部和社会教育中开展铸牢中华民族共同体意识教育情况等相关方面的日常检查和督促工作。同时,学校、党员、干部和社会相关部门也要不断提升自我监督的能力,在推进构建铸牢中华民族共同体意识教育体系的过程中勤琢磨、常反思,以更高的标准、更严的要求看待自身在推进铸牢中华民族共同体意识教育体系形成与发展中的所作所为。

另一方面,要建立健全构建铸牢中华民族共同体意识教育体系的评估机制。当前,国家层面要抓紧研究制定构建铸牢中华民族共同体意识教育体系的成效评价指标和评估实施细则,并指导各地落实落细。各地要把开展铸牢中华民族共同体意识教育、构建铸牢中华民族共同体意识教育体系的情况作为政治考察、巡视巡察、政绩考核、业绩考核等的重要内容并强化考核结果运用,保证问题的早发现早处理,不断推动铸牢中华民族共同体意识教育体系的构建朝着更加规范化、常态化、精细化的方向发展,促进铸牢中华民族共同体意识教育质量的全面提升,铸牢各族人民的中华民族共同体意识。

六、加强国家通用语言文字教育,铸牢中华民族共同体意识

我国是统一的多民族国家,多民族、多文化、多语言是我国的基本国情。由于各民族之间、各地区之间经济社会文化联系广泛,各民族在相互交往交流交融中形成了使用通用语言文字的需求。同时,作为统一的多民族国家,使用国家通用语言文字,是增强全体国民公民意识、国家意识和中华民族共同体意识,提高中华民族凝聚力、向心力和战斗力的需要,是国家统一、民族团结的基础。因此,国家高度重视通用语言文字的推广普及。我国宪法明确规定"国家推广全国通用的普通话"。《中华人民共和国国家通用语言文字法》进一步具体规定"国家通用语言文字是普通话和规范汉字""国家推广普通话,推行规范汉字""国家为公民学习和使用国家通用语言文字提供条件。地方各级人民政府及其有关部门应当采取措施,推广普通话和推行规范汉字"。2020年,《中共中央关于制定国民经济和社会发展第十四个五年规划和二〇三五年远景目标的建议》指出,"提高民族地区教育质量和水平,加大国家通用语言文字推广力度"。语言文字是意识相通的基石,只有语言文字相通,才能搭建起政治认同、思想认同、情感认同的载体,才能实现各民族交往交流交融、共同发展的愿景。因此,全面加强国家通用语言文字教育是深入铸牢中华民族共同体意识的前提,也是长久和根本之策。

(一)加强国家通用语言文字教育的重大意义

1.加强国家通用语言文字教育是增强中华文化认同、培养中华民族共同体意识的客观需要

2014年9月,习近平同志在中央民族工作会议上深刻指出,"加强中华民族大团结,长远和根本的是增强文化认同,建设各民族共有精神家园,积极培养中华民族共同体意识"。2021年3月,在参加十三届全国人大四次会议内蒙古代表团审议时习近平总书记强调,"文化认同是最深层次的认同,是民族团结之根、民族和睦之魂。要认真做好推广普及国家通用语言文字工作,全面推行使用国家统编教材"。语言文字是文化的载体和符号,凝结了一个民族的历史与文化,是

凝聚一个民族的最有力的纽带。国家通用语言文字即汉语言文字,凝聚了包括汉族、各少数民族在内的各民族的历史和文化,是中华文化最集中的体现,是各民族共有精神家园和共同精神财富。因此,加强国家通用语言文字教育,推广普及国家通用语言文字,提高各民族对国家通用语言文字的认识,对于增强各民族的中华文化认同、培养中华民族共同体意识、促进各民族的大团结具有深远意义。

2. 加强国家通用语言文字教育是促进各民族繁荣发展、加快实现民族地区现代化的现实要求

当今中国,海量的信息通过国家通用语言文字进行传播,人与人之间大量的交流沟通需要借助国家通用语言文字来进行。可以说,对国家通用语言文字的掌握水平,已成为人们素质能力的基础要素。就个人而言,具备更高的国家通用语言文字水平,有助于个人在更宽广的地域和领域内获取信息、提升自我素养、融入现代社会,得到更多机遇。就民族地区而言,要实现地区经济快速发展,一方面要通过全面加强国家通用语言文字教育为生产生活各要素的顺畅流通创造更好的条件,另一方面要培养一大批精通国家通用语言文字的高素质人才。因此,加强国家通用语言文字教育,全面提升少数民族群众的国家通用语言文字水平,不仅事关国家统一、民族团结、边疆稳定,也事关国民素质提高和民族地区的全面振兴,已成为促进各民族繁荣发展、实现民族地区现代化的重要条件。

3. 加强国家通用语言文字教育是促进各民族交往交流交融的关键桥梁

2019年9月,在全国民族团结进步表彰大会上习近平总书记深刻指出,"坚持促进各民族交往交流交融,不断铸牢中华民族共同体意识"。习近平总书记强调,"高举中华民族大团结的旗帜,促进各民族交往交流交融","推动建立相互嵌入的社会结构和社区环境","创造各族群众共居、共学、共事、共乐的社会条件"。我国是由56个民族组成的大家庭,在中华大家庭里,各族人民亲如兄弟姐妹,就像石榴籽一样紧紧抱在一起,共同团结奋斗、共同繁荣发展。一方面,不同的民族语言承载了不同的自然环境和历史文化背景,培育了各族人民不同的生活经验和生态智慧。另一方面,各族人民又共同汲取了祖先的伟大智慧、文化传统和发展经验。各民族通过不同的语言共同书写了中华民族悠久的历史,创造了祖国灿烂的文化。在历史的长河中,在各民族交往交流交融的过程中,国家通用语言的作用日益增大。加强国家通用语言文字教育,推广普及国家通用语言文字,有利于各族人民更为便捷地交往交流交融,有利于各族人民增进了解、互通有无、凝心聚魂。

(二)当前国家通用语言文字教育存在的主要问题

随着《中华人民共和国国家通用语言文字法》《推普脱贫攻坚行动计划(2018—2020年)》等法律政策规划的深入实施,国家通用语言文字教育工作不断深入开展,取得了明显成效,截至2020年,我国普通话在全国范围内普及率达到80.72%,识字人口使用规范汉字的比例超过95%。但必须看到,国家通用语言文字教育在推进过程中仍存在认识、保障条件、语言文字教育环境等方面的困难和问题。

1.认识上存在片面性

首先,对国家通用语言文字教育的重要性认识不足、不深刻。一些部门和地方的同志,仅从一般教育教学意义来认识国家通用语言文字教育的价值,没有从维护国家统一、促进民族团结、铸牢中华民族共同体意识的高度来认识国家通用语言文字教育的重大战略意义,因而现实中对加强国家通用语言文字教育缺乏危机感和紧迫感。

其次,将国家通用语言文字教育与少数民族语言文字教育对立起来。由于宣传不到位、不细致等原因,一些少数民族群众认为加强国家通用语言文字教育会使本民族语言文字逐步弱化,甚至被取代,因而将两者对立起来。

再次,不尊重国家通用语言文字的教育教学规律,工作方法简单。一些部门和地方的同志,照搬行政工作方法指导部署国家通用语言文字教育工作,无视学校教育条件,不尊重学校教育教学规律,急功近利,导致国家通用语言文字教育工作出现问题。

2.国家通用语言文字教育实施的保障条件相对不足

相比我国教育资源丰富的中东部地区,西部民族地区条件相对落后,反映在国家通用语言文字教育方面,主要表现为教师数量不足,教学质量不高,教学资源缺乏,教研工作不能适应教学需要等。

首先,在教师队伍上,掌握且可以使用双语教学的教师稀缺。以青海省黄南藏族自治州为例,据了解,该州各学校的教师编制数量有限,教师队伍结构性问题严重,其中最为突出的问题是缺少专业的双语教师,导致很多课程依旧使用民族语言和文字进行讲授。

其次,在教学资源上,一些经济落后条件较差的民族地区无法充分使用网络教育资源,网络的便利性没有真正惠及它们。同时,有关双语教学的教材存在参差不齐、无法完全保障等现象。

最后,由于缺乏专业的双语教学教师和教研人员,在语言教育的过程中,教师对学生的学习能力、认知发展水平、语言学习方法等缺少科学的研究,也就无法进行科学系统的教学,在国家通用语言文字教研这方面存在严重短板。

3.一些民族地区的语言教育环境不利于国家通用语言文字教育的实施

在西部地区尤其是农村和牧区,讲民族语言的少数民族世世代代聚居在一个地方,区域封闭,人口流动性小,少数民族语言在当地占据主导地位,人们平日使用国家通用语言文字的机会少,导致学生在学校的语言文字学习无法在现实生活中得以运用,而仅仅停留在课堂中,从而影响了国家通用语言文字教育的效果。

此外,有的民族地区的家长教育观念陈旧,不重视家庭教育,认为教育是学校的事,与自己无关,自己不主动学习掌握国家通用语言文字,也不重视子女的国家通用语言文字教育和学习,这也在一定程度上影响了小孩学习的积极性和效果。

(三)加强国家通用语言文字教育的对策措施

1.全面提高对国家通用语言文字教育的认识

首先,要认识到加强国家通用语言文字教育,推广普及国家通用语言文字,是党中央的重大决策部署,是《中华人民共和国宪法》《中华人民共和国教育法》《中华人民共和国国家通用语言文字法》等法律法规的明确要求,是维护国家统一、促进民族团结、铸牢中华民族共同体意识、实现中华民族伟大复兴中国梦的客观需要。各级党委政府、各有关部门、社会各个方面、全体中华儿女必须从战略高度认识加强国家通用语言文字教育的重大意义,增强责任感、使命感。

其次,要加大宣传力度,澄清和纠正部分少数民族群众对加强国家通用语言文字教育的误解。我国宪法明确规定,"各民族都有使用和发展自己的语言文字的自由"。推广普及国家通用语言文字与发展和使用少数民族语言文字并行不悖,二者是相辅相成、相互依存的关系,犹如中华民族多元一体格局中"一体"与"多元"的关系,是我国的基本国情。有关部门应当引导帮助少数民族群众正确理解加强国家通用语言文字教育,这有百利而无一害,既可以帮助其子女更好地就业、更好地接受现代文明,又可以更好地与外界沟通与合作。

再次,要进一步提高对国家通用语言文字教育教学规律的认识。当地政府及有关部门要认识到教育教学规律不同于行政工作规律,在推动部署工作时态度要积极、主动,但工作步骤要科学、稳妥,要从学校实际出发,尊重学校教育教学规律和学生语言习得规律,切实将国家通用语言文字教育落实落稳落细。

2.全力保障和改善国家通用语言文字教育教学条件

针对民族地区国家通用语言文字教育教学条件较差的问题,有关部门和地方政府应当采取措施,加大扶持力度,加快改善当地的教学条件。首先,引导鼓励掌握双语且可以使用双语教学的教师前往民族地区任教,并为其提供良好的工作条件和福利待遇。同时,组织本地教师开展双语技能培训,通过正规与非正规、校内集中培训与外出培训、邀请专家"送教上门"或"线上讲座"等多渠道、多形式,提升当地教师的国家通用语言文字应用水平和教学能力,就地解决双语教师质量不高、数量不足的问题。针对教育资源不足的问题,应当加快完善偏远民族地区的基础设施建设,扩大网络覆盖率,确保网络教育资源的获得,相关辅助语言文字学习的资料和工具配备完整,保证学习所需。针对教研工作薄弱的问题,有关省区市可组织开展"一对一"或"一对多"重点帮扶,同时指导推进当地县域内或片区各学校联合教研,积极钻研国家通用语言文字教材、教法,提高教学效果。

3.大力营造有利于国家通用语言文字教育的社会生态

良好的教育需要良好的环境。针对一些民族地区国家通用语言文字教育环境较差的问题,可以从以下几个方面加以改善。

一是发挥当地政府和学校的作用,组织对国家通用语言文字掌握好、能力强的干部和教师,加强对当地少数民族群众国家通用语言文字的培训,从基础抓起,从日常交流会话抓起,由浅入深,循序渐进,积极营造当地学习使用国家通用语言文字的社会氛围。

二是利用名人效应,邀请专家名人或当地有名望的人士作为"形象大使",推广使用国家通用语言文字,提高民众对国家通用语言文字的认同度和使用率。

三是加大社区或村落宣传,提高家长对家庭教育和国家通用语言文字的重视程度,从而使其为子女的语言学习提供支持。

总之,通过多种方式和渠道,努力营造国家通用语言文字教育的良好社会生态。

第七章

铸牢中华民族共同体意识的实践探索

一、铸牢中华民族共同体意识的西藏实践

2021年中央民族工作会议上,习近平总书记指出:"只有铸牢中华民族共同体意识,才能有效应对实现中华民族伟大复兴过程中民族领域可能发生的风险挑战,才能为党和国家兴旺发达、长治久安提供重要思想保证。"[1] 中华民族共同体意识是各族人民坚定休戚与共、荣辱与共、生死与共、命运与共的共同体理念。自"中华民族共同体意识"提出以来,大量的学者对其历史发展、学理内涵,逻辑路径等方面进行了研究,在民族地区进行实践探索更是当前的研究重点。

西藏位于我国西南边陲,向内与多个省份紧密相连,向外是我国通往南亚的重要门户,战略地位十分重要。西藏是多民族聚居的典型区域,以藏族为主体,有40多个民族成分。[2]增强西藏各族人民团结统一的共同意识,处理好民族问题,做好民族工作,关系到西藏的长治久安和高质量发展。在中央第七次西藏工作座谈会上,习近平总书记深刻指出:"铸牢中华民族共同体意识,是我国民族工作的主线,也是西藏工作的战略性任务。"[3]表明了在西藏开展铸牢中华民族共同体意识的重要性和必要性。

---

[1] 习近平.以铸牢中华民族共同体意识为主线,推动新时代党的民族工作高质量发展[M]//习近平.论坚持人民当家作主.北京:中央文献出版社,2021:327-328.

[2] 杨成洲,何茂鑫.西藏人口发展的新动向与新特征:以第七次人口普查数据为基础[J].西藏发展论坛,2022(3):81.

[3] 郭菲,覃敏位.铸牢中华民族共同体意识的理论内涵及在西藏的实践意义[J].新西藏(汉文版),2022(3):49-50.

以"西藏"和"铸牢中华民族共同体意识"作为关键词,在中国知网上进行检索,并对相关文献进行可视化分析,结果表明,当前对西藏铸牢中华民族共同体意识的研究集中在民族团结、路径思考方面,实践研究方面文献相对较少。但也有少数研究者对西藏经验进行总结分析,提出了西藏铸牢中华民族共同体意识的实践参考,主要有以下几方面。

在民族关系方面,在"乡村振兴""兴边富民"等过程中,各族群众相互交往交流交融,加强了各民族间的关系,增进了信任,巩固和发展了社会主义新型民族关系。

在法治方面,提出要进一步完善立法、加强民族事务治理法治化、加大社会普法力度等,为铸牢中华民族共同体意识提供法治保障。[①]

在历史记忆方面,要深入挖掘、整理、宣传西藏自古以来各民族交往交流交融的历史事实,不断夯实铸牢中华民族共同体意识的历史基础。[②]

在文化方面,重视西藏非物质文化遗产在促进各民族交融、增进中华民族认同、提高中华民族凝聚力等方面的作用,将其作为铸牢中华民族共同体意识的精神纽带[③]。

但当前关于西藏铸牢中华民族共同体意识的研究对经验的总结不全,主要针对历史基础进行总结论述,放眼当下的实践研究较少。基于此,本文旨在对西藏地区铸牢中华民族共同体意识的成功经验进行总结,并对存在的问题进行分析,提出具有针对性且切实有效的建议对策,为其他边疆地区提供可参考的西藏方案。

(一)西藏铸牢中华民族共同体意识的经验举措

党的十八大以来,西藏地区紧紧围绕"四件大事"(稳定、发展、生态、强边)、"四个确保"(确保国家安全和长治久安、确保人民生活水平不断提高,确保生态

---

① 边巴拉姆,嘎松泽珍.铸牢中华民族共同体意识法治保障的西藏实践与完善路径[J].中国藏学,2022(3):141.
② 次旦扎西,周国起.论西藏铸牢中华民族共同体意识的重大意义、存在挑战及实践路径[J].中央民族大学学报(哲学社会科学版),2021,48(3):54.
③ 胡兆义,林继富.铸牢中华民族共同体意识视域下西藏非物质文化遗产传承保护新思路[J].西藏大学学报(社会科学版),2020,35(3):103.

环境良好,确保边防巩固和边境安全),全力服务"四个创建""四个走在前列"(创建全国民族团结进步模范区,努力做到民族团结进步走在全国前列;创建高原经济高质量发展先行区,努力做到高原经济高质量发展走在全国前列;创建国家生态文明高地,努力做到生态文明建设走在全国前列;创建国家固边兴边富民行动示范区,努力做到固边兴边富民行动走在全国前列),聚力"三区一高地"(样板区、引领区、发展示范区,改革开放新高地)建设,全面贯彻新时代党的治藏方略,谱写了铸牢中华民族共同体意识的西藏篇章。

1. 以坚持党的领导为根本,促进铸牢中华民族共同体意识的政治建设

历史与实践已经证明,做好民族工作关键在党,关键在人。西藏始终坚持将党的领导作为根本,贯彻落实国家和自治区出台的民族工作政策措施,促进西藏铸牢中华民族共同体意识的政治建设。

2020年5月1日,《西藏自治区民族团结进步模范区创建条例》正式实施,将西藏民族团结进步模范区创建工作纳入法治轨道。条例结合西藏实际,立足铸牢中华民族共同体意识要求和西藏区情,围绕乡村振兴战略、中华优秀传统文化等,涵盖了创建活动的方方面面。条例的出台,健全了西藏民族团结创建的制度、体制。2021年2月,西藏自治区印发《西藏自治区民族团结进步模范区创建规划(2021—2025年)》,之后,西藏地区进一步针对民族团结进步模范区的创建实施方案、模范考评命名办法、工作测评指标等出台各项文件,为模范区创建提供依据遵循和制度保障。此外,西藏发布《全面推进新时代西藏民族工作高质量发展的实施意见》,启动编纂"民族团结进步百科全书"西藏卷,力争到2025年,将全区7市(地)全部创建为全国民族团结进步模范市(地)。2022年5月,西藏民政厅印发《西藏自治区"双集中"机构进一步铸牢中华民族共同体意识的具体措施》,通过"双十条"措施的落实,在特困人员和孤残儿童中铸牢中华民族共同体意识。

政策方案的落实需要创新民族工作格局,需要全体成员积极参与。作为自治区首府,拉萨市积极探索创新"四项机制":健全党组织带动机制、部门行业联动机制、社会组织推动机制、督查考评促动机制。通过充分发挥党员的示范引领作用,坚持"横向+纵向"相结合,推动形成做好民族工作的合力;实施各项主题活动,引导各族群众参与建设;发挥监督检查"指挥棒"导向作用,推动铸牢中华民族共同体意识各项举措落地落实,全面构建新时代党的民族工作新格局。此外,西藏各级党组织坚持大抓基层为导向,切实建强组织体系、夯实基层基础,在各行业领域,着力打造100个基层党建示范点,累计整顿各领域软弱涣散基层党组织4500余个,基层党组织数量由2012年的1.4万个增加到2022年的2.2万个,并在21个边境县创新开展军地基层党组织"五共五固"(共学党的理论固信仰信念、共建基层组织固堡垒、共促民生改善固脱贫成果、共树文明新风固民族团结、共守神圣国土固边境安宁)结对共建,凝聚起强边固防的强大合力。

2.以经济发展改善民生为重心,促进铸牢中华民族共同体意识的物质建设

发展是硬道理,是解决西藏所有问题的关键。西藏贯彻新发展理念,坚持中国特色、西藏特点,深入推进"一带一路"共建落实,高质量发展"三个赋予、一个有利于"要求[①],经济发展效率逐步提升,人民生活稳步发展,促进西藏铸牢中华民族共同体意识的物质建设。

西藏将生态保护作为指引,实现经济发展与生态建设齐头并进。西藏坚持"两屏四地一通道"(两屏:西藏是重要的国家安全屏障、重要的生态安全屏障;四地:重要的战略资源储备基地、重要的高原特色农产品基地、重要的中华民族特色文化保护地、重要的世界旅游目的地;一通道:面向南亚开放的重要通道)的战略定位,将生态文明理念与经济现代化相结合,建设西藏现代化体系。西藏在守护生态安全的条件下,开发特色产业、加大基础设施建设、增加农牧业技术投入,提升了农牧业养殖业现代化水平。此外,西藏逐步构建以清洁能源、藏医药、民族手工艺等为主的特色工业产业体系,发展出属于西藏的绿色工业。随着西藏产业结构的改变,第三产业已成为西藏第一大产业,旅游、文娱产业的发展使西藏的经济市场不断繁荣,也为西藏的文化传播和发展提供了途径。在扶贫工作上,西藏通过"极高海拔生态搬迁"项目的实施,完成了扶贫藏北牧民和保护羌塘

[①] 王娜,程细玉.西藏经济高质量发展路径研究[J].西藏发展论坛,2022(4):50.

国家级自然保护区的计划,①切实实现了生态保护和经济发展共赢。

西藏不断加强基础设施建设,大力改善民生。在交通方面,通过建设川藏铁路、拉林铁路,不断开辟国内外航线等,完善西藏综合立体交通体系。在能源方面,四条"电力天路"的联网工程结束了西藏孤网运行的局面,主电网供电覆盖全区74个县区,使西藏进入统一电网新时代,西藏电网在满足自身供给的基础上,在2015年首次实现了"藏电外送",为国家清洁能源接续奠定了基础。在数字经济方面,5G基站基本实现县区全覆盖,电子信息服务平台等建设成功,推动了信息资源流通。在城乡建设方面,西藏针对供暖、地下综合管廊、市政道路和市政桥梁以及供水进行投资完善,增强城镇承载力。在边境治理方面,依据《西藏自治区边境地区小康村建设规划(2017—2020年)》,在完善边境地区基础设施的基础上,着力提升金融服务。现在基础金融服务已覆盖西藏全域,惠及230多万名群众,边境县1102个助农取款点,为边境地区居民提供了极大的金融便利。

西藏将创新作为引领,开创新经济新局面。西藏科技进步贡献率从2012年的35%增长至"十三五"末的45.6%。西藏的工业发展不断实现技术突破,在轻工业方面,高原高压锅技术填补了国内外有关领域的空白。此外,青稞、牦牛、牧草等特色农牧产品,在科研培育、品种性能测定等方面取得重大突破,为经济效益的增长奠定了创新科研基础。数字化产业的高速发展也推进了西藏地区数字化产业的进程,西藏抓住"数字机遇",持续推进5G布局,推进物联网、工业互联网等基础设施建设,推动数字经济飞速发展。

3. 以文化认同建设共有精神家园为纽带,促进铸牢中华民族共同体意识的精神建设

文化认同是铸牢中华民族共同体意识的前提,是民族团结、民族和睦的根本。在传承西藏优秀传统文化的基础上,西藏持续推进中华民族优秀传统文化宣传教育,不断增强中华文化自信、文化认同,建设共有精神家园,促进西藏铸牢中华民族共同体意识的精神建设。

---

① 席蒙蒙.西藏经济现代化的内涵意蕴与实践逻辑:基于中央第七次西藏工作座谈会精神[J].西藏研究,2020(S1):97.

西藏传承发扬西藏优秀传统文化、非物质文化遗产,塑造铸牢中华民族共同体意识的精神纽带。为更好地增强文化自信,提高手工劳动的创造力,西藏实施《西藏自治区传统工艺振兴计划》,传承振兴西藏的特色技艺、特色美术以及藏药炮制等传统技艺。西藏不断加强博物馆建设,形成以西藏博物馆为龙头,布达拉宫珍宝馆、清代驻藏大臣衙门旧址陈列馆、根敦群培纪念馆和各市(地)博物馆等为主体的西藏博物馆网络体系,促进西藏传统优秀文化的保护传承。在藏医药文化上,西藏注重人才培养、古籍整理保护、基础临床研究,在此领域取得了可喜成就,进一步保障了藏医药文化的传承发扬。此外,西藏还积极创新文化艺术传承传播的形式,2022年7月12日举办了首届西藏自治区文化艺术节,艺术节为各民族群众送上了优秀藏戏、民间舞、戏剧、曲艺以及其他非遗歌舞项目,很好地传播了西藏代表性民间文化。

西藏深入贯彻《深化新时代学校民族团结进步教育指导纲要》,将民族团结教育、中华民族共同体教育贯穿教育全过程、各学段。在小学,西藏各级少先队组织在团中央、全国少工委的统筹指导下,全面推动各族儿童开展书信手拉手、结对子等活动,通过促进各地区各民族的少年儿童相识相知,使他们感受到中华民族大家庭的友爱氛围。在中学,全区团组织通过《西藏共青团铸牢中华民族共同体意识主题实践教育行动方案》统筹部署,从西藏青少年交往交流交融、实践育人、培根铸魂、建功奋斗四个方面加强青少年中华民族共同体意识培养。在大学,学校通过线上课程以及校园文化活动开展宣传教育,并利用高校平台进行民族团结与民族政策课题研究工作,构建科研与教学相互转化、互利促进的良好格局。此外,西藏还成立了5个铸牢中华民族共同体意识研究基地,这为西藏铸牢中华民族共同体意识提供了强大的理论支撑与方法保障。《中华民族交往交流交融史·西藏卷》史料汇编工作于2022年6月22日正式启动,这将为西藏铸牢中华民族共同体意识打下扎实的史学基础。

西藏不断推进国家通用语言文字教育,消除各民族各地区交往交流的语言文字障碍。西藏按照《中华人民共和国国家通用语言文字法》的要求,在全区大力推行国家通用语言文字教育,实现义务教育阶段全覆盖,并使用国家统编的道德与法治、语文、历史三科教材,全面推广普及国家通用语言文字。高校则将"普通话"和"规范字"纳入学校教育教学常规管理,开展相关比赛和诵读活动,促进师生人文素养培养。为了更好地对学生进行教育,"国培计划"加强对西藏老师的国家通用语言文字应用培训,增强老师的应用能力和教育能力。不仅是学校,西藏还对村干部、农牧民党员开展国家通用语言文字培训,增强他们对中华文化的认同。

4. 以社会建设为载体,促进铸牢中华民族共同体意识的社会建设

社会和谐稳定是发展繁荣和民族和睦的基石[①]。近年来西藏不断推进社会建设,在维护社会稳定、促进各民族交往交流交融、加强共同体意识宣传和社区建设方面取得显著成效,促进了西藏铸牢中华民族共同体意识的社会建设。

西藏全面贯彻党的民族和宗教政策,不断推进藏传佛教中国化。将"宗教和顺"作为藏传佛教中国化的基本精神和发展路径,倡导宗教和谐,宗教融入社会文化。推进新时代中国化藏传佛教发扬"爱国爱教"的教义,持续深化"遵行四条标准、争做先进僧尼"教育实践活动。深入开展"国家意识、公民意识、法治意识"(以下简称"三个意识")等宣传教育,加强理性宗教行为、有序宗教活动、完善宗教法规、规范宗教管理。僧人不仅自己学习"三个意识",也对"三个意识"进行宣讲,不断增强信众的爱国主义意识、铸牢中华民族共同体意识。

在社会治理方面,西藏不断加强民族交往交流交融,深化"共同体意识"。援藏工作是画好民族"同心圆",促进国家各民族团结统一的有力支撑。援藏工作者在援藏过程中,不断加深与西藏地区民众的交往交流,不仅促进了西藏的经济繁荣、社会进步、产业发展等,还切实促进了两地人员的情感交融,相互了解。在社会宣传方面,采用积极开展铸牢中华民族共同体意识宣传教育"进社区"活动,举行民族团结艺术作品征集活动,在西藏各地区各单位开展专题讲座等方法,持续推进西藏群众铸牢"共同体意识",提升中华民族认同。此外,西藏结合主流媒体与新媒体,以文字和视频等方式,通过讲述真实的民族团结故事,聚焦普通民族,助力中华民族共同体意识传播。在基层治理方面,西藏采用网格化治理、双

[①] 李森,陈烨.近年来西藏社会稳定问题研究综述(2008~2018年)[J].青藏高原论坛,2018,6(3):15.

联户制度和驻村干部制度,[①]推进社会稳定、经济发展和保障民生。在边境治理上,西藏实施了《西藏自治区边境管理条例》,加强对西藏自治区的国(边)界、边境地区、边民往来的管理,维护边境稳定,打击分裂活动,维护了国家的统一。

5.以生态文明建设为指南,筑牢中华民族共同体意识的生态安全屏障

生态环境关系到国家的发展,人类整体的发展,生态文明建设是中国式现代化道路的核心构成[②]。西藏是世界生态文明高地,是国家重要的生态安全屏障,建设美丽西藏就是为人类命运共同体建设筑牢生态安全屏障。

生态是西藏工作的"四件大事"之一,是"四个确保"目标的刚性要求之一。西藏针对生态文明建设逐步完善法律法规,制定实施《西藏自治区国家生态文明高地建设条例》,生态文明示范创建管理办法及11项配套指标,严格进行生态保护。通过《西藏生态安全屏障保护与建设规划(2008—2030年)》《西藏自治区大气污染防治条例》《西藏自治区打赢蓝天保卫战实施方案》等法规政策,从国土绿化、生物多样性保护、水污染和大气污染防治、土壤污染防治等方面进行严格治理。从成效上看,西藏开展自治区级生态文明示范创建,创建了2个国家"绿水青山就是金山银山"实践创新基地、11个国家生态文明建设示范市县;珍稀野生动物种群呈现恢复性增长;空气环境质量优良天数保持在99%以上;城镇集中式生活饮用水水源地水质达标率100%,西藏生态保育取得显著成效。

西藏践行绿色发展理念,抓好管理,不断强化生态文明的理念。西藏积极开展"双碳"工作,进行污染物减排自查,认定"绿色工厂",加强应对气候变化的能力。在生态服务上深化"放管服"改革,实行网上备案建设,优先将治污水平高、环境管理规范的企业纳入正面清单管理,提高服务工作效率。发布实施《西藏自治区"三线一单"生态环境分区管控方案》,进一步优化西藏自治区的国土空间和产业布局。为了强化群众的生态文明理念,西藏持续开展"中华环保世纪行——西藏行"活动,实施"美丽中国,我是行动者"活动,提升公民生态文明意识。

---

① 冉昊.西藏基层社会治理的创新、问题与对策[J].科学社会主义,2017(3):97.
② 党锐锋,徐琛.论生态文明建设与中国式现代化道路[J].决策与信息,2022(10):5.

(二)西藏铸牢中华民族共同体意识面临的问题和挑战

历史事实证明,西藏自古就是中华民族大家庭的一分子,自石器时代到现在,藏族人民与各民族不断交往交流交融,"中华民族的自在形态更为充盈与厚实"[①]。尽管西藏在铸牢中华民族共同体意识上积极创举,不断取得成效,但新时代面临新的挑战,反分裂斗争形势、高质量发展任务、文化交融认同、社会建设,以及生态环境等都给当前西藏铸牢中华民族共同体意识带来挑战。

1.反分裂斗争的复杂形势和严峻挑战

西藏作为战略地位十分重要的边疆地区,一直以来都处于反分裂斗争的前沿,分裂势力的活动和带来的严峻挑战,是阻碍西藏铸牢中华民族共同体意识的首要问题。当前,国内外的形势复杂。美国政府以藏制华的阴谋加快步伐,西方反华势力不断渗透,美国等西方国家对我国进行围堵遏制;达赖集团与西方反华势力勾结,十四世达赖没有一天停止过分裂祖国的活动,危害西藏安定团结的大好局面。分裂势力鼓吹所谓的"西藏政治地位论""西藏文化灭绝论"等,不断向群众渗透其分裂思想,甚至通过宗教活动哄骗信众,达到分裂祖国的目的。如果不对分裂势力和反华势力进行遏制和斗争,西藏的社会稳定就得不到保障,民族关系的和谐发展就会受到阻碍,人民无法安居乐业,各方面发展也将滞后,从而阻碍中华民族共同体建设。

2.高质量发展任务艰巨

党的十八大以来,西藏经济飞速发展,全区生产总值从2012年的710.16亿元增加到2021年的2080.17亿元,年均增长9.5%,高出全国平均水平2.9个百分点,但是西藏仍是我国经济欠发达的边疆地区,面临发展的各项挑战。

首先,由于历史原因,西藏的经济发展受到其短板的制约:地理和交通短板增加了西藏的物流成本;西藏人才和人力资源短缺,限制了经济的高质量发展;原材料缺少,导致成本高昂,减少了竞争优势。[②]

[①] 王少明,李丹.西藏铸牢中华民族共同体意识的历史逻辑与现实进路[J].西藏研究,2022(3):4.
[②] 陈朴."十四五"时期西藏经济发展领域的若干问题及思路对策研究[J].西藏大学学报(社会科学版),2020,35(3):177-178.

其次,西藏经济发展创新能力不强,在知识创新、企业创新、环境创新、绩效创新等方面总体还处于落后位置。[①]此外,西藏各地区的发展并不平衡,边境地区仍需加强富民强边建设,将固边与兴边相结合。西藏经济高质量发展任务艰巨,民生保障和服务体系需要进一步完善,这将极大影响民族间的向心力和凝聚力。

3.民族文化交融认同面临挑战

在交流方面,推行国家通用语言文字是促进民族之间交流的重要手段,但西藏地区语言环境复杂,总体而言,藏语主要在日常生活场景中使用,如家庭交流、日常沟通等,而普通话主要在社会场景中使用,如在医院看病、单位办公、学习教育时才会使用,这限制了国家通用语言文字使用范围的扩展。[②]对文化了解的动力不足、不实信息对认知的扰乱以及交流之间的不便利,容易对民族文化交融、中华民族共同体意识深入人心产生不利影响。

4.社会建设需要加强完善

经济的发展和交通的日益便利,使西藏地区聚集了来自全国各地不同民族的人员,各民族之间的交往和联系变得更加紧密。在交往过程中,由于外来人员对西藏的宗教文化、风俗习惯等不了解,可能导致冲突产生,从而影响到民族之间的情感和团结。一些日常生活中与民族或宗教有关的行为被故意歪曲泛化,如:因为不了解民族风俗无意识的"犯忌",被泛化成民族歧视、民族矛盾等。[③]此外,西藏地理位置特殊,强边固边是西藏的重要任务,但受到恶劣自然环境和边缘的地理位置影响,边境乡村、乡镇远离城市,经济发展相对落后,社会建设不完善,功能不全,边境治理需要进一步加强完善。社会交往的冲突、社会建设的不完善、固边任务的艰巨等问题,都给铸牢中华民族共同体意识带来了挑战。

---

① 王文令.推动西藏经济创新发展研究[J].西藏科技,2022(4):12.
② 张华娜,张雁军.精准扶贫视角下西藏普及国家通用语言文字存在的问题及对策研究[J].西藏研究,2020(1):119.
③ 蓝国华.新时代西藏铸牢中华民族共同体意识的意义、挑战及实践路径[J].西藏研究,2022(1):12.

5. 生态系统脆弱，公民保护意识不强

西藏是全国生态环境保护重点地区之一，但常年干旱、高寒、缺氧等严酷的自然环境，导致生态系统具有不稳定性、敏感性、易变性等脆弱性特征。保护西藏生态环境具有全球意义，是西藏开展铸牢中华民族共同体意识的重点。

西藏生态环境脆弱，生态安全阈值幅度窄，一旦受损很难恢复。在发展工业的同时，其污染问题也不容忽视，治理污染持续性发展是西藏生态面临的重要课题。在生态治理方面，西藏地区的群众参与程度较低。相关法律法规如《中华人民共和国水污染防治法》《中华人民共和国环境影响评价法》等法律规定公众参与的途径主要为调查公众意见、听证会、公开征求公众意见等。但在现实表现中体现出来的参与方式仅限于提出意见和建议，这使得一般公民对相关的政策法规等了解不深。[①]

在水治理方面，职能部门按照《关于全面推行河长制的意见》要求安装了河长公示牌、设置了相关的管理人员，尽管这些做法有利于对区域内的河流进行有效管理，但对保护生态宣传不到位的情况会导致责任分散，普通公民的责任意识淡薄，未能积极参与到保护环境中去。这也说明其中华民族共同体意识还需进一步加强，生态保护教育、生态共同体意识的培养任重道远。

（三）进一步加强西藏铸牢中华民族共同体意识工作的对策建议

1. 全面加强党的领导，深入推进民族事务的依法治理

在中央民族工作会议上，习近平总书记指出，"加强和完善党的全面领导，是做好新时代党的民族工作的根本政治保证"[②]。这是党加强和改进民族工作的重要理论，是党在民族工作的长期实践过程中总结出的宝贵经验，是西藏铸牢中华民族共同体意识的根本保障和政治基础。

---

① 廖贤毅,周蓉.习近平生态文明思想视域下西藏河湖流域生态善治路径选择初探[J].西藏科技,2022(6):30.
② 习近平.以铸牢中华民族共同体意识为主线,推动新时代党的民族工作高质量发展[M]//习近平.论坚持人民当家作主.北京:中央文献出版社,2021:330.

西藏各级党委要增强"四个意识"、坚定"四个自信"、做到"两个维护",不断深入学习党的最新民族政策和新时代民族工作理论,不断提高政治判断力、政治领悟力、政治执行力,坚定不移地把党的领导贯穿到新时代的治藏工作中去,形成党委领导、政府管理、统战部门协调、民族工作部门履职尽责的民族工作格局,保证党的领导贯穿到铸牢中华民族共同体意识的每一个环节、每一个方面。

要重视干部人才队伍建设。按照"努力建设一支维护党的集中统一领导态度特别坚决、明辨大是大非立场特别清醒、铸牢中华民族共同体意识行动特别坚定、热爱各族群众感情特别真挚的民族地区干部队伍"[1]的要求,培养懂民族工作,能促进民族团结的领导人才。领导者只有思想忠诚纯净,坚守自己的责任担当,才能在工作岗位不忘初心,在复杂艰苦的环境形势下带领西藏走向民族团结进步的新征程。

要大力培养少数民族干部。少数民族干部是民族工作的骨干力量,做民族工作有天然的优势。少数民族干部容易走进民族地区人民的心里,倾听群众的需求,将人民的真实想法和需求反馈给党和政府。只有了解人民真实的需求,才能切实推进民族事业的改进和发展。

要创新铸牢中华民族共同体意识的工作机制。如参照拉萨市探索创新的"四项机制",西藏其他地区也可以从党组织、各部门行业、社会组织以及督查考评这四个方面入手,构建创新民族工作机制,形成良好的民族工作氛围。

坚持依法治理民族工作、民族宗教事务,坚决打击分裂行为。首先,在自治区法规中对铸牢中华民族共同体意识的职责和具体要求进行规范,增加可操作性,如对铸牢中华民族共同体意识的部门职责、社会职责等进行具体阐述,通过法规明确各部门、全社会应该做什么、不能做什么,并建立奖惩机制,从而引导帮助各部门和社会各方面深刻理解和践行铸牢中华民族共同体意识。其次,在法规中对公民在铸牢中华民族共同体意识工作中的义务和禁止行为作出划分和明确规定[2],如在日常生活和文化交流活动中尊重各民族文化传统、风俗习惯的义

---

[1] 习近平.以铸牢中华民族共同体意识为主线,推动新时代党的民族工作高质量发展[M]//习近平.论坚持人民当家作主.北京:中央文献出版社,2021:331.
[2] 边巴拉姆,嘎松泽珍.铸牢中华民族共同体意识法治保障的西藏实践与完善路径[J].中国藏学,2022(3):148.

务,对分裂和极端行为进行禁止,严厉打击私自制作宣扬邪教以及分裂思想的影视光碟等不法行为。此外,将依法治理落到实处,使用《中华人民共和国宪法》《中华人民共和国民族区域自治法》《宗教事务条例》等法律法规对违法宗教活动、违法犯罪行为进行依法处理。西藏司法部门应联合其他各职能部门,通过普法讲座、法律知识竞赛等活动,宣扬新时代中国特色社会主义法治思想,维护法律的权威性。

2.贯彻新发展理念,推动西藏经济走向高质量发展

以高质量发展夯实物质基础。铸牢中华民族共同体意识需要高质量发展下的物质基础作为基本保障,这也是提升西藏各族群众对中华民族共同体的整体认同,引导其凝聚内在向心意识的必要前提。[1]西藏要坚持贯彻新发展理念,建立现代化产业体系。

强调西藏的特色产业,围绕高原特色建设高原农牧业,持续推进各地市贯彻"各出各的优势牌""各上各的特色菜"的发展理念,推动各地区创新农牧业发展,建设各地区的特色基地和产业带。

将生态保护融入工业产业发展中,发展西藏特色绿色工业,如发扬西藏在清洁能源领域的优势,通过发展水能、风能、光能等可再生绿色资源,与各地区联合发展电能工程,将清洁能源做成西藏的特色产业,保障西藏的就业能力,实现经济发展。

推进藏药产业发展,持续推进藏药的技术创新,培育优秀藏药企业,帮助藏药产业形成优秀品牌,在国内外地区进行展销,扩大藏药市场。

大力发展生态旅游业,开设民族特色浓厚的旅游娱乐项目,如西藏观光旅游、文化旅游等,在开拓国内外市场的同时宣传西藏文化。把握共建"一带一路"带来的重大机遇,利用面向南亚市场的大通道地位,积极参与国际市场,在开拓市场的过程中,不断促进自身特色产业经济的发展。[2]

积极吸纳人才资源,是西藏现代经济发展的重要一步。西藏经济社会正处

---

[1] 蓝国华.新时代西藏铸牢中华民族共同体意识的意义、挑战及实践路径[J].西藏研究,2022(1):13.
[2] 肖军."一带一路"背景下西藏拓展南亚市场的新机遇及推进举措[J].西藏发展论坛,2022(3):62.

于高质量发展的起步阶段,需要大量专业型和技术技能型人才,[①]西藏高校在学科专业设置、学科体系建设上,应当结合当前西藏经济发展的需要,对高原生态发展等相关专业进行建构打造,形成特色学科体系,使学生学有所用,保障本土环境资源问题有对应的学科平台进行研究。不仅如此,西藏高校还可以协同各个行业或是其他高校搭建创新平台,通过高校间合作、高校与企业接口、政府支持高校等方式,促进高校培养高素质本土人才。也可以通过引进外来人才等方法增加人才资源,通过优厚的人才引进条件,引进西藏现在缺乏的高原生态、工业产业等方面的科研人员、专家学者等高级人才,为西藏高质量经济发展提供人才保障。此外,利用好网络媒体和线上交流平台,通过线上指导、远程指挥等方式邀请专家学者对西藏的经济发展、项目建设等提供理论和实践指导,解决当前由于西藏人才较少等带来的技术问题。

3.加强教育引导,夯实文化认同思想基础

青少年时期是形成价值观和自我同一性的关键时期,而且这个时期青少年基本处于学校教育阶段,可见学校教育对铸牢中华民族共同体意识的重要性。各地区应学习借鉴拉萨市创建"民族团结校园"的工作方案,将"民族团结、班子协作、教师齐心、师生和谐、同学友爱"作为校园建设主线,从上到下,从教师到学生,构建起良好的民族教育工作格局、友爱的民族团结氛围。学校加强教育引导,进一步聚焦中华民族共同体教育,不仅通过课堂教学普及中华民族文化、中华民族历史、中华民族共同体等相关知识,夯实青少年的文化认同思想基础,更需要在实践中让青少年感受到中华民族文化的博大精深、中华民族历史的源远流长、中华民族共同体的团结氛围。在西藏自治区各地打造"全国民族团结进步教育基地",鼓励学校组织学生参观日喀则江孜宗山抗英遗址和西藏博物馆,让学生在实践中了解中华民族文化、历史,感受民族团结氛围。不仅如此,学校还应当深入推进混班教学、混合住宿,通过促进各民族学生同学、同吃、同住,使其加深彼此的了解,促进其精神文化相互交流交融。

---

① 蔡秀清,才让东珠.西藏高校支撑高原生态产业高质量发展的路径选择[J].西藏民族大学学报(哲学社会科学版),2022,43(2):94.

重视广泛的宣传教育,采用多种方式进行宣传引导。随着西藏经济的不断发展,电视、手机等已经成为西藏民众生活中必不可少的工具。西藏地区可以融合主流媒体,利用电视、广播等进行宣传引导,也可以借助信息领域新手段如网络平台、短视频网站等,推进宣传教育。如西藏在"文化和自然遗产日"举办非遗展演活动,不仅可以通过新闻资讯向大众展示西藏的珍贵文化,也可以采用网络直播或是将节目上传至网络平台等方式,让更多人了解西藏的优秀文化。

多语言并存是多元文化得以保存和发展的重要原因,国家通用语言文字教育需要积极构建"双母语"教育,增强西藏人民对普通话的情感,激发其学习动机。普及宣传学习国家通用语言文字的意义和益处,消除民众对学习汉语汉字的抵触心理,能有效促进其对国家通用语言文字的学习。此外,构建良好的普通话语言学习环境是促进国家通用语言文字学习的有效方法。创造大家都进行普通话沟通、使用汉字进行交流书写的环境,有利于加强民众对国家通用语言文字的理解和掌握。

4. 推进社会建设,构建稳定和谐的社会环境

完善社会治理体系,保障社会安全稳定,满足人民对美好生活的需要,是铸牢中华民族共同体意识的社会基础。西藏要增强防范化解"政治安全风险""社会治安风险""社会矛盾风险""公共安全风险""网络安全风险"五类风险的意识,推进社会治理现代化。

在社会治理方面,要坚持"共建共治共享"的社会建设理念,各地区要因地制宜,根据当地特色进行管理。如:拉萨市构建了"1+7"市域维稳风险防控前沿指挥部,形成了党政军警民联勤联动、联保联治、联合作战的良好局面;日喀则市采用"基层党建 + 社会治理"的新工作格局,将党建的引领作用发挥到社会治理当中。

在基层治理方面,继续推进网格化治理,形成全民共建共享的社会治理格局。建设网格化治理的一体化综合信息化平台,提高各级之间的信息传递效率,利用网络信息平台达到高效治理社会问题的目标。在社区工作中,推行"民族互嵌式社区建设",促进社区不同民族成员之间团结交融,通过各民族群体在空间上交错而居,在生活上相互联系,从而推进到心理上相互靠近、相互理解,实现交往交流交融,建设社区共同体。

此外,坚决打击"三股势力"在西藏的破坏和渗透。西藏可学习借鉴广西的优秀经验,严厉打击边境违法犯罪行为,在边境地区实施民族团结进步创建"百点工程"、在农村基层开展"强基固边"和"边境党旗红"等党建行动,创建属于西藏的"国旗工程",弘扬爱国主义精神。[①]

在边境工作方面,积极推进建设边境地区军民融合发展示范区、边境地区公路军民融合共建示范项目,大力促进军民融合,通过军民共建稳定边境。弘扬"老西藏"精神和爱国守边精神,增强边境人员的爱国主义精神和中华民族共同体意识。

5. 增强生态文明意识,建设美丽西藏

培育生态文明、生态保护的主人翁意识,是铸牢中华民族共同体意识,树立生态共同体意识的内在要求。西藏自治区生态环境厅要严格执行出台的各项生态保护实施方案,认真落实《生态环境损害赔偿管理规定》,使生态环境损害赔偿制度落地。西藏可以学习借鉴宁夏回族自治区采取的职责分工制度,对生态环境、自然资源、住房城乡建设、水利、农业农村和林草这六个部门进行明确分工,使其分别负责处理突发事件和工业违法排污方面的生态环境损害、采矿和地质方面的生态损害、生活垃圾和建筑垃圾污染生态、河道湖库生态环境损害、耕地破坏和水产渔业生态损害、自然保护地区以及林业和生物的损害。通过明确责任分工,构建强有力的生态保护防线。在明确各部门责任分工的同时,推进西藏生态保护督察工作。西藏可以参考借鉴黑龙江省生态保护督察整改方面的经验,通过自治区主席担任生态督察整改工作小组的组长,强化领导的政治责任;开展督查整改"回头看"专项督导、"百日攻坚"专项行动排查整治突出问题等,扎实开展督察行动,保障整改成果经得起考验;实行动真碰硬的严肃追责方案,绝不姑息任何破坏生态环境的行为。

---

① 陈立鹏,闫芸.铸牢中华民族共同体意识的地方实践:以广西为例[J].中央民族大学学报(哲学社会科学版),2022,49(5):17.

加强宣传教育,增强西藏各民族成员的生态保护意识和生态法治意识。在宣传引导上,采取线上线下相结合的方式,线下通过党员干部、村委委员将生态保护的理念和法律规定传达到每个人;线上利用好传统媒体和新传媒的渠道,举办生态文明有关科普节目和竞赛游戏,让群众了解保护生态的重要性,保护生态的方法途径,以及破坏生态带来的惨重后果。西藏可以参考湖北省对居民进行"生态环境与健康素养监测"的举措,通过问卷调查,把握当前西藏群众对生态环境的认知,提高群众对生态环境与健康的关注度,并根据调查结果有针对性地进行生态文明建设。通过增强群众的生态文明意识,提升群众对生态保护的参与度,形成生态共同体,铸牢中华民族共同体意识、人类命运共同体意识。

二、铸牢中华民族共同体意识的新疆实践:心理学视角

铸牢中华民族共同体意识的研究范式总体上可归结为三类:理论、历史和现实。[1]理论范式以中华民族共同体意识的内涵、意义和历史逻辑为主要研究内容;历史范式从意识范畴的视角探究中华民族共同体意识的形成和发展;现实范式则结合实践探讨铸牢中华民族共同体意识的有效路径。

目前相关的研究较为丰富。在理论方面,白梦秋认为铸牢中华民族共同体意识是继承和创新马克思共同体思想,坚持和发展社会主义本质理论;[2]在历史方面,李国强从部落联盟、"大一统"政治传统等方面阐述了铸牢中华民族共同体意识凝聚发展的历史逻辑;[3]在现实路径方面,张伦阳和王伟提出,应该通过政治、经济、文化等多角度、多层次的路径铸牢中华民族共同体意识。[4]也有研究者认为,增强积极的群际认同、减少群际偏见[5]以及加强群际的积极互动[6]是铸牢中

---

[1] 杨艳,秦潇潇.铸牢中华民族共同体意识的实践理性研究:基于民族团结进步示范创建的西南边疆个案[J].广西民族研究,2022(2):73.
[2] 白梦秋.铸牢中华民族共同体意识的双重依据[J].文化创新比较研究,2019,3(33):15.
[3] 李国强.铸牢中华民族共同体意识的历史逻辑[J].思想战线,2022,48(5):18.
[4] 张伦阳,王伟.铸牢中华民族共同体意识:理论逻辑、现实基础和实践路径[J].民族学刊,2021,12(1):10-18.
[5] 梁静,杨伊生.跨民族友谊促进中华民族共同体意识的心理路径及培育机制研究[J].西南民族大学学报(人文社会科学版),2020,41(7):207.
[6] 孙琳.铸牢少数民族大学生的中华民族共同体意识探究:以群际接触作为一种理论视角与实践策略[J].西南民族大学学报(人文社会科学版),2020,41(5):14.

华民族共同体意识的关键步骤。虽然近年来相关研究成果大幅增加,但从心理学视角结合个案具体实践的研究较少,所提出来的对策较泛化,缺少针对性。意识问题是心理学研究的重要问题,从心理学视角研究铸牢中华民族共同体意识,需立足中华民族共同体意识自身的逻辑。

所谓共同体意识,是指特定聚合关系中的成员,具有共同的价值观念和行为规范与能动凝聚意愿。意识是客观世界在头脑中形成的主观映象,中华民族共同体意识是各族成员在认识"中华民族"时,在头脑中形成的对这一客观身份的主观映象,由认知、情感、意志三部分构成。除此之外,中华民族共同体意识的另一重要组成部分是外在行为,"知、情、意"三维度的深化和体现都离不开外在的行为。基于此,本研究从心理学视域阐述中华民族共同体意识的认知、情感、意志和行为四个心理本质,梳理铸牢中华民族共同体意识实践的内在逻辑,具有重要的理论意义与现实价值。

(一)中华民族共同体意识的本质

1.认知本质

认知是指通过感觉、思维、经验等获得和理解知识的心理过程。铸牢中华民族共同体意识的心理基础是共性认知,即共同的地域、共同的记忆以及共同的文化符号会使群体对物质世界和精神有着共同的认知选择,并进一步导致相应的行为。铸牢中华民族共同体意识的过程为从个体"认知"到社会"共知",了解此心理机制有助于提高对铸牢中华民族共同体意识心理路径的认识。①

(1)共同地域。

各地区不同的地理环境使各民族的人们形成了独特的认知方式、情感态度、行为习惯等,由此产生了带有独特的地理环境特征的生活习惯、民族习俗、宗教信仰、民族精神,从而影响民族意识和群体人格。广袤无垠的草原塑造了新疆各民族的融合性,长期的水资源不足使得各民族性格更加坚忍。河西走廊是连接古代中原地区与新疆的重要通道,促进了新疆与中原地区之间的沟通与文化交

---

① 李静.共同认知:铸牢中华民族共同体意识的心理途径之一[J].中国民族教育,2020(9):18.

流,也为新疆文化的形成奠定了基础。由此,新疆文化既保有自己的特色,同时又与中华文化一脉相承,在根本上具有一致性。

新疆地区毗邻的国家众多,面临着经济、政治、文化以及境外暴恐势力等多种风险威胁。境外民族分裂势力、"双泛"思想、宗教极端思想等渗透,都是在铸牢中华民族共同体意识的过程中必须予以重视并解决的问题。

(2)共同记忆。

共性认知包含了各族人民对共同历史的认知,共同的历史经历赋予了群体共同记忆。根据心理学的相关研究,共同记忆被视为集体的社会行为,以群体为基础,特征是相互影响性和带动性。共同记忆是心理过程的重要方面,也是铸牢中华民族共同体意识重要的心理途径和心理指标。[①]

新疆共同记忆以及历史文化的重要载体——历史文献、考古实物和文化遗存,见证了新疆这个多民族聚居地区的历史渊源、发展历程,各民族间的不断融合及其与中原地区的紧密交流,是重要的实物资料,阐释了中华民族为何呈现为多元一体格局。《汉书》中记载了西汉的细君公主和解忧公主与西域和亲,远嫁乌孙之事。两位公主的和亲,加强了两地区的联系,促进了各民族交往交流交融。在新疆出土的文物中,既有唐朝各级军政机构的文牒,也有反映当时民间租佃、买卖等活动的各种契约文书,还有记载百姓文化、丧葬礼仪、宗教信仰的文书残片等。这些相关的历史记忆从政治、经济、文化等多个维度有力地证实了新疆自古以来就是我国不可分割的一部分,新疆各民族是中华民族这个大家庭中血脉相连、命运与共的成员。

在漫长而丰富的历史进程中,中华民族已成为一个共同体,共同记忆使个体成员间的关系更加紧密,并塑造了强烈的社会认同感,凝结成共同心理,产生了巨大的群体凝聚力,为铸牢中华民族共同体意识奠定了历史基础。

但不容忽视,境内外敌对势力大肆歪曲新疆的历史渊源、发展历程,竭力否认各民族自古以来紧密交流和不断交融的历史事实,蓄意攻击党的治疆方略,企图破坏民族团结,制造矛盾与隔阂,极大地阻碍了铸牢中华民族共同体意识的进程。

---

① 李静.共同的记忆:铸牢中华民族共同体意识的心理途径之四[J].中国民族教育,2020(12):22.

(3)共同文化符号。

在共性认知中,可用符号对共同文化加以表征并进行加工识别。中华民族共同体意识的表征,可以是中国地图、五星红旗、国家通用语言文字等符号和其他形式。国家通用语言文字是一种中华文化符号和形象,被各民族高度认同,象征着国家主权,集中体现了各民族的共同性,是各民族共有精神家园的重要组成部分,是各民族交往交流交融的有效工具。

党的十八大以来,习近平总书记多次强调国家通用语言文字教育对民族地区发展的重要意义,以及对铸牢中华民族共同体意识的重要性。在习近平新时代中国特色社会主义思想指导下,《中华人民共和国国家通用语言文字法》《新疆维吾尔自治区语言文字工作条例》等法律法规在新疆得到了全面贯彻与落实。国家通用语言文字教育能够为铸牢中华民族共同体意识打下坚实的基础,为长期做好民族地区铸牢中华民族共同体意识工作提供保障。

在党和政府的大力支持下,新疆全力推进国家通用语言文字教育,历经培根筑基、扩建基础、全面推进等发展时期,逐步建立了从学前到中小学各阶段有效衔接、健全的国家通用语言文字教育教学体系,积累了宝贵的实践经验。[①]虽然新疆推广应用国家通用语言文字的工作取得了一定成效,但在新疆一些偏远地区的群众中,仍然存在不会讲普通话的现象,并且群众对推广国家通用语言文字还存在一些认识误区,认为学习国家通用语言文字就是学习汉族文化,不利于保护和传承少数民族文化,这些错误认识极不利于铸牢中华民族共同体意识工作的深入推进。

2.中华民族共同体意识的情感本质

从心理学角度来看,情感是人对客观事物是否满足自身需求而产生的相对应的态度体验,为人类的社会活动提供必要的内在动力,是维系不同群体、不同个体间关系的重要纽带。

有学者提出,情感作为一种高程度的情感依恋,可以推动民族主义的发生,是维系个体与群体间关系的重要纽带。在铸牢中华民族共同体意识的过程中,

---

[①] 吴明海,娄利杰.新疆国家通用语言文字教育政策的发展历程、经验与意义[J].民族教育研究,2020,31(5):113.

全国各民族通过共同的经历和情感形成了强烈的民族共同体意识。归属感、荣誉感、认同感、获得感、幸福感等积极情感体验是中华民族共同体的情感本质。积极情感能够减少群际焦虑、群际厌恶。随着各民族交融程度不断加深,中华民族最终成为"密不可分,互相依恋,彼此影响"的情感共同体。

(1)"新疆故事"中的情感共同体。

党的二十大报告指出,要"讲好中国故事、传播好中国声音,展现可信、可爱、可敬的中国形象"[1]。新疆故事是中国故事的重要组成部分,讲好新疆故事,是讲好中国故事的题中应有之义,事关凝聚人心、凝聚力量,事关在国际上树立中国新疆团结和谐、繁荣稳定的良好形象。

为救助断臂男孩接力奔跑的平凡英雄、亮出党员徽章的牧民大叔、为救落水儿童英勇牺牲的拉齐尼·巴依卡等鲜明的英雄形象,[2]《张骞》《解忧公主》《班超》《长长的辫子》《阳光下的麦盖提》等艺术作品,都生动表现出爱国情怀、民族气概等正能量和积极情感;《捎话》《遥远的向日葵地》《西长城》等文学作品来源于生活,扎根于人民,与时俱进,弘扬真善美的价值观和向上向善的人生态度;《情暖天山》《阿娜尔罕》《新疆是个好地方》《金色的胡杨》等作品深入人心,生动讲述了新疆的故事,展现了新疆的美好面貌与精神;《龟兹石窟题记》《克孜尔石窟壁画复原研究》的出版是新疆铸牢中华民族共同体意识的有力实证。灿烂的中华文明之所以能更好地被展现,是因为一代代考古工作者全心注入自己的热爱,不断克服困难、始终坚守,共同推动文化自觉、文化自信。

(2)脱贫攻坚中的情感共同体。

党的十八大以来,党中央高度重视新疆脱贫攻坚工作,在一系列惠民工程中展现出"坚持以人民为中心的发展思想",扶贫干部们的无私付出在实现全面脱贫这一伟大目标中发挥了重要的作用。新疆坚持深化"访惠聚"驻村工作,1万多个"访惠聚"驻村工作队深入帮扶贫困户,了解其家庭情况及发展变动,为其提供物质帮扶、思想帮扶,在全区所有贫困村中实现派驻全覆盖。新疆维吾尔自治区

---

[1] 习近平.高举中国特色社会主义伟大旗帜 为全面建设社会主义现代化国家而团结奋斗:在中国共产党第二十次全国代表大会上的报告[M].北京:人民出版社,2022:46.
[2] 侯辉.娓娓道来,讲好新疆故事[N].新疆日报,2022-10-22(A02).

12000多名第一书记冲锋在第一线,在多方面充分发挥作用,既把准方向不偏移,又深入基层帮扶群众,坚持访民情、解民忧。扶贫干部们践行"胡杨精神",扎根边疆、奉献边疆,使新疆如期高质量地实现脱贫。

(3)社会支持中的情感共同体。

祖国对新疆的大力支持使新疆各族人民感受到了中华民族这个大家庭的温暖。党的十八大以来,国家采取了一系列措施保障新疆社会稳定,维护新疆长治久安。党中央大力支持新疆重大项目建设,实施特殊优惠政策,如企业所得税"五免五减半"政策,并先后在新疆设立了喀什、霍尔果斯经济开发区等13类55个国家级重点开放平台,促进招商引资,吸引产业聚集,助推了新疆经济高质量发展。同时,全国19个援疆省市无私援助,据《新疆日报》报道,截至2022年8月,全国19个援疆省市累计投入援疆资金超过1700亿元,对新疆给予了大力的帮助和支持,助力新疆快速发展,既增进了新疆与其他地区的经济联系,又密切了各民族的情感交流。

在铸牢中华民族共同体意识的具体实践中,新疆各族群众在情感共同体中寻找到了依托和心灵归宿,享受到了发展的果实,获得感、幸福感、安全感不断提升。情感认同是共同心理特质发挥作用的基础,能够促进各民族成员对中华民族、中华文化的认同。无论是哪个时代、哪种主体,以情育人、以情动人都是其共同取向,在铸牢中华民族共同体意识中是不可或缺的重要机制。[①]

然而,在新疆地区仍有境内外敌对势力利用暴力恐怖活动等影响和破坏新疆各族人民群众的身心安全,散播分裂主义思想,损害各民族人民群众的利益和感情。敌对势力大力推行宗教极端思想,利用信教群众朴素的宗教情感,刻意在不同民族之间制造隔阂,逐步侵蚀少数民族优秀传统文化,造成新疆社会动荡,企图分裂国家,破坏多元一体的文化格局,这是新疆民族地区铸牢中华民族共同体意识进程中面临的巨大挑战。

3.中华民族共同体意识的意志本质

意志维度是中华民族共同体意识的动机系统,它对行为起着重要的调节和驱动的作用,推动个体从意识层面转化到行为层面。

---

① 张敏.探析中华民族共同体意识中的情感面向:以新疆的实践为例[J].实事求是,2022(1):104.

意志是指个体有意识地确定目的,调节、支配行为,克服困难,从而实现预定目标的心理过程。意志为人类所特有,可以分为意志决定阶段与意志执行阶段。中华民族共同体意识的意志本质是各族人民自觉地确定铸牢中华民族共同体意识的目标,坚定地克服困难、跨越障碍,致力于推动铸牢中华民族共同体意识的心理过程。

(1)民族意志的决定阶段。

民族意志的决定阶段包含了个体的想法、价值观以及立场,与行为的动机密切相关。动机以需要为基础,当某种需要未满足时,人们会采取行动去寻找能够满足需要的对象,从而产生动机。马斯洛认为需要是有高低之分的,把需要分为不同的层次,包括生理需要、安全需要、爱与归属的需要、尊重的需要、自我实现的需要。只有低级需要得到满足之后,才会出现高级需要。同时,他把人类动机的发展和需要的满足联系起来:能满足个体的需要就能调动人的积极性,促进个体和社会的发展。生理需要包括呼吸、食物、水、睡觉、性、机体平衡等,安全需要包括人身、财产、职业、家庭、健康、道德的保障,爱与归属的需要包括与他人建立感情联系,加入一个团体并在其中获得某种地位的需要。对于中华民族共同体的认同和归属感,对各族人民的积极情感和加强交往交流交融的需要属于其中的爱与归属的需要,因此生理需要和安全需要的满足,可以促进爱与归属需要的产生。

在党中央的坚强领导下,新疆维吾尔自治区完整准确全面贯彻新发展理念,始终坚持以人民为中心的发展思想,既推动经济社会高质量发展,满足各族人民的物质需求,又坚持风险防控,保障各族人民的安全需要。从2012年到2021年,新疆地区生产总值由0.74万亿元增长到接近1.6万亿元,铁路营业里程达到8768公里,所有地州市都已通高速公路,民用机场数量达到全国第一。同时加快特色优势产业的发展,在油煤产量、风能太阳能发电量等方面领跑全国。坚持深化改革开放,扎实推进丝绸之路经济带核心区的发展,新疆对外开放大通道已初步形成。[1]新疆正在全面推进一系列民生工程,涉及免费教育、就业、医疗、社保、安居

---

[1] 奋力建设团结和谐、繁荣富裕、文明进步、安居乐业、生态良好的美好新疆:中共新疆维吾尔自治区委员会"中国这十年·新疆"主题新闻发布会实录[N].新疆日报(汉),2022-08-28(2).

等方面,全力建设健康新疆,自2016年起,新疆每年实施全民免费健康体检,居民主要健康指标均有改善,全区城乡140余万名低保群众实现"应保尽保"。[①]各项经济和民生工程使各族群众的生理需要和安全需要得到切实保障,增强了对中华民族共同体的归属感。

(2)民族意志的执行阶段。

民族意志的执行阶段强调的是面对困难时自觉激发主观能动性,努力达到预设的目标,在评判民族意志的坚定程度中起着重要的作用。铸牢中华民族共同体意识,在经济、政治、文化、法治、民生等方面面临诸多阻碍和困难。这就更加需要我们有坚定的民族意志,激发个体充分发挥主观能动性,提高自我效能感,充分信任国家政策,通过努力学习国家通用语言文字、各民族文化,不断铸牢中华民族共同体意识。而提高自我效能感又能够增强和巩固个体的民族意志。党的十八大以来,在以习近平同志为核心的党中央的高度重视和坚强领导下,新疆经济蓬勃发展、社会安定、人民安居乐业,各项改革取得显著成绩,改革发展稳定各项工作取得新成绩。新疆的脱贫攻坚任务圆满完成,民生保障更加完善,群众安全感指数逐年上升,各地民族团结典型事例等都极大地激发了新疆各族群众的自我效能感。这使得新疆各族人民以更加坚定的民族意志自觉向着铸牢中华民族共同体意识方向奋力前进。

虽然改革开放以来,在党中央的坚强领导和国家的大力支持下,民族地区的经济社会发展取得了很大成就,但我国幅员辽阔,地理位置与自然条件差异较大,且民族众多,人口庞大,导致经济发展等各方面容易出现不同程度的不平衡。一旦忽略民族意志的建设,则较容易导致消极情绪,不利于整个社会的发展。因此,在民族地区铸牢中华民族共同体意识过程中,首先要面对的客观现实问题是如何尽快缩小差距,消除发展的不平衡不充分问题。

4.中华民族共同体意识的行为本质

行为是中华民族共同体意识的执行系统,只有落实到行为,内化的共性认

[①] 奋力建设团结和谐、繁荣富裕、文明进步、安居乐业、生态良好的美好新疆:中共新疆维吾尔自治区委员会"中国这十年·新疆"主题新闻发布会实录[N].新疆日报(汉),2022-08-28(2).

知、激发的共同体情感以及民族意志才能实现其各自的意义。因此,中华民族共同体意识的行为本质是自觉维护民族团结、祖国统一等。

(1)群际接触。

群际接触是促进民族交往交流交融、铸牢中华民族共同体意识实践中必不可少的行为。各民族之间的群际接触能够改善群际关系,缩短群际的心理距离,减少群际偏见。

社会认同理论和自我分类理论认为,人们通过社会分类,自发地区分自己所属的群体(内群体)和与自己没有关联的群体(外群体)。社会分类和社会认同扭曲了感知到的群体内的相似性,从而产生内群体偏好,同时又放大了群体间的差异性,导致对外群体贬抑。共同内群体认同模型认为,"不同群体之间的隔阂和偏见是社会分类的结果,通过重新社会分类,使两个原本分离的群体形成一个包摄水平更高的上位群体"[①]。

新疆维吾尔自治区近年来坚持从群众的衣食住行、工作生活、学习娱乐等方面促进积极的群际接触,为各民族提供共居共事共学共乐的社会环境,从市场方面和思想方面同时进行引导,搭建多种交流平台,构建各民族嵌入式社区环境,广泛推行民汉合校合班,实行一系列就业政策,提供多个岗位帮扶毕业生就业,发放培训补助,实行定向招录、税费减免等相关政策。精神文化方面,新疆广泛开展群众性文体活动,例如既有中华优秀传统文化京剧,又有新疆独具特色的民间娱乐活动麦西来甫。同时族际通婚的氛围也越来越浓厚,形成各族人民亲如一家的良好局面。

共同内群体一旦形成,群体成员的身份从内外两个群体转变为共同内群体,将内群体偏好延伸到共同内群体,促进对共同内群体形成更为积极的情感,进而减少刻板印象和群际冲突,改善和优化群际关系,促进群际交流与合作。需要注意的是,并非所有的群际接触都能减少民族偏见,不恰当的群际接触反而会诱发群际冲突,导致消极的结果,甚至进一步加深民族偏见。

---

① 王俊秀,周迎楠,裴福华.社会心理服务体系建设视角下铸牢中华民族共同体意识的路径:基于共同内群体认同理论[J].民族学刊,2021,12(5):17-23.

（2）观察学习。

民族团结榜样在观察学习中至关重要,在铸牢中华民族共同体意识中发挥着重要的作用。观察学习是一种示范作用过程,班杜拉(Albert Bandura)提出,个体可以通过观察别人的示范行为习得相关的行为。观察学习是教育中的教学演示、示范教学等行为的理论依据。日常生活中不乏中华优秀传统文化和社会主义核心价值观相结合的精神元素,新疆维吾尔自治区将这些精神元素赋予了新的内涵,利用新的表达形式陶冶和启迪各族人民。2022年4月,新疆启动了"我推荐我评议身边好人"活动,并在多个网站设专栏专题进行展示和宣传。虽然人们身边的这些"新疆好人"有不同的故事,但都展现了中华民族传统美德的传承和时代精神。[1]

同时,新疆维吾尔自治区致力于民族团结进步示范区的创建,积极推进民族团结进步事业在机关、企业、社区、乡镇、学校、宗教场所、景区等的建设发展,积极创建全国民族团结模范单位和示范州(地、市),广泛开展多种微创行动,形成以点串线、以线连片、以片带面的示范创建格局。通过这些举措,提供了民族团结的榜样示范,提高了新疆各族人民对中华民族的认同感。

(二)铸牢中华民族共同体意识的心理学方案

铸牢中华民族共同体意识需遵循"外在知识内化—认知转化成为情感—情感升华生成深层意志—意志向行为外化"的心理建构过程。

1.认知层面

首先,要以铸牢中华民族共同体意识为主线,加强中华民族共同体历史、中华民族多元一体格局的研究和宣传教育。不断创新中华文化和共同历史的宣传形式和传播载体,有效利用相关的历史文献、考古文物、非物质文化遗存等。积极开展中华民族共同体教育,形成学校、家庭、社会联动机制,充分发挥博物馆的优势作用,运用文物生动地讲好"四史",坚持文化润疆,为新疆的持续发展提供动力。

---

[1] 银璐.春风化雨润人心:新时代新疆发展成就综述·文化建设[N].新疆日报(汉),2022-10-12(1).

其次,要坚决打击境内外敌对势力的渗透破坏,建立线上线下一体化、多渠道监测机制和预防机制,竭力从思想上肃清流毒,防止境内外敌对势力"分裂""分化"和宗教极端思想渗透到群众生活中,使各族人民形成心理屏障。同时,要传播和树立正确的思想认识,国家通用语言文字不等同于某个特定民族的语言文字,而是形成于各民族语言的交往交流交融的过程中,为各民族所共享,在传承优秀中华文化的过程中发挥着重要的作用。大力发挥新媒体的传播优势,通过制作国家通用语言文字普及相关视频、推广普通话公益游戏等方式来加大宣传和推广力度,充分利用微信、抖音等大众使用较频繁的社交平台,提高国家通用语言文字普及率。全面贯彻落实《中华人民共和国国家通用语言文字法》,在学前教育、初等教育、中等教育和高等教育中推行国家通用语言文字,为铸牢中华民族共同体意识打下坚实的基础。心理学认为,青春期之前是学习语言的敏感期,国家通用语言文字的学习,要从学龄前儿童抓起,为以后的各教育阶段做好充分的准备。掌握国家通用语言文字,有利于各族人民增加就业机会,更有效地利用科学和文化知识,传播人类进步的成果,并适应各民族的精神和文化需求。

最后,铸牢中华民族共同体意识的认知本质中,最重要的是引导各族人民正确认识中华文化和各民族文化之间的关系。各民族文化都是中华文化的重要组成部分,中华民族灿烂的文化成果是由各族人民共同创造的,是各族人民共同的宝贵财富。要在中华文化认同的基础上不断传承和发展各民族文化,保护各民族非物质文化遗产。既要强调共同性,又要保护差异性,正确处理好各民族文化与中华文化的关系,为增强中华文化价值共识奠定坚实的基础,有利于促进各族人民的中华民族文化自觉。

2.情感层面

(1)依托具体事物"物化"情感共同体。

抽象的情感需要依托具体事物作为其载体来表征其文化内涵。因此,在实践中需要注重宣传教育工作的内容和形式,充分挖掘相关的符号、图像等来加强人们对中华民族共同体的情感认同,使用多种形式的具象象征物,传递情感与价值观念。

在教育层面,重点是将思政教育课程的理论与当前热点时事相结合,重视内容与形式的创新,用学生喜闻乐见的方式将理论知识表达出来,激发学生对中华民族共同体意识的浓厚兴趣,使其产生深刻的情感共鸣与认同。

在社会层面,为了保证中华民族共同体意识的凝聚力与丰富内涵,新疆应继续加强中华优秀传统文化的传承与发扬,保护相关文化遗产,优先保护濒危文化,加大宣传力度,建立健全相关政策和保护机制。

(2)依托故事氛围,"外化"情感共同体。

在宣传中华民族共同体意识相关理论以及情感故事时,不能过于侧重灌输理论,采用说教的方式往往会导致群众丧失学习兴趣,甚至产生厌恶的负面情绪,阻碍情感认同的产生。因此,为了更好地"外化"中华民族共同体意识,既要准确地表达中华民族共同体意识的内涵,又要紧密联系生活实践与时事热点,让具体案例与故事通俗易懂、娓娓动听、深入人心。

在实践中,宣传、文化、互联网等相关部门和单位要推动和支持反映新疆和谐稳定、民族团结、繁荣昌盛、面貌一新的优秀文艺作品和广播影视节目的创作,实施"互联网+民族团结"行动,实现线上线下一体化宣传。着力开发宣传中华优秀传统文化的App,拍摄相关宣传视频,利用微博、微信等使用率较高的社交平台宣传和推广中华民族共同体思想等,更好地贴合民众生活、弘扬民族文化,进而提高群众的中华民族认同。

(3)依托积极情感,"深化"情感共同体。

基层党组织和政府应落细落实党的民族政策,充分体现社会主义制度的优越性和习近平新时代中国特色社会主义思想的强大生命力,使各族人民深刻感受到中国共产党人以人民为中心的价值追求。在持续加强帮扶、支援中,让各族人民感受到党和国家帮助民族地区实现共同富裕和社会主义现代化的坚定决心。在各省份援疆的互帮互助中,让各族人民加深各民族同胞之间的守望相助之情。在弘扬中华民族优秀文化与宣传新疆故事中,让各族人民群众增强归属感,体会作为中华民族大家庭成员的获得感、幸福感和自豪感。这些较为深刻的感情通过长期积淀,内化于日常生活中,使各族人民群众达到情感认同的高级阶段,发自内心地拥护中华民族共同体,进而为铸牢中华民族共同体意识奠定坚实的情感基础。

3.意志层面

注重培养坚定的民族意志,尽可能满足群众各种层次的需要,激发更高层次的动机,推动意志的执行。

根据马斯洛提出的需要层次理论,自我实现是最高层次的需要。在铸牢中华民族共同体意识的过程中,自我实现的需要能够激励个体最大限度地发掘自己的潜能,全心奉献于社会,推动社会繁荣和发展。在民族意志的准备阶段,要注意满足个体的生理、安全、情感、尊重等需要,在经济、政治、民生、文化等方面为各族人民提供充分保障,从而更好地激发个体自我实现的需要。对于大多数少数民族居民来说,当地民生事业的发展与他们的切身利益密切相关,极大地映射出他们在现实生活中的种种需要。少数民族居民对当地民生事业发展状况的主观感知度能够从社会生活层面体现他们对国家的认同度。习近平总书记深刻指出:"解决好民族问题,物质方面的问题要解决好,精神方面的问题也要解决好。"[1]因此,在物质方面,需要着重促进新疆各地区经济发展,缩小地区间差距。防止不平衡心理带来的消极影响,才能打牢现实基础,增强新疆各民族群众对中华民族共同体的认同。在精神方面,要坚持扶智与扶志相结合,提升群众的内生动力。

在民族意志的执行阶段,需要占用较多的认知资源,但个体的认知资源有限,因此无意识动机在民族意志的培养中尤为重要。无意识动机既能激发个体采取行动,又不需要占用较多的认知资源。无意识动机可从主观和客观环境两方面培养,既需要个体长期努力,将需求内化,又需要利用大众传媒、网络技术等有针对性地推送有关铸牢中华民族共同体意识的内容,潜移默化地促进民族交往交流交融。

---

[1] 习近平.坚定不移走中国特色解决民族问题的正确道路[M]//习近平.论坚持人民当家作主.北京:中央文献出版社,2021:107.

4.行为层面

首先,群际接触假说提出,群际不正确的认识或接触不足会导致群际偏见。因此在铸牢中华民族共同体意识的实践中,要注意减少刻板印象和民族偏见。刻板印象是偏见和歧视的认知基础,极端的偏见可能导致歧视行为,不利于社会的安定和谐。因此采取措施减少刻板印象与民族偏见是铸牢中华民族共同体意识的重要途径。根据群际接触理论,积极接触能够改变各民族之间认知上的偏差,减少消极的刻板印象,通过减少不确定性来降低群际焦虑程度,产生共情,减少偏见。因此要鼓励不同民族之间的积极接触和交流,促使各民族成员更多地了解到彼此真实的信息,减少彼此持有的刻板印象。

新疆维吾尔自治区应不断创新民族交往交流交融的内容和形式,积极巩固升华现有成果。当前,新疆维吾尔自治区开展的"民族团结一家亲"以及"三进两联一交友"等活动增进了各族人民之间的思想、语言和情感交流,缩短了民族心理距离,促进了民族心理嵌入,在铸牢中华民族共同体意识中发挥了积极的作用。在此基础上,自治区可进一步创新交往交流交融的形式,如在全区组织开展各民族青年互帮互助活动、联谊活动等来增进各民族青年之间的了解、感情和友谊,促进族际通婚,系牢民族团结和谐情感纽带。

其次,树立先进榜样,充分发挥其积极正面的宣传作用,合理利用心理学中的从众行为,推动各族人民对民族团结行为的观察学习,最大程度地利用观察学习有效地促进民族交往交流交融。同时也要注意个体对父母、教师以及同伴的观察学习情况。个体对于其他民族的认知和态度常常受到父母、教师和同伴的立场和态度的影响,家庭和学校积极地进行中华民族共同体观念教育,积极向孩子传播其他民族的文化,可以促进孩子与其他民族伙伴和睦相处、形成跨民族友谊,因此学校和家庭要充分发挥铸牢中华民族共同体意识的教育作用。

最后,在推进各民族交往交流交融的过程中,要充分考虑不同地区、不同民族的实际情况,尊重少数民族的特点和民族地区的发展规律,坚持具体问题具体分析,坚持打牢基础,稳中求进。一方面,要坚持党的集中统一领导,坚持和完善民族区域自治制度,发挥民族区域自治的优越性和创造性;另一方面,要将党和国家的方针政策与民族地区的特殊性和实际情况相结合，在实施帮扶性民族政策的过程中，要统筹考虑区域因素和民族因素，做到精准施策，精准到位，使党的好政策惠及民族地区全体人民。

总之，从根本上讲，铸牢中华民族共同体意识属于社会心理，其心理本质由认知本质、情感本质、意志本质、行为本质等多个维度构成，其过程是以认知为基础，进而深化为情感，通过意志提供坚实动力，并最终落实到行为。本研究从知、情、意、行的心理学角度，结合新疆的具体实践，探讨铸牢中华民族共同体意识的具体方案。认知层面，提出以共同地域、共同记忆、共同文化符号为依托，增强群众文化自信，促进其对中华民族共同体的认同。情感层面，提出通过具体事物的"物化"作用、故事氛围的"外化"作用、积极情感的"深化"作用塑造情感共同体。意志层面，结合需要层次理论，提出更好地满足新疆各族人民的物质和精神方面的需要，从而激发各族人民的动力，使其将认知与情感转化为实际行动。行为层面，提出注重群际接触的积极作用和对榜样的观察学习，更好地推动将铸牢中华民族共同体意识的行为落到实处。铸牢中华民族共同体意识是一项系统工程，受到政治、经济、文化、历史等多种因素的影响，需要结合多种学科、多个视角，采取多项干预措施共同培育和构建中华民族共同体意识。

三、铸牢中华民族共同体意识的广西实践

广西壮族自治区是我国少数民族人口最多的省区，其地处祖国南疆，战略地位十分重要，各民族间的杂居现象非常普遍。大杂居小聚居的共处格局为广西铸牢中华民族共同体意识提供了空间场域，促进了各民族交往交流交融。2021年4月，习近平总书记视察广西时赞扬广西是全国民族团结进步示范区。[1]同年6月25日，广西壮族自治区党委作出了"巩固深化全国民族团结进步示范区建设，创建铸牢中华民族共同体意识示范区"的战略决策，[2]这不仅是深入贯彻落实

---
[1] 邓建胜，庞革平，李纵，等.建设新时代中国特色社会主义壮美广西：习近平总书记广西考察重要讲话引发热烈反响[N].人民日报，2021-04-29(1).
[2] 创建铸牢中华民族共同体意识示范区[EB/OL].(2021-08-31)[2022-04-24].http://mzw.gxzf.gov.cn/gzyw/mzdt/t9954030.shtml.

中央重要指示精神与要求的需要,更鲜明地指出了当前广西民族工作的重点——创建铸牢中华民族共同体意识示范区。

分析相关文献发现,关于广西的研究大多落脚于如何促进民族团结进步创建工作的开展,较少深入到铸牢中华民族共同体意识层面。但也有少数研究者基于广西经验,探索了铸牢中华民族共同体意识的实践路径。例如,在民族交往交流交融方面,田敏等以南宁市"三月三"民歌节为例,提出合理开发利用民族关键符号能够强化民族认同,促进民族团结,铸牢中华民族共同体意识。[①]在文化建设方面,李玉雄基于对壮族文化的思考,提出铸牢中华民族共同体意识,要确保各民族优秀传统文化与中华民族优秀传统文化发展同向同行。[②]在基层治理方面,蒋慧等以南宁市中华中路社区为例,指出立足民族互嵌型社区的功能铸牢中华民族共同体意识,是国家治理现代化的社会基础。[③]但总的来说,目前关于广西铸牢中华民族共同体意识的研究存在经验总结不全面,忽视问题挑战,建议宽泛宏观等问题。因此,本研究力求全面深入地总结广西铸牢中华民族共同体意识的做法与经验,揭示问题与挑战,并提出进一步推进广西铸牢中华民族共同体意识的对策建议,以期为广西深入进行"铸牢中华民族共同体意识示范区"建设提供参考,为全国其他地区全面推进民族团结进步事业、深入铸牢中华民族共同体意识提供广西范本与广西智慧。

(一)广西铸牢中华民族共同体意识的做法与经验

在中央精神指导下,广西始终坚持党的领导是根本、经济发展是首要、文化认同是关键、依法治理是保障、民族交融是重点,夯实了铸牢中华民族共同体意识的五大基础。

---

① 田敏,陈文元.论民族关键符号与铸牢中华民族共同体意识:以南宁市三月三民歌节为例[J].云南民族大学学报(哲学社会科学版),2019,36(1):24.
② 李玉雄.铸牢中华民族共同体意识与少数民族文化自觉:基于壮族文化的思考[J].北方民族大学学报,2020(1):29.
③ 蒋慧,孙有略.铸牢中华民族共同体意识下民族互嵌型社区治理研究:以南宁市中华中路社区为例[J].西南民族大学学报(人文社会科学版),2021,42(6):59-66.

1.坚持党的领导不动摇，夯实铸牢中华民族共同体意识的政治基础

民族工作能不能做好，最根本的一条是党的领导是不是坚强有力。广西始终坚持党对民族工作的全面领导，从全局和战略的高度做好顶层设计，夯实铸牢中华民族共同体意识的政治基础。

党的领导是各族人民的利益所系、幸福所系，对铸牢中华民族共同体意识发挥着核心作用。自治区历届党委、政府把民族工作写入历次党代会、政府工作报告中，根据中央精神和自治区实际情况规划确定民族工作的目标任务，用党的民族理论和政策武装头脑。2019年8月，广西壮族自治区党委办公厅、自治区人民政府办公厅印发了《广西全面深入持久开展民族团结进步创建工作铸牢中华民族共同体意识实施方案》，深入贯彻落实中央精神，将铸牢中华民族共同体意识贯穿于民族工作全过程。2022年2月，广西壮族自治区党委、政府制定出台了《关于建设铸牢中华民族共同体意识示范区推进新时代全区民族工作高质量发展的实施意见》，提出要围绕建设"四个家园"（各民族文化融合发展的中华民族共有精神家园、各民族共同走向社会主义现代化的共同富裕幸福家园、各民族互嵌融居的守望相助和谐家园、各民族共建共治的边疆稳定平安家园），推进"七共"创建（共建铸牢中华民族共同体意识理论研究体系，共构铸牢中华民族共同体意识大宣教格局，共筑中华民族共有精神家园，共推各民族共同走向社会主义现代化，共促各民族交往交流交融，共推民族事务治理体系和治理能力现代化，共防民族领域风险隐患），推动示范区建设见行见效，进一步增强广西典型示范的引领效应。民族政策的落实离不开民族工作体制机制的完善和民族工作格局的创新。广西建立了党委统一战线工作领导小组，健全各级党委、人大、政协民族工作委员会和政府民族工作机构，形成了夯实三大基础（民族团结的政治法律基础、物质文化基础、群众和社会基础）、构筑三道防线（思想防线、制度防线、组织防线）、建设三支队伍（民族工作专业队伍、少数民族知名人士队伍、民族工作决策顾问队伍）、加强三项工作（民族团结宣传教育工作、多办实事好事工作、创先争优工作）、建立三个机制（民族关系监测评价处置机制、民族团结进步激励机制、民族关系正确协调机制）的"五个三"民族工作长效机制，在体制机制上把握

好铸牢中华民族共同体意识的政治方向。另外,广西加强自治区、市、县、乡(镇、街道)四级联动机制,充分发挥党委领导、政府负责、有关部门协同配合、全社会通力合作的民族工作新格局的优势,使广西铸牢中华民族共同体意识工作不断开创新局面。

少数民族干部是铸牢中华民族共同体意识的骨干力量。广西坚持党管干部的原则,采取加分降线等优惠政策考录少数民族干部,实施择优选派挂职锻炼计划,并对不同阶段和岗位的干部进行专题教育培训,全方位提升干部的工作胜任力。比如,广西壮族自治区北海市合浦县精耕少数民族干部的"人才圃",实行"精准育苗""基层蹲苗""择优助苗",着力培养好、用好少数民族干部。这一系列举措使广西造就了一支维护党的集中统一领导态度特别坚决、明辨大是大非立场特别清醒、铸牢中华民族共同体意识行动特别坚定、热爱各族群众感情特别真挚的民族地区干部队伍。

2. 抓实经济发展不放松,夯实铸牢中华民族共同体意识的物质基础

铸牢中华民族共同体意识不只是精神、思想、意识层面的问题,同样需要与之相适的经济基础。[①]广西贯彻落实中央赋予广西的"三大定位"新使命和"五个扎实"新要求,把发展作为最硬的道理,夯实铸牢中华民族共同体意识的物质基础。

发展是解决民族问题的总钥匙。近年来,广西经济发展势如破竹,着力构建现代化经济体系,加快建设现代特色农业强区,深入实施工业强桂战略,全面推动服务业提档升级,总体呈现一产比重稳中提质、三产比重明显上升的态势,经济实现跨越式发展。在此基础上,广西以融合创新发展为驱动,大力推进数字产业化、产业数字化。"信息网"建设、政务服务改革、中国-东盟信息港建设取得新成效,截至2020年,广西数字经济总量达7267亿元,同比增长10.22%。另外,广西大力推进交通能源基础设施建设,边境8个县实现县县通高速公路、乡乡通等级路、村村通硬化路,高铁动车通达区内12个市和周边所有省份,开通了近300条

---

① 郝亚明.论中华民族命运共同体建设的五大基础路径[J].西南民族大学学报(人文社会科学版),2020,41(5):2.

国内外航空线,实现了从全国交通末梢向区域交通枢纽的历史性转变。广西经济的快速发展使全区各族人民的生活越来越美好,为铸牢中华民族共同体意识凝聚了民心。

社会变革激发了经济发展的蓬勃动力,广西扎实推动改革开放向纵深发展,汇聚中华民族共创未来的强大力量。广西大力推进全方位改革举措,截至2019年,广西先后推出1400多项改革任务,审定重大改革方案和改革文件196个,形成了一批具有广西特色的创新举措和改革亮点。[①]2021年,广西推出多项改革举措,聚焦要素市场化配置、乡村振兴等16项重大改革任务,开展督察问效,确保改革落到实处。[②]对外开放是我国的一项基本国策,广西立足区位优势谋划构建"南向、北联、东融、西合"全方位开放发展新格局,务实推进以东盟为重点的开放合作,与东盟国家缔结54对国际友城,对外投资涉及五大洲70多个国家和地区。[③]立足区位优势,增强改革实效、扩大开放规模是广西实现高质量发展的关键一招,也是提升人民国家认同与中华民族认同的重要法宝。

保障和改善民生是广西推动经济发展的根本目的。广西把脱贫攻坚作为第一民生工程,坚持不让一个民族掉队的原则,全面打赢了脱贫攻坚战,实现全区376.5万建档立卡贫困人口全部脱贫,少数民族聚居贫困县41个全部脱贫摘帽。脱贫攻坚战略的深入实施,大大改善了广西人民的生产生活条件。"十三五"期间,广西壮族自治区高等教育毛入学率由30.8%提高到47.9%,基本医保参保率97%以上,99%的行政村建有公共服务中心,[④]各民族形成了携手共进的命运共同体。2021年以来,广西全力推进巩固拓展脱贫攻坚成果同乡村振兴有效衔接,建设全区防贫监测信息系统,坚持精神和物质"双重扶持",落实开发式帮扶措施和兜底性保障政策。截至2021年9月底,全区共有防贫监测对象11.65万户

---

① 黄勇椋.广西推出1400多项改革任务不断释放改革红利[EB/OL].(2021-03-21)[2022-04-24].http://www.gxnews.com.cn/staticpages/20190321/newgx5c938e87-18150444.shtml.
② 廖志荣.我区今年全面深化改革"任务书"出炉[N].广西日报,2021-01-29(1).
③ 高举伟大旗帜共圆伟大梦想 奋力谱写新时代富民兴桂的壮美华章:庆祝广西壮族自治区成立60周年[N].人民日报,2018-12-06(10).
④ 覃文武,廖志荣,黄伟勇,等.从"全国民族团结进步示范区"读懂铸牢中华民族共同体意识:广西做好党的民族工作的生动实践和经验启示[N].广西日报,2021-11-01(5).

42.19万人,经过针对性帮扶,已有4.83万户18.90万人消除风险。[①]在团结共创美好生活的过程中,广西各族人民的获得感与幸福感不断提升,对中华民族的认同感与自豪感不断增强。

3.抓实文化认同不懈怠,夯实铸牢中华民族共同体意识的思想基础

文化认同是最深层次的认同,广西各民族在交往交流交融中形成了相互依存的文化共同体,在繁荣发展各民族优秀文化的基础上不断增强各族人民的中华文化认同,夯实铸牢中华民族共同体意识的思想基础。

一个民族之所以为民族,即在于文化。[②]传承少数民族文化,保护珍贵文化遗产是增进各民族文化认同的必然要求。广西创新性地提出建设"1+10"工程,发挥广西民族博物馆的龙头作用,带动建成了南丹、三江、靖西等10个地方民族生态博物馆,丰富了中华民族文化的保护与传承平台。2022年2月,广西首个铸牢中华民族共同体意识陈列馆——龙胜各族自治县铸牢中华民族共同体意识陈列馆开馆,该陈列馆全面展示了龙胜各民族之间交往交流交融、和睦共处的历史以及各民族文化。同时,广西构建了国家、自治区、市、县四级非物质文化遗产名录体系,左江花山岩画、兴安灵渠等各类文化遗产保护成效显著。截至2021年,广西有70个项目列入国家级非物质文化遗产名录、914个项目列入自治区级非物质文化遗产名录。[③]对珍贵文物的有效保护为各民族繁荣发展民族文化,增强文化自觉与自信提供了强有力的精神依托,建立起各民族共同弘扬中华文化的情感纽带。

打造特色文化精品项目,促进民族文化旅游产业发展也是传承民族文化的重要途径。广西以讲好民族故事为着力点,推动各民族优秀文化走出国门,走向世界。电影《刘三姐》风靡国内外,实景演出《印象·刘三姐》经久不衰,小说《被雨淋湿的河》获得鲁迅文学奖,民族音画《八桂大歌》、壮族舞剧《百鸟衣》等国家舞

---

① 韦继川.广西多条经验获国家部委认可[N].广西日报,2021-10-17(1).
② 李玉雄.铸牢中华民族共同体意识与少数民族文化自觉:基于壮族文化的思考[J].北方民族大学学报,2020(1):30.
③ 广西壮族自治区统计局,国家统计局广西调查总队.2021年广西壮族自治区国民经济和社会发展统计公报[EB/OL].(2022-04-01)[2024-05-21].http://tjj.gxzf.gov.cn/tjsj/tjgb/qqgb/t16230750.shtml.

台艺术精品剧目给全国人民呈上一场场文化盛宴,展现了广西亮丽的文化名片。另外,广西坚持社会效益与经济效益相结合,推动文化产业和旅游产业融合发展。例如,广西新闻网2021年7月15日报道,三江侗族自治县大力发展特色民族文化旅游,"5年来,全县旅游人数累计达3535.82万人次,旅游社会总收入累计达358.14亿元,分别是'十二五'时期的2.78倍和5.18倍"。[1]广西文化和旅游产业规模显著增长,综合效益大幅提高,大大提升了国家的文化软实力,构筑了中国精神、中国价值、中国力量。

民族交流的本质是文化交流。广西持续推动文化惠民活动向基层延伸,支持农村电影放映、农家书屋、基层文化设施提升改善,着力构建覆盖城乡的五级公共文化服务体系,在满足各族群众基本文化需求的基础上,激发各族成员的中华民族认同感。另外,民族节庆活动中蕴含着丰富的民族文化特质与价值取向,广西在全国首创"千村万户文艺惠民工程",开展"唱响八桂中国梦·艺术精品到基层"等惠民演出活动,打造"壮族三月三·八桂嘉年华"等民族节庆文化,形成了具有广西特色的群众性文化活动品牌。这些多姿多彩的活动为各族人民共享多元中华文化提供了契机,使各族人民在活动参与或观看中共享丰富精神文化生活,在繁荣发展各民族优秀文化中不断增强对中华文化的认同,将中华民族共同体意识根植心中。

4. 抓实依法治理不手软,夯实铸牢中华民族共同体意识的法治基础

中华民族共同体具有法律共同体的属性,依法治理民族事务是这一属性的内在要求。广西持续推进民族事务法治化,依法妥善处理涉及民族问题的矛盾纠纷,加强法治宣传教育,夯实铸牢中华民族共同体意识的法治基础。

首先,坚持完善民族区域自治制度是铸牢中华民族共同体意识的法律和制度保障。[2]广西深入贯彻落实《中华人民共和国宪法》和《中华人民共和国民族区域自治法》,坚持统一和自治相结合,民族因素和区域因素相结合,落实落细民族

---

[1] 郭善习,杨贵吉."两走两融合"促民族团结进步新发展[EB/OL].(2021-07-15)[2024-05-21].http://news.gxnews.com.cn/staticpages/20210715/newgx60f03b3a-20355906.shtml.

[2] 郝时远.进一步增强中华民族凝聚力的新发展阶段[J].民族研究,2020(6):5.

区域自治制度,构建了自治区、自治县、民族乡的多层次民族区域发展格局。良法是善治的基础,广西大力推进涉及文化保护、民族教育、民族语言文字等多项地方民族法规配套建设,截至2021年7月,制定实施自治区、市、县三级单行条例和自治县自治条例35件,出台涉及民族事务的政府规章和规范性文件67件。[①]初步形成了以《中华人民共和国民族区域自治法》为核心,与地方性法规、自治县自治条例和单行条例相配套的广西特色民族法规体系,确保民族事务在法治轨道上运行,使广西铸牢中华民族共同体意识工作有法可依、有章可循。

其次,依法惩处挑拨民族关系、阻碍铸牢中华民族共同体意识的行为是广西维稳工作的重点内容。广西不断健全防范化解民族领域风险隐患体制,依法打击"三股势力"的渗透破坏,完善民族关系监测评价处置机制,大力实施边境地区民族团结进步创建"百点工程"、农村基层党建"强基固边"和"边境党旗红"行动,在全国首创爱国主义教育品牌"国旗工程",1513个"国旗工程"点覆盖广西陆海疆一线,形成极富特色的"民族团结进步模范长廊"。另外,广西加强边境管控和社会治理,严厉打击涉毒、涉枪、走私及拐卖人口等违法犯罪活动。例如,环江毛南族自治县思恩镇陈双村组织治安联防队,采取重点防范和日常巡逻相结合的方式,及时消除破坏民族团结的隐患,将矛盾化解在屯里、村里。自治区自成立至今,没有发生涉及民族因素、影响民族团结的重大案件、事件。

再次,广西加强法治宣传教育,不断创新方式和载体。广西把党的民族理论政策与相关法律法规纳入普法宣传规划,多渠道搭建学习平台,立体化开展具有民族特色的法治宣传活动,通过喜闻乐见的方式引导人民自觉遵守国家法律和相关规定,牢固树立公民意识、法律意识与民族团结意识,从思想源头上减少了破坏中华民族共同体利益的行为。例如,广西三江立足民族文化沃土学法普法,通过侗歌唱法治、侗戏演法戏、侗绣绣法景,将民族文化与普法工作相融合,让广大群众在听侗歌、看侗戏、唱侗耶等风俗活动中接受法治教育,提升法治意识,大大促进了民族团结与社会稳定。

---

① 杨志雄.广西:铸牢中华民族共同体意识 推动新时代民族工作高质量发展[EB/OL].(2021-07-07)[2024-05-22].http://www.gx.chinanews.com.cn/sz/2021-07-07/detail-ihanvyrx9254755.shtml.

5.抓实民族交融不停步,夯实铸牢中华民族共同体意识的社会基础

各民族的交往交流交融是铸牢中华民族共同体意识的前提。广西各民族在相互了解、相互尊重、相互学习和帮助的过程中,形成了互嵌互补的生产生活方式,夯实了铸牢中华民族共同体意识的社会基础。

自2017年自治区民宗委印发《关于开展民族团结进步创建活动的指导意见》以来,广西持续开展民族团结进步创建"六进"[即进机关、进企业、进社区、进乡(镇)村、进学校、进宗教场所]工作,根据实际情况推出"七进""八进"活动,不断健全民族团结进步创建工作的长效机制,使各族人民牢固树立民族团结的价值观念。同时,广西深入挖掘300个民族团结进步模范的励志故事,弘扬"七一勋章"获得者黄文秀等先进榜样的典型事迹,用心讲好民族团结故事。另外,柳州市还开通了民族团结56路公交专线,按"石榴花红""同心筑梦""团结欢歌"三个主题装饰,将中华民族共同体教育融入大众生活。截至2020年底,全区288个单位和293名个人被表彰为全国民族团结进步模范集体和模范个人,评选全国、自治区等各级民族团结进步示范区示范单位1949个,全国、自治区等各级民族团结进步教育基地134个。

广西各民族跨区域流动活跃,深化形成了互嵌式社会结构和社区环境。铸牢中华民族共同体意识与互嵌型民族社区治理在政治整合与社会治理上的功能是互通的。[1]广西不断做好少数民族流动人口服务管理工作,推进互嵌式社区工作信息化、网格化。互嵌式社区建设工作创新发展,形成了"民族情深党旗红"社区品牌南宁市中华中路社区以及抓实社区服务的凤岭北社区等多个全国典型,在涉及房屋租住、劳动就业、文娱活动等特色社区项目的服务下,各族人民在共居中团结互助,守望相助。同时,广西族际通婚普遍化。族际通婚是各民族间最深层的互动方式,为铸牢中华民族共同体意识提供了天然的桥梁和纽带。龙胜各族自治县泗水乡八滩村侯正荣家就是族际通婚的典型,一家11口人汇集了苗、瑶、侗、壮、汉5个民族的成员,在这个多民族家庭里,家庭成员和睦相处,其乐融融。

---

[1] 蒋慧,孙有略.铸牢中华民族共同体意识下民族互嵌型社区治理研究:以南宁市中华中路社区为例[J].西南民族大学学报(人文社会科学版),2021,42(6):62.

广西着力开展推普脱贫,通过乡村"人人通"普通话培训小课堂、"职业技术+普通话培训"等形式,促进各民族沟通交流零障碍,为铸牢中华民族共同体意识搭建语言桥梁。截至2020年底,广西全区普通话普及率达85.68%,高于全国近5个百分点,位居西部地区首位。在学校教育上,广西把推广普及国家通用语言文字作为培养师生中华民族共同体意识的出发点,积极稳妥开展民汉双语特别是壮汉双语教育。2022年3月,广西印发《在全区青少年中开展铸牢中华民族共同体意识示范创建活动的实施方案》,明确提出通过开设民族团结进步专题教育课程、创建中华民族共同体意识教育实践基地等活动,夯实青少年铸牢中华民族共同体意识思想基础。

(二)广西铸牢中华民族共同体意识面临的问题与挑战

经济能否持续高质量发展、国内外环境是否稳定、民族团结进步创建工作是否深入、少数民族文化能否有效保护传承等问题成为当前广西铸牢中华民族共同体意识所面临的主要挑战。只有扬长避短,将挑战变为机遇,才能破旧局开新局,深入铸牢广西各族人民的中华民族共同体意识。

1.脱贫攻坚战打赢后保持经济发展新常态的挑战

广西经济跨越式发展,脱贫攻坚战赢得全面胜利,但发展不平衡不充分的问题依然存在。当前广西产业结构虽已呈现"三二一"新局面,但产业融合度不高,产品以中低端为主,制造业结构与周边东盟国家存在同质性,旅游等服务业发展差距较大,再加上科技自主创新动力不足,使得广西铸牢中华民族共同体意识的经济动力有待进一步激发。另外,广西开放型经济发展规模相对较小,合作水平低、覆盖范围窄,由于开放定位不够精准,出现了自然资源过度开采、人力物力等资源重复浪费的现象。同时,由于基础薄弱,地貌状况较差,项目建设周期长等问题,广西交通设施建设仍然滞后,乡村医疗卫生事业相对落后,教育发展水平有待提高,基本公共服务存在明显短板,不利于各族人民生活水平的提高以及凝聚力和向心力的增强。

2.国内外复杂环境的挑战

近年来,广西涉及民族因素的国内外纠纷呈现日常化和复杂化的特点,成为危害广西安全稳定,损害中华民族整体利益的毒瘤。从外部环境来看,广西边境点多线长面广,8个边境县与越南接壤,随着经济文化等方面交流频繁,"三非"人员(即非法入境、非法居留、非法就业人员)日益增加,集团形式的智能化走私、贩毒、偷渡、卖淫嫖娼等违法犯罪活动时有发生。同时广西跨境民族较多,相似的风俗习惯、宗教文化使两国居民交往密切,这为境内外民族分裂势力、宗教极端势力以及暴力恐怖势力提供了机会,若不及时防范,便会产生民族差异强化,情感纽带淡化等问题,严重影响中华民族共同体意识的形成。从内部环境来看,广西是少数民族人口最多的省区,由于历史文化与生活习惯等差异,各民族在交往中不可避免地会发生摩擦与纠纷,若不及时调解,将会阻碍我国新型民族关系的发展,不利于中华民族共同体建设。

3.民族团结进步创建工作深度不足的挑战

随着新时代民族工作的开展,广西民族团结进步创建工作的新模式有待进一步探索。先前民族团结进步创建工作的滞后性逐渐显现,存在铸牢中华民族共同体意识工作开展不够深入,工作重点不够聚焦、规范不够细化、总结不够全面等问题。一些地方进行机构改革后,将民宗部门合并到统战部门,人员大量减少,基层力量薄弱,民族工作被弱化。由于缺乏长期有效的招收、晋升、福利政策,在数量上,民族地区干部人数少、后备队伍缺乏、区域分布不均衡,在质量上,民族地区干部结构不合理、老龄化严重、高素质人才少,"引不进、升不高、留不住"的问题有待解决。同时,部分社区在治理手段和活力激发等方面存在短板,缺乏适宜的政策、丰富的社区活动和共同的语言来促进各族成员的心理嵌入,铸牢中华民族共同体意识的内生动力不足。

4.少数民族文化保护和传承力度不够的挑战

中华文化是由各民族共同创造和发展的,各民族文化是中华文化的重要组成部分。广西目前在保护和传承民族文化方面受到新的挑战。在少数民族文化保护方面,随着城镇化进程的加快,广西不少民族村寨受到破坏,再加上部分博物馆人力财力有限,文物保护措施不到位、不得力,珍贵文化遗产濒临消亡。在传承方面,由于对民族文化精髓的宣传教育不够深入,年轻一代部分人对本民族文化价值的认识与兴趣减少,对传承民族文化的重要性认识不足,缺乏传承民族文化的责任意识,导致当地一些民族语言、民族歌曲和古籍等文化遗产无人传承。一旦缺少文化载体,各民族的文化交融以及中华文化的创新发展将受到限制,各民族便难以形成最根本的文化认同,难以铸牢中华民族共同体意识。

(三)进一步推进广西铸牢中华民族共同体意识的对策建议

为了深入巩固广西在推进中华民族共同体建设中取得的成果,积极推进"铸牢中华民族共同体意识示范区"建设,下一阶段广西应直面当前问题与挑战,着重从以下几个方面开展工作。

1. 贯彻新发展理念,推动各民族共同走向社会主义现代化

共享发展是民族工作的根本目的,也是铸牢中华民族共同体意识的内在要求。

首先,要推动广西"三二一"产业结构优化升级。产业是发展的根基,创新是发展的动力,要结合广西的现状和优势,创新突破关键核心技术,做好"老新特"文章,推动传统制造业转型升级,解决产能过剩问题,壮大战略性新兴产业,塑造合作竞争新优势,发挥区位优势,打造边贸特色产业,促进一、二、三产业融合发展,为广西铸牢中华民族共同体意识提供强有力的经济发展新动能。

其次,要全面深化改革开放。加强顶层设计和摸着石头过河相结合,将改革开放着力点放在解决发展不平衡不充分的问题上,出台相应的区域协调发展战略,对落后地区在政策上予以优惠扶持。重点推进"放管服"、农业农村等改革取得新成效,深入推进北部湾经济区同城化改革、粤桂合作特别试验区建设等广西特色改革,切实将改革红利转化为发展动力,促使广西各族人民大踏步赶上新时代。只有大开放,才有大发展。作为对外开放的窗口,广西要坚持以"一带一路"建设为重点,建设高标准、高质量的广西自贸试验区,聚焦面向东盟、服务陆海新

通道、沿边开放三大特色,开展差异化探索和特色制度创新,扎实解决发展内外联动问题,走繁荣发展的必由之路,不断满足人民对美好生活的向往,潜移默化地将共同的价值理想信念浸润到各族人民心中。

最后,共同富裕是民生建设的价值追求和根本目的。要健全巩固拓展脱贫攻坚成果长效机制,统筹实施特色产业提升行动、稳岗就业提升行动、人居环境提升行动、基础设施提升行动、公共服务提升行动等,发挥广西资源优势,以特色乡村发展模式探索广西乡村振兴之路,从而消除各民族贫富差距,实现共同富裕,进而深入铸牢中华民族共同体意识。

2. 提升民族事务治理体系和治理能力现代化水平,坚决防范民族领域重大风险隐患

防范化解民族领域的重大风险隐患是巩固发展新型民族关系,进而铸牢中华民族共同体意识的前提。

首先,要完善民族事务治理体系。广西不仅民族成分众多,还存在跨境民族,因此,治理政策不能以一概全,要根据各地实际制定差别化区域政策,重点关注边境民族地区动态,出台具有前瞻性、可行性和指导性的政策方案。

其次,要加强社会治理能力,保障社会安全。要构建政府主导、部门配合、社会参与的共建共治共享的社会治理新格局,加强防范和化解社会矛盾机制建设,树立预防为先、监管为重的治理理念,及时准确获取"三非四贩"等违法犯罪活动线索,常态化开展扫黑除恶工作,建设平安广西。同时,要建立与越南等周边国家的安全合作,把握合作主线,促进良性竞争,建立信息化实时沟通平台,形成国家安全命运共同体,为中华民族共同体建设营造平安和睦的国际社会环境。

再次,要坚决打击"三股势力"的思想渗透。在顶层设计上分析研判民族工作形势,建立线上线下联合监测和预防机制,防止极端思想通过各种渠道渗透蔓延,从根本上阻断思想流毒,并将反对"三股势力"宣传教育渗透到群众生活的方方面面,使各族人民形成抵御"三股势力"的心理屏障,使其中华民族共同体意识坚不可摧。

最后,要推动铸牢中华民族共同体意识宣传教育守正创新。在社区中,充分发挥广西多民族互嵌式社会结构和社区环境的优势,通过社区活动与宣传教育增加各民族的接触机会,淡化刻板印象,加强情感纽带,进而增强其对中华民族共同体的认同。在学校中,将中华民族共同体教育融入课程体系和教学实践,尤其关注自我同一性建立时期的青少年的民族认同教育,抓住关键期与敏感期,使其铸牢中华民族共同体意识。同时,也要积极将中华民族共同体教育纳入党员教育、干部教育中,逐步建立完善铸牢中华民族共同体意识的教育体系。

3. 加强民族团结进步创建工作,抓实铸牢中华民族共同体意识示范区建设

创建铸牢中华民族共同体意识示范区是铸牢各民族中华民族共同体意识的重要举措。

首先,要推动民族团结进步创建工作迈上新台阶。广西要在保持民族团结进步创建"六进"活动常态化开展的同时,聚焦民族工作重点,促进民族团结进步创建工作与铸牢中华民族共同体意识工作的有效衔接。在提出创建铸牢中华民族共同体意识示范区后,广西应抓紧出台相关配套政策措施和行动方案,并定期评估各地、各单位工作的成效与不足,总结经验,形成典型范本,以期为其他地区提供借鉴和参考。同时,要创新铸牢中华民族共同体意识宣传教育的形式,在柳州市开通民族团结56路专线车的基础上,建议广西全境乃至全国各县市开通"铸牢中华民族共同体意识专线车",该专线车可考虑为1路车,"1"不仅代表着中华民族是一个大家庭,各民族亲如一家,还代表着各民族是中华民族大家庭中的一员,是中华民族共同体的一分子。通过该专线的开设,在日常生活中铸牢各族群众中华民族共同体意识。

其次,要拓宽互嵌式社区的深度广度。将南宁市中华中路社区等全国先进典型案例的做法由点及面向全区推广,促进各社区广泛开展社区活动,激发社区活力;大力推广国家通用语言文字,鼓励族际通婚,打破各族成员间的语言与心理屏障,使各民族在地理互嵌的基础上形成文化互嵌与心理互嵌,形成共同价值追求与情感认同,铸牢中华民族共同体意识。同时,要因地制宜地制定社区治理规范,优化整合社区资源,建立群众监督机制,完善社区治理人员的培养培训和保障体系,从而健全互嵌式社区治理的长效机制。

最后，要进一步加强基层民族工作力量。结合广西各地现状，夯实民族工作部门的基层力量，制定定向培养选拔少数民族干部政策，抓好少数民族干部选拔的协同机制和长效机制，克服考录工作中"一刀切"的做法。在此基础上，完善干部的培养、培训和交流机制，制定完善激励保障政策，努力建设一支适应民族工作高质量发展需要的高素质干部队伍。

4.弘扬各民族优秀传统文化，全面推进中华民族共有精神家园建设

建设各民族共有精神家园是铸牢中华民族共同体意识的文化基础。只有激励各民族成员在文化自觉中坚定文化自信，在坚定文化自信中升华文化自觉，才能加强其对中华文化的认同，铸牢中华民族共同体意识。

首先，在传承和发扬各民族传统文化方面，要充分尊重各民族习俗的多样性，保持各民族文化的多元性，加强对文物古籍和非物质文化遗产的系统保护与研究，各民族优秀传统文化源远流长，要对其实现创造性转化与创新性发展。通过课堂授课、博物馆参观以及社会实践等方式，加强对年轻一代民族文化的宣传教育，丰富其对本民族文化的认识，大力培养新时代民族文化的传承者。同时，要大力实施以农村为重点的文化惠民工程、文化精品创作工程等，持续推出一批具有浓郁民族特色、讴歌时代精神的文艺精品，使广西各族人民在传承发扬本民族文化的过程中相互了解，在交流互鉴中"美美与共"，促进中华文化的创新发展。

其次，在弘扬中华文化、传承民族精神方面，要引导各民族正确认识中华文化和各民族文化的关系，把握中华文化"多元一体"的精髓，深挖各民族文化"同根"因子，将各民族共享的中华文化符号和中华民族形象贯穿于各类民族活动中。要将民族精神与时代精神相结合，基于各民族共同奋斗的历史记忆与集体记忆，找准情感认同的共鸣点，通过讲好瓦氏夫人抗倭、冯子材抗法、百色起义、龙州起义等爱国主义题材的广西民族故事，激发各族群众弘扬以爱国主义为核心的民族精神，进而使其认识到民族认同与国家认同具有高度一致性，提高对中华民族共同体价值的共识与精神特质的认识，牢固树立"中华民族一家亲"思想，铸牢中华民族共同体意识。

四、讲好民族团结故事，铸牢中华民族共同体意识——以广西为例

讲好民族团结故事，铸牢中华民族共同体意识必然涉及一定的心理过程，应当通过分析其心理路径，阐明讲好民族团结故事，铸牢中华民族共同体意识的可行性，为提出具体实践路径提供理论支撑。作为少数民族人口最多的自治区和全国民族团结进步示范区，广西高度重视加强铸牢中华民族共同体意识工作，在实践中积累了宝贵的经验和丰富的民族团结故事资源，展现了广西特色。本研究将在广西实践经验的基础上，进一步探究讲好民族团结故事的重要意义，深入分析讲好民族团结故事，铸牢中华民族共同体意识的心理路径，并结合广西实践，提出讲好民族团结故事，铸牢中华民族共同体意识的具体实践路径，以期为深入推进广西乃至全国的铸牢中华民族共同体意识工作提供参考与借鉴。

（一）讲好民族团结故事的重要意义

民族团结故事是关于民族之间团结友爱、互帮互助的典型人物或典型事件的记载，既包括史实、神话、传说，也包括现代社会对民族团结事迹的宣传记录。讲好民族团结故事，是推动铸牢中华民族共同体意识实践工作的一个重要切入点，对新时代铸牢中华民族共同体意识理论和实践创新发展具有重要意义。

1.民族团结故事是中国故事的重要组成部分

从国家层面而言，讲好民族团结故事有助于讲好中国故事。2021年5月31日，习近平总书记在主持十九届中央政治局第三十次集体学习会议上的讲话中强调："讲好中国故事，传播好中国声音，展示真实、立体、全面的中国，是加强我国国际传播能力建设的重要任务。"[1]民族团结故事是中国故事的重要组成部分，是中国故事话语体系中必不可少的内容，讲好民族团结故事对于维护民族团结、营造稳定的内外部舆论环境、铸牢中华民族共同体意识有着重要的意义。

---

[1] 习近平.加强国际传播能力建设，展示真实、立体、全面的中国[M]//习近平.习近平谈治国理政.第四卷.北京：外文出版社，2022：316.

一方面,博大精深的中华文化扎根于各民族文化,讲好民族团结故事,有助于讲好中国故事。从"邦畿千里,维民所止"到"六合同风,九州共贯",一部中国史就是一部各民族不断交融汇聚成中华民族的历史,是各族人民共同缔造、发展、巩固统一的伟大祖国的历史。另一方面,为实现维护民族团结与国家安定的目标,讲好中国故事,必须讲好民族团结故事。在当前的国际局势下,以美国为首的西方反华势力,试图在国际场合以各种借口挑拨民族关系、激化民族矛盾、破坏民族团结。[1]反华势力、分裂势力往往瞄准我国边疆民族地区,以少数民族为对象,试图通过强势的话语权压力与舆论环境压力寻找分裂突破口,解构中华民族共同体。想要抵御反华势力与分裂势力的舆论入侵、思想入侵,就需要在中华大地特别是边疆民族地区进一步强调主动掌握话语权,讲好民族团结故事。

2. 民族团结故事是民族交往交流交融的有效载体

从社会层面而言,民族团结故事能够促进民族交往交流交融。在党的十九大报告中,习近平总书记指出:"深化民族团结进步教育,铸牢中华民族共同体意识,加强各民族交往交流交融,促进各民族像石榴籽一样紧紧抱在一起,共同团结奋斗、共同繁荣发展。"[2]民族团结故事能够展现友好的民族关系、丰富的民族文化特色,在加强民族交往交流交融的过程中,能够作为有效载体展现民族形象、加强构建平等团结互助和谐的社会主义民族关系,对铸牢中华民族共同体意识有着重要意义。

民族交往交流交融反映了民族关系的变化和进程。民族交往能促进各民族成员形成对其他民族的基本印象和态度;民族交流意味着不同民族之间更深层次的信息传递和资源转化;民族交融则是各民族在长期的或频繁的交往交流过程中相互接纳和吸收对方的文化,形成一个有机的整体。加强民族交往交流交融,除了资源转化等物质基础外,也必然需要加强信息传递,构建精神文化上层建筑。在当下的民族交往交流交融中,存在的主要问题是各民族之间缺乏相互

---

[1] 叶世才,高大洪.边疆民族地区反解构中华民族共同体多维路径研究[J].民族论坛,2021(2):28-29.
[2] 习近平.决胜全面建成小康社会 夺取新时代中国特色社会主义伟大胜利:在中国共产党第十九次全国代表大会上的报告[M].北京:人民出版社,2017:40.

了解,导致个体对其他民族抱有大量的想象性解读,甚至存在民族刻板印象,影响到民族交往交流交融的进行和深入。民族团结故事涵盖的是不同民族之间以民族团结为主题的内容,能够主动展现民族形象,打破想象性解读,消除民族刻板印象,增进个体对各民族文化差异性的理解、尊重和包容,从而促进民族交往交流交融。

3.民族团结故事是个体认知建构的重要依托

从个体层面而言,民族团结故事能够帮助个体在认知建构过程中铸牢中华民族共同体意识。故事是在现实基础上,对发生事件或想象事件具体发展过程的描述,具有内涵丰富、通俗易懂、传播广泛等特点。在个体依赖自身感官作用和自身实际经历仅能获得有限信息资源的情况下,故事能帮助我们获得更多信息储备,有助于个体生存和发展,也因此会对个体认知建构产生潜移默化的影响。民族团结故事作为展现民族团结精神内涵的故事,同样能够直接影响个体的认知建构过程,对铸牢中华民族共同体意识有着重要意义。

故事既能够直接通过内容传递影响个体的认知建构,也能够通过社会文化间接影响个体的心理和行为。一方面,故事贯穿于个体的成长过程。在生命早期,个体通过富有想象力的童话故事等了解语言规范、世界构成等;在达到较为成熟的状态后,个体需要通过故事了解其他人的生活信息或世界发展情况,以适应环境变化。另一方面,故事是人类文明发展中的重要一环。关于人类历史的记载,最早便是源于创世故事与神话故事,它们展现了人类关于世界起源的记录或猜想;在分析历史事件的过程中,除了官方的史料记载之外,最为全面和丰富的资料来源于民间故事;而传统节日,即使是基于完全不同的文化或时代,也往往与某一故事有关,以故事内容承载节日的精神内涵,或作为节日风俗传播、教育宣传的基础。可见,将民族团结故事应用于民族团结教育宣传,有助于个体形成良好的世界观、人生观、价值观,从而在认知建构过程中铸牢中华民族共同体意识。

(二)讲好民族团结故事,铸牢中华民族共同体意识的心理路径

中华民族共同体意识内涵本身就强调个体成员对什么是中华民族共同体的心理认知加工及心理生成过程。[1]从心理学视角分析民族团结故事的影响力,归纳通过民族团结故事铸牢中华民族共同体意识的心理路径,能够为讲好民族团结故事,铸牢中华民族共同体意识提供理论支持和科学依据。中华民族共同体意识是人们对中华民族共同体这一客观存在的主观映象,同样反映在认知、情感和意志三个方面。以铸牢中华民族共同体意识为目标,心理路径在于增强对中华文化的认同、形成中华民族共同体归属感以及培育民族团结意志。

1. 讲好民族团结故事,增强文化认同

从铸牢中华民族共同体意识的角度出发,讲好"中国故事"中的民族团结故事,其内在要求和目标在于展现真实、立体的国家形象和民族形象,形成文化认同。习近平总书记在第六次全国民族团结进步表彰大会上指出:"加强中华民族大团结,长远和根本的是增强文化认同,建设各民族共有精神家园,积极培养中华民族共同体意识。"[2]现有研究表明,不论研究者从哪个角度来定义文化认同,文化认同的建构都会落实到心理层面。讲好"中国故事"中的民族团结故事,增强各族人民对中华文化的了解,消除民族偏见,其心理路径在于增强文化认同。

文化认同是指群体中社会成员在寻找文化上的共性或差异的过程中对某一文化所形成的认同感。这种认同感是促进民族团结、铸牢中华民族共同体意识的精神凝聚力。文化认同往往是在文化社会化的过程中逐步形成的。文化社会化是个人和社会的相互作用。个人对社会的认同,在于个人对社会所创造和拥有的文化的学习与接受;社会对个人的认同,则体现在社会的基本文化规范在个人中的普及、推广和传播。[3]在共同体中,拥有共同文化是文化社会化过程中促进个体文化认同、民族认同、国家认同的基石。共同体成员长期以来以"集体无

---

[1] 姜永志,侯友,白红梅.中华民族共同体意识培育困境及心理学研究进路[J].广西民族研究,2019(3):106.
[2] 习近平.坚定不移走中国特色解决民族问题的正确道路[M]//习近平.论坚持人民当家作主.北京:中央文献出版社,2021:107.
[3] 崔新建.文化认同及其根源[J].北京师范大学学报(社会科学版),2004(4):103.

意识"的形式所传承的共同的特质、风俗习惯以及生活方式等共同体意识,既是文化认同的体现,又起到强化共同体社会团结的作用。[1]因此,学习与接受具有共性的文化内容,逐步实现文化共享,是进行文化社会化、形成文化认同的关键。民族团结故事是不同民族所共有的故事,能够表达出各民族之间的文化共同点和共通性,增加民族认同与国家认同的重叠内容,促进各族成员对中华文化、民族文化的接受与适应,从而增强文化认同。

2. 讲好民族团结故事,激发爱国情感

从铸牢中华民族共同体意识的角度出发,民族交往交流交融的最终目标在于打破民族间的隔阂,激发各族人民在中华民族大家庭中亲如一家的爱国情感。从历史的发展来看,中华民族"多元一体"格局的形成与巩固,根本途径就在于促进各民族交往交流交融。[2]其中,民族交融是在民族交往交流的基础上进行与实现的,这种交融既是一个过程,也是一种结果。而心理交融是民族交往交流交融的最高层面。[3]通过讲好民族团结故事促进民族交往交流,实现心理交融,从而铸牢中华民族共同体意识,其心理路径在于激发爱国情感。

情绪情感是人对客观外界事物的态度的主观体验和相应的行为反应,它反映的是客观外界事物和主体需要之间的关系。爱国情感是中华民族共同体意识下一种最为重要的情感,它包含在中华民族身份认同基础上建立起来的国家归属感,体现在对祖国感到骄傲和自豪等情感体验中。在民族交往交流交融中,通过缩短民族间的心理距离,能够有效激发归属感,促发爱国之情。心理距离是个体感知到某事物与自己距离远近的一种主观体验,历史记忆、宣传导向、认知偏差、群际接触等是民族心理距离产生的主要影响因素。心理学研究表明,同伴间交流民族故事,能够缩小不同民族成员之间的心理距离,促进心理交融。[4]因此,如果能够在交往过程中展现友好的交往氛围、积极的民族形象以及和谐的民族

---

[1] 崔榕,赵智娜.文化认同与中华民族共同体建设[J].民族学刊,2021,12(8):1.
[2] 高承海.促进民族交往交流交融的社会心理路径与策略[J].西南民族大学学报(人文社会科学版),2020,41(7):215.
[3] 李静,于晋海.民族交往交流交融及其心理机制研究[J].西北师大学报(社会科学版),2019,56(3):95.
[4] 尹可丽,赵星婷,张积家,等.听同伴讲民间故事增进多民族心理融合[J].民族教育研究,2020,31(1):67.

关系,就能够缓解对不同文化的心理排斥,缩短心理距离,实现心理交融。民族团结故事的特性决定了民族团结故事能够在民族交往交流交融中发挥重要作用,增进各民族成员对其他民族历史文化的了解,打破认知偏差,拉近民族关系、缩短民族心理距离,促进各民族成员彼此之间充分信任,从而激发爱国情感。

3. 讲好民族团结故事,培育团结意志

从铸牢中华民族共同体意识的角度出发,通过民族团结宣传教育影响个体认知建构,其目的在于培养个体的民族团结意志。民族团结宣传教育是提高思想境界、完善人格教育的基本途径。学校场域中的民族团结教育如同语言教育、历史教育等其他类型的教育一样,都追求人的积极改变,都需要回答"人的发展"这一问题。[①]在民族团结教育宣传中实现个体改变和发展这一过程涉及个体的认知建构。通过讲好民族团结故事影响个体认知建构,在民族团结宣传教育中铸牢中华民族共同体意识,其心理路径在于培育民族团结意志。

意志是人自觉确定目标,并根据目标调节支配自身行为、克服困难,实现预定目标的心理过程,具有目的性、随意性和坚韧性。意志是个体心理和行为的集中体现,是在个体成长过程中逐步培养的。民族团结意志则是指民族成员在身份认同的基础上,建立行为目标、调整和支配自身行为、自觉维护中华民族利益与中华民族团结的心理品质。个体认知建构的过程期间是培育民族团结意志的黄金时期,在这一时期内,民族团结故事能够起到重要作用。不同于资讯类信息所具有的中立性,故事叙事往往具有价值引导的属性,因而其本质在于价值观的输出与说服目的的实现。[②]在外界信息作为新刺激的输入过程中,信息的内容、形式,以及内化方式将深刻影响认知的形成与建构,影响个体关于自我和世界的概念和评价,从而影响个体的意志。因此,民族团结故事所内含的文化和价值认同会影响个体关于民族团结的认知建构,从而影响个体团结意志品质的培育。讲好民族团结故事,能够树立民族团结模范,促进民族团结意志的形成,为民族团结行为提供目标导向,为中华民族共同体意识的形成提供心理基础。

---

① 欧阳常青.论民族团结教育的价值、属性及其实践路径[J].民族教育研究,2019,30(3):47.
② 郭婧一,喻国明.讲好故事的关键变量与效度逻辑:基于认知神经传播学的叙事研究[J].当代传播,2021(4):49.

（三）讲好民族团结故事，铸牢中华民族共同体意识的实践路径

讲好民族团结故事，需要切实可行的实践路径。好的故事不是来源于凭空想象，只有基于特定现实基础的民族团结故事，才能引起强烈共鸣，从而更好地达到铸牢中华民族共同体意识的目标。作为全国民族团结进步示范区，广西在实践工作中特别策划了如"讲好广西民族团结进步故事征文"等活动，并持续在"学习强国"等网络平台进行推广，创新了民族团结进步教育宣传方式，营造了民族团结进步的浓厚氛围，推动了民族团结进步创建工作高质量开展。以广西的经验为例，探究通过民族团结故事铸牢中华民族共同体意识的具体实践路径，能够为讲好民族团结故事，铸牢中华民族共同体意识实践提供参照。

1.塑造文化符号，引领积极认知——讲典型的民族团结故事

在共同体形成过程中，文化认同具有外显与内化双重的过程。中华民族文化符号与仪式等，是文化认同的外在体现，其中蕴含的意义则是强化共同体的精神动力。以典型民族团结故事为核心，塑造典型文化形象、文化符号，能够强化人们对中华文化的记忆能力和重构能力，促进形成对中华文化的积极认知，从而铸牢中华民族共同体意识。

第一，塑造典型人物。中华民族自古以来就是多民族共同体，各民族在长期交往交流交融中，形成了中华民族的共同历史记忆与性格符号，如热爱祖国、热爱和平、勤劳勇敢、团结互助、诚实守信、重德务实、自强不息等等。典型人物往往承载着重大的历史事件，能够集中体现中华民族的典型品质特征，展现民族团结形象，引导民族团结行为，从而铸牢中华民族共同体意识。以《瓦氏夫人》为例，这一故事以壮族英雄瓦氏夫人为主角，梳理和描绘了瓦氏夫人巧练精兵、英勇杀敌、抗击倭寇、保家卫国的一系列生平事迹。《瓦氏夫人》不仅讲述了各族人民联合抗倭的生动史实和自古以来团结一心、友爱互助的民族关系，更深刻展现了热爱祖国的民族英雄形象，强化了中华民族性格符号的积极影响。

第二，打造文化标识。文化标识是民族的形象特色代表，打造民族文化标识，能够深入发挥民族原生文化影响力。民族非物质文化遗产作为中华民族传

统文化的重要组成部分,记录着中华民族生息繁衍的历史,凝结着中华民族的精神力量,是民族特色的集中体现,是各民族打造文化标识的关键。通过传承和发扬民族非物质文化遗产,打造民族文化标识,有利于铸牢中华民族共同体意识。以《民族文化挖掘人》为例,这一故事记录和讲述了农敏坚在广西平果任职期间,传承和发扬壮族非物质文化遗产"嘹歌",打造那坡县、平果市"嘹歌"文化遗产标识的先进事迹。《民族文化挖掘人》将讲好民族团结故事与民族非物质文化遗产传承相结合,打造了文化标识,增进了各族人民对民族文化符号的接触和了解,从而促进了他们对民族文化的认同。

第三,创造文化品牌。在工业化、信息化高度发展的背景下,文化发展与经济发展相结合已经成为新的趋势和潮流。通过文化、创意、科技的多重融合,加强文化资源和文化用品的创新性利用,形成文创产品,创造文化品牌,能够进一步体现文化活力。因此,结合民族文创产品和文化品牌讲好民族团结故事,深入文化交流,有助于铸牢中华民族共同体意识。例如,《壮锦情》讲述了广西靖西壮锦厂李村灵将传统壮锦技术与现代科技相结合开发壮锦产品,创造民族文化品牌,推动民族精品、民族文化走向世界的故事。《壮锦情》将民族团结故事与文化品牌的创立和发展相结合,赋予文创产品丰富的精神文化内涵,在扩大了品牌影响力的同时,也扩大了民族文化的交流范围,深化了民族文化的影响力,有助于形成新的共同文化记忆。

2.加强宣传效能,激发爱国情感——讲动听的民族团结故事

通过国家政策宣传、媒体典型报道、艺术内容创作等"讲故事"的方式,连接各民族成员之间的情感价值,减少其在文化交流互鉴过程中的心理和情感摩擦,建立民族成员间的信任关系,这是实现民族情感融合的必然要求。[①]高吸引力、高可读性、贴近生活、内涵丰富的民族团结故事,能够提高故事的宣传效能,增进各民族成员对中华民族共同体的理解,使各民族成员产生情感共鸣,激发爱国情感,从而铸牢中华民族共同体意识。

---

① 朱尉,周文豪.铸牢中华民族共同体意识的理论、逻辑与文化传播路径[J].长安大学学报(社会科学版),2021,23(5):9.

第一，丰富创作主体。真实性是民族团结故事增加吸引力、深入影响情感体验的第一要义。除了第三人称的故事创作外，丰富创作主体和创作视角，促进个体主动探索和书写，更能够激发大众的创作和阅读热情。如加强以"自我"作为主体的民族团结故事创作，展现基层视角和人民视角，能够体现更真实动人的情感表达和价值诉求。通过丰富创作主体实现情感的传递和共鸣，能够有效提高民族团结故事的宣传效能，从而铸牢中华民族共同体意识。以《这是我人生中最宝贵的财富》为例，作者以第一人称视角叙述了自己在县民族学校任教，参与修建民族学校教学楼、修建乡村公路等人生经历。这一故事通过对个人经历的真实描述，以小见大地反映了家园建设中的民族团结与民族团结下的家国发展，从个体层面展现了中华民族共同体的价值追求。

第二，尊重民族特色。各民族历史发展、文化发展都具有一定的独特性。抓住具有民族特色的民族团结故事，最大程度地展现不同民族传统和民族特点，更易于获得本民族成员的接纳、支持和信任，也更能够展现真实的民族形象，加强正向的文化交流，从而铸牢中华民族共同体意识。以《医保进万家》为例，这一故事生动讲述了群众自编自唱医保扶贫政策山歌，把医保政策中群众最关心的问题编成言简意赅、通俗易懂的资料，提高医保政策的宣传效力。《医保进万家》通过记录和讲述这一兼具民族特色和创造性的群众活动，凸显了对民族语言文化的尊重，拉近了党群之间的距离，极大地增进了各民族之间的感情。

第三，突破宣传技术。要使民族团结故事更立体、更动听，应当在提升创作质量的基础上，充分利用新兴媒体技术，突破传统文化传播限制，结合科技发展，增加传播渠道，扩大交流平台和影响范围。只有积极应对开放、多元文化信息生态背景下的各种比较和挑战，不断提升自身影响力，才能更好地发挥民族团结故事的有效性，从而铸牢中华民族共同体意识。以《鼓楼声声》为例，这一故事详细讲述了三江侗族自治县鼓楼特色文化的起源、发展和现状，并结合各种视频形式展现以鼓楼建筑为中心、配合建设木质建筑群的城市设计。《鼓楼声声》在民族历史文化内容的支撑下，通过创新传播形式，将民族团结故事讲得更生动、更立体，大大提高了宣传效能。

3.打磨精神内核,培育团结意志——讲深刻的民族团结故事

不能深入体现道德和情感成分、缺乏精神内核的文字灌输,不利于读者对内容的内化理解,使意志形成容易受到外部环境的影响和阻碍,造成知行脱节。应当进一步挖掘内容深刻、内涵丰富的民族团结故事,打磨民族团结故事的精神内核,从更深入的视角传递民族团结精神,加强正确的祖国观教育、历史观教育和民族观教育,培育民族团结意志,从而铸牢中华民族共同体意识。

第一,进行历史溯源。民族起源传说、民族英雄传记和民族神话传说等历史传说故事往往承载了民族的共同性历史记忆,传递了民族历史信息和民族文化脉络,展现着丰富的民族团结内涵。进行历史溯源,有助于我们在历史记忆中寻找民族团结的精神之源,从而铸牢中华民族共同体意识。以《祭瑶娘》为例,这一故事讲述了瑶族女子瑶娘如何打破世俗传统、勇敢追求爱情,用善意和温暖让民族之间放下偏见、相互接纳的故事。通过历史溯源,《祭瑶娘》体现了民间传统习俗背后所蕴含的深刻精神内涵,体现了各民族之间的友爱和包容的关键品质,在历史教育中促进了民族团结意志的培育。

第二,增加故事深度。民族团结故事不应局限于民族团结人物和民族团结事迹的简单记录,而应当深入挖掘人物事件背后的深刻内涵,增加故事深度。从更深入的视角讲述故事,有助于增强对民族团结的理解和感悟,培育民族团结意志,从而铸牢中华民族共同体意识。以《壮族之花》为例,这一故事讲述了名校毕业生黄文秀怀着建设家乡、服务基层的初心回到百色工作,带领全村发展多种产业,脱贫致富,年仅30岁就牺牲在了工作岗位上的感人事迹。除了讲述黄文秀的事迹,《壮族之花》还深入挖掘黄文秀放弃国企工作、回村建设家乡的选择与思考,展现了她的责任意识、社会担当和无私奉献之心,从而使故事具有深刻的精神感染力。

第三,寻求共同追求。无论来自哪一个民族、哪一个地区,对美好生活的向往永远是各族人民的共同追求。新中国成立以来的各项伟大成就,都是各族人民团结一致、齐心奋斗的结果。在民族团结故事中强调各族人民的共同目标、共同追求,有助于深化理解共同体的本质和内涵,从而铸牢中华民族共同体意识。

以《最美支边人》为例，这一故事讲述了杨冠淼远离家乡、扎根柳州、建设柳工，与其他产业工人一起谱写各民族团结奋斗、共同发展的支边建设故事。《最美支边人》中来自不同地区、不同民族的人民携手奋斗、共建美好家园的故事，体现的正是各族人民对实现中华民族伟大复兴中国梦的共同理想和追求。

五、通过少数民族传统节庆活动铸牢中华民族共同体意识——以广西"三月三"为例

广西壮族自古以来就有聚会对歌娱乐的习俗，称为歌圩或歌节。歌圩各地日期不一，多在农闲及春节、中秋、清明等节日举行。农历"三月三"的歌圩是广西最盛大的少数民族节日。2014年，"壮族三月三"（以下简称"三月三"）被列入第四批国家级非物质文化遗产代表性项目名录。同年，广西壮族自治区政府决定将"三月三"确定为广西传统节日并放假庆祝。自此，"三月三"成为广西一个综合性的全民共享节日，节日包括民俗、游乐、文化和旅游推广等诸多活动内容。

梳理现有文献发现，已有学者以广西"三月三"节庆活动为例，分析总结了广西在民族团结和铸牢中华民族共同体意识方面的经验。有学者提出，"三月三"作为一种节日仪式，其重复举办可以在特定时空场域强化人们的认同感，有利于促进民族团结。[1]田敏、陈文元以南宁"三月三"民歌节为例，论述了广西南宁市以"三月三"民歌节作为民族关键符号中的节庆符号，实现了民歌节的多维拓展和多元展示，从交流互动、文化自信、民族认同等领域积极推动了中华民族共同体意识的发展。[2]但是，目前从心理学角度论述广西"三月三"是如何铸牢中华民族共同体意识的研究或文章还比较匮乏。因此，本研究拟以广西"三月三"传统节庆活动为例，从认知、情感和行为三个层面阐述传统节庆活动如何铸牢中华民族共同体意识，以及这些经验如何推广应用到其他民族的传统节庆活动中，从而推动铸牢中华民族共同体意识工作的深入开展。

---

[1] 王玥,龚丽娟.广西"壮族三月三"的当代实践及交融范式发展研究[J].广西民族研究,2021(5):155.
[2] 田敏,陈文元.论民族关键符号与铸牢中华民族共同体意识:以南宁市三月三民歌节为例[J].云南民族大学学报(哲学社会科学版),2019,36(1):24-30.

(一)广西"三月三"铸牢中华民族共同体意识的心理学分析

1.认知层面:符号表征形成集体记忆、构建共同内群体认同,铸牢中华民族共同体意识

认知是指人类认识客观事物、获得知识的活动。从认知的角度来说,我国各族人民如何表征和理解中华民族共同体是中华民族共同体意识的本质,中华民族共同体意识可以表征为重大历史事件、典型形象、语言文字、文化符号、传统习俗等。青觉和赵超认为,中华民族共同体意识是"中华民族共同体"这一客观存在的实体在人脑中形成的主观映像,是人们在社会化过程中形成的对中华民族共同体的认知、情感、评价和认同等一系列心理活动的总和。[1]李静认为,对中华文化、中华民族重要文化符号的认知是中华民族共同体意识的心理开端。铸牢共同体意识,需要以共同的认知作为心理基础。[2]也有学者从认知层面提出了铸牢中华民族共同体意识的路径。如王俊秀等人提出,通过构建共同内群体认同可以促进中华民族认同,从而强化中华民族共同体意识。[3]从认知层面把握中华民族共同体意识,有助于更深层次地铸牢各族人民的中华民族共同体意识。

(1)符号表征形成集体记忆。

表征是一种认知过程,是个体心理对事物进行反映的一种方式,如个体可以通过符号、图像、语言等方式来替代表达不在眼前的事物。在个体认知世界的过程中,符号发挥了重要的作用,通过对符号的表征、学习,个体可以更好地理解和把握客观世界。乔治·米德(George Herbert Mead)认为,符号是内部心灵活动和外部社会交往的一种媒介,因此,具有共享意义的符号可以凝聚群体成员。[4]如2016年广西柳州市在全市各地举办了"三月三"非物质文化遗产展演展示活动,展示了竹编、蜡染、刺绣、民族服饰、农民画、银饰、侗笛、芦笙、木构建筑模型、豆

---

[1] 青觉,赵超.中华民族共同体意识的形成机理、功能与嬗变:一个系统论的分析框架[J].民族教育研究,2018,29(4):6-7.
[2] 李静.共同认知:铸牢中华民族共同体意识的心理途径之一[J].中国民族教育,2020(9):18.
[3] 王俊秀,周迎楠,裴福华.社会心理服务体系建设视角下铸牢中华民族共同体意识的路径:基于共同内群体认同理论[J].民族学刊,2021,12(5):21.
[4] 冯月季,石刚.文化符号学视域下的中华民族共同体意识建构[J].思想战线,2021,47(5):2.

粉馍、云片糕、桂饼等非物质文化遗产代表性项目。各民族文化是中华文化不可分割的一部分，是铸牢中华民族共同体意识的精神基础。参与活动的各族人民通过对这些文化符号进行表征之后，形成共识性知识，并将其映射至个体心理。如看过竹编非遗展演的个体，今后在不同场合再次见到竹编相关符号时，会自动想起广西"三月三"相关的文化，因此这些非遗文化符号的展演可以在一定程度上连接中华民族不同的民族群体，从而达到铸牢中华民族共同体意识的效果。

以扬·阿斯曼（Jan Assmann）为代表的文化记忆理论认为，在一个社会群体中，个体获得身份的认同需要依靠集体记忆，而集体记忆的产生不仅仅是一种神经系统的生物活动，更主要的是一种社会和文化现象，因此，集体记忆产生于人与人之间的交往，集体记忆也就是交往记忆。[1]因此不同群体可以通过对相同的符号进行表征后形成共同记忆，同时，不同群体间通过各种媒介进行交流也会形成共同记忆，进而强化身份认同，铸牢中华民族共同体意识。如：2016年，广西在"三月三"节庆期间开展了"弘扬民族文化，展示八桂风采"的主题活动，各地区结合自身特色，组织各类文化活动300多场，覆盖了全区14个市81个县，覆盖率达75%。又如：2018年，广西举办了主题为"壮族三月三，八桂嘉年华"的大型节庆活动，节假日期间，全区各地共举办了300多场文化旅游活动，规模庞大、内容新颖、亮点纷呈，吸引了众多游客和群众参与，共接待游客1635万多人次，极大地促进了各民族的交往交流交融。

广西"三月三"节庆活动通过博物馆主题展览、非遗展览、书画展览等多类型、高频次的展览活动，将各种文化符号不断展现在各族人民的视野中，让各族人民对这些共同的符号进行表征。各族人民对这些文化符号进行表征学习之后，形成共同的文化记忆，增强了各族人民的文化认同，促进了民族团结。同时，这一系列活动的举办，极大地促进了广西各民族交往交流交融，并在活动过程中产生交往记忆，形成集体记忆，凝聚各族人民，进而铸牢中华民族共同体意识。

（2）构建共同内群体认同。

陈立鹏等认为，铸牢中华民族共同体意识的关键在于增强中华民族认同，而

---

[1] 冯月季，石刚.文化符号学视域下的中华民族共同体意识建构[J].思想战线，2021,47(5):2.

减少群体间的消极偏见和强化群体间的积极认同是增强中华民族认同的关键。[1]共同内群体认同模型认为,不同群体之间存在隔阂和偏见是由于个体和群体进行社会分类的结果,如果可以让个体和群体重新进行社会分类,在原本的"我们"和"他们"的基础之上构建一个包摄范围更大的上位群体"我们",则之前的"我们"(内群体)和"他们"(外群体)共同形成一个上位群体"我们"(共同内群体)。形成共同内群体之后,个体会产生群体同质性知觉,从而对该共同内群体产生积极情绪,减少群体偏见和刻板印象,增进不同群体成员之间的交流合作,改善群际关系,从而促进共同体认同的培育。[2][3][4]因此,采取各种措施增进跨群体跨族际的接触是促进不同民族成员交往交流交融的有效方法。如：2017年,广西"壮族三月三·民族体育炫"系列活动,在广西各地上百个分会场举办了156个以民族体育为主题的活动,共有360多项赛事。体育竞技活动极大地促进了各族人民的交流互动,特别像抢花炮、板鞋舞等传统体育竞技,竞争激烈且观赏性极强,吸引了各族人民参与其中,从而促进了各族人民交往交流交融。此外,云南、贵州、台湾等地的少数民族也参与了主会场的节目表演,云南西双版纳州景洪市的傣族表演《赛装》、贵州苗族的芦笙技巧舞《滚山珠》、台湾花莲县表演的《大羽冠顶必》,为这次活动带来了"远方的精彩",也为各民族相互学习交流和增进友谊提供了良好的机会。

广西每年"三月三"的活动形式丰富多样,活动规模宏伟盛大,极大地促进了跨民族、跨区域、跨语言的交流互动,各族人民在交流互动过程中加深了对其他民族的认识,增进了各族人民之间的友谊,消除了隔阂偏见,从而促使个体对其他外群体重新进行社会分类,将自己和其他民族成员纳入一个共同的上位群体——中华民族。上位群体形成以后,人们会将之前的外群体成员看作共同内

---

[1] 陈立鹏,段明钰.铸牢中华民族共同体意识的几点思考:心理学的视角[J].中国民族教育,2020(1):20.
[2] GAERTNER S L, DOVIDIO J F.Understanding and addressing contemporary racism: from aversive racism to the common ingroup identity model[J].Journal of social issues,2005,61(3):615-639.
[3] 管健,荣杨.共同内群体认同:建构包摄水平更高的上位认同[J].西北师大学报(社会科学版),2020,57(1):39-49.
[4] 张积家,冯晓慧.中华民族共同体认同的心理建构与影响因素[J].民族教育研究,2021,32(2):5-14.

群体的一部分,并对他们产生内群体偏好,进一步促进各民族间的交往交流交融,从而有利于促进民族团结,铸牢中华民族共同体意识。

2.情感层面:情感共鸣、情感认同铸牢中华民族共同体意识

在心理学中,情感是人对客观事物是否满足自身需求而产生的态度体验和情绪体验,是人类进行社会活动不可或缺的内在动力,它能把不同的人和不同的群体凝聚在一起。当前有许多学者从情感的角度去论述铸牢中华民族共同体意识。有的学者认为,情感认同是铸牢中华民族共同体意识的核心要素。[①]有学者提出以情感唤醒为指引,建立积极的民族心态秩序,为铸牢中华民族共同体意识注入新的心理动力。[②]因此,要铸牢中华民族共同体意识,在现实中通过一定的途径激发各族人民对中华民族共同体的情感共鸣,深化各族人民对中华民族共同体的情感认同,是非常必要的。

共同的情感表达引起情感共鸣。各民族在不断的交往交流交融过程中,会相互影响,产生越来越多共同的点,从而引发共同的情感表达,引起情感共鸣。各民族共同的情感表达是情感认同的独特载体。广西各族人民自古以来就盛行唱歌之风,他们把歌唱作为情感表达的方式之一。广西"三月三"就是在歌圩的基础上发展起来的,如今"三月三"已经被列为国家非物质文化遗产。自2014年"三月三"被定为广西的法定节假日以来,广西每年都举行"三月三"大型庆祝活动,其中唱歌、对歌是庆祝活动中不可或缺的部分。如:2014年,在南宁市武鸣举办的"三月三"歌圩暨骆越文化旅游节,参加活动人数多达10万人次;2015年,在防城港市举办的"放歌'三月三'·情系北仑河"歌圩活动中,来自各地的上万名少数民族代表、边民及游客,一起欣赏山歌对唱、民乐演奏、民俗舞蹈等精彩演出,共度广西壮族传统节日"三月三"。各族人民通过唱歌、对歌抒发感情,引发情感共鸣,增强凝聚力,铸牢中华民族共同体意识。

此外,"三月三"也是壮族的"清明节","三月三"期间,广西各族人民进行祭

---

① 刘吉昌,曾醒.情感认同是铸牢中华民族共同体意识的核心要素[J].中南民族大学学报(人文社会科学版),2020,40(6):11.
② 龙金菊,高鹏怀.民族心态秩序构建:铸牢中华民族共同体意识的社会心理路径[J].西南民族大学学报(人文社会科学版),2019,40(12):9-15.

祀扫墓,怀念先祖。一年一度的崇左市(宁明)"花山骆越王节"骆越始祖祭祀大典,每年农历三月初三在宁明县花山隆重举行。骆越民族,是包括壮族在内的20多个岭南民族的共同祖先,广西各族人民通过骆越始祖祭祀大典,表达了对祖先的怀念之情,展现了骆越民族勤劳勇敢、聪明智慧、团结奋斗的精神风貌和淳美的民风民俗。通过祭祀共同的先祖,表达了共同的情感,引发情感共鸣,拉近了广西各族人民的心理距离,凝聚各族人民使其紧紧团结在一起,铸牢中华民族共同体意识。

需要的满足产生积极情绪,促进情感认同。情感认同可以拉近族际间的心理距离,也是促使中华民族共同体意识转化为行为的动力。所谓情感认同,是主体在社会交往交流中对客体在全面深刻理解的基础上心理相容性在情感上的体验,是主体对满足自身需求的事物作出认可、赞同、喜欢等价值判断并固化心理应激反应的过程。[①]中华民族共同体的情感本质应该表现为归属感、自豪感、获得感、幸福感等一系列积极的情绪体验。积极情绪会促进情感认同深化,而需要的满足会产生积极情绪,因此情感认同的发生一定程度上源于需要的满足。现阶段我国脱贫攻坚已取得全面胜利,消除了绝对贫困,全国各族人民的物质需求已基本得到满足,因此文化需求和精神需求将不断增加。只有各族人民不同的需要得到满足,他们才会产生幸福感、获得感等积极情绪,才能产生对中华民族共同体的情感认同,从而提升中华民族共同体意识水平。

非物质文化是各族人民智慧的结晶,代代相传,具有深厚的文化底蕴和精神内涵,已经融入各民族的血液之中。非物质文化的展演可以一定程度上满足各族人民对于文化和精神的需求。2016年,广西在"弘扬民族文化,展示八桂风采"活动中,举办了非物质文化遗产专场会演。此次非遗展演在全区各地开展,有在桂林市七星公园展演的非物质文化遗产传统音乐类项目;还有由广西梧州,广东肇庆、云浮三市共同举办,在梧州进行的非物质文化遗产汇展。汇展对各市代表性非物质文化遗产进行展示、展销,展销产品包括工艺品、食品等。这些非遗文

---

① 刘吉昌,曾醒.情感认同是铸牢中华民族共同体意识的核心要素[J].中南民族大学学报(人文社会科学版),2020,40(6):12.

化展演形式丰富、内容多姿多彩。通过展演,宣扬了各民族的传统音乐、美食文化、服饰文化等,强化了民族间的情感,也加深了各民族对本民族和其他民族文化的认同。此外,通过各种非遗展演,各族人民共同感受到广西各民族文化的博大精深,极大地满足了广西各族人民的精神文化需求,使其树立了民族自信和文化自信,产生了自豪感、归属感、幸福感等积极情感,促进了各族人民情感认同深化,铸牢中华民族共同体意识。

3.行为层面:意识驱动产生民族团结行为,铸牢中华民族共同体意识

行为是指个体的反应活动,心理支配行为,又通过行为表现出来。意识具有能动性,能够驱动产生行为。中华民族共同体意识并不是现实客体,而是一种群体认同意识。既然是一种意识,它就是一种心理活动,心理活动无法进行客观测量,只有心理活动转化为行为之后,我们才知道个体的心理是否产生了变化,才可以更好地去测量意识水平。梁静和杨伊生认为,中华民族共同体意识最核心的本质应该是行为,是各族人民自觉维护中华民族共同体的行动,如维护民族团结、维护祖国统一等。[①]王俊秀、周迎楠等人认为,群体之间的合作、互动是构建共同体的重要条件。[②]朱尉、周文豪提出,在文化交流的过程中,各族人民文化表达的主体性有利于铸牢中华民族共同体意识。[③]铸牢中华民族共同体意识,最终目的不是仅仅停留在意识层面,而是内化于心、外化于行,使各族人民主动自觉地维护民族团结、维护中华民族共同体、维护祖国统一。

跨民族交往交流交融的行为。在广西一年一度的"三月三"传统节庆活动中,各族人民在通过参与体育竞技、文艺表演等活动了解其他民族文化的同时,也通过比赛和表演中的相互合作、互动,加强了与其他民族的沟通交流,凝聚了情感,增强了中华民族共同体意识。如,2021年,广西"壮族三月三·民族体育炫"系列活动在桂林市兴安县举行,共有花炮、珍珠球、板鞋竞速、高脚竞速、陀螺、独

---

① 梁静,杨伊生.跨民族友谊促进中华民族共同体意识的心理路径及培育机制研究[J].西南民族大学学报(人文社会科学版),2020,41(7):208.
② 王俊秀,周迎楠,裴福华.社会心理服务体系建设视角下铸牢中华民族共同体意识的路径:基于共同内群体认同理论[J].民族学刊,2021,12(5):17-23.
③ 朱尉,周文豪.铸牢中华民族共同体意识的理论、逻辑与文化传播路径[J].长安大学学报(社会科学版),2021,23(5):1-11.

竹漂、舞狮等7个民族传统体育项目的比赛。同时还配套举办了文化旅游产品推介会和民族特色美食节,趣味体育项目展演互动活动,广西体育成就展,体育普法和民族团结进步宣传活动,等等。这些活动形式多样、覆盖面广,极大地促进了各民族的交往交流交融。通过参与这一系列活动,各族人民互相了解、沟通交流和通力合作之后,各民族之间原本的偏见隔阂日益消除,心理距离逐渐缩短,各民族团结一心,中华民族共同体意识水平逐步提升。高水平的中华民族共同体意识,将进一步驱动各族人民产生更多行为来维护中华民族共同体,因此,各族人民在以后的工作生活中会表现出更多与其他民族互动合作和交往交流交融的行为,这将进一步促进民族团结、增强民族凝聚力,深入铸牢中华民族共同体意识。

文化传承与宣传的行为。当个体的中华民族共同体意识水平很高时,这种意识会驱使个体主动地采取一些行为来表现自己的心理,例如对中华民族传统文化感到自豪,并愿意传承和宣传中华优秀传统文化。

广西在每年的"三月三"活动期间,都会举办各种传统文化表演,如2019年"壮族三月三·八桂嘉年华"活动期间,在广西民族博物馆上演了有着300多年历史的壮族舞蹈"打榔舞",打榔节奏铿锵有力,表达了广西各族人民对五谷丰登、六畜兴旺、幸福吉祥的祈求和渴望。壮族的《哈嘹》、侗族的《蝉虫歌》、苗族的《苗岭飞歌》、瑶族的《布努情歌》,山歌荟萃,歌声飞扬,悦耳动听,让人流连忘返,让各族人民感受到了中华民族传统文化的博大精深,树立了文化自信。南宁市以"民俗展演、非遗展示、体验互动"为抓手,推出的迎宾情景表演、民族文化汇演、壮族"三月三"风情体验、中华传统文化体验街(上巳节)体验、创意集市、东盟风情、民族特色旅游推介等7个活动板块,给各族人民带来视听体验和艺术体验的同时,让各族人民对自己和其他民族的文化产生了情感认同,并由此自发产生铸牢中华民族共同体意识相关行为,如宣传相关传统文化或节庆活动等。

中华民族共同体意识越强,各族人民越有可能会主动地传承自己民族的传统文化、宣传中华民族的传统文化。因此形成认知—情感—行为—再认知—再情感—再行为这样一个良性循环,各民族感情越来越深,心与心的距离越来越短,共同体意识越来越强,从而深入铸牢中华民族共同体意识。

(二)通过传统节庆活动铸牢中华民族共同体意识的实践路径

1.认知层面

大量文化符号的暴露会在对符号进行表征的个体间形成共同的文化记忆和集体记忆,此外,大量活动的举办可以改变原来的群体界限,构建新的共同内群体,从而从认知层面铸牢中华民族共同体意识。将少数民族传统节庆活动作为载体,借鉴广西经验,民族地区可结合本地区民族特色,举办大型传统节庆活动,以引导各族人民对少数民族传统文化符号进行表征,通过共享文化符号形成共同记忆,并以活动为媒介,促进各族人民充分交流互动,形成共同内群体,达到铸牢中华民族共同体意识的目的。

例如参照广西"三月三",贵州雷山县可以由政府主导策划一年一度的苗年系列活动。目前,雷山县每年都会举办各种活动欢度苗年,活动丰富多彩、规模庞大,如大型非遗展演、非遗巡游等。为了进一步铸牢中华民族共同体意识,雷山县可以将苗年打造成一个全县各族人民共同欢庆的节日,并将已有的活动整合在一起进行集中举办。比如在每年的苗年期间,开展覆盖面广、特色鲜明的系列活动,活动可涵盖文艺汇演、体育竞技、民族文化展演、美食体验等。其中,文艺汇演可以有苗族芦笙表演、苗族舞蹈表演、苗歌大赛等,体育竞技可以有斗牛、爬花杆、射弩等,民族文化展演可以有非遗展演、苗族服饰展演、苗族银饰展演等,美食体验可以有"长桌宴"、美食制作体验等,还可以将在十二月举办的苗绣节刺绣大赛也纳入苗年系列活动中。凉山彝族自治州也可以结合彝族传统节日火把节打造系列活动,把火把节打造成全州人民共同欢庆的节日。如:在全州范围内举办摔跤比赛,欢迎全国各族人民参与角逐;在全国发起大型彝族服饰设计大赛及展演活动,展演活动还可以借助新媒体平台进行网络直播,使广大网友也可以体验到彝族服饰的美;在各地设置火把场地供广大群众狂欢,同时举办大型火把节文艺汇演等。

各地都可以参照广西的做法,按照"政府主导、社会主办、群众主体、文化主流"的原则,结合本地少数民族的特点,从满足各族群众实际需求和弘扬少数民族传统文化的角度出发,积极谋划开展各项节日活动。

举办上述系列活动,一方面,通过博物馆主题展览、非遗展览、书画展览等多类型、多场次展演,将各种文化符号不断暴露在各族群众的视野中,让各族群众不断地对不同民族的符号、图像等进行表征并学习,从而将相关符号纳入自己的知识体系,产生共同文化记忆,形成集体记忆,进而铸牢中华民族共同体意识。另一方面,可以为多个民族之间的交流互动提供社会氛围,进而消除各民族间的偏见隔阂,在不同的民族间产生共同内群体认同,促进族际的相互认同,增强中华民族认同,铸牢中华民族共同体意识。

2.情感层面

共同的情感表达引起情感共鸣。例如参加彝族火把节的彝族人民和其他各族人民通过唱歌、跳舞等方式,表达自己的情感;参加苗族芦笙舞乐大赛的苗族和其他各族人民通过吹奏芦笙、跳舞表达自己的各种情感。各民族人民通过共同的方式表达情感,产生情感共鸣,促使各民族相互认同,有利于铸牢中华民族共同体意识。

满足各族人民的精神和文化需求,可以增进情感共鸣与情感认同,凝聚人心。例如苗族聚居的民族地区可以通过举办全国苗歌大赛、苗族芦笙舞乐大赛、千人长桌宴等普通民众参与性高的活动,丰富各族人民的精神文化生活,构筑情感共鸣与情感认同的"文化家园"。彝族聚居的民族地区可以通过举办摔跤、斗牛、赛马等竞技活动,举办彝族选美比赛等活动,增加各族人民生活的趣味性,丰富彝族人民的日常生活,增强民族幸福感。

此外,要适应经济社会发展的新要求,需要进一步促进法治公平、经济繁荣、文化繁荣、社会和谐、生态良好,必须坚持以人民为中心的发展思想。在"四个全面"战略布局中,把民生放在优先位置,着力解决好最广大人民群众普遍关心的现实问题和长远问题。最大程度地满足人民群众对美好生活的多样化、便利化、舒适性需求,让每个人都有获得感和幸福感,营造和谐融洽的发展环境,增进中华民族共同体意识的情感共鸣,不断增强人民群众对美好生活的期待,实现心理上的凝结和人心融合。

3.行为层面

少数民族传统节庆活动可以作为桥梁增进各族人民交往交流交融,同时少数民族传统节庆活动的举办可以增强民族自信和文化自信,强化中华民族共同体意识,高水平的意识进一步驱动产生更多维护和巩固中华民族共同体意识的行为,从而深入铸牢中华民族共同体意识。民族地区可以根据自身特色,举办少数民族传统节庆活动,消除民族隔阂、民族偏见,建设各民族共有的心灵家园,形成共同内群体,推动各民族交往交流交融不断深化,深入铸牢中华民族共同体意识。

例如凉山彝族自治州可以举办大型的彝族火把节活动,贵州雷山县可以举办大型的苗年节庆活动,以传统节庆活动为桥梁,促进各民族交往交流交融。民族地区也可以结合自身传统民俗文化,举办各种非遗展演、民族服饰展演、民族歌舞表演等,增强民族自豪感和文化自信,铸牢中华民族共同体意识,从而促使各民族自发地去传承和宣传中华优秀传统文化。例如凉山彝族自治州可以举办凉山彝族尼木措毕祭祀、彝族刺绣展、彝族服饰展等,贵州雷山县可以举办雷山苗族服饰刺绣展、苗族芦笙制作工艺展演、苗族银饰展等。

第八章

铸牢中华民族共同体意识研究展望

一、新时代深入铸牢中华民族共同体意识对研究工作提出的新要求

(一)提高研究质量

铸牢中华民族共同体意识研究是一个新兴的学术热点,从2014年习近平总书记提出"中华民族共同体意识"至今,也只有十年的时间。十年间,铸牢中华民族共同体意识的研究范围越来越广,研究内容越来越丰富。但是,目前铸牢中华民族共同体意识研究亟须在质量上、深度上下功夫,深入挖掘,进行更为细致、精细化的研究。

一方面,需要采用不同的研究视角。目前,大多数的研究都从宏观视角入手,从中观、微观入手探讨铸牢中华民族共同体意识的相关研究较少。在进行宏观研究的同时,加强中观和微观研究,应是下一阶段的努力方向。不过,近年来,这一状况已经在逐渐改善,已经有学者尝试从中观、微观的视角进行探索。例如,在中观层面,金欣认为,对于我国这样幅员辽阔的统一的多民族国家来说,不同区域的中华民族共同体意识的形成、培育和增强的方式会有一定差异性,因此需要从中观的区域的视角来研究"中华民族共同体意识"。[①]王浩宇等则探究了新疆的交通现代化对中华民族共同体意识形成的作用,探索了交通运输这条培

---

① 金欣."中华民族共同体意识"研究的回顾与前瞻[J].西北民族大学学报(哲学社会科学版),2020(2):39.

育中华民族共同体意识的有效途径。[1]也有学者从河西走廊视角探索铸牢中华民族共同体意识的创新理论与边疆经验。因为不同区域间在经济、政治、文化、生态发展上存在差异，因此也造就了各族群间的差异，使得"不同区域之间的接触呈现'深浅不一'的层次感，也就造成中国认同的丰富性"[2]。所以通过对我国各区域的中华民族共同体意识的研究，可以发现促进国家认同与铸牢中华民族共同体意识的不同的方法。在微观层面，徐君和赵靖以藏族群众到成都就医为例，从日常生活实践和生命实践角度，研究各民族交往交流交融的轨迹，为铸牢中华民族共同体意识提供生动鲜活的案例。[3]高卉基于南疆"民族团结模范"尤良英的个案分析，将视线聚焦于个人。[4]宗喀·漾正冈布和王振杰以青海民和回族土族自治县杏儿乡"民族团结模范集体"为例，将视线聚焦于村落。[5]这些都是在微观层面进行的深入研究，为铸牢中华民族共同体意识提供了独特的经验与启发。

另一方面，需要加强对基础概念的研究。目前，中华民族共同体意识基础概念研究较为薄弱，以中华民族共同体意识为例，中华民族、共同体、意识，三个概念中，意识隶属于心理学的研究范畴，共同体属于社会学、政治学等社会科学经常研究的课题，而中华民族作为限定词，属于民族学的研究范畴，每一个概念都可以更加深入与精准地进行学术性的阐释研究。祁进玉等也认为，虽然关于"中华民族""中华民族共同体"的研究成果众多，但对其内涵的理解更多地存在于我们的共识之中，新时代"中华民族"的内涵和外延与近代历史中的"中华民族"是否有所区分等问题，需要我们做更深入的研究。[6]

---

[1] 王浩宇,汤庆园.新疆交通现代化进程与中华民族共同体意识培育[J].新疆大学学报(哲学·人文社会科学版),2019,47(1):71-78.
[2] 黄达远.边疆的空间性:"区域中国"的一种阐释路径:对"中华民族共同性"论述的新思考[J].陕西师范大学学报(哲学社会科学版),2016,45(3):37.
[3] 徐君,赵靖.日常生活实践与中华民族共同体意识形成路径:以藏族群众成都就医为例[J].中央民族大学学报(哲学社会科学版),2022,49(6):14-24.
[4] 高卉.中华民族共同体在日常生活实践中的建构:基于南疆"民族团结模范"尤良英的个案分析[J].云南民族大学学报(哲学社会科学版),2019,36(3):24-29.
[5] 宗喀·漾正冈布,王振杰.日常生活实践中的中华民族共同体构建:以青海民和县杏儿乡"民族团结模范集体"为例[J].中南民族大学学报(人文社会科学版),2021,41(8):40-47.
[6] 祁进玉,徐婧.回顾与展望:中华民族共同体意识研究的历史与现实[J].中央社会主义学院学报,2021(6):42.

(二)建构研究体系

在国内,铸牢中华民族共同体意识的研究产生了许多有价值的理论成果,梳理过往文献,可以发现主要聚焦于四个方面,分别是中华民族共同体意识的内涵、历史渊源、价值意蕴和实践路径。这些理论成果为我国深入推进中华民族共同体意识的培育工作提供了诸多有益的理论参考。但是,当前大多数研究都属于话语性阐述,少有研究进行系统的体系建构。若想深刻理解和把握中华民族共同体意识的精髓要义,则需要紧紧围绕学习贯彻习近平新时代中国特色社会主义思想和党的二十大精神这条主线,进行研究体系的构建。具体来讲,研究体系的构建需要聚焦于理论体系、实践体系和话语体系三个方面。

第一,构建铸牢中华民族共同体意识的理论体系,解决为什么要铸牢中华民族共同体意识的问题。铸牢中华民族共同体意识理论体系的构建,需要依托中华民族共同体意识形成过程中的历史根源、理论积淀和价值取向,[①]以解决中国现实问题为重心,以民族工作中的重大现实问题为导向,在概念范畴、理论主题、体系框架、内在逻辑等方面作出系统性、学理性阐发,为铸牢中华民族共同体意识提供科学化、系统化的理论指导。

第二,构建铸牢中华民族共同体意识的实践体系,解决怎么样铸牢中华民族共同体意识的问题。铸牢中华民族共同体意识是一个宏大的议题,其内涵丰富,实践范围广阔,因此,它的实践路径应该是多样化的。目前,学者们从民族团结路径、文化路径、思想教育路径等方面对铸牢中华民族共同体意识的实践路径展开了大量的研究,取得了丰硕的成果。但是,现实生活中面对的问题往往是复杂多样的、条件性的。若想将理论研究转化为切实的、可操作的行动,则离不开对实践路径具体适用条件的研究,这样才能为铸牢中华民族共同体意识提供更为详细的指导。此外,过往的学者多是从不同的视角对实践路径加以探究,而如何将不同的实践路径加以整合,运用到日常生活中去,渗透到生活中的每一个角落,也是亟待研究的问题。

第三,构建铸牢中华民族共同体意识的话语体系,解决在国内国际更好地宣

[①] 秦玉莹,郝亚明.中华民族共同体意识:研究概貌与未来展望[J].北方民族大学学报,2021(1):26.

传和传播的问题。话语体系实质上是对思想理论体系的表达和反映,过往,我国的民族工作思想和政策深受西方民族理论的影响,导致本土理论的发展和研究受限。但是近年来,我国综合实力日益强大,民族工作深入推进,取得了许多重大原创性的成果。未来,我们不仅要在国内,也要在国际上更好地宣传和传播我国的民族工作思想,加强融通中外的话语能力建设,加强学界与民族工作职能部门、各类媒体、社会大众和国际社会的对话交流,立足于我国国情,讲好我们自己的故事,加快构建具有中国特色、符合国际传播特点的中国民族理论政策话语体系。

(三)改进研究方法

在铸牢中华民族共同体意识的研究中,研究方法的运用至关重要,从当前情况看,需要从以下两个方面进行改进。

一方面,需要加强文献研究工作和实证调查工作。当前的文献研究工作存在的一大问题是:只停留在对文献进行笼统概括,没有深入细致地挖掘更丰富的资料。例如,费孝通先生在1988年发表了论文《中华民族的多元一体格局》,从地理环境、考古发现、迁移历史、政治整合等方面对中华民族的历史进行了深入系统的阐述,但这只是一个宏观的理论建构,我们还需要基于历史文献的记载,对每个历史时期,针对不同群体、各个重要的历史事件进行具体分析,这样的研究目前仍是十分缺乏的。而实证调查工作中存在的问题是:只对问题零星地做些质性描述、笼统地提出若干条"要"或者"应该",而没有提出切实可行的、可付诸实践的方案。真正的实证研究必然是基于现实的,是真实地走访、浸入、发现、倾听,在此基础上得出的研究结论方能更加彰显说服力。

另一方面,需要综合运用多种研究方法。铸牢中华民族共同体意识研究涉及多个领域,仅凭单一学科的研究方法,难以窥其全貌。深化相关研究,除了继续用好规范分析、文献分析等研究方法外,要更加重视综合运用田野调查、实验法、个案研究等方法。以心理学的研究方法为例,本书课题组运用心理测量法,编制了中华民族共同体意识量表、中华民族认同量表、民族团结意识量表、民族交融态度量表等工具，为中华民族共同体意识的测量和实证调研奠定了基础。而孟乐等"将中华民族共同体和共同内群体认同模型相结合"，以内地西藏班高中生为被试，通过实验法发现西藏班高中生在共同内群体认知、共同内群体偏爱和对共同内群体成员的帮助倾向这三个维度上均表现出了对中华民族共同体的高度认同，为当前铸牢中华民族共同体意识研究提供了新的经验和启示。[①]

二、加强体制机制创新推进铸牢中华民族共同体意识研究

党的二十大报告指出："必须坚持科技是第一生产力、人才是第一资源、创新是第一动力，深入实施科教兴国战略、人才强国战略、创新驱动发展战略，开辟发展新领域新赛道，不断塑造发展新动能新优势。"科学研究的进步离不开支撑它的体制机制，体制机制的创新有助于推进铸牢中华民族共同体意识研究，激发科研机构的活力和科研人员的创造性，提高知识生产的效率。因此，进一步推进铸牢中华民族共同体意识的研究，推进新时代民族工作的高质量发展，要在习近平新时代中国特色社会主义思想和党的二十大精神的指导下，以制度创新驱动科研创新。

（一）创新体制机制，发挥铸牢中华民族共同体意识研究基地的辐射带动作用

中央四部委（中央统战部、中央宣传部、教育部、国家民委）设立的铸牢中华民族共同体意识研究基地是为贯彻落实习近平总书记铸牢中华民族共同体意识的重大原创性论断和党中央重大决策部署而统筹实施的重大科研创新举措，是服务国家决策、学术创新、人才培养的国家级科研创新平台。其目的是贯彻落实习近平总书记关于加强和改进民族工作的重要思想，充分发挥学科优势和人才优势。近年来，在中央四部委的推动下，全国各地陆陆续续设立了几十家铸牢中华民族共同体意识研究基地，对该领域的研究起到了重要的推动作用。但是，目

---

① 孟乐,叶灿,王佳佳,等.内藏班高中生对国内外民族的容器隐喻、群际态度和助人倾向[J].心理学报,2022,54(11):1366-1380.

前各基地建设中还存在一些问题和不足,需要创新体制机制,充分发挥铸牢中华民族共同体意识研究基地的辐射带动作用。

第一,建立研究共同体制度。要发挥铸牢中华民族共同体意识研究基地对全国铸牢中华民族共同体意识研究的指导功能,当前中央四部委建立的28家研究基地需要起到示范带头作用,为全国各地的铸牢中华民族共同体意识研究基地提供经验。同时,建立共建共享、合作运行机制,大力提倡民族边远地区与北京、广东等经济发达地区合作,发挥各自的优势,进行资源、人员及管理等方面的互通,突破研究瓶颈,提高研究质量。

第二,建立基地成果的定期发布制度。各基地产出的学术成果,既要面向各个基地,加强基地间的合作交流,也要面向社会,要主动宣传铸牢中华民族共同体意识研究相关成果,多形式、多渠道扩大相关成果的传播力和影响力。

第三,建立基地的定期评估和动态调整制度。完善基地评价考核体系,采用合理的评价方式、科学的评估标准,并积极引入第三方评估机制。建立与研究成果挂钩、与评价结果挂钩的动态管理机制,坚持"竞争入选、定期评估、优胜劣汰",实现铸牢中华民族共同体意识研究基地建设运行的良性循环。

(二)创新体制机制,推动各学科、各机构广泛交流、协同创新

从全国范围来看,凝聚各方力量,深入交流与合作,才可以加快产出原创性、高质量的学术成果。

第一,建立开放协同的研究制度。铸牢中华民族共同体意识研究需要发挥各方优势、协同创新。应组织各机构、各单位间开展协同攻关的研究工作,鼓励组建跨学科、跨学院、跨专业的研究团队。在日常工作中,广泛采用"请进来、走出去"的学术交流形式,开展多样化的学术交流活动,鼓励各方建立常态化交流机制,共享最新研究成果,围绕建设目标凝聚科研力量,产出一批高质量的专项科研成果。

第二,建立高端交流平台开发制度。学术交流发生的场所既可以是有形的,如论坛、年会;也可以是无形的,如专业的学术期刊、网络论坛。目前,亟须建立

一批与铸牢中华民族共同体意识研究相关的全方位、多层次、高水平的学术交流平台，面向各个领域的科研人员，提供高质量交流内容，建立高效率交流模式，给出高水平服务方案。

第三，建立学术交流管理制度。广泛深入的学术交流活动对学术交流的管理提出了更高要求，为了保障学术交流活动的顺利开展，提高学术交流的质量，达到学术交流预期的目标，从学术交流的设计规划、经费预算、活动审批，到宣传组织等，都需要制定、完善相关制度，依规办事，提高效率。

(三)创新体制机制，建设高水平科研队伍

高质量的科研成果离不开高水平的科研队伍、高层次的科研人才。2021年，习近平总书记在中央人才工作会议上指出："人才是自主创新的关键，顶尖人才具有不可替代性。国家发展靠人才，民族振兴靠人才。我们必须增强忧患意识，更加重视人才自主培养，加快建立人才资源竞争优势。"新时代推进铸牢中华民族共同体意识研究，需要创新体制机制，建设高水平科研队伍，提升人才凝聚力和向心力。

第一，完善科研管理机制，提高管理的科学性和系统性。科研管理的主要工作即组织协调各方，对资源进行合理配置和整合。科研管理的效率与质量，决定着课题的申报、结题情况，在整个科研活动中起着承上启下的作用。因此，各科研机构要高度重视科研管理队伍的建设，对科研管理工作进行科学、准确的定位，明确职责，强化职能，严把课题"申报"与"结题"这两大关口，杜绝"重申报、轻结题"的现象。

第二，完善科研激励机制，激发研究者的积极性和主动性。要尊重人才、信任人才，对于有能力的，要赋予其更大的资源调配权、更大的经费支配权，努力为人才营造一个宽松、公正、平等的环境，营造一个鼓励大胆创新、勇于创新、包容创新的良好氛围，让科研人员心无旁骛地"浸入"学问中，发挥能动性和创造性。

第三，完善人才评价机制，优化科学成果的评价标准。当前，在人才评价中，唯论文、唯职称、唯学历、唯奖项等问题仍比较突出，且许多科研人员受制于形式

主义、官僚主义,难以将全部精力投入科研工作。"四唯"问题限制了人才的发展空间,不利于人才潜心做学问、出成果。只有破除"四唯"现象,将科研人员从形式主义、官僚主义中解放出来,为人才松绑,才能释放其潜能,使其更快更好地产出一批高质量的科研成果。

三、发挥多学科优势,推进铸牢中华民族共同体意识研究

铸牢中华民族共同体意识是一个跨学科的议题,其内涵丰富,研究涉及面广,包括民族交往交流交融、民族心理认同、共同体意识培育等方面。因此,铸牢中华民族共同体意识的研究不能局限于民族学、政治学、历史学,而是需要社会学、心理学、教育学等多学科的共同参与,只有在多学科的滋养与孕育下,才能将铸牢中华民族共同体意识这一新时代党的民族工作的"纲"抓实抓牢。

此外,学科分类只是对知识的一种划分方式,而现实社会是一个系统性的整体,许多问题的解决需要综合运用多种学科的知识来实现。多学科聚力铸牢中华民族共同体意识研究,可将主题置于更为宏阔的学术视野,避免单一学科的诸多局限,且有助于打破既有的思维模式和学术范式的束缚,为学术研究提供强劲动力,推动知识生产创新。

(一)民族学

民族学是一门以民族为研究对象的学科,将民族作为整体进行全面的考察。自"铸牢中华民族共同体意识"提出以来,其迅速成为统领民族研究的主题,以往民族学领域的中华民族、中华民族多元一体格局、民族关系、民族团结、民族政策、民族交往交流交融等论题也大多置于该视角下再进行论说。作为铸牢中华民族共同体意识研究的主力军,民族学应以习近平新时代中国特色社会主义思想为指导,结合中华民族历史发展进程以及当前世界面临百年未有之大变局的实际情况,把握民族工作的新方向,理解中华民族共同体的多重面向并研究如何进行建设,进而为推进铸牢中华民族共同体意识提供学理支撑。

一方面,从历时性的角度,可以系统梳理中华民族共同体从自在到自觉的过

程,为推动中华民族共同体建设提供学理依据以及可资借鉴的历史经验启示。[1]从古代各民族交往交流交融中产生的依存性和凝聚力,到新民主主义革命时期中国共产党的领导,再到新中国成立以来的民族政策实践,这些关系到中华民族形成和发展、整合与升华的历史过程,都是需要民族学等学界系统梳理、精准提炼和进行理论思考的重要课题。

另一方面,从共时性的角度需要研究:如何保护民族文化资源和进一步合理开发利用,大力进行民族文化建设;我国社会主义的制度优势对民族地区发展所带来的影响;现代化进程中社会流动、社会分层等对民族认同、国家认同的影响;民族区域自治制度、民族政策对各地区民众的幸福感和获得感的影响;等等。

总之,铸牢中华民族共同体意识的提出为民族学的发展指明了前进的方向,民族学需要紧紧围绕学习贯彻习近平新时代中国特色社会主义思想和党的二十大精神这条主线,聚焦铸牢中华民族共同体意识各个方面的重大问题开展研究。

(二)社会学

社会学是从社会整体出发,通过社会关系和社会行动来研究社会结构及其功能、社会过程及其原因和规律的社会科学。它从宏观与微观、静态与动态多个层面去研究社会现象,并力图发现其中的规律。

从概念上分析,"共同体"一直以来都是社会学的核心概念,从1887年德国社会学家滕尼斯(Ferdinand Tönnies)将共同体(community)从社会(society)的概念中分离出来,到1983年本尼迪克特·安德森在《想象的共同体:民族主义的起源与散布》中提出民族是"一种想象的政治共同体"[2],再到近几十年学界的探讨,皆充分说明社会学在"共同体"研究中所具有的深厚潜力。

此外,也可以从社会结构入手进行深入探究。2014年,在第二次中央新疆工作座谈会上,习近平总书记提出:"要加强民族交往交流交融,部署和开展多种形式的共建工作,推进'双语'教育,推动建立各民族相互嵌入式的社会结构和社区

---

[1] 杨文笔.论聚焦铸牢中华民族共同体意识建设民族学学科[J].广西民族研究,2022(2):98.
[2] 本尼迪克特·安德森.想象的共同体:民族主义的起源与散布[M].吴叡人,译.增订本.上海:上海人民出版社,2016:6.

环境。"①推动建立各民族相互嵌入的社会结构和社区环境,离不开运用社会学的理论与方法,例如,使用帕森斯(Talcott Parsons)的结构－功能模型在宏观层面分析各社会子系统之间的关系,在角色层面上分析社会结构。一个典型的例子是刘诗谣等在贡山独龙族怒族自治县通过田野考察与研究发现,铸牢中华民族共同体意识是一种深层次的结构重塑问题,而非单纯的治理策略问题。因此,铸牢中华民族共同体意识需要重视铸牢中华民族共同体意识的社会结构基础。通过调整民族地区的社会经济结构,以民族互嵌这种新型的民族社会结构治理模式来推动铸牢中华民族共同体意识的工作,将会产生更大的成效。②

实际上,社会关系与社会结构密不可分,社会关系是从微观层面上说明人们之间的交往模式,而社会结构则侧重于宏观的社会分析,它是微观层面的社会关系积累的结果。各民族交往交流交融过程中所产生的社会关系如何随着时代而变化?进入新时代后各民族间的关系又发生了哪些改变?既可以从宏观上着眼分析社会中各群体之间的关系,如职能部门之间、阶级阶层之间、不同利益群体之间的稳定的关系模式,也可以从微观层次进行分析,如分析社区的社会结构,这些皆是社会学在铸牢中华民族共同体意识研究中可以作出的贡献。

(三)政治学

政治本质上是在特定社会经济关系及其所表现的利益关系基础上,社会成员通过社会公共权力确认和保障其权利并实现其利益的一种社会关系,而政治学作为一门以政治关系为研究对象的社会科学,将探求政治关系的发展规律作为自己的目标和任务。在铸牢中华民族共同体意识研究中,政治学学科的一大优势就在于为中华民族整体性提供强有力的政治合法性支撑③。

历史政治学作为政治学下的二级学科,可以深入探究中国作为多元一体国家的历史合法性的问题,阐明中华民族共同体建设与政治核心要素结构的关联,

---

① 李学仁.习近平在第二次中央新疆工作座谈会上强调 坚持依法治疆团结稳疆长期建疆 团结各族人民建设社会主义新疆[N].人民日报,2014-05-30(1).
② 刘诗谣,刘小珉,张迪.流动与互嵌:铸牢中华民族共同体意识的结构维度:基于贡山独龙族怒族自治县的田野考察[J].中南民族大学学报(人文社会科学版),2021,41(8):37.
③ 郝亚明.铸牢中华民族共同体意识亟待多学科共创理论话语体系[J].民族学刊,2021,12(10):12.

有助于以历史政治学的知识生产服务中华民族共同体建设实践,为铸牢中华民族共同体意识提供实践路径。如马俊毅以历史政治学的方法论,从中国历史发展尤其是近代以来中华民族自醒自觉的维度探寻铸牢中华民族共同体意识在中华民族伟大复兴中的历史方位,提炼出新时代铸牢中华民族共同体意识的重大意义和基本思路。[①]也有学者从政治伦理入手,认为铸牢中华民族共同体意识需要多管齐下,但最为根本的是探寻和建构其背后的政治伦理,因为政治伦理支配着人们的政治实践行动,进而从根本上决定中华民族共同体的建设。[②]

民族政治学作为民族学与政治学的交叉学科,除了着眼于研究与国家建设紧密相关的民族政治现象,也应当回答一些重要的问题,如:中国是统一的多民族国家性质的判定、国家建设与民族建设的关系、中华民族共同体与民族建设的关系等。

(四)历史学

中华民族是在长期的历史发展过程中逐步形成的,"一部中国史,就是一部各民族交融汇聚成多元一体中华民族的历史,就是各民族共同缔造、发展、巩固统一的伟大祖国的历史"[③]。历史学作为研究过去与现在之间连续过程的学问,是所有社会科学研究的题材之源。历史学可以探究中华民族共同体意识的历史基础,在整体历史中把握中华民族多元一体的发展轨迹,进而为中华民族共同体的形成演进提供实证支撑,构建理论体系、话语体系。

目前,史学界已经做了大量的基础性工作,例如:对中华民族共同体意识的理论渊源进行梳理,揭示了从古代自在走向近代自觉的过程;从历史疆域理论层面阐明边疆民族地区是中华民族共有家园的组成部分。也有学者从微观角度出发,从石器时代考古发现、汉藏民族形成和王朝治理体系三个方面论述在西藏铸牢中华民族共同体意识的历史基础,从而说明在西藏铸牢中华民族共同体意识,

---

① 马俊毅.试析铸牢中华民族共同体意识在中华民族伟大复兴中的历史方位[J].民族研究,2022(5):15.
② 杨明洪.探寻铸牢中华民族共同体意识的政治伦理线索[J].社会科学研究,2022(6):13.
③ 习近平.在全国民族团结进步表彰大会上的讲话[M].北京:人民出版社,2019:7.

"不仅是西藏实现现代化的必须,也是历史发展的必然"①。武沐和赵洁则以明清洮州地区为例,探究了在民族地区铸牢中华民族共同体意识的历史经验,②为我们今天在民族地区铸牢中华民族共同体意识提供了重要的经验启示。

这些工作都在实质上有力地推动了中华民族共同体理论话语体系构建。历史学学科应该秉持高度的学术自觉,进一步参与到新时代中华民族共同体理论话语构建中来。

首先,需要进一步发掘不同历史时期各民族交往交流交融的资料。在中国历史上,各民族间的交往交流交融一直持续不断,这是各民族共享的集体记忆,深入挖掘各民族间交往交流交融的历史资料,可以为研究新时代铸牢中华民族共同体意识提供丰富的史料。在史料挖掘的过程中,也要跳出传统史学的研究框架,收集口述资料,从民间大量征集相关的文书资料,而不能局限于传统的文献整理和实物挖掘。

其次,在历史研究中,不能只关注宏大叙事,也要关注微观个体。如霍晓丽以湘西苗族家谱建构为例,讨论了历史记忆与中华民族共同体意识的生成,发现湘西苗族的家谱建构反映了其中华民族共同体意识的形成过程,而中华民族共同体意识的生成也给历史记忆的建构提供了更普遍的社会框架。③马伟华和张亦驰则使用了口述史这一研究方法,将以个人生命经历为基础、饱含主观情感的口述史和铸牢中华民族共同体意识这一宏大命题结合,探索了如何铸牢中华民族共同体意识的问题。④未来,历史学可以将微观尺度与宏观尺度相结合,呈现出历史文本中的生命感,只有这样,才能最真实地让生活在当代的中国人深切感受并意识到中华民族是一个水乳交融、手足相亲的共同体。

---

① 苏发祥,马妍.论西藏铸牢中华民族共同体意识的历史基础[J].中国藏学,2021(1):35.
② 武沐,赵洁.铸牢少数民族地区中华民族共同体意识的历史经验探究:以明清洮州地区为例[J].青海民族研究,2022,33(1):132-138.
③ 霍晓丽.历史记忆与中华民族共同体意识的生成:以湘西苗族家谱建构为例的讨论[J].西南民族大学学报(人文社会科学版),2021,42(12):25.
④ 马伟华,张亦驰.铸牢中华民族共同体意识的口述历史进路[J].南开学报(哲学社会科学版),2023(1):31-39.

（五）教育学

教育学是一门研究人类的教育活动及其规律的社会科学，在铸牢中华民族共同体意识的研究中，思想教育路径是铸牢中华民族共同体意识的实践路径之一，许多学者对此的探讨已比较深入，例如：王延中提出，将"五个认同"的教育作为推进铸牢中华民族共同体意识的思想基础[①]。教育部在《2022年工作要点》中也指出："加强学校铸牢中华民族共同体意识教育。以增进共同性为方向，推动铸牢中华民族共同体意识教育与中小学德育和高校思想政治工作紧密融合。"本书第六章对铸牢中华民族共同体意识教育已经进行了大量论述，此处仅从两方面对发挥教育学在铸牢中华民族共同体意识研究中的作用提出建议。

一方面，教育学要探究铸牢中华民族共同体意识教育应选择一条什么样的文化进路。教育与文化关系密切，教育的过程，实际上就是一种文化选择、文化传递的过程。在学校教育中，学校铸牢中华民族共同体意识的实践进路主要遵循"以文化人"的理论逻辑，是经由文化濡化机制促进学生进行文化选择并认同中华文化的一个过程。[②]因此，学校在铸牢中华民族共同体意识教育中，应加强中华优秀传统文化的教育，加强各民族优秀文化的传承教育。目前，国内这方面的探索较有成效的是滕星的"多元文化整合教育理论"。滕星主张，多民族国家中的学校教育肩负着传递民族文化、推动文化交流、促进社会整合等多重使命，所有学生都要学习人类文化的共同成果，还要学习主体民族优秀文化和少数民族优秀文化。[③]

另一方面，教育学要探究如何从教育的四要素进一步加强铸牢中华民族共同体意识教育。1973年，施瓦布（Joseph Schwab）提出教育的四要素：教师、学习者、学习的内容、社会环境。[④]在铸牢中华民族共同体意识教育中，首先要遵循学

---

① 王延中.铸牢中华民族共同体意识　建设中华民族共同体[J].民族研究,2018(1):7.
② 何清新,史能兴.铸牢中华民族共同体意识视域下边境民族地区学校的文化选择：基于广西龙州中小学经验[J].西南民族大学学报(人文社会科学版),2022,43(12):204.
③ 陈学金,巴战龙.学校教育与共同体建设：基于二十世纪以来中国实践的分析与探索[J].广西民族研究,2021(6):50.
④ SCHWAB J J.The practical 3:translation into curriculum[J].The school review,1973,81(4):501-522.

生的生理和心理特点,对不同阶段的学生采取不同的教学方法。例如胡平等人从发展的视角总结了民族社会建构观的发展规律及影响因素,并结合不同年龄段儿童民族社会建构观的水平及各学段的教育特点,提出了促进铸牢中华民族共同体意识培育的建议。[①]对于教师,需要加大资金投入,培养建设一支高水平、高质量的专业师资队伍。曹能秀和马妮萝提出的"专项+X"师资培训模式可以将中华民族共同体意识教育与不同学科的内容有机结合,为建设专业的师资队伍提供了切实可行的方案。[②]对于学习的内容,则需要利用课程设计、教学设计等方面的专业知识,探索在铸牢中华民族共同体意识教育中应该传递什么样的知识,怎么样将知识最大限度地传递给学生。

生态系统理论的提出者尤里·布朗芬布伦纳(Urie Bronfenbrenner)认为,个体嵌套在相互联系的环境系统中,在系统中,个体与系统相互作用,推动个体的发展。而家庭、学校、社会、政府都属于生态系统的一部分,因此,铸牢中华民族共同体意识需要从整体上把握,统筹学校教育、家庭教育和社会教育,才能发挥最好的作用。

(六)心理学

在2021年中央民族工作会议上,习近平总书记强调:"要充分考虑不同民族、不同地区的实际,统筹城乡建设布局规划和公共服务资源配置,完善政策举措,营造环境氛围,逐步实现各民族在空间、文化、经济、社会、心理等方面的全方位嵌入。"[③]这一深刻论述为铸牢中华民族共同体意识提出了具体的方向,而前述几门学科也是从空间、文化、经济、社会、心理等角度出发,发挥自身学科优势进行深入研究。

铸牢中华民族共同体意识,作用于中华民族共同体中每一个具体的人,最终发生改变的,是一个人的心理。而心理学作为一门研究人的心理与行为的科学,

---

[①] 胡平,高宇,薛金洋.中华民族共同体意识的培育路径:个体发展的视角[J].民族教育研究,2021,32(5):20.
[②] 曹能秀,马妮萝.中华民族共同体意识培养融入学校教育研究[J].云南师范大学学报(哲学社会科学版),2022,54(1):130-131.
[③] 习近平.以铸牢中华民族共同体意识为主线,推动新时代党的民族工作高质量发展[M]//习近平.论坚持人民当家作主.北京:中央文献出版社,2021:329-330.

兼具自然科学和社会科学的双重属性,可以为铸牢中华民族共同体意识研究提供深刻的见解。例如,李静从心理学的角度分析中华民族共同体意识的结构,将其划分为基于历史记忆的集体潜意识、基于共同体认同的归属性意识以及基于核心价值观的聚合性意识,[①]增进了人们对于中华民族共同体意识背后心理结构的理解。但是,这一心理结构是否会随着时间而发生变化?不同地区和民族的个体间是否存在差异?这些问题,可以通过心理测量来进一步评估。本书课题组使用心理测量法,开发了一系列相关的量表,包括中华民族共同体意识量表、中华民族认同量表、民族团结意识量表、民族交融态度量表等测量工具,通过运用这些工具,无疑可以进一步深入探索中华民族共同体意识这一复杂的心理结构。

不过,自创立之初,心理学的基本任务就包括:描述、解释、预测和控制。因此,不能简单停留在对中华民族共同体意识的描述和解释上,还需要进一步预测、控制,而这正是"铸牢"二字的应有之义。例如,管健和杭宁使用行为经济学中的助推理论,以中华民族共同体意识的知、情、意、行四维系统为切入点,将助推策略这一微观路径融入铸牢中华民族共同体意识的宏观叙事中,为铸牢中华民族共同体意识的实践路径提供了启示。[②]后来,二人也依据社会认同及影响力的三域综合模式,从个体、群体和社会情境三个领域入手进一步展开论述,提出了铸牢中华民族共同体意识在横向坐标和纵向坐标上构建的两条路径。[③]

综上所述,心理学既能提供理论启发,也能给出具体的实践方案,可以弥补当前研究一定程度上存在的理论与实践脱节的不足。而实践的需要也呼唤大量的心理学与其他学科的交叉研究,心理学在推动铸牢中华民族共同体意识研究中大有可为。

除了上述学科以外,其他学科如经济学、符号学、传播学、法学等都可以为铸牢中华民族共同体意识研究作出贡献。如:冯月季等探讨了元符号在建构中华

[①] 李静.中华民族共同体意识结构的心理学分析[J].民族研究,2021(5):1.
[②] 管健,杭宁.知情意行:四维一体铸牢中华民族共同体意识[J].南开学报(哲学社会科学版),2021(6):53.
[③] 管健,杭宁.铸牢中华民族共同体意识的心理助推策略研究:个体、群体、社会情境三域综合模式[J].西南民族大学学报(人文社会科学版),2022,43(11):209-215.

民族共同体意识认同的过程中所具有的文化原型的功能[1],指明了如何通过文化符号铸牢中华民族共同体意识的实践路径[2];李曦辉则引入域观经济学理论和民族经济学理论,将经济学理论与民族共同体认同有机结合,研究它们对铸牢中华民族共同体意识的作用机理。[3]总之,就铸牢中华民族共同体意识的理论话语构建而言,社会科学中诸多学科都可以参与其中并作出自己独特的贡献。

四、需进一步研究的几个问题

(一)中华民族共同体与铸牢中华民族共同体意识的关系

在学界,中华民族共同体与铸牢中华民族共同体意识的关系问题已经得到了较为充分的研究,但是,对这一关系问题的认识与回答,不仅是构建铸牢中华民族共同体意识的理论体系需要探讨的基本问题,也会直接影响到铸牢中华民族共同体意识在实践中应该如何行动的问题。

此外,中华民族共同体的发展方向也直接关系着铸牢中华民族共同体意识的实践,目前这方面的研究较少。国内学者范可认为,除了必须考虑到传统意义上的共同体所应有的客观的、可以测度的社会和文化要素之外(如经济、政治、文化等),还应当思考民族共同体发展的方向。[4]对此,范可引述彼得·什托姆普卡的观点,认为民族共同体的发展方向可能是道德共同体,道德共同体有三个基本的组成元素——信任、忠诚和团结。铸牢中华民族共同体意识也应从这三个要素出发。[5]

---

[1] 冯月季.中华民族共同体意识认同的元符号机制、挑战与路径[J].云南民族大学学报(哲学社会科学版),2022,39(2):25-32.

[2] 冯月季,石刚.文化符号学视域下的中华民族共同体意识建构[J].思想战线,2021,47(5):6-9.

[3] 李曦辉.铸牢中华民族共同体意识经济视角研究[J].区域经济评论,2021(3):27.

[4] 范可.略论民族共同体的发展方向:兼及铸牢中华民族共同体意识[J].广西民族大学学报(哲学社会科学版),2022,44(1):12.

[5] 范可.略论民族共同体的发展方向:兼及铸牢中华民族共同体意识[J].广西民族大学学报(哲学社会科学版),2022,44(1):22.

(二)中华民族共同体理论与铸牢中华民族共同体意识理论的关系

在学界,中华民族共同体这一概念较早为新中国考古学奠基人之一夏鼐在1962年发表的《新中国的考古学》一文中所使用[1],此后几十年间,虽也有学者在研究中使用这一术语,但是总的来说,对其的研究发展较为缓慢。直到2014年,习近平总书记在第二次中央新疆工作座谈会上的讲话中使用"中华民族共同体"这一概念,才将其重新拉回人们的视线。2014年以后,习近平总书记在不同场合多次运用"中华民族共同体"这一概念,不断地发展、丰富了这一概念的内涵,并且在我国民族关系出现新情况、国家改革发展稳定面临新问题的时代背景下,提出了"铸牢中华民族共同体意识"这一重大原创性论断。而铸牢中华民族共同体意识理论发展较晚,应在习近平总书记提出"铸牢中华民族共同体意识"这一原创性论断之后,其主要内容和基本观点包括铸牢中华民族共同体意识的战略地位、重大意义、根本目的、理论内涵、实践要求等方面。

但是,总的来说,关于二者的关系目前还存在争议,存在使用过程中定义不清晰、层次不明确的问题。一些学者认为,中华民族共同体理论包含铸牢中华民族共同体意识理论;也有一些学者从广义上进行把握,将中华民族共同体理论作为铸牢中华民族共同体意识理论的一部分,模糊了狭义和广义上铸牢中华民族共同体意识理论的界限。因此,需要进一步研究,明确二者的关系,在研究中正确使用相关概念,避免歧义。

(三)中华民族共同体理论与中华民族多元一体格局理论的关系

1988年,费孝通先生首次提出中华民族多元一体格局理论,这一理论系统回答了中华民族的形成过程、形成机制、各民族与中华民族的关系等问题,成为指导我国民族工作的重要民族理论。过去的三十多年,凡涉及民族问题的研究多以此理论作为基础。但是,这一理论有强化"多元"而弱化"一体"之嫌。随着时代的发展,新时代下的民族工作,需要以"一体"为指导,在"一体"中把握"多元",中华民族共同体理论就是在这一背景下顺应时代需要而产生的。因此,中华民

---

[1] 杨须爱."中华民族共同体"概念演进史钩沉[J].中华民族共同体研究,2022(3):24.

族共同体理论是对中华民族多元一体格局理论的发展,这一点学界已经达成共识。

但是,在新时代民族理论发展过程中,中华民族多元一体格局理论是如何发展为中华民族共同体理论的?这背后有着什么样的发展逻辑?受哪些因素的影响?两者是一种什么样的关系?在铸牢中华民族共同体意识成为新时代民族工作"主线"的背景下,如何统筹把握二者,为铸牢中华民族共同体意识研究助力?这些问题需要各个学科领域的学者们进一步探究。

(四)中华民族多样性与中华民族整体性的关系

多元一体是中华民族共同体的内在结构,是我国民族构成的基本国情,承认并正确理解这种多元一体的民族构成,是培育中华民族共同体意识的重要前提。[①]在铸牢中华民族共同体意识的过程中,一方面,需要牢牢把握"一体",重视中华民族的整体性,增强中华民族认同。另一方面,要在"一体"中把握"多元",不能忽视中华民族的多样性。一体包含多元,多元组成一体,一体离不开多元,多元也离不开一体,二者具有辩证统一关系。

2021年,习近平总书记在中央民族工作会议上深刻指出:"要正确把握共同性和差异性的关系,增进共同性、尊重和包容差异性是民族工作的重要原则。"[②]无论是"多元"与"一体",还是"共同性"与"差异性",其实都可以归为中华民族多样性与中华民族整体性的关系这一问题。对此,许多学者也展开了大量的论述,如王延中认为,多样性和整体性并不是相互矛盾、截然对立的,而是互为表里,互相促进的关系。[③]

但是,目前的研究多是从理论上阐明应处理好多样性和整体性或共同性和差异性的关系,少有研究从实践角度进一步论述应如何在工作中具体落实这一

[①] 雷振扬.铸牢中华民族共同体意识研究需拓展的三个维度[J].中南民族大学学报(人文社会科学版),2019,39(6):1.

[②] 习近平.以铸牢中华民族共同体意识为主线,推动新时代党的民族工作高质量发展[M]//习近平.论坚持人民当家作主.北京:中央文献出版社,2021:328.

[③] 王延中.铸牢中华民族共同体意识 建设中华民族共同体[J].民族研究,2018(1):8.

原则,这使得理论与实践间存在较大的鸿沟。当前在实践工作中如何处理好多样性与整体性的关系,把握好增进共同性、尊重和包容差异性的原则,仍然是民族工作中面临的重要研究课题。需要用辩证的、系统的思维,针对具体问题具体分析,才能正确处理这一矛盾,保证民族工作沿着铸牢中华民族共同体意识的方向行稳致远。

(五)民族认同、国家认同与中华民族认同的关系

民族认同是指一个民族成员通过诸如民族语言、历史文化、宗教信仰等所表述的对民族共同体的归属意识[1],其实质上属于文化认同。国家认同则"是指一个国家的成员对所属国家的历史和文化传统、国家主权和制度、政治主张和价值观念等的认可而产生的归属感"[2],本质上是一种政治认同。

一直以来,民族认同与国家认同都是民族学、社会学、政治学等学科探究的话题,在国内外的讨论已经很多。近年来,自铸牢中华民族共同体意识成为研究热点以后,也有许多学者从铸牢中华民族共同体意识的角度进行了论述,例如,魏健馨认为,铸牢中华民族共同体意识,需要从民族认同到国家认同,而这一进路的实现是从"民族—文化共同体"到"政治—法律共同体"在内涵上的切换完成的。[3]王江成也认为,推进中华民族共同体建设,就是要以铸牢中华民族共同体意识为纽带实现各民族的认同整合,完成从民族认同到国家层面认同的跃升。[4]

而铸牢中华民族共同体意识,中华民族认同是一个不可忽视的问题。赵刚和于鹏飞指出:"铸牢中华民族共同体意识从根本上看是铸牢对中华民族的认同意识,而缺乏中华民族认同才是当前铸牢中华民族共同体意识中最需要解决的问题。"[5]那么,如何加强中华民族认同?民族认同、国家认同、中华民族认同间有

---

[1] 陈茂荣.全球化背景下多民族国家的国家认同危机[J].中南民族大学学报(人文社会科学版),2012,32(5):23.

[2] 高维,衮美玲.人教版高中英语教材中的国家认同教育内容研究[J].教育导刊,2023(1):46.

[3] 魏健馨.从民族认同到国家认同:铸牢中华民族共同体意识的进路[J].中央社会主义学院学报,2021(1):80.

[4] 王江成.国家认同建构:从"五族共和"到铸牢中华民族共同体意识[J].学术界,2022(9):155.

[5] 赵刚,于鹏飞.中华民族认同与铸牢中华民族共同体意识[J].民族学刊,2022,13(7):8.

着怎样的关系？如何从民族认同到中华民族认同？这些都是需要进一步探究的问题。此外，还有一些概念亟须厘清，如中华民族共同体认同、中华民族共同体认同感，这些概念与中华民族认同有何联系与区别。只有在清楚界定概念的基础之上，才能扎实推进铸牢中华民族共同体意识研究，建构科学、完整的理论体系。

（六）中华民族共同体教育与铸牢中华民族共同体意识教育的关系

关于中华民族共同体教育与铸牢中华民族共同体意识教育二者间的关系，在本书第六章已有所探讨，我们认为，两者不是同一个概念。具体来说，铸牢中华民族共同体意识教育中包含中华民族共同体教育，而中华民族共同体教育是铸牢中华民族共同体意识教育的精髓和核心内容。铸牢中华民族共同体意识教育的内容更广，还包括社会主义核心价值观教育、爱国主义教育、民族团结教育等。

但是，目前学界对这两组概念未加区分，一般直接将中华民族共同体教育等同于铸牢中华民族共同体意识教育，忽略了铸牢中华民族共同体意识教育是一个层次更高、内容更丰富的概念范畴，忽略了爱国主义教育、社会主义核心价值观教育等内容也是铸牢中华民族共同体意识教育的一部分。在知网中以"铸牢中华民族共同体意识教育"为关键词搜索论文，结果中大多数以中华民族共同体教育为标题，但是在内容上却没有区分铸牢中华民族共同体意识教育与中华民族共同体教育。且在目前的研究中，前者所包含的民族团结教育、爱国主义教育等内容均各自独立，少有学者将其置于统一的框架体系下进行探讨。因此，未来需进一步探究中华民族共同体教育与铸牢中华民族共同体意识教育间的关系，明确区分这两组概念的使用条件，明晰铸牢中华民族共同体意识教育的重点和核心内容，从而在实践中增强教育的针对性和实效性，提升育人效果。

参考文献

一、专著

[1] 本尼迪克特·安德森.想象的共同体:民族主义的起源与散布[M].吴叡人,译.增订本.上海:上海人民出版社,2016.

[2] 珀文.人格科学[M].周榕,陈红,杨炳钧,等译.上海:华东师范大学出版社,2001.

[3] 国家民委研究室.新时代民族理论政策问答[M].北京:民族出版社,2019.

[4] 国家民族事务委员会.中央民族工作会议精神学习辅导读本[M].北京:民族出版社,2015.

[5] 国家民族事务委员会.铸牢中华民族共同体意识:全国民族团结进步表彰大会精神辅导读本[M].北京:民族出版社,2021.

[6] 哈布瓦赫.论集体记忆[M].毕然,郭金华,译.上海:上海人民出版社,2002.

[7] 侯玉波.社会心理学[M].3版.北京:北京大学出版社,2013.

[8] 黄希庭.心理学导论[M].人民教育出版社,1991.

[9] 吉登斯著.社会学:批判的导论[M].郭忠华,译.上海译文出版社,2013.

[10] 金盛华,张杰.当代社会心理学导论[M].北京:北京师范大学出版社,1995.

[11] 李淮春.马克思主义哲学全书[M].北京:中国人民大学出版社,1996.

[12] 林崇德.发展心理学[M].2版.北京:人民教育出版社,2009.

[13] 刘永芳.归因理论及其应用[M].济南:山东人民出版社,1998.

[14] 马斯洛.动机与人格[M].许金声,程朝翔,译.北京:华夏出版社,1987.

[15] 彭聃龄.普通心理学[M].4版.北京:北京师范大学出版社,2012.

[16] 苏霍姆林斯基.给教师的建议(修订本 全一册)[M].杜殿坤,译.2版.北京:教育科学出版社,1984.

[17] 王晶.社会心理学[M].秦皇岛:燕山大学出版社,2021.

[18] 徐黎丽,李静.民族交往交流交融实录(全四册)[M].北京:人民出版社,2021.

[19] 习近平.决胜全面建成小康社会 夺取新时代中国特色社会主义伟大胜利:在中国共产党第十九次全国代表大会上的报告[M].北京:人民出版社,2017.

[20] 习近平.在全国民族团结进步表彰大会上的讲话[M].北京:人民出版社,2019.

[21] 习近平.论坚持人民当家作主[M].北京:中央文献出版社,2021.

[22] 习近平.习近平谈治国理政.第四卷[M].北京:外文出版社,2022.

[23] 尹可丽,尹绍清,龙肖毅.云南青少年民族团结心理与教育[M].北京:中国社会科学出版社,2018.

[24] 章志光.社会心理学[M].3版.北京:人民教育出版社,2015.

[25] 中共中央统一战线工作部,国家民族事务委员会编.中央民族工作会议精神学习辅导读本[M].北京:民族出版社,2022.

[26] 中共中央文献研究室.习近平关于社会主义政治建设论述摘编[M].北京:中央文献出版社,2017.

[27] 朱智贤.儿童心理学[M].4版.北京:人民教育出版社,2003.

[28] TAJFEL H.Differentiation between social groups:Studies in the social psychology of intergroup relations[M].London:Academic Press,1978.

二、期刊

[1] 阿拉坦仓,刘星,邱忠堂.弘扬和发展中华优秀传统文化的四个维度[J].内蒙古师范大学学报(哲学社会科学版),2022,51(1):5-11.

[2] 艾斌.民族交融的影响机制及其发展趋势研究:基于2018年云南省少数民族地区综合社会调查数据[J].民族研究,2019(6):16-31.

[3] 艾娟.间接群际接触改善群体态度的有效性:研究与启示[J].江汉学术,2016,38(4):109-114.

[4] 包小红,苏光正,常永才.族际接触如何影响偏见:基于族际共同性感知的视角[J].民族教育研究,2022,33(3):23-31.

[5] 曹能秀,马妮萝.中华民族共同体意识培养融入学校教育研究[J].云南师范大学学报(哲学社会科学版),2022,54(1):122-131.

[6] 常安.习近平中华民族共同体建设思想研究[J].马克思主义研究,2018(1):36-47.

[7] 常安.依法治理民族事务 铸牢中华民族共同体意识的法治保障[J].中华民族共同体研究,2022(1):154-168.

[8] 常安.铸牢中华民族共同体意识的文化法治路径[J].西南民族大学学报(人文社会科学版),2023,44(1):81-87.

[9] 常永才,BERRY J W.从文化认同与涵化视角看民族团结教育研究的深化:基于文化互动心理研究的初步分析[J].民族教育研究,2010,21(6):18-22.

[10] 陈巴特尔,陈雪婷.改革开放40年我国民族高等教育政策的演进逻辑[J].贵州民族研究,2019,40(1):197-201.

[11] 陈曹霁,严秀英.朝鲜族初中生心理资本与自我调节学习的关系[J].中国健康心理学杂志,2018,26(5):740-746.

[12] 陈达云.民族院校加强少数民族大学生国家认同教育的思考[J].高校理论战线,2012(10):34-37.

[13] 陈达云,赵九霞.民族教育塑造中华民族共同体意识的四重逻辑——学习习近平总书记关于民族教育重要论述研究[J].新疆大学学报(哲学·人文社会科学版),2021,49(2):66-71.

[14] 陈建樾.重构统一多民族国家:新中国成立前后中华民族共同体建设的历史脉络[J].西北民族研究,2019(2):49-54.

[15] 陈立鹏,范航.基于心理测量学的民族团结意识量表的编制[J].民族教育研究,2021,32(4):75-81.

[16] 陈立鹏,汪颖.习近平关于铸牢中华民族共同体意识重要论述的理论要点[J].中南民族大学学报(人文社会科学版),2021,41(10):16-25.

[17] 陈立鹏,薛璐璐.基于心理测量学的中华民族共同体意识量表的编制[J].中南民族大学学报(人文社会科学版),2021,41(2):30-38.

[18] 陈立鹏,薛璐璐.基于心理测量学的民族交融态度量表的编制[J].中南民族大学学报(人文社会科学版),2022,42(5):37-44.

[19] 陈立鹏,张珏.关于深入推进中华民族共同体教育的几点思考[J].贵州民族研究,2020,41(6):143-149.

[20] 陈萌,于滢,侯永朝.大数据视域下大学生社会主义核心价值观认同教育探析[J].思想教育研究,2022(3):153-158.

[21] 陈明华.在民族院校进行中华民族共同体教育的几点思考[J].理论视野,2019(4):24-29.

[22] 陈晓晨,赵菲菲,张积家.跨民族友谊对民族态度的影响及其作用机制[J].民族教育研究,2018,29(6):96-103.

[23] 程荣,虎有泽.铸牢中华民族共同体意识的法理阐释:以《地方组织法》为例[J].中南民族大学学报(人文社会科学版),2022,42(11):58-64.

[24] 崔英锦,常鑫.散居区朝鲜族中小学双语师资专业发展研究[J].民族教育研究,2019,30(1):69-75.

[25] 崔英锦,吴林柏.中小学民族团结教育研究历史、现实经验及对策[J].教书育人,2021(35):6-8.

[26] 戴宁宁.民族团结心理的构建及其实证分析[J].北方民族大学学报(哲学社会科学版),2014(5):87-91.

[27] 戴宁宁,刘继杰.从宗教的心理属性看边疆多民族地区宗教事务管理的路径选择:基于新疆南疆等地的田野调查[J].新疆社会科学,2013(1):56-60.

[28] 邓光玉.民族院校铸牢中华民族共同体意识的实践逻辑:以西北民族大学为例[J].西北民族研究,2020(4):5-9.

[29] 邓光玉.铸牢中华民族共同体意识 建设现代化高水平大学 写在西北民族大学建校70周年之际[J].中国民族,2020(9):52-59.

[30] 邓新星.论中华民族共同体认同感的建构[J].西北民族大学学报(哲学社会科学版),2016(5):8-14.

[31] 董强,聂开吉.铸牢中华民族共同体意识的路径选择与分析[J].广西师范学院学报(哲学社会科学版),2019,40(3):60-65.

[32] 杜娟.从族际通婚看民族交融与发展[J].中南民族大学学报(人文社会科学版),2018,38(6):17-20.

[33] 段超,车越川.都市铸牢中华民族共同体意识的实践与探索——以武汉市民族工作为例[J].中南民族大学学报(人文社会科学版),2021,41(11):51-58.

[34] 段超,高元武.从"夷夏之辨"到"华夷"一体:中华民族共同体意识形成的思想史考察[J].中南民族大学学报(人文社会科学版),2020,40(5):1-8.

[35] 段成荣,毕忠鹏,黄凡.二十一世纪以来中国民族人口空间互嵌格局研究[J].广西民族研究,2021(5):1-11.

[36] 段成荣,黄凡,毕忠鹏.关于各民族共同走向人口现代化的研究[J].中央民族大学学报(哲学社会科学版),2022,49(3):117-127.

[37] 方李莉.论铸牢中华民族共同体意识与中华民族文化符号的再建构[J].中华民族共同体研究,2022(3):44-58.

[38] 方李莉,孟凡行,季中扬,等."中华民族视觉形象"与"共同体意识建构"笔谈[J].民族艺术,2021(1):12-25.

[39] 房玲.印象管理综述[J].社会心理科学,2005,20(3):114-117.

[40] 费孝通.简述我的民族研究经历和思考[J].北京大学学报(哲学社会科学版),1997(2):4-12.

[41] 高承海.促进民族交往交流交融的社会心理路径与策略[J].西南民族大学学报(人文社科版),2020,41(7):215-221.

[42] 高承海,安洁,万明钢.多民族大学生的民族认同、文化适应与心理健康的关系[J].当代教育与文化,2011,3(5):106-113.

[43] 高承海,侯玲,万明钢.民族接触促进跨民族互动的心理机制[J].西北师大学报(社会科学版),2014,51(6):30-35.

[44] 高承海,撒丽.青少年民族认同的发展状态与心理适应的关系[J].西北师大学报(社会科学版),2017,54(2):106-110.

[45] 高洁.论马斯洛自我实现思想对青年自我实现的借鉴[J].湖南科技学院学报,2019,40(11):51-53.

[46] 高永久,邢艺谱.国家治理现代化与铸牢中华民族共同体意识的关系:基于国家认同的研究视角[J].中南民族大学学报(人文社会科学版),2022,42(2):19-27.

[47] 高永久,杨龙文.边境牧区各民族铸牢中华民族共同体意识的现实问题与路径选择[J].西南民族大学学报(人文社会科学版),2022,43(2):14-23.

[48] 高永久,杨龙文.论民族互嵌与中华民族共同体建设的逻辑关联[J].西北民族研究,2022(5):13-24.

[49] 龚方.历史记忆与民族关系:从陕西"回民起义"谈起[J].黑龙江民族丛刊,2012(3):87-91.

[50] 哈正利,云中.当代中国民族事务治理绩效及其优势[J].中南民族大学学报(人文社会科学版),2019,39(5):16-21.

[51] 哈正利,云中.地方性互惠与共同体意识的塑造:以沙镇为例[J].广西民族研究,2019(4):44-50.

[52] 海路,谢唯唯.铸牢中华民族共同体意识视域下民族文化进校园的内涵及路径[J].贵州民族研究,2021,42(5):61-67.

[53] 海路,杨柄.中华民族历史观教育:内涵、价值与实践路径[J].民族研究,2022(4):13-24.

[54] 韩海冬,陈宝,热合木吐拉·艾山."五个认同"引领新疆中小学生思想政治教育探析[J].和田师范专科学校学报,2021,40(2):14-19.

[55] 韩艳伟,谢清松,金炳镐.要正确把握物质和精神的关系 让中华民族共同体牢不可破[J].北方民族大学学报,2022(1):28-34.

[56] 郝时远.进一步增强中华民族凝聚力的新发展阶段[J].民族研究,2020(6):1-5.

[57] 郝时远.民族团结进步的新境界:铸牢中华民族共同体意识[J].西部蒙古论坛,2020(3):3-10.

[58] 郝时远.文化自信、文化认同与铸牢中华民族共同体意识[J].中南民族大学学报(人文社会科学版),2020,40(6):1-10.

[59] 郝时远.民族工作以铸牢中华民族共同体意识为"纲"[J].贵州民族研究,2021,42(5):1-7.

[60] 郝亚明.论中华民族命运共同体建设的五大基础路径[J].西南民族大学学报(人文社科版),2020,41(5):1-6.

[61] 郝亚明.论中华民族多元一体格局与中华民族共同体建设[J].湖北民族学院学报(哲学社会科学版),2019,37(1):8-13.

[62] 郝亚明.中华民族共同体意识视角下的民族交往交流交融研究[J].西南民族大学学报(人文社科版),2019,40(3):9-13.

[63] 何生海.习近平关于国家认同重要论述初探[J].北方民族大学学报,2020(1):5-13.

[64] 何生海.内蒙古铸牢中华民族共同体意识路径探索:以文化整合为研究视角[J].内蒙古大学学报(哲学社会科学版),2021,51(3):30-37.

[65] 何生海.族群的文化交融及其国家认同:基于内蒙古牧区的田野调查[J].湖北民族大学学报(哲学社会科学版),2021,39(4):34-45.

[66] 何文钜.习近平关于铸牢中华民族共同体意识重要论述的理论精髓[J].广西民族研究,2021(2):31-37.

[67] 胡平,高宇,薛金洋.中华民族共同体意识的培育路径:个体发展的视角[J].民族教育研究,2021,32(5):20-26.

[68] 胡平,徐莹,徐迩嘉.从心理空间生产看学校教育中中华民族共同体意识的培育[J].民族教育研究,2020,31(4):19-24.

[69] 胡维芳,谢政航.职业价值观对藏族大学生择业效能感的影响:心理资本的中介作用[J].民族教育研究,2019,30(3):144-151.

[70] 虎有泽,程荣.新时代铸牢中华民族共同体意识的法治建构[J].西南民族大学学报(人文社会科学版),2022,43(11):1-7.

[71] 虎有泽,云中.国家认同视域下中华民族共同体意识[J].贵州民族研究,2018,39(11):1-6.

[72] 黄贵辉.新发展阶段推进民族事务治理现代化的逻辑向度[J].西北民族大学学报(哲学社会科学版),2021(5):65-72.

[73] 黄妍,桑青松.中国传统文化视域中的人际空间距离[J].安徽师范大学学报(人文社会科学版),2009,37(1):80-83.

[74] 黄钰,陈建樾,郎维伟.铸牢中华民族共同体意识的实践内涵、历史使命和目标任务[J].贵州民族研究,2021,42(1):7-12.

[75] 黄钰,郎维伟,陈建樾.实证微观意识范式下中华民族共同体意识研究[J].青海民族研究,2020,31(4):29-35.

[76] 黄元娜.人际关系中的心理距离研究[J].赤峰学院学报(自然科学版),2015,31(12):114-116.

[77] 蒋多,何贵兵.心理距离视角下的行为决策[J].心理科学进展,2017,25(11):1992-2001.

[78] 蒋寒.大学生民族团结教育的要素探析[J].学校党建与思想教育,2012(3):91-93.

[79] 蒋慧,孙有略.铸牢中华民族共同体意识下民族互嵌型社区治理研究:以南宁市中华中路社区为例[J].西南民族大学学报(人文社会科学版),2021,42(6):59-66.

[80] 蒋建武,赵曙明.心理资本与战略人力资源管理[J].经济管理,2007(9):55-58.

[81] 姜永志,白红梅,李敏.民族交往交流交融的社会心理促进机制及实现路径:基于社会心理学的视角[J].西南民族大学学报(人文社科版),2018,39(7):212-218.

[82] 姜永志,侯友,白红梅.中华民族共同体意识培育困境及心理学研究进路[J].广西民族研究,2019(3):105-111.

[83] 焦开山,包智明.新时代背景下云南少数民族群体的国家认同及其影响因素[J].民族研究,2019(4):1-14.

[84] 孔亭,毛大龙.论中华民族共同体的基本内涵[J].社会主义研究,2019(6):51-57.

[85] 孔兆政,张毅."天下"观念与中国民族团结意识的建设[J].中南大学学报(社会科学版),2010,16(1):40-45.

[86] 蓝国华.新时代西藏铸牢中华民族共同体意识的意义、挑战及实践路径[J].西藏研究,2022(1):7-16.

[87] 郎维伟,陈瑛,张宁.中华民族共同体意识与"五个认同"关系研究[J].北方民族大学学报(哲学社会科学版),2018(3):12-21.

[88] 李斌,马红宇,郭永玉.心理资本作用机制的研究回顾与展望[J].心理研究,2014,7(6):53-63.

[89] 李超,段超.铸牢中学生中华民族共同体意识的价值逻辑与实践理路[J].北京教育(德育),2020(10):37-41.

[90] 李静.中华民族共同体意识结构的心理学分析[J].民族研究,2021(5):1-9.

[91] 李静,于晋海.民族交往交流交融及其心理机制研究[J].西北师大学报(社会科学版),2019,56(3):91-98.

[92] 李静,张智渊.民族心理研究的理论与实践[J].甘肃社会科学,2014(5):243-247.

[93] 李曼莉,蔡旺.论铸牢中华民族共同体意识的三个基本问题[J].广西民族研究,2020(3):12-19.

[94] 李梦龙,任玉嘉,杨姣,等.体育活动对农村留守儿童社交焦虑的影响:心理资本的中介作用[J].中国临床心理学杂志,2020,28(6):1297-1300.

[95] 李森森,龙长权,陈庆飞,等.群际接触理论:一种改善群际关系的理论[J].心理科学进展,2010,18(5):831-839.

[96] 李尚旗,郭文亮.中华民族共同体意识培育面临的挑战及路径选择[J].思想理论教育,2019(1):62-66.

[97] 李玉雄.铸牢中华民族共同体意识与少数民族文化自觉:基于壮族文化的思考[J].北方民族大学学报,2020(1):29-35.

[98] 李占录.现代化进程中族群认同、地域认同与国家认同之间关系探讨[J].中央民族大学学报(哲学社会科学版),2015,42(3):18-26.

[99] 李臻,金炳镐.习近平总书记关于中华民族的新论述初探[J].中央民族大学学报(哲学社会科学版),2016,43(1):16-21.

[100] 李贽,金炳镐.新时代促进我国民族团结进步事业基本途径的探索[J].中国边疆史地研究,2019,29(3):1-11.

[101] 李贽,金炳镐.中国共产党推进中华民族共同体建设经验探析[J].广西社会主义学院学报,2022,33(4):57-65.

[102] 李智环.民族认同与国家认同研究述论[J].西南科技大学学报(哲学社会科学版),2012,29(2):88-93.

[103] 李资源,张俊.中国共产党推进中华民族共同体建设的理论与实践[J].中南民族大学学报(人文社会科学版),2022,42(4):28-40.

[104] 梁芳美,肖子伦,包燕,等.共同内群体认同对心理融合的促进效应及其机制[J].心理科学,2020,43(5):1147-1153.

[105] 梁静,杨伊生.跨民族友谊促进中华民族共同体意识的心理路径及培育机制研究[J].西南民族大学学报(人文社科版),2020,41(7):207-214.

[106] 刘宝明.从伟大决议中汲取团结奋进的智慧和力量[J].中国民族,2021(12):8-11.

[107] 刘宝明,乌小花,丁赛,等.铸牢中华民族共同体意识实现中华民族伟大复兴[J].贵州民族研究,2021,42(6):1-10.

[108] 刘河燕.铸牢中华民族共同体意识教育的理论与实践探索[J].吉林省教育学院学报,2022,38(2):174-177.

[109] 刘吉昌,金炳镐.构筑各民族共有精神家园 培养中华民族共同体意识[J].西南民族大学学报(人文社科版),2017,38(11):28-33.

[110] 刘吉昌,曾醒.情感认同是铸牢中华民族共同体意识的核心要素[J].中南民族大学学报(人文社会科学版),2020,40(6):11-16.

[111] 刘铁芳.国家认同的教育意蕴及其实现[J].探索与争鸣,2018(2):119-126.

[112] 刘晓霜,纳日碧力戈.高质量铸牢中华民族共同体意识的两个视域[J].中南民族大学学报(人文社会科学版),2022,42(1):35-40.

[113] 刘星,何山河,金炳镐.铸牢中华民族共同体意识是新时代党的民族工作的主线[J].黑龙江民族丛刊,2021(5):15-21.

[114] 刘有安.族际交往中的"民族心理距离"解析[J].云南社会科学,2008(5):63-66.

[115] 刘有安.族际交往中的民族心理距离及民族团结心理构建:以东部城市少数民族流动人口为例[J].烟台大学学报(哲学社会科学版),2018,31(3):85-90.

[116] 龙金菊,高鹏怀.民族心态秩序构建:铸牢中华民族共同体意识的社会心理路径[J].西南民族大学学报(人文社科版),2019,40(12):9-15.

[117] 卢成观,李文勇.中华民族共同体意识的理论根基、现实价值及路径选择[J].理论导刊,2020(3):51-58.

[118] 卢焕华,徐苗,方慧珍,等.民族关系研究中的内隐偏见调查综述[J].西北民族研究,2011(4):5-19.

[119] 陆卫明,张敏娜.铸牢中华民族共同体意识论略[J].贵州民族研究,2018,39(3):1-6.

[120] 路宪民.论跨文化交往中的非语言沟通[J].社科纵横,2005,20(5):162-165.

[121] 罗彩娟.民族交往交流交融的理论阐释与实践探索[J].中南民族大学学报(人文社会科学版),2020,40(3):22-26.

[122] 罗迪.文化认同视角下的大学生社会主义核心价值观教育[J].思想教育研究,2014(2):106-109.

[123] 罗鸣春,陈家敏,常敬,等.民族院校大学生民族团结心理特点及培育研究[J].民族高等教育研究,2018,6(6):59-65.

[124] 麻国庆.民族研究的新时代与铸牢中华民族共同体意识[J].中央民族大学学报(哲学社会科学版),2017,44(6):21-27.

[125] 麻国庆.费孝通民族研究理论与"合之又合"的中华民族共同性[J].中央民族大学学报(哲学社会科学版),2020,47(4):13-23.

[126] 麻国庆.公共记忆与中华民族共同体认同[J].西北民族研究,2022(1):5-14.

[127] 麻国庆,关凯,施爱东,等.多学科聚力铸牢中华民族共同体意识研究(笔谈一)[J].西北民族研究,2020(2):5-17.

[128] 马俊毅.中华民族共同体意识的现代性内涵[J].中南民族大学学报(人文社会科学版),2020,40(5):15-21.

[129] 马俊毅.民族事务复合性治理战略及其现代化:以铸牢中华民族共同体意识为主线[J].中南民族大学学报(人文社会科学版),2021,41(11):72-80.

[130] 马俊毅.试析铸牢中华民族共同体意识在中华民族伟大复兴中的历史方位[J].民族研究,2022(5):15-25.

[131] 马俊毅.中华民族共同体建设的现代化之路:基于国家与社会关系的分析[J].西南民族大学学报(人文社会科学版),2022,43(4):8-17.

[132] 马妍,苏发祥.孝文化认同与铸牢中华民族共同体意识[J].回族研究,2021,31(3):30-34.

[133] 马智群,罗小男.新疆少数民族大学生民族认同与语言态度的关系研究[J].民族教育研究,2017,28(6):65-69.

[134] 孟凡丽.从党史中汲取铸牢中华民族共同体意识的智慧和力量[J].红旗文稿,2021(13):35-37.

[135] 孟凡丽.在有形有感有效上用力铸牢中华民族共同体意识[J].红旗文稿,2022(12):26-29.

[136] 孟立军.关于建构中国特色民族教育理论话语体系的思考[J].民族教育研究,2019,30(5):5-13.

[137] 纳日碧力戈.试论铸牢中华民族共同体意识的"形联意"[J].北方民族大学学报,2022(4):5-9.

[138] 纳日碧力戈,凯沙尔·夏木西.试论中华民族共同体意识的交互性[J].中央民族大学学报(哲学社会科学版),2021,48(4):33-37.

[139] 纳日碧力戈,李鹏程.四方铸牢中华民族共同体意识[J].广西民族研究,2020(1):1-6.

[140] 纳日碧力戈,萨仁.铸牢中华民族共同体意识的多维进路[J].广西民族大学学报(哲学社会科学版),2021,43(4):149-155.

[141] 纳日碧力戈,邹君.论铸牢中华民族共同体意识的形、气、神[J].中南民族大学学报(人文社会科学版),2021,41(4):15-20.

[142] 普丽春,肖李,赵伦娜.民族地区义务教育铸牢中华民族共同体意识的实践与反思[J].贵州民族研究,2022,43(4):197-202.

[143] 普丽春,赵伦娜,吹几.云南少数民族预科教育的办学成效与特色探究[J].中国民族教育,2020(9):43-46.

[144] 朴婷姬,秦红芳.民族高校大学生民族认同、乐观和悲观倾向与情绪类型的关系[J].大连民族学院学报,2012,14(4):289-293.

[145] 祁进玉,徐婧.回顾与展望:中华民族共同体意识研究的历史与现实[J].中央社会主义学院学报,2021(6):29-42.

[146] 青觉,吴鹏.文化润疆:新时代新疆地区铸牢中华民族共同体意识的理念、话语与实践逻辑[J].中国边疆史地研究,2021,31(1):1-12.

[147] 青觉,徐欣顺.中华民族共同体意识:概念内涵、要素分析与实践逻辑[J].民族研究,2018(6):1-14.

[148] 青觉,徐欣顺.新时代多民族国家建设与铸牢中华民族共同体意识:以人民为中心的理论与实践[J].民族研究,2021(1):15-29.

[149] 青觉,赵超.中华民族共同体意识的形成机理、功能与嬗变:一个系统论的分析框架[J].民族教育研究,2018,29(4):5-13.

[150] 曲映蓓,辛自强.中小学生民族偏见与歧视的成因及干预策略:群际接触的视角[J].心理技术与应用,2016,4(2):116-124.

[151] 沈桂萍.建设"中华民族共同体"意识形态话语体系[J].河北省社会主义学院学报,2020(3):5-10.

[152] 沈桂萍.铸牢中华民族共同体意识面临的突出问题及对策:以民族理论和政策话语重构为例[J].中央社会主义学院学报,2021(1):57-69.

[153] 沈桂萍,李军龙.中华民族共同体理论:马克思主义民族理论中国化时代化的结晶[J].治理现代化研究,2023,39(1):5-13.

[154] 石云霞.马克思社会共同体思想及其发展[J].中国特色社会主义研究,2016(1):23-28.

[155] 宋才发.中华民族共同体意识是中华民族全面觉醒的体现[J].贵州社会科学,2021(3):4-11.

[156] 宋才发.铸牢中华民族共同体意识的四维体系构建及路径选择[J].党政研究,2021(3):59-69.

[157] 宋征莉,苏光正.心理学视角下民族团结教育研究进展[J].呼伦贝尔学院学报,2020,28(5):109-113.

[158] 苏德.加快民族教育现代化发展的创新之路:评《远方的期许:民族教育现代化加快发展的战略破局》[J].民族教育研究,2022,33(5):2.

[159] 苏德,薛寒.民族院校铸牢中华民族共同体意识:时代方位与具体路向[J].教育研究,2022,43(6):124-133.

[160] 苏发祥,马妍.论西藏铸牢中华民族共同体意识的历史基础[J].中国藏学,2021(1):35-48.

[161] 孙杰远.教育赋能:各民族同步实现现代化的必然选择[J].教育研究,2022,43(10):26-33.

[162] 孙杰远,韩小凡.70年少数民族基础教育发展的"中国经验"[J].民族教育研究,2019,30(6):5-14.

[163] 孙嫱.维吾尔族和汉族互嵌社区建设:南阳民族交往交流交融的个案研究[J].民族研究,2020(2):17-26.

[164] 孙伟,黄培伦.公平理论研究评述[J].科技管理研究,2004(4):102-104.

[165] 陶利江.青少年主流意识形态认同:问题、影响因素及路径选择[J].青少年学刊,2016(4):30-34.

[166] 陶文俊,夏晓莉.交往交流交融视域下内地班少数民族学生的社会心态研究:以江苏省Y市内高班为例[J].民族教育研究,2020,31(3):136-143.

[167] 滕星,张俊豪.试论民族学校的民族认同与国家认同[J].中南民族学院学报(哲学社会科学版),1997(4):105-109.

[168] 田敏,陈文元.论民族关键符号与铸牢中华民族共同体意识:以南宁市三月三民歌节为例[J].云南民族大学学报(哲学社会科学版),2019,36(1):24-30.

[169] 田夏彪.铸牢中华民族共同体意识的情感助力[J].中国民族教育,2021(11):12.

[170] 涂崇玉.心理资本与社交焦虑的关系:不确定性忍受力和应对方式的中介作用思考[J].才智,2019(14):228.

[171] 万明钢.铸牢中华民族共同体意识与新时代学校民族团结进步教育的使命[J].西北师大学报(社会科学版),2020,57(5):5-12.

[172] 万明钢,安洁.国家通用语言文字教育是中华民族共同体建设的基础[J].西北师大学报(社会科学版),2022,59(4):52-58.

[173] 万明钢,王婕.铸牢中华民族共同体意识与学校民族团结进步教育课程建设[J].西北师大学报(社会科学版),2021,58(3):26-34.

[174] 万明钢,杨金香.新时代我国民族教育差别化支持政策价值分析[J].西南民族大学学报(人文社会科学版),2022,43(10):207-214.

[175] 王碧琳.关于如何强化学前教育中铸牢中华民族共同体意识教育的对策和建议:以乌鲁木齐市为例[J].中共乌鲁木齐市委党校学报,2021(3):35-39.

[176] 王国宁,孟凡丽.城市社区铸牢中华民族共同体意识常态化机制构建[J].中南民族大学学报(人文社会科学版),2022,42(7):25-34.

[177] 王鉴,胡红杏.打牢中华民族共同体意识的思想基础研究[J].民族教育研究,2020,31(2):11-16.

[178] 王鉴,刘莹.论铸牢中华民族共同体意识教育的科学内涵[J].西北师大学报(社会科学版),2022,59(5):14-22.

[179] 王建基.乌鲁木齐市民族居住格局与民族关系[J].西北民族研究,2000(1):41-56.

[180] 王俊秀,周迎楠,裴福华.社会心理服务体系建设视角下铸牢中华民族共同体意识的路径:基于共同内群体认同理论[J].民族学刊,2021,12(5):17-23.

[181] 王沛,刘峰.社会认同理论视野下的社会认同威胁[J].心理科学进展,2007,15(5):822-827.

[182] 王鹏."一带一路"视域下中国价值观传播与认同研究[J].新疆社科论坛,2020(2):75-78.

[183] 王启富,史斌.社会距离理论之概念及其它[J].晋阳学刊,2010(1):37-40.

[184] 王世忠,李雨谦.中国共产党民族教育政策的百年探索[J].民族学论丛,2022(2):12-20.

[185] 王淑兰.作为民族理论"中国话语"的多元一体主义:兼谈马克思主义民族理论发展的范式创新[J].中南民族大学学报(人文社会科学版),2020,40(6):17-21.

[186] 王双丽.推进中华民族伟大复兴的社会心理机制研究[J].新西部,2019(9):7-8.

[187] 王文光.中华民族共同体研究三题[J].云南师范大学学报(哲学社会科学版),2022,54(1):11-14.

[188] 王希恩.民族认同与民族意识[J].民族研究,1995(6):17-21.

[189] 王新红.逻辑·架构·内容:习近平新时代民族工作思想的三个维度探析[J].中南民族大学学报(人文社会科学版),2018,38(2):21-25.

[190] 王延中.铸牢中华民族共同体意识 建设中华民族共同体[J].民族研究,2018(1):1-8.

[191] 王延中.扎实推进中华民族共同体建设[J].民族研究,2022(1):1-13.

[192] 王延中.正确认识中华民族历史观[J].历史研究,2022(3):22-32.

[193] 王延中.铸牢中华民族共同体意识的历史演进与战略意义[J].中华民族共同体研究,2022(3):5-21.

[194] 王延中,宁亚芳.正确把握中华民族共同体建设的重大关系[J].中央民族大学学报(哲学社会科学版),2022,49(5):99-109.

[195] 王延中,宁亚芳,章昌平,等.中华民族多元一体格局形成的经济、文化、心理因素析论[J].西南民族大学学报(人文社会科学版),2021,42(9):1-9.

[196] 王瑜,马小婷.我国各民族交往交流交融的空间生产与实践路径[J].中南民族大学学报(人文社会科学版),2022,42(1):27-34.

[197] 王玉刚.新疆高校铸牢中华民族共同体意识教育的分析与对策[J].新疆广播电视大学学报,2020,24(3):19-22.

[198] 王云芳.中华民族共同体意识的社会建构:从自然生成到情感互惠[J].中央民族大学学报(哲学社会科学版),2020,47(1):43-52.

[199] 温忠麟,张雷,侯杰泰,等.中介效应检验程序及其应用[J].心理学报,2004,36(5):614-620.

[200] 乌小花.中华民族共同体意识的演进与深化[J].贵州省党校学报,2018(6):40-46.

[201] 乌小花,李安然.树立和突出各民族共享的中华文化符号和中华民族形象[J].中华民族共同体研究,2022(3):59-69.

[202] 乌小花,郝囡.践行守望相助理念与铸牢中华民族共同体意识:论内蒙古民族团结进步的理论与实践[J].民族研究,2019(5):1-11.

[203] 乌小花,郝囡.网络空间铸牢中华民族共同体意识研究:论"互联网+民族团结"行动[J].西北民族研究,2021(4):30-40.

[204] 吴明海.中国共产党民族教育理论、政策、实践互动机制研究[J].民族教育研究,2021,32(3):5-14.

[205] 吴明海,娄利杰.新疆国家通用语言文字教育政策的发展历程、经验与意义[J].民族教育研究,2020,31(5):113-121.

[206] 吴艳,温忠麟.结构方程建模中的题目打包策略[J].心理科学进展,2011,19(12):1859-1867.

[207] 吴月刚,张红.铸牢中华民族共同体意识背景下民族院校思政课程建设研究[J].民族教育研究,2020,31(4):41-47.

[208] 肖泽平,王志章.脱贫攻坚返贫家户的基本特征及其政策应对研究:基于12省(区)22县的数据分析[J].云南民族大学学报(哲学社会科学版),2020,37(1):81-89.

[209] 谢清松,金炳镐.铸牢中华民族共同体意识的动力探析[J].青海民族研究,2022,33(3):29-34.

[210] 辛素飞,明朗,辛自强.群际信任的增进:社会认同与群际接触的方法[J].心理科学进展,2013,21(2):290-299.

[211] 徐斌,巩永丹.马克思共同体理论的历史逻辑及其当代表现[J].马克思主义与现实,2019(2):62-68.

[212] 徐杰舜."铸牢中华民族共同体意识"理论的内涵与学术支撑[J].湖北民族大学学报(哲学社会科学版),2020,38(4):77-86.

[213] 徐杰舜,李菲.链性论:"中华民族多元一体格局"理论的新定位[J].社会科学战线,2020(7):27-35.

[214] 徐岚,陈全,崔楠,等.享受当下,还是留待未来?:时间观对跨期决策的影响[J].心理学报,2019,51(1):96-105.

[215] 徐黎丽,韩静茹.论中华民族共同体的现代含义[J].思想战线,2021,47(1):52-60.

[216] 许可峰.民族地区学校场域铸牢中华民族共同体意识:路径、问题与改进[J].西北师大学报(社会科学版),2021,58(5):58-66.

[217] 许章润.论现代民族国家是一个法律共同体[J].政法论坛,2008,26(3):3-14.

[218] 许政,祁进玉.中华民族共同体的建设及其发展历程[J].贵州民族研究,2022,43(1):41-48.

[219] 严庆.本体与意识视角的中华民族共同体建设[J].西南民族大学学报(人文社会科学版),2017,38(3):46-50.

[220] 严庆.主线、理念与作为:深刻把握与贯彻铸牢中华民族共同体意识[J].贵州民族研究,2021,42(5):14-19.

[221] 严庆.提升学校铸牢中华民族共同体意识教育的信度与效度研究[J].西北师大学报(社会科学版),2022,59(5):5-13.

[222] 严庆,余金华."中华民族共同体意识"生成论略:基于历史唯物主义的视角[J].中央民族大学学报(哲学社会科学版),2022,49(3):24-32.

[223] 严秀英.基于"家国情怀"的新时代爱国主义教育[J].中国民族教育,2021(2):10.

[224] 严秀英,蔡银珠.培育中华民族共同体意识的心育机制探索[J].贵州民族研究,2021,42(5):48-53.

[225] 严秀英,郭洁,韩昭颖.跨境流动朝鲜族青少年的生活质量及教育现状探究[J].黑龙江民族丛刊,2022(4):151-158.

[226] 杨昌儒,祖力亚提·司马义,郝亚明,等.以铸牢中华民族共同体意识为主线 推动新时代党的民族工作高质量发展[J].贵州民族研究,2022,43(1):1-16.

[227] 杨鹍飞.中华民族共同体认同的理论与实践[J].新疆师范大学学报(哲学社会科学版),2016,37(1):83-94.

[228] 杨胜才.增强中华文化认同是民族院校的核心使命[J].中南民族大学学报(人文社会科学版),2015,35(2):156-160.

[229] 杨胜才.民族院校铸牢中华民族共同体意识的价值意蕴、方法路径与保障体系[J].中南民族大学学报(人文社会科学版),2020,40(5):9-14.

[230] 杨胜才.在高等学校铸牢中华民族共同体意识[J].民族大家庭,2020(4):77-79.

[231] 杨胜才,余凤.高校铸牢中华民族共同体意识的基础论析[J].学校党建与思想教育,2020(1):31-33.

[232] 杨胜才,余凤.铸牢中华民族共同体意识的优势与定势[J].民族学刊,2021,12(4):10-17.

[233] 杨圣敏.民族事务治理现代化要坚持走中国化道路[J].广西民族研究,2020(6):1-5.

[234] 杨圣敏.民族学研究如何参与文化强国建设[J].民族研究,2020(6):6-8.

[235] 杨显东,李乐,汪大本.国内关于少数民族国家认同研究的可视化分析[J].云南行政学院学报,2020,22(5):27-34.

[236] 杨晓莉,刘力,李琼,等.社会群体的实体性:回顾与展望[J].心理科学进展,2012,20(8):1314-1321.

[237] 杨须爱.马克思主义民族融合理论在新中国的发展及"民族交往交流交融"提出的思想轨迹[J].民族研究,2016(1):1-13.

[238] 杨须爱."三交"理念提出以来的争论及反思[J].西南民族大学学报(人文社科版),2016,37(4):31-37.

[239] 杨须爱.各民族交融汇聚史知识再生产的价值与路径:以铸牢中华民族共同体意识为视角[J].民族研究,2021(1):30-47.

[240] 姚小平.人类语言学家沃尔夫的遗产:读《论语言、思维和现实》[J].外语教学与研究,2002,34(1):75-77.

[241] 叶宝娟,朱黎君,方小婷.心理资本对少数民族预科生主流文化适应的影响:有调节的中介模型[J].中国临床心理学杂志,2019,27(3):595-598.

[242] 殷剑平.高校民族团结教育的心理过程分析[J].新疆社科论坛,2015(6):101-103.

[243] 尹可丽,李鹏,包广华,等.民族社会化经历对藏族青少年积极心理健康的影响:民族认同与自尊的中介作用[J].华南师范大学学报(社会科学版),2016(1):78-84.

[244] 尹绍清,赖怡,李春忠,等.青少年民族团结观及其结构研究[J].楚雄师范学院学报,2014,29(2):63-68.

[245] 余凤,杨胜才.新时代民族院校铸牢中华民族共同体意识工作的实践探索[J].学校党建与思想教育,2021(11):66-69.

[246] 于凤政.论中华民族建设的主线与方向:对"中华民族多元一体格局"的再思考[J].湖北民族学院学报(哲学社会科学版),2018(3):10-16.

[247] 余鹏."以文化人,以文铸魂,以文明志,以文弘业":民族地区大学使命巍然[J].民族高等教育研究,2022,10(5):1-2.

[248] 俞水香,娄淑华.论我国各民族民族认同与国家认同的统一性[J].云南民族大学学报(哲学社会科学版),2020,37(2):14-18.

[249] 袁同成,潘海飞.场景变迁与政治社会化:异地班维族学生国家认同建构成效及机理的回溯研究[J].教育学术月刊,2018(10):14-23.

[250] 袁同凯,冯朝亮.铸牢中华民族共同体意识的中小学教育路径[J].中南民族大学学报(人文社会科学版),2022,42(3):41-48.

[251] 袁同凯,朱筱煦.发展民族地区教育事业 铸牢中华民族共同体意识[J].西北师大学报(社会科学版),2020,57(1):22-29.

[251] 翟东堂.我国民族经济发展权若干问题探讨[J].云南大学学报(法学版),2012,25(2):12-19.

[252] 张红,吴月刚.铸牢中华民族共同体意识研究的现状、特点与展望:基于2014—2020年中国知网的文献分析[J].西北民族大学学报(哲学社会科学版),2021(5):27-34.

[253] 张静,张俊豪.民族院校优秀教师实践性知识内容的叙事探究[J].民族教育研究,2020,31(1):107-115.

[254] 张积家.容器隐喻与中华民族共同体意识[J].中国民族教育,2018(11):9.

[255] 张积家.民族教育应重视文化的非自然选择功能[J].中国民族教育,2019(1):14.

[256] 张积家,冯晓慧.中华民族共同体认同的心理建构与影响因素[J].民族教育研究,2021,32(2):5-14.

[257] 张积家,付雅,王斌.文化影响亲属词性别概念加工中的空间隐喻与重量隐喻:来自彝族、白族和摩梭人的证据[J].心理学报,2020,52(4):440-455.

[258] 张阔,张赛,董颖红.积极心理资本:测量及其与心理健康的关系[J].心理与行为研究,2010,8(1):58-64.

[259] 张丽娜,路海东.高中生感知到的课堂教学方式量表的编制[J].心理与行为研究,2019,17(6):773-779.

[260] 张林,张向葵.态度研究的新进展:双重态度模型[J].心理科学进展,2003,11(2):171-176.

[261] 张淑娟.中华民族共同体意识的特殊面相:地位、使命与实践逻辑[J].宁夏社会科学,2022(2):14-23.

[262] 张顺林."多元一体"视角下的中华民族共同体意识构筑[J].云南行政学院学报,2021,23(6):12-21.

[263] 张翔.青少年民族国家认同与人格特征及心理健康的关系[J].中国学校卫生,2012,33(4):414-416.

[264] 赵旭东.构建一体多元的中华民族共同体意识[J].贵州大学学报(社会科学版),2021,39(6):1-13.

[265] 赵旭东.一多辩证中理解中华民族共同体意识的构建[J].民族学刊,2022,13(8):1-12.

[266] 张学敏,柴然,周杰.中华民族特色教育的理论审视与实践观照:基于共同体理念的讨论[J].民族教育研究,2022,33(4):22-29.

[267] 张学敏,周杰.新时代教育突破社会阶层再生产问题研究[J].西南大学学报(社会科学版),2022,48(3):146-156.

[268] 张莹瑞,徐海波,阳毅.民族认同在民族间态度中的积极作用[J].心理科学进展,2009,17(6):1344-1348.

[269] 张莹瑞,佐斌.社会认同理论及其发展[J].心理科学进展,2006,14(3):475-480.

[270] 赵刚,宋鹏.铸牢跨界民族的中华民族共同体意识:以民族团结进步教育为视角[J].延边大学学报(社会科学版),2020,53(5):75-82.

[271] 赵科,杨丽宏.民族认同、民族文化认同和主流文化认同对少数民族学生幸福感的影响[J].民族教育研究,2019,30(5):147-152.

[272] 赵新国,金炳镐.新时代中国特色民族理论发展的新机遇[J].广西民族研究,2019(6):9-15.

[273] 赵志军,马德山.汉族大学生跨民族交往的问题与对策研究:基于民族地区高校和民族院校的个案调查[J].民族教育研究,2018,29(2):62-67.

[274] 植凤英.提升少数民族学生的心理资本:民族教育的新视点[J].前沿,2011(11):160-163.

[275] 郑雪松.民族预科教育基地隐性课程中的民族团结教育资源及实践[J].信阳师范学院学报(哲学社会科学版),2017,37(3):86-90.

[276] 钟毅平,申娟,吴坤.风险决策任务中时间距离对框架效应的影响[J].心理科学,2009,32(4):920-922.

[277] 周大鸣.差序格局与中国人的关系研究[J].中央民族大学学报（哲学社会科学版）,2022,49(1):17-24.

[278] 周大鸣.从瑶族看中华民族共同体的形成[J].云南民族大学学报（哲学社会科学版）,2023,40(1):24-31.

[279] 周浩,龙立荣.共同方法偏差的统计检验与控制方法[J].心理科学进展,2004,12(6):942-950.

[280] 祖力亚提·司马义,高进.以铸牢中华民族共同体意识为主线不断推进中华民族共同体建设[J].贵州民族研究,2021,42(5):8-13.

[281] 祖力亚提·司马义,蒋文静.构建少数民族青少年中华民族共同体意识的内化机制[J].中南民族大学学报（人文社会科学版）,2022,42(8):29-35.

[282] 朱碧波.论中华民族共同体的多维建构[J].青海民族大学学报（社会科学版）,2016,42(1):26-32.

[283] 朱维群.如何铸牢中华民族共同体意识[J].科学与无神论,2018(4):3-5.

[284] 佐斌,秦向荣.中华民族认同的心理成分和形成机制[J].上海师范大学学报（哲学社会科学版）,2011,30(4):68-76.

[285] BOGARDUS E S.A social distance scale[J].Sociology and social research,1933,17(3):265-271.

[286] BROWEN R,CONDOR S,MATHEWS A,et al.Explaining intergroup differentiation in an industrial organization[J].Journal of occupational psychology,1986,59(4):273-286.

[287] DAVIES K,TROPP L R,ARON A,et al.Cross-group friendships and intergroup attitudes:a meta-analytic review[J].Personality & social psychology review,2011,15(4):332-351.

[288] DERIK,BERENSON K,MCWHIRTER P.Hope,ethnic pride,& academic achievement: positive psychology and Latino youth[J].Psychology,2014,5(10):1206-1214.

[289] GREENAWAY K H,HASLAM S A,CRUWYS T,et al.From "we" to "me":group identification enhances perceived personal control with consequences for health and well-being[J].Journal of personality and social psychology,2015,109(1):53-74.

[290] HEWSTONE M,RUBIN M,WILLIS H.Intergroup bias[J].Annual review of psychology,2002,53(1):575-604.

[291] JANS L,POSTMES T,VAN DER ZEE K I.Sharing differences:the inductive route to social identity formation[J].Journal of experimental social psychology,2012,48(5):1145-1149.

[292] LESLIE L M,BONO J E,KIM Y,et al.On melting pots and salad bowls: a meta-analysis of the effects of identity-blind and identity-conscious diversity ideologies[J].Journal of applied psychology,2020,105(5):453-471.

[293] LIBERMAN N,TROPE Y,MCCREA S M,et al.The effect of level of construal on the temporal distance of activity enactment[J].Journal of experimental social psychology,2007,43(1):143-149.

[294] LIVINGSTONE A G,FERNÁNDEZ RODRÍGUEZ L,ROTHERS A."They just don't understand us":the role of felt understanding in intergroup relations[J].Journal of personality and social psychology,2020,119(3):633-656.

[295] PETTIGREW T F,TROPP L R.A meta-analytic test of intergroup contact theory[J].Journal of personality and social psychology,2006,90(5):751-783.

[296] PHINNEY J S.The multigroup ethnic identity measure:a new scale for use with diverse groups[J].Journal of adolescent research,1992,7(2):156-176.

[297] PHINNEY J S,BRIAN J,SILVA C.Positive intergroup attitudes:the role of ethnic identity[J].International journal of behavioral development,2007,31(5):478-490.

[298] PHINNEY J S.Ethnic identity in adolescents and adults:a review of research[J].Psychological bulletin,1990,108(3):499-514.

[299] RIEK B M,MANIA E W,GAERTNER S L.Intergroup threat and outgroup attitudes:a meta-analytic review[J].Personality and social psychology review,2006,10(4):336-353.

[300] SIMON B,LOEWY M,STÜRMER S,et al.Collective identification and social movement participation[J].Journal of personality and social psycology,1998,74(3):646-658.

[301] TAJFEL H.Social psychology of intergroup relations[J].Annual review of psychology,1982,33(1):1-39.

[302] TROPE Y,LIBERMAN N.Temporal construal[J].Psychological review,2003,110(3):403-421.

[303] TROPE Y,LIBERMAN N.Construal-level theory of psychological distance[J].Psychological review,2010,117(2):440-463.

[304] WARD C,KENNEDY A.Locus of control,mood disturbance,and social difficulty during cross-cultural transitions[J].International journal of intercultural relations,1992,16(2):175-194.

三、报纸

[1] 安徽援疆奏响三部曲助推和田皮山高质量发展[N].人民日报,2021-07-19(8).

[2] 本报评论员.深刻认识铸牢中华民族共同体意识的重大意义:论学习贯彻习近平总书记中央民族工作会议重要讲话[N].人民日报,2021-08-30(1).

[3] 本报评论员.坚决防范民族领域重大风险隐患:论学习贯彻习近平总书记中央民族工作会议重要讲话精神[N].中国民族报,2021-10-12(2).

[4] 陈立鹏.要全面准确理解铸牢中华民族共同体意识教育[N].中国民族报,2022-03-01(5).

[5] 陈延斌.全球化背景下铸牢中华民族共同体意识的路径[N].中国民族报,2018-08-03(5).

[6] 邓建胜,庞革平,李纵,等.建设新时代中国特色社会主义壮美广西:习近平总书记广西考察重要讲话引发热烈反响[N].人民日报,2021-04-29(1).

[7] 哈正利,杨胜才.中华民族共同体意识基本内涵探析[N].中国民族报,2017-02-24(5).

[8] 黄敬文.习近平在参加内蒙古代表团审议时强调 不断巩固中华民族共同体思想基础 共同建设伟大祖国 共同创造美好生活[N].人民日报,2022-03-06(1).

[9] 霍小光,林晖,王琦,等.唱响铸牢中华民族共同体意识的时代强音:以习近平同志为核心的党中央引领新时代民族工作创新发展纪实[N].人民日报,2021-08-27(1).

[10] 姜洁,邓建胜,李纵,等.坚定不移走中国特色解决民族问题的正确道路:习近平总书记中央民族工作会议重要讲话在各族干部群众中引发热烈反响[N].人民日报,2021-08-30(1).

[11] 姜洁,李昌禹.中华民族一家亲 同心共筑中国梦:党的十八大以来我国民族团结进步事业发展成就述评[N].人民日报,2021-08-26(4).

[12] 鞠鹏.习近平在第三次中央新疆工作座谈会上强调 坚持依法治疆团结稳疆文化润疆富民兴疆长期建疆 努力建设新时代中国特色社会主义新疆[N].人民日报,2020-09-27(1).

[13] 兰红光.中央民族工作会议暨国务院第六次全国民族团结进步表彰大会在北京举行[N].人民日报,2014-9-30(1).

[14] 李涛.习近平李克强张德江刘云山王岐山张高丽分别参加全国人大会议一些代表团审议[N].人民日报,2017-03-11(1).

[15] 李学仁.习近平在第二次中央新疆工作座谈会上强调 坚持依法治疆团结稳疆长期建疆 团结各族人民建设社会主义新疆[N].人民日报,2014-05-30(1).

[16] 李学仁.习近平在中央第六次西藏工作座谈会上强调 依法治藏富民兴藏长期建藏 加快西藏全面建成小康社会步伐[N].人民日报,2015-08-26(1).

[17] 李学仁.习近平在中央第七次西藏工作座谈会上强调 全面贯彻新时代党的治藏方略 建设团结富裕文明和谐美丽的社会主义现代化新西藏[N].人民日报,2020-08-30(1).

[18] 廖志荣.我区今年全面深化改革"任务书"出炉[N].广西日报,2021-01-29(1).

[19] 刘会柏.像石榴籽那样紧紧抱在一起 铸牢中华民族共同体意识(专题深思)[N].人民日报,2021-03-01(9).

[20] 罗鸣春.民族团结心理的结构与功能[N].中国社会科学报,2016-02-22(6).

[21] 覃文武,廖志荣,黄伟勇,等.从"全国民族团结进步示范区"读懂铸牢中华民族共同体意识:广西做好党的民族工作的生动实践和经验启示[N].广西日报,2021-11-01(5).

[22] 全国教书育人楷模候选人事迹简介[N].人民日报,2022-08-02(15).

[23] 汪晓东,李翔,王洲.共享民族复兴的伟大荣光:习近平总书记关于民族团结进步重要论述综述[N].人民日报,2021-08-25(1).

[24] 王锋.伟大团结精神:中华民族历史发展和复兴伟业的内在力量[N].中国民族报,2019-05-17(6).

[25] 王骁波,邹翔,金建宇,等.新疆生态与民生持续改善:群众脸上的笑容更加灿烂[N].人民日报,2021-10-13(13).

[26] 王宪昭.神话中的中华民族文化认同[N].中国社会科学报,2014-04-09(4).

[27] 韦继川.广西多条经验获国家部委认可[N].广西日报,2021-10-17(2).

[28] 吴晶,周玮,史竞男.为实现中华民族伟大复兴凝心聚力:习近平总书记致新华社建社九十周年贺信在新闻战线引起热烈反响[N].人民日报,2021-11-08(4).

[29] 习近平.顺应时代前进潮流 促进世界和平发展——在莫斯科国际关系学院的演讲[N].人民日报,2013-03-24(2).

[30] 谢环驰.习近平在参加内蒙古代表团审议时强调 扎实推动经济高质量发展 扎实推进脱贫攻坚[N].人民日报,2018-03-06(1).

[31] 谢环驰.习近平在内蒙古考察并指导开展"不忘初心、牢记使命"主题教育时强调 牢记初心使命贯彻以人民为中心发展思想 把祖国北部边疆风景线打造得更加亮丽[N].人民日报,2019-07-17(1).

[32] 谢环驰.习近平在参加内蒙古代表团审议时强调 完整准确全面贯彻新发展理念 铸牢中华民族共同体意识[N].人民日报,2021-03-06(1).

[33] 徐贵相.冲破极端主义的精神牢笼[N].人民日报,2019-03-19(16).

[34] 学习习近平总书记关于"两个结合"的重要思想[N].人民日报,2021-08-27(14).

[35] 杨明方,阿尔达克.新疆生产建设兵团扎实开展党史学习教育:赓续红色血脉 矢志维稳戍边(奋斗百年路 启航新征程·学党史 悟思想 办实事 开新局)[N].人民日报,2021-05-05(2).

[36] 姚大伟.习近平在会见基层民族团结优秀代表时强调 中华民族一家亲 同心共筑中国梦[N].人民日报,2015-10-01(1).

[37] 张帆,叶传增,常钦,等.习近平总书记在参加内蒙古代表团审议时的重要讲话引发代表委员热烈反响,大家一致表示:用奋斗书写新的荣光(新征程再出发)[N].人民日报,2021-03-07(9).

[38] 浙江援疆"强基开拓"接续支援不停步"系统提升"打造援疆金名片[N].人民日报,2021-07-20(14).

[39] 中共广西壮族自治区委员会,广西壮族自治区人民政府.高举伟大旗帜 共圆伟大梦想 奋力谱写新时代富民兴桂的壮美华章:庆祝广西壮族自治区成立60周年[N].人民日报,2018-12-06(10).

四、学位论文

[1] 陈晶.11至20岁青少年的国家认同及其发展[D].武汉:华中师范大学,2004.

[2] 鲁艳.多民族杂居区民族边界与民族关系研究:以湖南桑植为例[D].北京:中央民族大学,2013.

[3] 马国华.当代中国民族问题治理模式:政治人类学的视角[D].北京:中央民族大学,2006.

[4] 秦向荣.中国11至20岁青少年的民族认同及其发展[D].武汉:华中师范大学,2005.

[5] 谢畅.小学高年级学生自我调节学习、心理资本与民族认同的关系研究:以延吉市为例[D].延吉:延边大学,2018.

[6] 张圣进.试论初中历史教学中民族团结意识的培养[D].济南:山东师范大学,2011.

后记

2019年5月,我从教育部民族教育发展中心调回中国人民大学,主要从事民族心理、民族教育及民族理论政策相关教学科研工作,当时正赶上中国人民大学心理学系着力打造民族心理特色方向,相关工作得到了教育部、国家民委等有关部门的指导支持。近年来,承蒙教育部民族教育发展中心的厚爱和鼎力支持,在中国人民大学建立了民族心理与教育研究基地、民族心理数据中心,具体运行由中国人民大学心理学系负责。为加强"基地和中心"建设,也为了打造民族心理研究高地,心理学系组建了民族心理学科组,面向战线成立了全国民族心理研究协作组,加强了民族心理智库建设,加强了民族心理重大理论、政策与现实问题的研究。正是在这一背景下,我们积极开展民族心理研究,重点加强了铸牢中华民族共同体意识问题的研究。需特别指出的是,2023年4月,学校获批四部委(中共中央统战部、中共中央宣传部、教育部、国家民委)铸牢中华民族共同体意识研究基地,为做好基地工作,学校成立了中国人民大学铸牢中华民族共同体意识研究院,这为我们深入推进铸牢中华民族共同体意识研究,带来了新的机遇,也提出了更高的要求。

铸牢中华民族共同体意识是习近平总书记提出的重大原创性论断,是新时代党的民族工作的主线和民族地区各项工作的主线,是当前理论界研究的热点和重点问题。习近平总书记铸牢中华民族共同体意识的重要论述博大精深,内容丰富，是一个科学完整的理论体系，是马克思主义民族理论中国化时代化的最新成果，是对马克思主义民族理论的继承、发展与创新，深入推进习近平总书记铸牢中华民族共同体意识重要论述的学习研究与贯彻落实，我们责无旁贷。我们一直在路上，本书就是我们多年来学习研究的成果。

本书由陈立鹏负责框架设计、组织开展研究和统稿，各章节具体撰写人为：第一章，陈立鹏、范航；第二章，陈立鹏、闫芸；第三章，陈立鹏、范航、闫芸；第四章，陈立鹏、段明钰、薛璐璐、范航、张珏、汪颖、李正鑫；第五章，陈立鹏、薛璐璐、范航、张利平；第六章，陈立鹏、张珏、范航、闫芸；第七章，陈立鹏、张利平、姜艳娜、闫芸、张译丹、禄嫦；第八章，陈立鹏、马悦。中国人民大学心理学系博士生范航、薛璐璐参与了本书的前期统稿。

本书是集体智慧的结晶，在研究过程中得到了中央统战部、国家民委、教育部有关部门，特别是国家民委协调推进司、理论研究司、教育科技司，教育部民族教育司、民族教育发展中心的指导、支持与帮助；得到了中国人民大学铸牢中华民族共同体意识研究院首席专家齐鹏飞教授、院长段成荣教授及心理学系张积家教授、胡平教授、辛自强教授、张登浩副教授、张晶副教授、李永娜副教授、郭思文博士等领导与同事的指导与帮助。本书研究过程中，教育部民族教育发展中心郭岩研究员、赵建武主任，西南民族大学原党委书记陈达云教授，浙江外国语学院孙绵涛教授，恩师中南民族大学霍文达教授、杨胜才教授一直给予关心、指导与鞭策，在此一并表示感谢。

本书研究及调研工作得到了中央民族大学严庆教授、常永才教授，西南大学张学敏教授，喀什大学余鹏教授，云南民族大学普丽春教授，延边大学严秀英教授，哈尔滨师范大学崔英锦教授，西藏教育科学研究院阿旺米玛研究员、李凯研究员等师友的指导、支持与帮助，在此表示衷心感谢。

本书是2022年度教育部人文社会科学重点研究基地重大项目"中华民族共同体意识教育的心理机制研究"的阶段性成果。

本书出版得到了西南大学出版社编校中心秦俭老师的指导支持，特在此致谢。

由于我们水平有限,书中难免有不妥之处,还望各位专家学者批评指正!

最后,预祝铸牢中华民族共同体意识的理论、政策与实践问题的研究不断取得新进展,预祝我国民族团结进步事业不断取得新成就,为铸牢中华民族共同体意识、实现中华民族伟大复兴提供源源不断的动力!

陈立鹏

2024年9月6日于北京